Lithographié par LÉON NOËL, d'après LARIVIÈRE.

Imp. Lemercier, Paris.

LETTRES
DU MARÉCHAL
DE SAINT-ARNAUD

1832—1854

DEUXIÈME ÉDITION
ORNÉE DU PORTRAIT ET D'UN AUTOGRAPHE DU MARÉCHAL
ET PRÉCÉDÉE D'UNE NOTICE
PAR M. SAINTE-BEUVE
de l'Académie française

TOME PREMIER

PARIS
MICHEL LÉVY FRÈRES, LIBRAIRES-ÉDITEURS
RUE VIVIENNE, 2 BIS.
—
1858
Droits de traduction et de reproduction réservés.

LE MARÉCHAL
DE SAINT-ARNAUD[1]

Il y a eu de nos jours, et dans un intervalle de peu d'années, trois belles morts, trois morts généreuses, égales à tout ce qu'on peut admirer en ce genre dans le passé, et qui laissent ceux qui ont succombé dans une attitude historique suprême, plus grands qu'il ne leur avait été donné de paraître jusque-là dans leur vie : la mort de M. Affre, archevêque de Paris, sur les barricades ; la mort de M. Rossi, à Rome, sous le poignard, au moment où ce politique habile, devenu fier et hardi, restaurait et réhabilitait, en le servant, le régime civil pontifical ; la mort du maréchal de Saint-Arnaud, au lendemain de sa victoire de l'Alma, cette mort qu'il portait en lui depuis bien des jours, qu'il contenait et recelait en quelque sorte, à laquelle

---

[1] Ce portrait du maréchal se trouve dans le tome XIII des *Causeries du Lundi*. (Garnier frères.)

il *commandait d'attendre* jusqu'à ce qu'il eût lui-même frappé le grand coup qu'il méditait. Courage surnaturel, mais auquel il s'était par avance essayé de longue main et presque accoutumé avant le dernier jour! Combien de fois déjà auparavant n'avait-il pas dompté le mal et triomphé de l'épuisement extrême pour courir à l'action, pour voler le premier au péril! C'est ce nerf héroïque, cette veine de sentiments énergiques déjà anciens, cette lutte prolongée du moral et du physique, qui mérite étude et qui offre à l'observation un intérêt puissant. La Correspondance du maréchal, publiée par sa famille, nous permet de pénétrer dans toute sa vie militaire des dernières années. Nous pouvons apprécier désormais, jusque dans la camaraderie du bivouac, cet homme de sentiment, d'impression, de ressort, d'élan, abattu vingt fois et se relevant toujours, se relevant en un clin d'œil comme le coursier généreux au son du clairon. Militaire français s'il en fut, esprit français, saillie française, il était fait pour conduire et enlever des soldats de notre nation. Nous allons chercher bien loin dans le passé des figures de capitaines à remettre en lumière et en honneur ; n'oublions pas et tâchons de fixer sous leur éclair celles qui passent et brillent à nos yeux dans le présent.

Né à Paris, le 20 août 1798, d'une famille honorable (son père était préfet sous le Consulat), le jeune Saint-Arnaud fut élève du lycée Napoléon. Sa mère, devenue veuve, s'était remariée en 1811 à M. de Forcade-la-Roquette, qui fut juge de paix à Paris pendant plus de trente ans. Après des études rapides, mais qui laissèrent une trace durable dans cette facile et spirituelle intelligence, le jeune Saint-Arnaud entra en 1815, à dix-sept ans, dans les gardes du corps ; sa jeunesse fut vive et orageuse. On le fit passer dans un régiment d'infanterie; il fut envoyé en garnison à Lyon et ailleurs. Il s'en dégoûta et partit en 1822 pour la Grèce. C'était le moment du plus grand enthousiasme et de la croisade chrétienne universelle contre les Turcs. On a quelques lettres de lui datées de cette époque; il y juge le pays et les hommes, et d'un ton qui est fait pour guérir de toutes les belles phrases qu'on débitait à Paris vers ce temps-là. Il n'y a pas le plus petit bout de Périclès ni de Lascaris dans tout ce qu'il voit et raconte; ses lettres ressemblent terriblement à des pages d'Edmond About. Cette excursion de volontaire en Grèce lui fut plus tard portée sur ses états de service comme une campagne. En 1827, il reprit du service en France, toujours comme sous-lieutenant, dans le 49e « qu'il quitta sottement, » dit-il. Il cessa de faire partie de l'armée. Il voyagea et se remit à sa vie de hasard et d'aventures. Il ne pouvait en finir de cette longue première jeunesse. Qu'y faire? « La sagesse n'est pas donnée à tout le monde, écrira-t-il un jour gaiement à son frère; mon pauvre ami, je suis arrivé tard à l'appel quand on la distribuait. On a beau dire, cela dépend beaucoup du tempérament, et on naît sage comme on naît peintre ou rôtisseur; moi je suis né soldat... » Enfin, après la révolution de juillet, sentant qu'un grand signal public était donné, il rentra dans l'armée avec son grade de sous-lieutenant, et nous le trouvons, au début de la Correspondance, en garnison à Brest, au printemps de 1834; il avait trente-trois ans.

Que de temps perdu! pas si perdu pourtant qu'on le croirait. Avoir tout vu de la vie, en savoir tous les courants et tous les écueils, s'y être brisé, puis s'en être relevé, connaître les hommes par leurs passions et savoir s'en servir, avoir appris à ses dépens à toucher en eux les cordes qui résistent et celles qui répondent, avoir conservé au milieu de toutes ses traverses, et jusque dans les désastres où l'on est tombé par sa faute, son sang-froid, sa gaieté, son entrain, ses ressources d'esprit, sa bonne mine, son courage, son espérance surtout, cette vertu et cette moralité essentielle de l'homme; quelle préparation meilleure, quand le ressort principal n'a point fléchi, quand le principe d'honneur a gardé toute sa sensibilité! quelle plus profitable avance pour cette vie de fatigue, d'invention et de péril, pour cette improvisation perpétuelle de toutes choses qu'on appelle la guerre, et qui, dès qu'on arrive au commandement, est bien autre que ce qu'elle paraît de loin; car on ne l'a définie qu'en gros quand on a dit qu'elle est l'art de tuer et la facilité à mourir!

Mais il était loin du commandement, et un sous-lieutenant a tout son chemin à faire. En janvier 1832, et jusque dans l'automne suivant, on le voit employé en Bretagne à battre le pays et à faire la chasse aux chouans. L'horizon d'abord est étroit : il vient de se marier; il pense à son avancement, à sortir de l'ornière. C'est l'idée fixe. A peine lieutenant, s'il pouvait tout d'un coup passer capitaine?... Chef d'un détachement, il raconte à son frère ses battues dans les bois : pourra-t-il atteindre une des deux bandes qu'il poursuit, l'une forte de six hommes et l'autre de quinze : « Demain sera un grand jour pour moi. Je saurai, oui ou non, si je réussirai à les avoir. Si j'ai du succès, je te l'écris sans perdre une seconde. » Il y met le même cœur, la même ardeur et la même importance qu'il mettra plus tard aux plus grandes choses. C'est ainsi que l'on perce et que l'on avance. Être tout entier et donner de toute sa force sur chaque point successivement; faire de chaque difficulté qui s'offre sa grande bataille, et dire à chaque fois : *C'est le grand jour!* on a chance de telle sorte d'avoir peut-être à la fin un grand jour dans sa vie, et de n'y être pas pris au dépourvu.

Une fois, un vendredi saint, le régiment manque un bon coup. Ces diables de chouans étaient tous réunis en assemblée dans une ferme; les principaux chefs y assistaient. Une patrouille de huit voltigeurs, commandée par un caporal, passe par là et veut entrer. On s'y oppose. De là, rixe, combat, décharge de fusils et de pistolets; et cependant les chouans de filer par une porte de derrière : « Avoue que nous ne sommes pas chanceux, écrit à son frère le lieutenant désolé; si ce détachement eût été commandé

par un officier et fort de quelques hommes de plus, nous pouvions prendre d'un coup de filet toute la bande. Ah ! si j'eusse été avec les huit hommes, ou j'y serais resté, ou j'en aurais eu quelques-uns. Ainsi, le jeudi et le samedi je battais tout le pays, je fouillais partout, et le vendredi ils étaient tranquilles dans une ferme à manger un mouton. »
— Tout cela, d'ailleurs, est gaiement dit, avec légèreté, entrain ; c'est alerte ; il met à raconter les choses la même action et le même geste qu'à les faire.

Une fatigue, une prostration extrême suivie d'élan, c'est ce qu'il éprouve déjà. Ce sera le *rhythme* de son organisation jusqu'à la fin. Cette vie de marche, jour et nuit, par monts et par vaux, à travers les ronces et les épines, l'atteint aux entrailles, lui donne la fièvre et l'abat : « Si l'on se battait, si l'on se tirait des coups de fusil, passe au moins, cela reposerait. Espérons toujours, il n'y a que cela qui nous soutienne ; car, pour mes pauvres jambes, elles ne me soutiendront bientôt plus : je suis tellement habitué à les remuer, que, même en rêve, je marche. Je suis comme le Juif-Errant. » Il n'a plus tout à fait pour ce qui peut en arriver la même indifférence qu'autrefois ; marié, bientôt père, il sent les obligations qu'il a contractées ; il a acquis une valeur pour ceux à qui sa vie est utile : « Cela ne m'empêcherait pas de l'exposer mille fois le jour avec sang-froid pour la gloire et le roi que je crois nécessaire à mon pays. Je courrais sur le danger demain à le faire fuir loin de moi. Je n'ai pas assez de bonheur pour qu'il se présente : je le cherche cependant bien. »

Après une tournée qu'il a faite à la tête d'une colonne mobile, il est invité par le général Meunier à assister à une distribution de drapeau et de croix qui se fait dans une plaine auprès d'Amailhou. Après la cérémonie et au déjeuner qui termine la fête, au dessert, il improvise en l'honneur du général des couplets qui rappellent les refrains patriotiques d'Émile Debraux : « Critique, mon ami, critique, dit-il avec bonne grâce à son frère en les lui envoyant. C'est mauvais, je le sais. Dans cela, il y a trois idées; le reste est remplissage, tiré par les cheveux, détestable; mais le vieux général pleurait, et il est venu m'embrasser. C'est payé bien plus cher que cela ne vaut. »

En 1833, il est envoyé à Blaye où était enfermée la duchesse de Berry; il s'y fait bien venir du général Bugeaud en traduisant au courant de la plume, en trois langues différentes, un petit ouvrage de lui, *Aperçu sur l'Art militaire*. Le général se prend de goût et d'amitié pour ce lieutenant de grenadiers si vif, si spirituel et si amusant; il le mettra plus tard à l'épreuve et en vue dans toute circonstance de guerre, et le traitera comme son élève préféré. En attendant, il en fait son officier d'ordonnance. A ce titre, le lieutenant Saint-Arnaud est un de ceux dont la signature se lit au bas de l'acte de naissance de la petite princesse venue au jour à Blaye. Il accompagne le général dans le voyage qu'il fait jusqu'à Palerme pour y remettre au ministre de Naples la noble prisonnière contre un *recepisse* de sa personne délivré en bonne forme. On évita de débarquer par prudence, se sentant en face d'une des plus *gueuses* populaces de l'univers. A son retour en France, Saint-Arnaud ne désire qu'une occasion de se distinguer; de Bordeaux où est son régiment, il regrette de ne pas s'être trouvé à Paris dans les troubles d'avril 1834 : « Je viens d'écrire au général Bugeaud qui a marqué dans toutes ces affaires. Il commandait à l'Hôtel-de-Ville; un officier de la garde nationale a été blessé à ses côtés. C'était là ma place. Cette balle-là, je la regrette. Ah! mon ami, comme je me battrai quand j'en trouverai l'occasion. Ce sera toujours dans la proportion de *quitte ou double*. Il faut que je sorte de la position où je suis, ou que je tombe avec quelque gloire. »

L'occasion, une occasion! je ne dirai pas, peu lui importe en quel sens, pourvu qu'il la trouve; mais il est évident que peu lui importe en quel lieu. Qu'elle s'offre à sa portée, cette occasion quelconque, il ne la marchandera pas. Un champ de bataille en Europe, le désert d'Afrique ou le pavé de Paris, il s'y portera d'un feu égal. Ces natures ardentes n'y regardent pas à deux fois. Agir avant tout, agir et se produire, c'est le premier besoin.

Un malheur domestique atteignit le lieutenant Saint-Arnaud. Il perdit sa première femme en 1836. Sur sa demande alors il passa dans la légion étrangère pour aller en Afrique (novembre 1836) ; il était le premier lieutenant de la légion ; il avait trente-huit ans.

Cette légion était le plus singulier ramassis qui se pût imaginer, des aventuriers de tout pays, parlant toutes les langues, ayant fait tous les métiers, ayant chacun son épisode orageux et ses naufrages de jeunesse : « Du reste, disait-il au premier coup d'œil, ces hommes feront, je l'espère, d'excellents soldats. Il faut savoir les prendre et s'en faire aimer, et j'y mettrai mes soins. J'aurai besoin d'eux devant l'ennemi, car on ne fait rien tout seul : je vais m'attacher à les bien connaître. »

Le 15 janvier 1837, il touche pour la première fois la terre d'Afrique. Il la décrit dès son arrivée en traits simples, pittoresques. Si cet homme-là tenait par métier une plume entre les mains comme Charles Nodier ou Alexandre Dumas (qu'il aimait tous deux), il n'en serait pas plus embarrassé que de son épée ; mais l'épée lui va encore mieux que tout. Dans les journées des 29 et 30 avril, aux environs de Blidah, il reçoit, lui et sa légion, le baptême du feu. Il fait office de capitaine en attendant qu'il en ait le grade : le grade désiré arrive (août). L'expédition de Constantine se prépare ; il en est avec sa légion. Bonheur et victoire ! enfin il est à l'aise, il respire, il est dans son centre : cette vie d'énergie, de privation, de sacrifice, va se couronner de danger, d'un danger éclatant ; il faut que Constantine *lui rapporte quelque chose.* Ce ruban à la boutonnière qui souvent coûte si peu à gagner ici dans le civil, et qu'une bonne grâce de jour de l'an décerne, au prix de combien d'épreuves et par quels sanglants efforts ne l'achète-on pas à l'armée! La prise de Constantine est admirablement décrite dans les lettres du capitaine Saint-Arnaud : lui, il monte à l'assaut avec la seconde colonne, il est sur la brèche au moment où la mine des assiégés fait explosion. A cet instant décisif et dans le terrible étonnement qui succède, le colonel Combes, le commandant Bedeau, et lui, capitaine Saint-Arnaud après eux, s'écrient : « En avant, en avant! camarades, ce n'est rien, c'est de la mitraille ; à la baïonnette, en avant ! » Il mérite que le colonel Combes, qui va tout à l'heure être frappé, lui serre affectueusement la main, en lui disant : « Bravo, capitaine ! » La brèche franchie et une fois dans la place, sur un léger signe du commandant Bedeau, il s'enfonce avec son peloton dans une petite rue de la ville où il y a une barricade à enlever ; puis c'est une autre rue qu'il faut prendre maison par maison ; chaque nouvel assaut lui réussit ; pas même une blessure. Enfin il a ce qu'il désire, il est cité à l'ordre du jour de l'armée ; il est porté pour la croix. Il a fait son premier pas dans la grande carrière : sa réputation africaine commence.

Trois semaines après, par une péripétie qui se rencontrera plus d'une fois dans sa carrière et qui en est, si l'on y prend garde, la mauvaise étoile et comme le *guignon* dominant, dans un camp perdu, loin de toute ville, il était saisi du mal qui sera son ennemi familier, le choléra le terrassait : « O mon Dieu, comme je regrettais les balles de Constantine !... y avoir échappé et venir mourir du choléra... mourir sans la croix, sans avoir lu son nom sur le Rapport de l'armée ; » ce sont là ses premiers sentiments. Il se relève, il ressuscite ; mais il a chanté trop tôt victoire, une rechute l'oblige de se faire transporter à onze lieues de là, à Bône.

Capitaine de voltigeurs avec la croix, et une croix bien gagnée que personne n'est tenté de regarder en souriant, sera-t-il bientôt chef de bataillon ? Là est tout son point de mire, là en apparence son bâton de maréchal. Cette idée fixe d'avancement ne lui est point particulière, elle est celle de tout militaire qui n'est pas encore arrivé au sommet de la hiérarchie. Les conceptions générales, les grandes vues viendront après, s'il y a lieu ; mais le grade avant tout : c'est la première condition pour pouvoir montrer à tous ce qu'on est et ce qu'on vaut. Quand il sera chef de bataillon, il visera de même, et avec la même fixité, à devenir colonel ; puis quand il sera colonel, à devenir maréchal de camp. Ses raisons pour conquérir ces grades le plus vite possible et pour se faire tuer, s'il le faut, à les mériter, il les dit ingénument, il ne les va point puiser dans de hautes régions métaphysiques : ce sont les motifs éternels qui, dès le temps d'Homère, dès le temps de Tyrtée, agissaient sur le cœur des hommes, et qui font de ceux qui y vibrent le mieux des héros. S'il se bat comme un lion, « c'est, dit-il à son frère, que chaque grade gagné me rapproche de vous et de mes enfants ; » et plus tard : « Il vaut mieux pour mes enfants qu'ils soient orphelins d'un colonel que d'un chef de bataillon. » En versant ainsi son sang en Afrique, en prodiguant sa vie, il ne cesse d'être occupé des siens : « Moi, je n'ai que votre souvenir pour me soutenir. Si j'étais seul, j'irais bien vite croupir dans un bataillon en France. » Il le croit, il se trompe ; un autre motif, celui-là manquant, surgirait sans doute ; mais celui qu'il se propose et qu'il a constamment devant les yeux, est le plus sensible, le plus puissant : « Ah ! mon pauvre frère chéri, si tu veilles sur mes enfants, si tu me remplaces auprès d'eux, il faut bien aussi que tu aies ta compensation et que ton cœur bondisse comme le mien de joie et de fierté au récit de mes succès où tu es pour bonne part, ami, car je n'ai jamais donné deux coups de sabre aux Bédouins sans qu'il y en ait eu un à ton intention et l'autre dans la pensée de mes enfants... Est-ce que tu n'as pas l'intention de demander bientôt une bourse pour mon fils? Un fils au collége ! il faut absolument être colonel. »

Ah ! messieurs les philosophes, vous vous croyez supérieurs et vous souriez ; soyez plus vraiment philosophes encore, et consentez à voir l'homme en moralistes. Une chose remarquable et bien précieuse en résultats dans ces carrières tracées et définies, encadrées de toutes parts, c'est la force du ressort, c'est comme le resserrement profite à l'énergie, à l'impulsion du jet et de l'élan. On ne pense qu'à avancer, à monter, à gagner un grade de plus, et en pensant à ce point unique, on y tend avec plus de vigueur et une émulation plus ardente ; le sang circule plus vite ; tout ce qui a du cœur en a plus. Aucune force humaine ne se perd, et les plus naturellement indisciplinés, sous cet aiguillon incessant, se rangent au devoir. Il faut des motifs dans la vie, et des motifs aussi présents que possible ; les sages, les trop sages en effet, s'ils sont livrés à eux-mêmes, courent risque de prendre l'inaction pour la supériorité et, sous air de modération, d'écouter le conseil indirect de la paresse. Pour moi, qui suis de ceux qui sont accoutumés à se glorifier de courir en une libre et vague carrière, j'ai toujours regretté, je l'avoue, qu'on ne pût y introduire quelque motif d'action plus précis, plus déterminé. L'idéal est une belle chose, mais il est bien loin et il a ses éclipses ; le public est une respectable personne, mais il est bien multiple, il a bien des visages et on ne le connaît pas. Que ne peut-on se le représenter de plus près, d'une manière sensible, encourageante, sous forme d'un juge prochain, immédiat, qui voit et qui sait, qui censure et récompense ! L'unité de direction, le but, un but précis, graduel, c'est encore ce qui mène le plus loin et le plus haut dans les arts. Que si vous faites fi d'un Mécène ou d'un Médicis, lesquels d'ailleurs ne courent pas les rues, songez du moins à une Laure ou à une Béatrix, ou encore ayez, s'il se peut, à côté de vous, ce connaisseur attentif et habituel, ce parfait ami littéraire qu'était Tibulle ou Quintilius à Horace, Horace à Virgile, Despréaux à Racine et à Molière, Gœthe à Schiller lui-même.

Je m'oublie et je reviens bien vite à la légion étrangère.

Notre capitaine de voltigeurs fait des expéditions, des reconnaissances, se familiarise avec la vie arabe. Il y a un charmant récit d'une visite que lui rend, au camp du Fondouch, un cheik d'une tribu, qui ne veut boire du vin que goutte à goutte, et qu'il grise *guttatim* en déjeunant. Ces lettres, pour le tour et la désinvolture, me rappellent quelquefois celles de Victor Jacquemont le courageux et divertissant voyageur[1]. La gaieté et l'entrain y sont d'ailleurs fréquemment coupés par la maladie, la gastrite et les accès de découragement : « Je ressemble à ces vieux chevaux de bonne maison qui, bien pansés, bien cirés, bien harnachés et un peu poussés d'avoine, redressent encore la tête et piaffent avec élégance ; mais plus de fond, plus de nerf... L'élan est toujours là, impétueux, terrible, mais il ne faut pas que la course soit longue. » Dans ce camp du Fondouch, dans ces commandements de misérables bicoques où l'on est relégué durant des saisons, il y a de longs intervalles d'ennui, d'attente, où l'on est visité par la fièvre ; on sent qu'on s'use et qu'on se mine sans profit : « Ah ! frère, que de courage, que de résignation il me faut ! Quand le mal vient saper mon moral, que je me sens seul, isolé, loin de tout ce que j'aime, j'ai le cœur bien serré ; alors je regarde ma croix, mes épaulettes, je pense à mes enfants, à vous, à mon passé, à l'avenir ; je me roidis et je tiens bon, mais mes cheveux blanchissent et mes genoux tremblent. »

Dans une expédition faite pour prendre possession de Djidjelli (mai 1839) et pour châtier les Kabyles voisins, le capitaine Saint-Arnaud mérite d'être proposé pour le grade de chef de bataillon, en remplacement du brave Horain, qui meurt des suites d'une blessure. Le maréchal Valée le

---

[1] Elles rappellent aussi de jolies lettres de Maurice Dupin, le petit-fils du maréchal de Saxe, que Mme George Sand, sa fille, a données dans les premiers tomes de ses Mémoires : il y en a notamment une bien amusante sur la bataille de Marengo.

porte et l'appuie ; il cite son nom à l'ordre du jour de l'armée. Mais après les brillantes affaires du début, la fièvre vient, comme toujours en Afrique, rabattre les trop vives espérances ; Saint-Arnaud voit sa compagnie se fondre et s'en aller plus tristement que sous les balles : « Ma pauvre compagnie, si belle il y a deux mois, cent dix brillantes baïonnettes, bien pointues, bien agiles ! j'ai à peine quarante combattants... Quiconque aurait vu ce bataillon il y a cinq mois et le verrait aujourd'hui, se sentirait saisi de pitié et en même temps de haine pour la guerre. Moi, je l'arme malgré tout, parce que je suis obligé d'en vivre en attendant que j'en meure. » Lui-même, il a son accès terrible ; « il va *piquer une tête contre la porte de l'enfer*, mais le diable le renvoie et ne veut pas encore de lui. » Avec cela, il n'est pas nommé chef de bataillon. Misère, misère ! c'est la fin de l'automne ; il a des désirs de revoir la France : « Je voudrais voir la neige de France, dût-elle être haute de six pieds dans les rues. » Revenir en France et avoir une grande guerre en Europe, une guerre régulière, y être employé, c'est là son vœu. Comme les soldats d'Afrique, ces soldats du *corps à corps*, y auraient l'avantage sur les autres, et comme on jugerait vite la différence !

C'est l'avénement du ministère dit du 1er mars (1840), dont M. Thiers était le chef, qui faisait naître dans les rangs de l'armée ces espérances de guerre. La manière dont Saint-Arnaud, et, je le crois, la plupart des officiers d'Afrique, envisageaient la politique de France pendant ces huit ou dix dernières années du règne de Louis-Philippe, était commandée par leur position et leur intérêt : des champs de bataille ou des assemblées publiques, ces deux champs de gloire pour les hommes, comme disait déjà le vieil Homère, ils préféraient naturellement le premier et étaient portés à mépriser le second. Tandis que de près, ici, on était ébloui par des déploiements d'éloquence souvent contradictoires et stériles en résultats, de loin ils n'étaient sensibles qu'au peu de fruit qu'ils en retiraient, eux et la colonie pour laquelle ils guerroyaient nuit et jour, et dont l'avenir était sans cesse remis en question par des discussions décourageantes. L'armée d'Afrique était une des gloires de ce régime, et cependant elle lui reprochait tout bas et lui en voulait un peu de ne pas aimer assez la gloire. Je ne dis pas que cela fût juste, mais je dis que cela était. Et je ne parle pas des officiers qui étaient par principes de l'opposition systématique, comme le général Cavaignac, mais je parle de ceux même (et c'était le grand nombre) qui n'avaient pas de parti pris et qui étaient même attachés à ce régime d'alors par la bravoure et l'affabilité des jeunes princes. La condition naturelle de l'armée d'Afrique, résultant des points de vue et des intérêts qui étaient propres à ses chefs, était donc de vivre dans une espèce d'opposition ministérielle permanente ; de se plaindre du peu d'égards qu'on avait à Paris pour les propositions des généraux en chef et gouverneurs, et de ne pas approuver la politique générale, avant tout conciliante et accommodante, qui présidait aux relations avec les autres puissances : « Quelle marche prend le ministère ? écrivait Saint-Arnaud (juin 1839). Mon pauvre pays ! je le sers de bien loin, mais je voudrais le voir grand et puissant ; pour cela, il ne faut pas qu'il soit mené par de petites gens et de petits esprits. » Il allait à l'extrémité de sa pensée ou plutôt de son impression, lorsqu'il écrivait encore (novembre 1840) : « Il faut que le gouvernement soit bien aveugle pour ne pas voir qu'avec la marche qu'il suit, il se perd infailliblement. La paix, qu'il achète à tout prix, le renversera plus vite qu'une guerre, quelque malheureuse qu'elle eût été. » Ce qu'écrivait là Saint-Arnaud, bien d'autres de ses compagnons d'armes, qui, depuis 1848, ont suivi une autre ligne que lui, ont dû le dire comme lui dans les dix années qui précédèrent.

Saint-Arnaud n'est pas de l'expédition des Portes de fer, que le maréchal Valée exécute de concert avec le duc d'Orléans (octobre 1839) ; mais il tient, malgré sa fièvre, à être des expéditions qui se font dans les mois suivants. Il est blessé d'une balle au bas-ventre, en partant du bivouac, la veille de l'affaire du col de Mouzaïa (11 mai 1840). Cette blessure, incomplétement guérie, le ramène en France en congé ; il y est nommé chef de bataillon (août), et envoyé en garnison à Metz pour y refaire sa santé. Dînant à son passage à Paris chez le général Pajol, dont le fils est son ami : « Le général, dit-il, croit à la guerre, mais pas avant le printemps. L'Italie se remue, la Pologne gronde. Le soir, je suis allé avec Pajol voir *Polyeucte* et *Japhet*. Rachel est au-dessus de tout ce que tu m'avais annoncé. Elle a dit le *Je crois...* à envoyer toute la salle à confesse en sortant. » Tel est l'homme, dans sa variété et sa mobilité complexe d'impressions.—Sa santé se refait vite, et surtout sa mine. A peine arrivé à Metz, il a repris son air jeune « qui, avec sa grosse épaulette, le fait un peu regarder. — Cela m'amuse, » dit-il. — Un vrai militaire français.

La nomination du général Bugeaud comme gouverneur général de l'Algérie le rappelle en Afrique ; il entre aux zouaves (avril 1841), et désormais, sous les yeux du chef le plus capable, dont il est connu et apprécié, il va parcourir la seconde et décisive partie de sa carrière avec l'avantage d'être dans des emplois supérieurs dès le premier jour.

Le général Bugeaud n'est qu'incomplétement connu, si on ne l'a pas vu se dessiner en entier et se développer dans la Correspondance de Saint-Arnaud. Ceux qui avaient rencontré le général Bugeaud à Paris avant sa grande et dernière renommée ont eu quelque effort à faire avant de le placer dans leur estime à la hauteur où la reconnaissance du pays l'a justement porté. Il avait des défauts qui sautent aux yeux dans un salon ; il tranchait, parlait à satiété de lui, réfutait ses adversaires sans ménagement, choquait leurs sentiments sans pitié, se vantait en tout de faire mieux que tous. Habitué dans sa longue vie des champs à vivre avec des inférieurs, il ne se contraignait en rien ;

il n'avait pas le tact, il ne prenait pas garde aux bienséances. Sous ces défauts d'une rude écorce, on sentait à tout coup l'homme de sens, mais souvent intempestif ; l'homme supérieur perçait, mais ne se dégrossissait pas. A la Chambre, dans les premières années où il y siégeait, ses collègues disaient de lui, non sans sourire : « Il n'y a plus qu'un homme en France qui croit à la gloire, c'est le général Bugeaud. » Il avait raison d'y croire. Dès qu'il fut en Afrique, et sur un terrain digne de son activité, il donna sa mesure et dépassa les espérances même de ses amis. Saint-Arnaud, dès les premiers mois de son installation, nous le montre à l'œuvre, positif, effectif, infatigable, allant en tout au résultat sans charlatanisme : « Passionné pour la guerre et les combats, il préfère, aux bulletins qu'il pourrait rechercher, la poursuite d'un but utile au pays. Cet homme est admirable, frère ; on ne le connaît pas, on ne lui rend pas justice. Il a vraiment du génie. Je le suis, je l'examine sans passion, et chaque jour je lui découvre de nouvelles qualités ; mais il a bien les défauts de ses qualités. Franc et loyal à l'excès, il tourne quelquefois à la brusquerie. D'une activité inconcevable, il devient minutieux. Agriculteur pendant quinze ans, vivant dans un frottement continuel avec la classe peu élevée de la société, il n'a pas toute la dignité, toute la tenue désirables. Mais quelle conscience, quelle probité, quelle délicatesse de sentiments, quelle abnégation personnelle ! Et on l'entoure de difficultés ! de petites coteries lui suscitent des embarras et des ennuis ; la presse l'assassine à coups d'épingle. » C'est à cet homme éminent et solide, et qui grandit jusqu'à la fin, que Saint-Arnaud s'attacha avec affection, avec zèle, et qu'il dut d'être assez mis en vue pour être reconnu ensuite, et l'occasion échéant, le plus digne de le remplacer.

Saint-Arnaud, en entrant dans les zouaves, « cette garde impériale de l'Afrique, » avait à faire sa réputation au corps. Il la fait dans la journée du 2 mai sur la route de Milianah, en se maintenant avec énergie sur un plateau assailli par les Kabyles. Sa conduite dans les journées suivantes lui vaut d'être cité (c'est la quatrième fois) à l'ordre du jour de l'armée : « Mes enfants liront encore le nom de leur père cité au milieu de ceux des bons diables qui se battent pour le pays. »

Le général Bugeaud, par une suite d'opérations méthodiques et bien conçues, travaille à ruiner la domination et l'influence d'Abd-el-Kader, en attendant qu'on vienne à s'emparer, s'il se peut, de sa personne. Il mène à bien l'expédition dans l'Ouest, où l'on prend Mascara. Tout ce pays est décrit par Saint-Arnaud en quelques traits qui donnent bien la vue cavalière des lieux, de l'échiquier parcouru. Le colonel des zouaves, Cavaignac, étant parti, Saint-Arnaud reste sous le général Lamoricière avec son bataillon et comme chef de corps, ayant une responsabilité d'autant plus grande qu'on le sait aimé du gouverneur et que, là où il est, on aime peu le gouverneur. Ces dissidences de nos généraux d'Afrique sont à peine indiquées dans la Correspondance ; on les sent toutefois et on les devine. Dans la mesure où tout cela est présenté (et il faut en savoir gré aux éditeurs qui ont dû quelquefois choisir entre divers passages de la Correspondance), personne n'a à se plaindre. Justice est rendue et au noble caractère du colonel Cavaignac, « droit et consciencieux, mais susceptible et impressionnable » (Saint-Arnaud jouit de ses qualités, qui sont nombreuses, en évitant de heurter ses défauts), et à Changarnier, « le Masséna africain, » qui montre un *moral de fer* dans les dangers, et à Bedeau, « homme de vrai mérite qui, tandis que d'autres se jalousent, s'efface tant qu'il peut, ne médit de personne, juge tout le monde et gémit. » Les critiques très-discrètes qu'on entrevoit permettent seulement de distinguer et de nuancer ces figures, que les bulletins avaient l'habitude d'offrir sous un jour trop uniforme.

Nous sommes, même avec les réserves de la Correspondance publiée, dans le secret de bien des misères qu'on a eu à traverser, et où *on l'a échappé belle :* il y a tel retour de Mascara à Mostaganem (juillet 1841) où il est fort heureux qu'on n'ait pas été attaqué plus sérieusement. En perçant le rideau des braves zouaves qui la couvraient à l'arrière-garde, l'ennemi n'eût trouvé qu'une armée démoralisée. Cependant, dans le Rapport, on ne dit que les belles choses ; les autres sont rejetées dans l'ombre et comme non avenues : « En arrivant, j'ai dû faire mon Rapport et des états de proposition pour mes officiers, récompenser mes zouaves et leur adresser des compliments dans un bel ordre du jour, nommer quelques sergents, quelques caporaux, quelques soldats de première classe. Voilà comment on fait tuer les gens ! » (24 juillet 1841.)

Installé à Blidah d'où il fait une grande expédition et de belles razzias, en rapport continuel et de confiance avec le gouverneur, appelé, consulté par lui à Alger, l'aidant dans ses correspondances, il participe aussi aux ennuis du chef, qui est souvent contrarié par le ministère dans ses mesures, et qui se sent menacé de loin dans sa position par des influences princières : les expéditions mêmes, que cet homme d'énergie ne cesse d'entreprendre pour mettre la dernière main à la conquête, ne redonnent de l'entrain qu'à de certains jours : « C'est une belle chose que la guerre, cher frère, mais seulement quand on se bat et quand il fait beau. » Cependant la nomination de lieutenant-colonel arrive pour Saint-Arnaud (avril 1842) ; à chaque pas qui le porte d'un degré de plus vers le haut de l'échelle, il y a un moment d'ivresse : « C'est une belle chose qu'une promotion à un beau grade, surtout quand elle est méritée. On ne rencontre presque pas d'envieux et on reçoit des compliments à peu près sincères. Il y a, après cela, le beau côté, la catégorie des vrais amis, des chaudes et cordiales félicitations, et les *demi-mots des soldats qui vont droit au cœur.* »

On n'est pas plus soldat par le nerf et par la fibre que Saint-Arnaud. Quand il parle de sa compagnie, de son régiment, de sa troupe, il a le sentiment camarade et fraternel, il a l'expression sympathique et vibrante. Quand on ne l'a que dans des bulletins, on peut la prendre et l'affecter; mais ici, c'est dans des lettres de famille qu'il s'épanche sur cette autre famille militaire, qui est la sienne aussi : « Pauvres soldats ! quelle résignation, quel courage ! Nous, nous avons un mobile, la gloire, l'ambition, et, par-dessus le marché, nous sommes bien vêtus et bien nourris ; mais eux, rien, rien, et chantant au moindre rayon de soleil. C'est à faire pleurer. Je les aime comme mes enfants, tout en désirant leur faire entendre quelques balles d'un peu près. » — Et quand il est déjà colonel : « Je viens de recevoir pour mon brave régiment une croix d'officier, quatre croix de chevalier et deux grades à l'occasion de l'affaire de Dellys. Voilà le beau rôle du colonel, ses jouissances immenses, ineffables. J'ai attaché tous ces rubans, et j'ai vu de douces larmes de reconnaissance couler sur des visages bronzés ; j'ai senti des cœurs bien nobles et bien fermes devant l'ennemi battre comme le cœur d'une femme, et le mien battait à l'unisson. » — Et à Varna, quand il sera général en chef et pendant le fléau du choléra, revenant de visiter les hôpitaux : « J'ai vu là onze cents malades et deux mille malingres qui ne me sortent pas de la pensée. Je crois que, pour être général en chef, il faut être égoïste ; moi, je ne puis pas l'être ; j'aime mes soldats et je souffre de leurs maux. »

Nommé par le général Bugeaud au commandement supérieur de Milianah (juin 1842), avec trois bataillons sous ses ordres, soixante cavaliers, de l'artillerie, du génie, « enfin une petite brigade, complète et organisée, » il s'exerce à l'administration, à la conduite de la guerre ; il gagne en expérience, en aplomb ; il fait son apprentissage de commandant en chef : « Si jamais je suis général, j'arriverai tout formé. » Dans les expéditions qu'il dirige alentour, il y a tel petit combat « où il y a tactique en miniature et combinaison de trois armes. » En parlant de sa manière de traiter avec les Arabes, il dit en riant *ma politique*. Les lettres écrites pendant cette période de commandement sont très-vives, animées d'incidents; les aperçus s'étendent; le ton s'élève sans que l'enjouement diminue. Cette activité qui, lorsqu'il ne sait qu'en faire, *lui rentre dans l'estomac* et réveille sa gastrite, trouve ici à se déployer et à se répandre en tous sens; un moment il a espéré faire un magnifique coup de main sur la smalah d'Abd-el-Kader : « L'émir me croyait dans le sud, il ne se gardait pas du côté de la plaine, et je tombais sur lui. Mon affaire était immanquable; les Arabes le disent hautement. » Il en veut au général Changarnier, dont un ordre des plus impératifs l'a retenu alors et l'a forcé de rentrer : « Que Dieu lui pardonne! mais il m'a fait manquer un coup qui m'envoyait droit à la postérité. » Cette prise était réservée, quelques mois plus tard, à un jeune et hardi chasseur dont rien ne bridait l'audace. Malgré tout, et quoique Milianah devienne par moments centre d'opérations, Saint-Arnaud trouve qu'on n'en fait pas assez, que l'Afrique se gâte; les succès même acquis et obtenus nuisent désormais aux belles occasions : « Alors (en 1840 et 1841) on faisait de l'éclatant, aujourd'hui on fait du pénible, du fatigant, du méritant. » Son vœu et son rêve est toujours une grande guerre en Europe. En 1843, il croit en voir une qui se prépare en Espagne : « Ah! frère, si j'avais un régiment et qu'on me fît entrer en Espagne, où les affaires se brouillent, on verrait les officiers d'Afrique à l'œuvre. Je crois que je rajeunirais de dix ans... Je ferais parler de moi, quelque chose dans le cœur me le dit. Comme cette guerre aurait de l'intérêt pour moi, qui n'ai jamais rien fait qu'en Afrique, où tout se fait en miniature, où il n'y a de grand que les fatigues, les privations, les maladies et les dépenses! mais la vraie guerre contre des masses, contre du canon, contre des manœuvres, rien qui y ressemble, ou de si loin, qu'il faut une lunette pour y reconnaître quelque chose. J'ai seulement vu un bon et beau siége. Je voudrais voir une belle et bonne bataille, avec une cinquantaine de mille hommes engagés. »

Son rêve ici lui ouvre par avance l'avenir, et cette belle et bonne bataille où il verra, non pas cinquante mille, mais plus de cent mille hommes engagés, et où il commandera en chef, aura nom l'Alma. Heureux qui ne meurt pas sans avoir vu l'instant sublime qui lui rend accompli et exaucé son plus noble désir! il emporte jusque dans la mort la conscience d'avoir vécu.

Après un an du commandement de Milianah, où, encore lieutenant-colonel, il est remplacé par un maréchal de camp, il revient passer quatre mois de congé en France. De retour en Afrique en février 1844, il retrouve le maréchal Bugeaud, toujours aussi chaud pour lui, et qui lui donne le commandement de l'infanterie dans une colonne d'expédition conduite par le général Marey. Il éprouve des retards dans sa nomination au grade de colonel et les ressent vivement; il est pressé comme quelqu'un qui n'a pas de temps à perdre et dont le pouls a souvent la fièvre. Il n'était pas auprès du maréchal lorsque se livre la bataille d'Isly, « une vraie et savante bataille, » qui donne idée de ce que le maréchal pouvait faire dans une grande guerre. Cette image de grande guerre se retrouve sans cesse dans les prévisions de Saint-Arnaud et dans ses espérances. Un moment, au plus fort des débats Pritchard, il croit à une rupture inévitable avec l'Angleterre : « Il faudra en venir aux coups tôt ou tard, parce que l'esprit national et la masse de la nation, raisonnable ou non, entraînera et débordera le gouvernement lui-même... Enfin, tout se complique tellement que la bombe éclatera, et ses éclats tueront bien des médiocrités, et nous... nous monterons. » *Nous monterons!* c'est là le fond de l'âme et de ses désirs. Ne demandons pas aux hommes de ne pas être des hommes; demandons-leur plutôt d'être le plus hommes possible, c'est-à-dire actifs, courageux, ardents et dévoués chacun dans leur ordre et dans leur ligne. Un moment, même après Isly, Abd-el-Kader recommence à se remuer. Il a quitté le Maroc et s'est montré en deçà de la frontière : « Cela ne finira jamais ; tant mieux, nous aurons le temps d'entrer dans les constellations, » c'est-à-dire dans les étoiles de l'épaulette de général.

Le maréchal a obtenu pour Saint-Arnaud le grade de colonel ; le 53ᵉ régiment et le commandement de la subdivision d'Orléansville, qui est en réalité un poste de général, voilà des occupations nouvelles et brillantes (novembre 1844) ; Saint-Arnaud s'y adonne tout entier. A peine installé dans son gouvernement, il fait labourer, il fait faire des routes. Il y a une mosaïque (car on est, à Orléansville, sur une ancienne ville romaine), une mosaïque admirable, qui servait d'enseigne au tombeau de saint Reparatus : « Je veux, dit-il, dans un sentiment de *Génie du Christianisme* que nous lui retrouverons plus tard, je veux faire bâtir l'église chrétienne au-dessus. Une voûte bien faite la conservera visible dans toute sa beauté, et le temple de Dieu s'élèvera là où il était il y a quatorze siècles. » En attendant, il donne un bal qu'il nous décrit plaisamment. Il entreprend toutes choses, et sa santé, bien que si atteinte, semble d'abord suffire à tout : « Comme tous les nerfs de mon imagination sont tendus, les autres sont au repos par force. » Un bonheur lui arrive : un marabout se disant chérif, c'est-à-dire de la famille du Prophète, a travaillé les tribus arabes ; il a prêché la guerre sainte et a levé l'étendard. « Cher frère, la guerre, voici la guerre ! vive la gloire ! Nous sommes en pleine révolte d'Arabes. Les coups de fusil roulent comme en 1840 et 1842. » C'est Saint-Arnaud qui parle. Il a Bou-Maza à poursuivre, à réduire, à mater et à traquer. Bou-Maza, c'est son Abd-el-Kader à lui, et, à force d'activité, il saura en venir à bout. L'Ouest est en feu. Avec les Arabes, c'est à recommencer toujours : « Cette nation-là naît un fusil à la main et un cheval entre les jambes. » Au point où il est arrivé, Saint-Arnaud sent ses vues s'agrandir, et se

multiplier les occasions d'agir comme il l'entend. Ses
idées sur l'Afrique plaisent au maréchal ; sa manière de
mener les Arabes en paix comme en guerre lui convient.
Il ne songe plus à quitter cette terre d'Afrique; « plus il y
réussit, plus il y est enchaîné ; » c'est une bonne école ; il
se fait petit à petit général : « Je m'aperçois avec plaisir
qu'en face des circonstances les plus difficiles je prends un
calme et un sang-froid que je n'avais pas autrefois : je
me sens commander, je m'écoute, je me trouve de l'a-
plomb, et tout marche. Qui sait ce que tout cela devien-
drait sur une plus grande échelle et dans un cadre plus
étendu?... Patience, notre temps et notre tour viendront ! »

Puis, à d'autres jours, la patience manque ; un mauvais
vent du désert se remet à souffler ; à force de guerroyer et
de courir, de mener de razzia en razzia sa *colonne infernale*, de s'ingénier (périlleux problème) à soumettre les
Arabes par les Arabes, de vouloir créer et fonder par tout
le pays de petits forts de sûreté où les chefs amis, les agas
et les caïds puissent se maintenir et se défendre au besoin,
et brider les tribus rebelles ; à force d'être sur pied nuit et
jour, et de se ronger au gîte quand on y est retenu, à
force de se passionner pour tout, on se consume, on s'use
avec une rapidité effrayante : « Je veux trop bien faire et
trop de choses, et je prends tout trop à cœur ; c'est le
propre des âmes généreuses, mais ces âmes-là ne vivent
pas longtemps ; elles s'usent trop vite, et je le sens, mais
il n'est plus temps de se changer. »

Quelques visites de France apportent des diversions
dans cette vie locale si dévorante. Saint-Arnaud voit à
Alger M. de Salvandy, qui lui plaît beaucoup, et dont les
bonnes qualités lui apparaissent là dans un jour tout favorable. A Orléansville, il a occasion de recevoir M. de Toc-
queville et d'autres voyageurs appartenant à la Chambre
ou à la presse. Il les observe d'un clin d'œil, il a des mots
fins pour les *silhouetter* au passage. Il aime peu la presse
d'ailleurs, et si en 1847 on le voit n'augurer rien de bon

du système politique ministériel qui continuait de prévaloir, ce n'est point qu'il penche du côté des journaux ; il s'exprime sur leur compte avec un dédain et une énergie de soldat : antipathie de milieu et de métier, plus encore que de nature.

Bou-Maza s'est rendu à lui. Il est fier, comme il le doit, de sa capture ; cependant, lorsque ensuite on en fait un lion à Paris, il est d'avis qu'on le gâte trop. Grande révolution en Afrique : le maréchal Bugeaud se retire ; « fatigué de lutter contre des ministres qui repoussent ses idées et veulent faire prévaloir d'autres systèmes, » il envoie sa démission, cette fois irrévocable. Le duc d'Aumale devient gouverneur général de l'Algérie. Saint-Arnaud est nommé maréchal de camp. C'est le moment où Abd-el-Kader se soumet, où *les Girondins* de M. de Lamartine font fureur, où s'organisent les fameux banquets, où la France chauffe et fermente de plus en plus. Le général Saint-Arnaud arrive en congé à Paris, tout juste à temps pour assister à la Révolution de février (1848). Il y court quelques dangers du côté des quais, et est retenu quelque temps prisonnier à l'Hôtel-de-Ville.

Il se remarie et repart pour l'Afrique, décidé à suivre uniquement sa carrière militaire, en prenant aussi peu de part qu'il pourra à une politique qui le dégoûte et pour laquelle il n'est pas mûr. C'est alors qu'on voit avec lui percer et se produire plus fréquemment dans ses lettres cette seconde génération africaine qui remplacera la première déjà revenue en France ; les Pélissier, les Canrobert, les Bosquet, les Morris, sont, avec Saint-Arnaud, les chefs brillants de cette seconde génération qui serre et talonne le plus près qu'elle peut les Changarnier, les Lamoricière, les Bedeau, les Cavaignac, et qui n'attend que son tour d'entrer en scène. La politique intérieure de la France, les fautes des assemblées et celles des dictateurs provisoires sont saisies dans les lettres de Saint-Arnaud avec un bon sens net, qui était assez facile d'ailleurs à qui restait en dehors et loin de la mêlée. Tout compte fait, et malgré les chances de guerre en Europe, il aime mieux l'Afrique pour le quart d'heure, bien assuré que, si l'on se bat en Europe, tout le monde en sera : « Ici, je sers mon pays, et je m'éloigne des mauvaises passions. » Le maréchal Bugeaud, rappelé dès ce temps-là à des commandements importants et consulté par le prince président de la République, dut lui donner les premières impressions avantageuses sur Saint-Arnaud comme officier général de grand avenir et comme homme de nerf à employer dans l'occasion : sa mort soudaine arrache à Saint-Arnaud des témoignages bien dus de regret et de profonde douleur. Il s'impatiente des lenteurs qu'on met à sortir du triste fossé où la France s'est jetée; il n'aime pas la république, il la souffre; il en souffre aussi. Ne lui demandez pas une ligne de politique suivie : sa solution, à lui, est celle de l'instinct, celle de son impulsion de cœur et de son intérêt particulier de soldat : « Je vois toujours l'avenir sombre; avec la guerre, j'aurais eu quelque espoir; j'aurais bravé tout, fait face à tout : j'ai foi en moi; mais la paix nous étrangle. C'est le terrain des intrigants, des esprits médiocres, des faiseurs et des phraseurs; ce n'est pas le mien. »

Une belle position d'intervalle et d'attente se présente pour lui : il est nommé au commandement supérieur de Constantine (janvier 1850). Tandis qu'en France les autres généraux illustres de la première génération africaine s'emploient utilement et s'usent aussi (et tous, sauf Changarnier, s'usèrent vite) dans les assemblées, dans les luttes et les compétitions civiles, lui, il va continuer de se former militairement et de mûrir. Il ne voit de l'émeute que ce que la déportation lui en a jeté de débris, « mélange d'artisans et d'instruments de désordre : journalistes, poëtes, maçons, instituteurs, peintres, puis des échappés de prison. » Il fait de ces déportés de Bône et de leur fureur d'énergumènes un tableau qui rappelle ceux d'une maison de fous. Au printemps, il entreprend une grande expédition au Sud, au delà de l'Aurès, qu'il traverse en tous sens ; il fait briller les baïonnettes françaises en de lointaines oasis et jusqu'en des défilés réputés impraticables, où, depuis les légions d'Antonin le Pieux, nulle force aussi imposante n'avait passé. Il n'est pas insensible à ces souvenirs des temps anciens. Au bivouac de Raz-Gueber, en pleins Nemenchas, il rencontre des ruines de temples chrétiens : son imagination s'exalte, ce rayon de *Génie du Christianisme*, auquel nous l'avons déjà vu enclin et accessible, revient le frapper : « J'ai un aumônier, l'abbé Parabère, que je viens de faire recevoir chevalier de la Légion d'honneur devant la deuxième brigade. Il va nous dire la messe en face d'un vieux temple chrétien. Toute l'armée y assistera. Est-ce que tu ne trouves pas qu'on élève mieux son âme vers Dieu en plein air que dans une église? le vrai temple de Dieu, c'est la nature. L'abbé Parabère est enchanté de dire sa messe. Moi je penserai à vous tous, à ma femme, à mes enfants. »

Un moment viendra où il entendra la messe pour elle-même, le sacrifice pour le sacrifice : il a en lui un commencement de disposition, qui de la tête lui descendra dans le cœur.

Le résultat de sa campagne est complet. La puissance française s'est fait reconnaître et craindre en des contrées jusque-là hors d'atteinte, et où elle semblait ne pouvoir pénétrer. Bou-Akkas, le dernier des grands chefs du pays, qui avait toujours refusé de se faire voir à Constantine, y est venu faire acte de soumission et d'hommage au général Saint-Arnaud. Les gouverneurs généraux de l'Algérie se succèdent; le général d'Hautpoul y remplace le général Charon. Saint-Arnaud lui-même commence à entrevoir ce gouvernement général de l'Algérie comme pouvant devenir la récompense de ses travaux africains et le dernier terme de son ambition. Il témoigne toujours de la même aversion pour la politique intérieure de la France, triste ménage en effet, et des plus embrouillés alors : « Ce à quoi je dois viser, c'est à une réputation militaire pure de politique. Je ne suis ni usé, ni coulé comme tant d'autres ; je suis jaloux de ne pas perdre cette rare et précieuse virginité. » Parti de France depuis avril 1848, il ne connaissait nullement le prince président. Le résumé du message présidentiel le frappe ; il le trouve remarquablement bien : « Le général d'Hautpoul dit qu'il est de la main du président ; mais alors c'est un homme, c'est plein de cœur et d'esprit. »

L'expédition de la petite Kabylie ou Kabylie orientale, que le général Saint-Arnaud entreprend pour affermir son autorité dans sa province et agrandir sa réputation africaine, sera pourtant l'occasion imprévue de sa première initiation très-intime à la politique de Paris et de la France. Le prince président lui envoie le commandant Fleury pour faire cette expédition à ses côtés ; les entretiens de la marche et du bivouac durent en apprendre beaucoup à Saint-Arnaud. Par une campagne de quatre-vingt jours (mai-juillet 1851), durant laquelle sa colonne se mesure vingt-six fois avec l'ennemi, et toujours avec avantage, et où il dirige une série de mouvements qui amènent des résultats prévus et décisifs, il couronne sa carrière d'Afrique et mérite d'être nommé général de division comme il convient de le devenir, c'est-à-dire à la suite « d'une des plus rudes, des plus longues et des plus belles expéditions qui se pussent faire. » Cette nomination de général de division qui lui arrive en même temps que la nouvelle que son fils a passé un bon examen pour Saint-Cyr, lui tire de la plume et du cœur cette lettre charmante et qui décèle en Saint-Arnaud des qualités, des jets de source qu'on ne peut s'empêcher d'aimer :

« Cher enfant, tu es admissible, et moi je suis général de division. Nous avons fait tous deux un pas de plus dans le monde. Il t'en reste à toi beaucoup à faire en montant. Je viens d'atteindre le sommet de l'échelle militaire. Ma nomination, l'expédition que je viens d'achever avec quelque succès, aplanissent devant toi les difficultés de la route, je l'espère du moins. Mais que jamais cette idée ne ralentisse tes efforts et ton zèle. Cher Adolphe, il est doux de ne devoir rien qu'à soi-même. C'est une grande satisfaction pour les cœurs bien placés... »

Le fils, à qui cette lettre est adressée et à qui elle donnait une si pénétrante leçon, devait mourir avant son père.

Malgré sa répugnance à la politique, et quoiqu'il écrivît vers ce temps même : « Ici, l'on a sa réputation dans sa main ; à Paris, on la joue sur une phrase, sur un mot, sur une démarche, sur un sourire : j'aime mieux l'Afrique ; m'y laissera-t-on ? » le général Saint-Arnaud accepta le commandement d'une division active à Paris (juillet 1851); ce n'était qu'une porte d'entrée au ministère de la guerre (octobre). Dès lors les événements se pressent; ceux auxquels le général Saint-Arnaud prit part sont trop considérables et trop voisins encore pour pouvoir être exposés avec tout leur développement. S'il avait tant tardé à se mêler de politique, il en fit beaucoup en peu de temps ; ministre de la guerre avant et après le 2 décembre, et durant cette année où la France entière changeait de face comme à un soudain commandement, le maréchal de Saint-Arnaud avait raison de dire : « C'est sur moi (dans le ministère) que reposent l'action et la force. »

Cependant cette santé, que nous avons vue tant de fois minée, se ruinait de plus en plus : il dissimulait encore ; l'ivresse des grandes choses faites ou à faire le soutenait par accès ; ceux qui le voyaient de près pouvaient seuls observer cette alternative presque continuelle de soubresauts et d'épuisements. C'est alors, après une dernière atteinte plus rude que les précédentes, qu'il recourut à un autre remède, à un auxiliaire puissant qu'on eût été loin d'imaginer. Pendant un séjour à Hyères pour une convalescence trop provisoire, il se sentit touché des entretiens d'un prêtre, qui lui parla un langage d'affection et de charité: « J'ai trouvé dans le curé d'Hyères, écrivait-il à son jeune frère du second lit (M. de Forcade), un prêtre comme je les comprends et comme je les aime. Nous avons eu de longues conférences, et dimanche je communierai comme un vrai chrétien. Cette conversion t'étonnera peut-être, et tu verras en moi une grande transformation. La prière est un excellent médecin : rappelle-toi cela dans l'occasion. Tu feras lire cette lettre à ma gracieuse sœur : son âme élevée me comprendra. » (22 mars 1853.)

Ce qui est certain, c'est que cette force morale nouvelle qui lui vint par la religion servit puissamment à le rendre capable des derniers efforts auxquels sa constitution physique semblait par elle-même se refuser. Il ne lui fallait pas moins que ce viatique inattendu pour ravitailler jusqu'à la fin son cœur généreux, mais expirant, et qui était souvent comme aux abois. A n'en juger même qu'en moraliste et en philosophe, il est évident qu'ici le sacrement vint directement en aide et en réconfort à la vertu guerrière. Un second ressort mystique s'ajouta à celui de l'honneur et le doubla.

L'expédition d'Orient se prépare, et Saint-Arnaud, tout mortellement atteint qu'il est, demande à l'Empereur la faveur de la conduire et de la commander. Son vœu secret, magnanime, c'est du moins de tout lancer dans une bonne voie, de commencer, de pousser vaillamment la grande œuvre, et de mettre, dès les premiers jours, les choses dans un tel état qu'un autre, à son défaut, n'aura plus qu'à achever. Mais que de lenteurs non prévues, que d'obstacles de tout genre, que de misères à traverser avant de voir luire ce beau jour, ce jour unique tant désiré, et de mourir sans même avoir pu assister et présider à la seconde grande journée ! J'userai de préférence, pour ce qui me reste à dire, de lettres du maréchal, non encore imprimées, et qui montrent à nu les mouvements, les battements de son cœur dans une entière franchise.

En arrivant à Marseille en avril 1854, le général en chef, au moment de s'embarquer, s'impatiente et se plaint des lenteurs et mécomptes, sans doute inévitables dans les débuts d'une grande entreprise. Il voudrait s'embarquer le 27. Cependant il souffle un vent d'est défavorable, et qui fait rentrer les bâtiments dans le port. Il comptait sur des frégates ; la marine n'a pu fournir d'abord que des corvettes et des avisos. Il s'en prend à tout le monde. Mais même quand il a l'air de se fâcher, ce n'est que du bout des nerfs, et une sorte de gaieté se mêle aux reproches comme une mousse piquante : « Il n'y a de charbon nulle part, et Ducos ordonne de chauffer *avec le patriotisme des marins*. C'est de l'histoire. Chapitre oublié dans *les Girondins* ou les Garonnais... On ne promène pas un maréchal de France général en chef comme une cantinière hors d'âge. » Quelques lettres encore, il remerciera son ancien et excellent collègue, le ministre de la marine, qui a fait de son côté tout ce qu'il a pu.

Pendant toute cette première partie de l'expédition, le maréchal Saint-Arnaud, on le conçoit, pétille d'impatience ; il voudrait tout hâter, tout concentrer dans sa main pour une exécution rapide ; il se sent pressé, il l'est plus qu'un autre, et ce n'est, en effet, qu'au prix de cette activité dévorante, de ce cri continuel d'appel, qu'à de telles distances et avec des éléments si nombreux et si disparates à concerter, on parvient à être en mesure pour l'occasion.

Cette occasion, elle ne s'offrit point d'abord, et il fallut des combinaisons pour l'amener. Partant de Yeni-Keuï pour Varna, où il allait s'occuper à concentrer et à organiser l'armée, le maréchal de Saint-Arnaud songeait à se porter le plus tôt possible, et dans la première quinzaine de juillet, sur Silistrie, pour y secourir les Turcs et atteindre les Russes s'ils s'y prêtaient. Ce premier mouvement, qui semblait naturellement indiqué, n'était pourtant pas aussi facile, les Russes même y consentant, qu'il le semblait à Paris aux promeneurs du boulevard ; l'armée n'avait au plus de biscuits que pour dix jours : « De Varna à Silistrie, disait le maréchal (24 juin 1854), sur toutes les routes, peu ou point d'eau... quelques puits sans cordes et sans seaux. Je fais donner des cordes aux compagnies et des seaux en cuir. J'ai fait faire de grandes outres à Constantinople et partout ; mais il faut des chevaux pour les porter... A chaque pas des embarras... des ennuis. C'est égal, nous en triompherons, mais cela ne sera pas sans peine. Nous allons trouver sur le Danube un ennemi fortifié, bien établi dans un camp retranché, qui rend son armée, déjà forte, très-mobilisable. Nous croyions les Russes endormis, ils travaillaient, et si les Autrichiens ne marchent pas en avant, j'aurai 150,000 hommes sur les bras, dans de bonnes conditions et ayant bien préparé leur champ de bataille. On ne se fait pas d'idée de cela à Paris. On croit qu'il n'y a qu'à marcher sur Silistrie pour le débloquer et jeter les Russes dans le Danube. — Pas du tout. — Il y a quatorze redoutes bien armées à enlever et 30,000 Russes dans la Dobrutscha, sur mon flanc droit. Vous voyez, mon cher ami, qu'il faut manœuvrer, ouvrir l'œil et jouer serré. J'ai peu d'envie de perdre 10,000 hommes à ma première affaire. »

Mais, tandis qu'il agissait en conséquence de ces données, les Russes se dérobaient à une trop facile bataille, et, le 27 juin, le maréchal écrivait de Varna : « Je suis à Varna depuis trois jours, et les oiseaux sont dénichés. C'est un grand désappointement pour moi, qui me fait déplorer encore davantage les retards inévitables qui nous ont empêchés d'être prêts. — Ce n'est la faute de personne et c'est la faute de tout le monde. Enfin, au moment où nous étions en mesure, quand nous pouvions, avec quelques jours de marche, être en face des Russes, ils ont... ils ont lâchement levé le siége d'une bicoque, dont les défenseurs ont fourni une belle page à l'histoire de l'empire turc, et m'ont enlevé, à moi, une magnifique occasion de les battre; car j'avais quatre-vingt-dix-neuf chances contre une pour moi... C'est vexant... Le fait est accompli, les Russes ont repassé le Danube en détruisant leurs redoutes, leur camp retranché, leurs ponts. Où vont-ils ? Je ne le saurai que dans quelques jours. »

Et encore, à la date du 11 juillet : « Les Russes m'ont causé une des douleurs les plus vives que j'aie ressenties de ma vie. Ils m'ont *volé* l'occasion presque sûre de les battre et de les jeter dans le Danube. »

Les Russes jouaient leur jeu, et il n'y avait rien dans ce mouvement rétrograde qui ne fût d'une bonne politique et d'une bonne tactique ; Saint-Arnaud au fond le savait bien : « La Russie peut être bloquée impunément. Elle en est quitte pour se retirer dans sa carapace et attendre. C'est un porc-épic, et les piquants sont toujours en arrêt. »

La campagne semblait manquée ; elle l'était dans sa première partie. On écrivait de France et tous les échos répétaient : *Faites quelque chose;* le cœur du maréchal le lui disait plus haut encore : « Vous dites à Paris, *il faut faire quelque chose, il est indispensable de faire quelque chose, de frapper un grand coup;* mais je sens cela mieux que vous, mes généraux aussi, mes soldats aussi, tout le monde ; mais j'aime mieux ne rien faire que de faire des bêtises ou de tenter des choses absurdes !... Je pioche jour et nuit, je sonde par la pensée la Crimée, Anapa, Tiflis et Odessa. Tous ces projets sont beaux et faciles à faire en imagination et en prenant du thé à Paris ou buvant du champagne. »

C'est alors qu'on en vint ou qu'on en revint à l'idée d'un débarquement en Crimée. La Crimée était d'abord l'idée favorite du maréchal, le *joyau* dont il rêvait. Il en avait médité jour et nuit les cartes et plans. Mais il avait vu des embarquements et des débarquements se faire, ces laborieux morcellements de transports, il savait à quelles chances fortuites sont sujettes ces vastes machines, dans lesquelles concourent tant de variables et d'inconnues, et, entre toutes les opérations de ce genre, combien est périlleuse celle surtout qui s'appelle un *débarquement devant l'ennemi.* En ces moments pénibles, la pensée religieuse à laquelle il s'était ouvert depuis quelque temps le ressaisissait à propos ; il y puisait l'humilité en même temps que la force : « Vois-tu, frère, écrivait-il à M. de Forcade, à M. Le Roy de Saint-Arnaud, dans ces grandes expéditions, l'homme, c'est bien peu de chose ; ses desseins, ses projets, c'est moins encore : il faut que Dieu sanctionne et protége tout cela. — Je ferai de mon mieux : Dieu est le maître ; je ne néglige rien pour mettre les bonnes chances de mon côté ; mais je sens bien que je navigue dans une mer semée d'écueils, et que chaque jour j'en vois sortir de nouveaux du fond des eaux... — A la volonté de Dieu. En attendant, je prie et ne me plains pas. »

A l'armée même, et parmi les officiers de toute arme, de tout grade, il ne manquait pas de contradicteurs et d'opposants à cette audacieuse entreprise : « L'opposition à la guerre de Crimée continue, écrivait un jour le maréchal, sourde chez les pusillanimes, plus ouverte chez ceux qui sont décidés à faire leur devoir. » Cette opposition, qui ne se déclara pas tout d'abord, tenait surtout aux événements qui étaient venus affecter l'état de l'armée à la fin du mois de juillet et pendant le mois d'août : choléra, incendie, tous les contre-temps et toutes les calamités.

Et d'abord le choléra qui éclate dans le camp de Varna, et dont le germe était également à bord de la flotte : « Tout allait bien, écrit de Varna le maréchal à la date du 4 août, tout marchait à souhait. Nos préparatifs sont poussés vigoureusement ; j'ai été moi-même à Constantinople choisir le parc de siége pour remplacer celui que vous m'annoncez comme étant sur mer, — mais sur des bateaux à voiles, ce qui me le fait espérer pour le mois de septembre au plus tôt. Malgré cette anicroche incroyable, je pouvais croire à la réussite d'une expédition hardie, mais bien étudiée et entreprise par des gens de cœur commandant à de braves soldats. La main de Dieu brise souvent les projets des hommes. Le choléra s'abat sur nous et fait de grands ravages... la 1re division est décimée ; la 2e moins touchée ; la 3e a peu de cas ainsi que la 4e, mais la 5e est horriblement maltraitée... Le moral des troupes est excellent, mais comment oser entasser pour quatre ou cinq jours sur des vaisseaux des hommes qui ont le germe cholérique, germe qui existe aussi sur la flotte, où plusieurs équipages sont atteints et ont eu des morts ! Je suis paralysé partout.

» Les Anglais sont (atteints) comme moi, mais moins fort jusqu'à présent.

» Cependant il faudrait faire quelque chose, et nous sommes prêts...

» Malgré tout, je fais face à l'orage et mon moral est et sera toujours le même. C'est un mauvais moment à passer, je m'en sortirai ; mais j'avais rêvé une grande gloire pour mon pays, et le cœur me saigne en la voyant près de s'échapper. »

Et le 8 août, il définissait en ces termes sa position : « Le choléra décimant mes troupes, et les fièvres du pays arrivant à grands pas. — Impossibilité de rester dans ce pays pestilentiel et d'y hiverner. — Nécessité de faire quelque chose ; tout le monde crie: *Sébastopol, Sébastopol!... Allons à Sébastopol.* Parfait si je réussis, mais si j'échoue !... J'ai plus de quatre mille malades et deux mille morts. — Toutes les divisions sont plus ou moins envahies ; la 1re, la plus belle, est abîmée. — Mauvaises conditions pour entreprendre une opération où toutes les chances de succès sont dans l'élan, la force et la vigueur. Malgré tout, le moral de l'armée est excellent, et je continue mes préparatifs. »

Et le 14, après le nom de quelques braves officiers qui ont succombé, tels que Carbuccia, aussi regrettable que d'Elchingen : « Bien d'autres braves ont succombé comme lui. La liste en est longue, et leurs cendres seront bien froides quand vous aurez à vous attrister en la lisant. Mais vous avez failli avoir de plus grands désastres encore à déplorer. Le 10 *août*, mauvais jour, nous nous sommes défendus pendant cinq heures pied à pied contre un saut aérien d'où personne ne serait redescendu par terre à l'état complet. Le feu a dévoré le septième de la ville de Varna, et les flammes, à plusieurs reprises, sont venues lécher les murs de nos poudrières. Les trois magasins renfermant les munitions de guerre des Anglais, Français et Turcs, étaient menacés, enveloppés, *échauffés* par le feu. A deux reprises, j'ai été supplié de faire sonner la retraite, signal d'un triste *sauve qui peut*. Je n'ai pas voulu. J'ai préféré sauter avec tout le monde ; il n'y avait de salut pour personne : Constantinople et ses faubourgs auraient sauté avec une telle quantité de poudres, et on n'aurait pas retrouvé vestige de Varna. J'ai lutté, et Dieu a fait changer le vent. Nous avons tous été bien fatigués. Le feu avait pris par la maladresse d'un débitant d'eau-de-vie qui a laissé s'enflammer de l'esprit. A sept heures, l'incendie se déclarait ; nous n'avons été maîtres du feu et hors de danger qu'à trois heures du matin.

» Les généraux Thiry, Bizot, Martimprey, le colonel Lebeuf et bien d'autres ont été superbes. Thiry disait avec calme : « Un miracle seul peut nous sauver, » et il restait devant son magasin. Le directeur de l'artillerie turque s'était couché devant la porte et attendait le moment fatal. Je n'ai eu à regretter que deux morts et quelques blessés. Mais quel désastre ! que de pertes ! Nous n'avions pas besoin de cela... Rien ne nous aura manqué : le choléra dans l'armée, et aujourd'hui dans les flottes ; — l'incendie. — Il nous faut une tempête atroce pour être complets ; — je l'attends... »

Cependant il n'y avait plus que le choléra qui s'opposât au départ ; on attendait avec anxiété qu'il se ralentît ou cessât de sévir. C'est ce qui arriva dans la seconde quinzaine d'août. Au moment enfin de prendre la mer (29 août), énumérant encore une fois les incertitudes, les difficultés de tout genre qu'il ne se dissimulait pas, et sur le point précis où opérer le débarquement, et sur la manière d'aborder Sébastopol et le côté par où mordre à « ce dur morceau, » et son autre souci, presque aussi grave, du bon accord à maintenir entre des alliés d'habitudes et de génies si différents, le maréchal concluait ainsi et livrait le fond de son âme au sein de l'intimité : « N'est-ce pas bien lourd tout cela, mon cher Franconnière, pour un pauvre homme qui lutte contre ses propres souffrances, qui les domine pour d'autres luttes plus importantes et plus nobles, qui heurte sa tête, sans l'amollir, contre des obstacles sans nombre que la prudence humaine ne peut ni prévoir ni empêcher ? Voilà la vie qui m'est faite, et le rôle qui m'est imposé. Pensée triste qui ne change rien à mes résolutions, à ma fermeté, à mon entrain, à ma confiance même, parce que j'ai foi dans le Dieu de la France et dans ses soldats, mais qui vous prouve que je ne me fais pas d'illusions et que j'envisage tout d'un œil calme. Fais ton devoir, advienne que pourra ! »

L'héroïsme du maréchal en cette expédition glorieuse, on le sent bien maintenant, consiste non pas à avoir pris sur lui et à avoir maîtrisé sa souffrance pendant une journée, pendant une bataille, à avoir vaincu à l'Alma et à être resté debout tout ce temps, ayant déjà la mort dans les entrailles, mais à avoir fait cela pendant des mois et durant tous ces jours obscurs qui n'étaient pas des jours de bataille ; il s'était fait une préméditation et une habitude de ce suprême effort où il est déjà beau à l'âme guerrière de réussir une seule fois. Il agissait et vivait à tous les instants, la mort dans le cœur, le calme sur le front.

A sa noble femme, la maréchale de Saint-Arnaud qui l'avait courageusement accompagné jusqu'à Constantinople et qui avait songé à aller même plus loin, il écrivait de Varna, à cette heure du départ pour la Crimée : « Il vaut mieux que je ne te voie pas. Je me serais beaucoup attendri, et cela m'aurait fait mal. Je souffre déjà bien assez, et j'ai besoin de tout mon courage, de toute mon énergie. Peut-être le repos forcé de la traversée me remettra-t-il : dans tous les cas, je me connais et je sais qu'au moment solennel la machine se remontera au diapason le plus élevé, dût-elle ensuite retomber affaissée sur elle-même !

J'ai éprouvé cela bien des fois dans ma vie. Dieu ne me retirera pas sa grâce au moment où elle me sera le plus nécessaire. » Il y avait d'autres heures moins soumises et où la nature retrouvait ses plus âpres plaintes ; à la maréchale encore, et à deux jours de là, il écrivait : « Aurai-je assez bu dans le calice d'amertume ? Il y a des moments où mon âme entière se révolte et se soulève. La prière n'agit plus sur moi que comme une tempête. Son impuissance me rejette parfois dans le doute, et je souffre tant que ma foi s'ébranle. »

A bord, et dès le premier jour de la traversée (6 septembre), il est assailli d'un accès de fièvre pernicieuse qu'il surmonte.

Opérant son débarquement le 14, et de la façon la plus brillante, la plus magnifique qu'on pût espérer, il pousse ses mouvements avec toute la rapidité possible ; mais nos braves alliés les Anglais n'ont pas l'élan de Saint-Arnaud : ils ne sont et ne seront jamais prêts (c'est lui qui le dit) qu'à se bien battre en face de l'ennemi, et il faut les *locomotiver* dans les intervalles ; ils ne savent pas *se retourner* : « Il y a deux jours, écrivait de Old-Fort le maréchal, à la date du 18, que j'aurais pu avoir battu les Russes qui m'attendent à Alma, et je ne peux partir que demain, grâce à MM. les Anglais qui ne se gênent guère, mais me gênent bien !... Enfin cela finira, je l'espère. Je pousse les opérations aussi vite que je le peux pour arriver jusqu'au bout. Ma santé est déplorable, mais personne ne s'en apercevra les jours de bataille. Je serai le 23, au plus tard, sous Sébastopol. »

Le 20 septembre se livre cette glorieuse bataille de l'Alma qui restaure, en face de l'Europe, l'honneur des armes de la France, et à laquelle il n'a manqué que mille sabres des chasseurs d'Afrique pour être la plus merveilleuse par les résultats : « Malgré tout, belle et magnifique journée, qui a mis au grand jour la valeur et les qualités de chacun, nation et hommes, a donné à l'armée un moral de 99 degrés et tué les Russes. » Saint-Arnaud écrit ces mots triomphants sur le champ de bataille même et la tête encore ardente de l'action. Mais il a touché le terme, et, comme dans l'épopée antique, le fantôme de la mort l'environne jusque durant sa victoire et se tient debout à ses côtés. « Si je triomphe, avait-il dit en s'embarquant, je ne resterai pas longtemps à jouir du succès ; j'aurai fait plus que ma tâche, et je laisserai le reste à faire à d'autres ; mon rôle sera fini dans ce monde, nous vivrons pour nous dans la retraite et le repos. » Il écrivait cela à la maréchale en se flattant peut-être ou plutôt en la flattant ; il n'y avait plus pour lui que l'éternel repos. On sait qu'atteint le 24 d'une attaque de choléra, il dut résigner le commandement de l'armée, et il expira le 29 à bord du *Berthollet* qui le transportait à Thérapia. Sa retraite et sa mort ont laissé douteuse, à son grand honneur, la question de savoir si, lui vivant, le siège de Sébastopol et toute l'expédition de Crimée n'eussent point été considérablement abrégés ; car sa retraite, après le premier grand coup d'épée, eut pour effet immédiat de supprimer la rapidité dans les opérations, cette rapidité foudroyante qui était sa pensée même et qui, à ce début, était le premier élément de succès. C'était lui qui avait dit : « Si je débarque en Crimée, si Dieu m'accorde quelques heures d'une mer calme, je suis maître de Sébastopol et de la Crimée ; je mènerai cette guerre avec une activité, une énergie qui frappera les Russes de terreur. »

Belle mort, quoi qu'il en soit du contre-temps, heureuse même dans sa destinée incomplète, et qui comble à jamais une vie de guerrier ! Le maréchal de Saint-Arnaud a un dernier bonheur, et qui assure à son nom une durée ou mieux un rajeunissement continuel que les actions toutes seules ne donnent pas. Il s'est trouvé écrivain sans le savoir et sans y viser. Ses lettres, conservées avec intérêt dans sa famille et publiées aujourd'hui par elle, sont tout naturellement une des productions les plus agréables de cet esprit français si vif, si net, si improvisé, et qui n'a jamais fait faute en aucun temps à nos hommes de guerre, à remonter jusqu'au vieux Ville-Hardouin. Le maréchal de Saint-Arnaud est de ceux qui ne sont pas plus embarrassés à tenir la plume que l'épée, et qui, en ne songeant qu'à laisser courir leur pensée du moment, réussissent souvent à mieux dire que les auteurs de profession. On le lira toujours avec plaisir, même après les grands écrivains militaires, les César, les Montluc, les Villars ; n'ayant pas écrit des Mémoires, mais des Lettres, il est même le premier des épistolaires de bivouac. Sa langue est svelte, son bon sens fin, spirituel, sa gaieté excellente, son naturel saisissant ; son expression prompte est presque toujours celle que la réflexion eût choisie. Il a de l'artiste, du soldat, de l'homme surtout, et si l'on voulait donner à quelque étranger de distinction, à quelqu'un de nos ennemis réconciliés, la définition vivante de ce qu'est un brillant officier français de notre âge, on n'aurait rien de plus commode et de plus court que de dire : Lisez les lettres du maréchal de Saint-Arnaud.

SAINTE-BEUVE,
de l'Académie française.

31 mai 1857.

A SA MAJESTÉ

L'EMPEREUR NAPOLÉON III.

« Sire,

» Je crois remplir un devoir fraternel en publiant la
» correspondance que le maréchal de Saint-Arnaud a, pen-
» dant vingt-cinq ans, entretenue avec sa famille. Ces lettres
» répandent une vive lumière sur l'homme qui les écrivait.

» Leur publication est un hommage à sa mémoire. Votre
» Majesté daigne en accepter la dédicace : c'est ajouter un
» grand honneur de plus aux souvenirs d'un dévouement
» déjà tant honoré par d'augustes regrets.

» Je suis avec le plus profond respect,

» Sire,

» de Votre Majesté,

» le très-humble et très-obéissant

» serviteur et sujet,

» Ad. Leroy de Saint-Arnaud. »

INTRODUCTION.

Les lettres qui composent ce recueil embrassent une période de vingt-cinq années. Elles sont extraites de la correspondance entretenue, sans interruption, par le maréchal de Saint-Arnaud avec sa famille, depuis 1831, lorsqu'il est nommé sous-lieutenant dans le 64ᵉ régiment de ligne, jusqu'au moment où, parvenu à la plus haute dignité militaire, il succombait en Orient.

Est-il nécessaire de le dire? Ces lettres n'étaient pas destinées à la publicité. Elles remontent, pour la plupart, à une époque où il n'était donné à personne de prévoir quel autre intérêt que celui d'un précieux mais intime souvenir s'attacherait un jour à leur auteur, aux faits qu'elles racontent, aux sentiments qu'elles expriment.

Souvent des personnages historiques ont laissé leurs Mémoires; mais, en général, ceux qui écrivent l'histoire de leur vie ont pris le temps de se recueillir, et comme ils se préparent à paraître devant le public, ils composent à loisir leur maintien et leur visage.

Une correspondance poursuivie pendant un quart de siècle, liée aux événements dont elle a gardé l'empreinte, livrant la pensée dans son premier jet, fait mieux que peindre l'homme ; suivant l'expression de Montaigne, elle le récite.

Tribut presque journalier d'amitié fraternelle, ce recueil a tout l'enchaînement de véritables mémoires ; il en diffère en ce point que l'homme s'y montre sans préparation, avec le naturel, l'abandon, la simplicité des relations de la famille. Ces lettres auront donc le mérite de mettre en lumière le caractère vrai, les sentiments intimes, les idées de prédilection d'un homme qui, ayant pris part à de grands événements politiques, n'a pas toujours été épargné par la calomnie. A ce titre nous considérons cette publication comme un devoir, car elle sera la meilleure et la plus digne réponse aux faiseurs anonymes de biographies et de pamphlets.

Quand cette correspondance s'ouvre, le maréchal est dans sa trente-troisième année. Il était né à Paris le 20 août 1798. Il est facile de reconnaître dans l'officier qui écrit à sa famille, l'homme jeune encore, mais qui a déjà connu le monde, y a vécu, souffert et réfléchi.

Il avait eu le malheur, dès l'âge de cinq ans, de perdre son père, avocat au Parlement de Paris avant la Révolution. entré au Tribunat après le 18 brumaire, et nommé par le premier Consul préfet du département de l'Aude.

Restée veuve à vingt-quatre ans, sa mère, née Papilon de la Tapy, s'était remariée en 1811. Elle rendait à ses enfants le père qu'ils avaient perdu, en épousant un jeune magistrat, M. de Forcade la Roquette. Son nom vénéré reparaît souvent dans la correspondance.

Juge de paix à Paris pendant plus de trente ans, il a rempli cette magistrature avec une autorité et une distinction que le douzième et le premier arrondissement n'ont point oubliées.

Le jeune Leroy de Saint-Arnaud achevait ses études au lycée Napoléon, lorsqu'en 1815, à peine âgé de dix-sept ans, il fut admis dans les gardes du corps du roi, compagnie de Gramont. Ce premier pas dans l'armée décida de sa carrière, mais en retarda le début sérieux. Dans un si jeune âge, loin de la guerre et des camps, la vocation militaire est un aliment de plus à l'ardeur des passions naissantes. La vie brillante et dissipée des gardes offrait, à ce titre, plus d'un danger.

Dans les dernières années de sa vie, malgré les fatigues de la guerre d'Afrique, les pertes cruelles qu'il avait éprouvées, coup sur coup, dans sa famille, les ravages de la maladie qui devait abréger ses jours, le maréchal avait conservé une physionomie expressive et distinguée, vrai type d'élégance et d'énergie militaires [1]. Qu'on se le repré-

---

[1] Dans un ouvrage publié récemment sur la guerre et les hommes de guerre, M. L. Veuillot a consacré un chapitre au maréchal de Saint-Arnaud. Ayant passé six mois en Afrique en 1841, auprès du maréchal Bugeaud, M. Veuillot eut occasion de voir M. de Saint-Arnaud, alors chef de bataillon aux zouaves. Il le dépeint ainsi : « Je l'ai vu un mo-
» ment au début de sa laborieuse carrière; et s'il y avait dans toute

sente à vingt ans, beau, spirituel, passionné, entraîné par un de ces caractères que l'obstacle irrite, et l'on ne s'étonnera pas s'il eut une jeunesse orageuse, et s'il fut le héros de plus d'une aventure romanesque.

Un long séjour aux gardes aurait multiplié les écueils où risquait de se perdre cette nature ardente ; M. de Forcade obtint que son beau-fils passât dans un régiment d'infanterie.

Trop tôt las de la vie de garnison, le jeune officier se résolut, en 1822, à partir pour la Grèce qui commençait alors, contre la Turquie, cette guerre dont l'esprit du temps environna d'une sorte de prestige les premiers soulèvements.

On ne lira pas sans intérêt, dans quelques documents placés à la fin du premier volume, les détails de cette première apparition du maréchal en Grèce, surtout, si l'on songe au rôle réservé plus tard en Orient à ce même offi-

» cette jeune et belle armée d'Afrique un officier qui fût plus que les
» autres le type de l'ardeur et de la bonne humeur militaire, c'était
» lui. L'intelligence brillait dans ses yeux, la plaisanterie française
» voltigeait sur ses lèvres. Il était maigre, agile, ferme et vif dans sa
» démarche comme dans ses discours, prompt à la conception, prompt
» à l'entreprise, capable de la tactique la plus savante et du plus hardi
» stratagème. Voyez Saint-Arnaud, disait le maréchal : c'est l'homme
» qui peut aller partout et se faire suivre partout. Il aura toujours
» toutes les qualités nécessaires dans le rang qu'il occupera et toutes
» les ressources possibles dans le lieu où il se trouvera. » (*La Guerre et les Hommes de Guerre,* par M. L. VEUILLOT, page 322.) Tel était le maréchal en 1841, c'est-à-dire à quarante-trois ans.

cier français qui allait, volontaire en 1822, combattre pour l'indépendance hellénique.

Éclairé par les faits, il ne tarda pas à revenir d'une opinion trop facilement acceptée. Il décrit lui-même les impressions qu'il éprouve en arrivant dans l'Archipel et en débarquant à Navarin. Il se présenta aux éphores et parut devant le sénat de Corinthe. Nul ne fit attention à ce jeune inconnu, qui devait être un jour le vainqueur de l'Alma.

Après quelques escarmouches sous les murs de Modon, il partit, fut attaqué par des pirates grecs en quittant Navarin, et arriva à Salonique profondément guéri de son enthousiasme. Avant de revenir en France, il avait visité les villes principales du Levant : Constantinople, Smyrne, Gallipoli. Singulière destinée qui l'y ramène plus de trente ans après, à la tête de la plus belle armée française qui ait jamais paru en Orient !

Ce voyage ne fut pas le seul que le maréchal entreprit dans cette première partie de sa jeunesse. Il parcourut l'Italie, séjourna en Belgique, habita l'Angleterre. Sa vive intelligence saisissait vite et jugeait bien. Il avait recueilli dans ses voyages un fonds d'instruction solide et d'intéressants souvenirs. Son esprit déjà cultivé achevait de se former dans l'étude des littératures étrangères. Cette variété de connaissances lui fut plus d'une fois utile dans le cours de sa vie militaire.

Il raconte dans une de ses lettres que, simple lieutenant en garnison à Blaye, il traduisit en trois langues un opuscule du général Bugeaud sur l'art du campement, et lui fit hommage de sa traduction. Peu de jours après, le lieutenant était l'officier d'ordonnance du général. Telle fut l'origine des relations devenues chaque jour plus étroites entre ces deux hommes, réservés tous deux aux plus hautes destinées militaires, et tous deux devant succomber, à peu de distance, honorés d'universels regrets.

Souvent, pendant la durée de son dernier commandement, le maréchal de Saint-Arnaud étonna les officiers et les soldats anglais, en leur adressant la parole dans leur langue qu'il prononçait d'une manière remarquable.

Le matin de la bataille d'Alma, passant devant le front des troupes anglaises, il leur dit quelques mots qui furent accueillis avec enthousiasme, et l'on vit les soldats anglais sortir des rangs pour agiter autour de lui leurs chapeaux et leurs armes.

La révolution de juillet, qui parut un moment donner le signal d'une guerre européenne, surprenait en Angleterre le sous-lieutenant que le goût des voyages avait fait démissionnaire en 1827. Il sentit se réveiller ses instincts militaires, revint en France, redemanda et obtint du service. Il fut envoyé, dans son grade, au 64e régiment de ligne en garnison à Brest.

Là, le mariage l'attendait avec le sérieux cortége de ses engagements et de ses devoirs. Il est rare que chez les bonnes natures, ce grand acte de la vie humaine ne soit pas l'heure marquée des résolutions fortes et des salutaires réformes. C'est à partir de cette époque que se développera sans interruption la carrière du futur maréchal.

On en suit toutes les phases dans la Correspondance.

D'abord, lente et pénible, elle offre le spectacle de l'intelligence et de la volonté aux prises avec l'obscurité des grades inférieurs ; puis lorsqu'un veuvage prématuré, et le sentiment profond des devoirs qu'une double paternité lui impose, auront jeté dans les féconds labeurs de la guerre d'Afrique ce lieutenant plein d'ardeur et qui s'ignore lui-même, on s'attache avec un intérêt croissant à cette vie toute militaire de vingt années, qui s'avance rapide, à travers les actions d'éclat, les décorations et les grades, pour trouver une illustration dernière, hélas! trop fugitive, dans l'expédition de Kabylie, le ministère, la bataille d'Alma, et une mort héroïque!

Des documents nombreux ont déjà paru sur la guerre d'Afrique, il n'en est peut-être point qui présentent l'intérêt soutenu, les vives couleurs de la correspondance du maréchal. Acteur et témoin tour à tour, il a pris part ou assisté aux faits qu'il décrit. Souvent, il les raconte sous l'impression du moment, avec une verve et une clarté, caractères habituels de son style, qui révèlent l'homme d'esprit, non moins que l'homme de guerre. Les siéges, les combats, les scènes de bivouac et de la vie des camps forment une suite de tableaux variés. C'est le vivant aspect de la lutte africaine.

Certaines lettres du recueil, tout entières aux sentiments de famille ou aux relations du monde, dévoilent la bonté de cœur du maréchal, et ce charmant esprit de société, don précieux qui ne suppose pas le mérite, y supplée souvent, et rend aimable même la supériorité.

La carrière politique du maréchal n'a pas été longue ; elle a duré trois ans entre l'expédition de Kabylie et l'expédition de Crimée. Mais, dans ce court intervalle, il a été mêlé à de si grands événements que le lecteur trouvera quelque intérêt à voir se développer les tendances, l'instinct gouvernemental, les idées mûries dans l'ombre de l'homme qui accepta le ministère de la guerre avant le 2 décembre.

Jusque-là, indifférent aux partis, étranger à la politique, général africain, mais resté en dehors du mouvement qui avait dépeuplé l'Afrique de ses illustrations, on voit qu'il avait conservé vivace l'impression que lui avait laissée la révolution de 1848.

Acteur passager dans ce drame, il y avait senti l'action militaire entravée, dès le début, par les tergiversations d'une politique timide et mal inspirée ; aussi jugeait-il les situations et les hommes sans préoccupation personnelle, mais par le souvenir de ce qu'il avait vu et entendu dans ces heures fatales. Ses réflexions ont parfois la portée d'une prophétie ; ses appréciations sont courtes et vives. On reconnaît dans l'homme d'action aux allures décidées un patriotisme éclairé et sincère qui ne sait comprendre ni la société sans ordre, ni la France sans grandeur.

Un second mariage avait, en 1848, uni le maréchal à la belle-sœur d'un de ses frères. Digne compagne d'un tel homme, elle l'avait suivi général en Afrique, elle le suivait encore en Orient, veillant sur sa santé, partageant ses émotions et ses fatigues.

La correspondance du maréchal après 1848 emprunte

aux événements et à sa position en Afrique, des éléments nouveaux d'intérêt et de curiosité. Ce n'est plus le récit journalier des efforts sans cesse renaissants qu'il oppose aux lenteurs d'un avancement chèrement acheté ; l'horizon s'est agrandi, l'homme s'est fait connaître et se connaît lui-même. Sa personnalité se dégage à mesure que sa responsabilité s'élève.

On avait vu l'homme de guerre sortir, tout préparé aux grandes luttes, de cet apprentissage où se forment en France, comme dans un creuset commun, le soldat et l'officier ; on verra se préparer l'homme politique dans l'étude des faits et la sévère méditation des maux de la patrie. Il ne sait pas dissimuler les sentiments qui l'animent, et fait parler ses antipathies comme ses préférences. Même à l'heure de la plus haute fortune, il laisse lire dans une âme que le succès n'a point enivrée.

Il est facile de saisir le moment où naît et se développe en lui le dévouement de conviction par lequel il saura répondre, dans un jour suprême, à une auguste confiance. On ne tarde pas à reconnaître à quel point ce dévouement est devenu la religion de son cœur.

Ces lettres ne sont donc pas uniquement le récit de la vie militaire du maréchal, elles reflètent ses impressions de chaque jour, sous l'influence du présent, parfois sous celle du passé. Il revient, en effet, par de fréquents retours pleins d'intérêt et souvent d'élévation, sur les jours agités de sa première jeunesse.

On a dit souvent et avec raison que, pour juger un homme,

il fallait attendre qu'il eût vécu. Quelques lettres du maréchal témoignent à l'avance comment il saura mourir. Le chrétien s'y fait voir même avant l'heure sonnée de la transformation religieuse qui s'opère en lui. Sa foi touche par la simplicité même avec laquelle il en parle.

Le secret de sa mort, grande et simple, est dans cette force, sans laquelle le sentiment du devoir ne suffit plus à soutenir l'homme. Malgré de cruelles souffrances, sa confiance dans la vie égalait son énergie morale. Mais le choléra décimant sous ses yeux la flotte et l'armée, mais l'incendie enveloppant un moment dans ses flammes toutes les ressources du camp de Varna, portent des coups funestes à cette organisation qui dominait les soucis du commandement. La lutte suprême a commencé. Elle remplit tout le mois de septembre qui devait être pour lui si glorieux et si fatal! Ses dernières lettres fourniront la justification touchante de ces paroles écrites pour l'histoire et qui sont à elles seules tout un panégyrique : Le maréchal... *a semblé forcer la mort à attendre qu'il eût vaincu !...*

Parlerons-nous du style général de ces lettres, et s'étonnera-t-on de rencontrer, çà et là, quelques locutions familières dans ces pages rapidement écrites et jamais relues? Elles portent le cachet de leur caractère, celui d'une causerie intime. Mais, nous le croyons, jugée dans son ensemble, cette correspondance est digne de l'homme qui a écrit le discours sur le maréchal Ney, le rapport sur la bataille d'Alma et les adieux à l'armée.

Ad. Leroy de Saint-Arnaud.

LETTRES

DU MARÉCHAL

DE SAINT-ARNAUD

GUERRE DE VENDÉE

(1831-1832.)

Arrivée au 64ᵉ régiment de ligne. — Les chouans. — Gourgé.
Parthenay.

A M. LEROY DE SAINT-ARNAUD, AVOCAT A PARIS.

Brest, samedi 23 avril 1831.

Je n'ai pas voulu t'écrire, cher frère, avant d'avoir pris l'air du régiment et d'avoir quelque chose à te dire d'un peu positif. Je suis arrivé à Brest, mercredi à quatre heures du soir, bien fatigué, je t'assure, et ayant plus d'une fois maudit la route, la lenteur des chevaux, la poussière, tout enfin. Jeudi matin, je me suis mis en tenue et j'ai été voir mon colonel et lui porter la lettre du général Léridant. Le baron de Saint-Aubanet est un homme jeune encore et assez froid; il m'a cependant bien accueilli et m'a accordé de suite la faveur que je lui demandais en le priant de m'incorporer dans le 1ᵉʳ ou le 2ᵉ bataillon, les autres étant souvent détachés et toujours fort mal.

Le lieutenant général Bonnet est en ce moment à Brest et passe l'inspection du régiment. Cette circonstance est favorable pour moi. Si je fusse arrivé quelques jours plus tard j'aurais pu perdre mon rang d'ancienneté.

J'ai passé ces deux jours-ci à faire des visites aux officiers, selon l'usage...

Plusieurs officiers ont fait connaître hautement qu'ils ne sympatisaient nullement avec la révolution de juillet. Quelques bravaches ont fait aiguiser leur sabre en disant qu'ils couperaient les oreilles à ceux qui prendraient la cocarde tricolore, ce qui n'a cependant empêché personne de la porter et de la garder. De tout cela, il est advenu une dénonciation au ministre de la guerre, et, à la suite de cette dénonciation, est arrivé le général Bonnet muni d'instructions secrètes et de pouvoirs particuliers pour inspecter minutieusement le régiment et surtout prendre des renseignements sur l'opinion des officiers. Notre colonel est un chef de bataillon sortant de la garde.

Te rappelles-tu le colonel Gélibert? Eh bien, mon ami, il est commandant de la ville de Brest, et ce qu'il y a de plus étonnant, c'est que la fortune ne l'a rendu ni ingrat ni fier. Il avait vu ma nomination dans le *Journal militaire* et m'attendait tous les jours. Apprenant mon arrivée, il m'a envoyé de suite un adjudant de place pour me dire de passer chez lui.

J'ignorais qu'il fût à Brest et même qu'on lui eût rendu du service. J'étais fort surpris de l'invitation ; enfin j'arrive et je vois le colonel Gélibert qui me saute au cou, m'embrasse deux fois, m'accable d'amitiés, me demande de tes nouvelles, etc. Il m'a fait déjeuner avec toutes les autorités de la ville auxquelles il m'a présenté : le général Desmichel commandant la division, le sous-préfet M. Curel, et le maire. De plus il est lié avec mon colonel et il m'a recommandé particulièrement à lui. Il m'a dit de regarder sa maison comme la mienne, ce dont je n'abuserai pas.

Le vieux général Bonnet nous a tenus quatre heures dans la boue, avec une pluie battante, à faire l'exercice et la petite guerre à une lieue de Brest. Quel temps! quel pays! il pleut sans cesse. Nous sommes rentrés traversés et perdus de boue.

Dis à ma bonne mère[1] que je pense souvent à elle et que je serais bien heureux si elle me mettait quelques lignes dans ta lettre. Je l'embrasse de cœur ainsi que ma sœur[2] et Adolphe[3].

Nous sommes ici dans un vilain séjour. Nous ne savons rien que quatre jours après vous. En général,

---

[1] La mère du maréchal de Saint-Arnaud, restée veuve à vingt-quatre ans, avec trois enfants, dont le Maréchal était l'aîné, épousa en secondes noces M. de Forcade, juge de paix à Paris.

[2] La sœur du Maréchal, dont le nom de Louise reparaît souvent dans les lettres, épousa M. Delattre, et mourut en 1837.

[3] Adolphe est le frère du Maréchal. Né du second mariage de sa mère, il porte le nom de Forcade. Il est aujourd'hui maître des requêtes de première classe au Conseil d'État.

en province, on est bien mécontent des troubles de Paris. Il n'y a qu'une voix pour dire qu'il faut en finir. Si cela se répétait, je ne serais pas surpris de voir les provinces marcher sur Paris. Voilà le résultat de ce que j'ai entendu partout sur la route, et ici cependant nous sommes en Bretagne.

Adieu, mon bon ami, tiens-moi au courant et écris-moi longuement et souvent. Je t'embrasse de cœur.

Ton frère.

AU MÊME.

Brest, 8 août 1831.

Depuis la lettre que je t'ai écrite par mon quartier-maître, et que tu as dû recevoir à présent, cher frère, les affaires politiques ont changé de face. La guerre semble nous menacer, et le premier coup de canon qui sera tiré retentira dans toute l'Europe. Nous avons fait un pas en avant. Nous ne reculerons plus. Au moment où je t'écris nous avons probablement bousculé les Hollandais et dit quelques mots aux Prussiens. Nous sommes ici tellement retirés du monde, tellement arriérés que nous ne savons quelque chose que lorsque les autres ont eu le temps de l'oublier. Aussi c'est sur toi que je compte pour me mettre au courant de ce qu'on dit à Paris, de ce que l'on espère et de ce que l'on craint.

J'ai bien peur que notre malheureux régiment ne reste dans le fond de la Bretagne, ignoré, abandonné. La Vendée donne des craintes ; peut-être veut-on nous y laisser. Ce serait cependant bien impolitique, car nous avons plus de mille jeunes soldats bretons, et certes, en cas de guerre civile, ils ne se battront pas contre leurs frères et leurs amis, mais ils iront bien plutôt grossir leurs rangs : espérons. Si le général Léridant obtient un commandement, je suis sûr d'être demandé ; mais l'obtiendra-t-il ?

Adieu mon cher frère, écris-moi bien vite.

AU MÊME.

Redon, le 15 janvier 1832.

Tu vois, mon bon ami, par la date de ma lettre, qu'au lieu d'être à Rennes je suis à Redon. Arrivé à Josselin, j'ai reçu l'ordre de me rendre ici avec ma compagnie en toute hâte. Les ouvriers charpentiers menaçaient de se révolter. Je suis arrivé hier avec cent vingt hommes, trois mille cartouches, prêt à me battre solidement. Heureusement, car les guerres civiles sont odieuses, nous n'en sommes pas venus là. J'espère même, par ma contenance ferme, imposer assez pour que la tranquillité ne soit pas troublée. Arrivé hier après midi, j'ai déjà fait et envoyé trois rapports à Rennes, au général de Castres, commandant le département, avec lequel je corresponds directement. J'ai travaillé une partie de la nuit et fait des patrouilles l'autre partie. Aussi suis-je harassé, tant par la fatigue que par le chagrin d'avoir quitté ma femme[1].

Je suis ici commandant de place, gouverneur militaire, chef de détachement, tout enfin. Je confère avec les autorités civiles, le maire, le procureur du roi. Le sous-préfet est absent. Mes relations ici seront agréables parce que j'y suis chef...

La guerre paraît plus certaine que jamais. Notre régiment a assez de malheur pour être laissé ici à guerroyer sans honneur contre les chouans. Prie ma mère d'employer tout son crédit pour me faire passer dans un régiment qui soit de l'armée active. Au surplus, si la guerre éclate elle sera assez sérieuse et assez importante pour nécessiter l'emploi de tous les régiments de l'armée.

Depuis Brest nous n'avons cessé d'avoir la pluie sur le dos et la boue jusqu'aux genoux ; tous nos effets sont ruinés par dix jours de marche dans cet affreux pays. En arrivant à Josselin nous avons été témoins presque de l'audace des chouans : à quinze cents pas du bataillon, le juge de paix de Josselin et

---

[1] Le Maréchal venait de se marier. Il avait épousé en premières noces, au mois de novembre 1831, Mlle Laure Pasquier, fille d'un capitaine de vaisseau retiré à Brest.

son greffier ont été attaqués et ont essuyé une décharge de coups de feu qui heureusement ne les a pas atteints. Un des chouans portait en sautoir la capote d'un soldat du 46ᵉ qu'il avait dépouillé. Tout le pays était en rumeur : la garde nationale, la gendarmerie mobile, les détachements de troupes de ligne, sur pied, parcouraient en tous sens la campagne sans rien pouvoir trouver.

Nous avons vu un des chefs de la bande à Mandar ; c'est un homme superbe, il a passé, conduit par la gendarmerie, au milieu du bataillon, et a essuyé avec le plus grand sang-froid les sarcasmes et les imprécations de nos hommes exaspérés contre lui.

De Josselin à Redon, j'ai traversé par des chemins affreux le foyer de la chouannerie. Je marchais sur mes gardes, les armes chargées et prêt à tout. Je n'ai rien vu, rien rencontré. J'ai fait, d'après mes instructions, donner la chasse à un paysan armé qui se cachait de haies en haies. Après une longue et fatigante course dans laquelle plusieurs de mes soldats sont entrés dans l'eau jusqu'au col en traversant un marais, il a échappé à nos recherches. Et c'est toujours ainsi que cela finit, parce qu'on ne peut pas entrer dans les maisons ; la légalité s'y oppose. Voilà la vie que je vais mener à présent, courir après les chouans, maintenir la tranquillité et l'ordre à Redon et faire rapports sur rapports.

Quand je connaîtrai mieux le pays, je te donnerai des détails. Toi, tiens-moi au courant de la politique. Nous n'avons ici que deux journaux, *le*

Constitutionnel au café et *les Débats* au tribunal, chez le procureur du roi.

Adieu, mon bon frère, embrasse bien ma mère, ma sœur et le petit Adolphe[1]. Fais-leur part de ma lettre et dis-leur que je les aime et pense à eux. Mes effets sont à Rennes et n'arriveront ici que dans quelques jours, de sorte que je suis sans linge ni bottes : tout ce que j'avais avec moi est perdu et trempé. Le joli métier ! C'est égal, vive la gloire quand on peut la trouver. Adieu, frère chéri...

AU MÊME.

Gourgé, 19 mars 1832.

Ah ! mon pauvre ami, je suis tombé des cieux dans le fond de l'enfer ! De Redon, où j'étais si tranquille, si heureux près de ma femme ; de Nantes, où j'étais en pays chrétien, je viens de traverser la Vendée, le Bocage et suis maintenant au commencement de la plaine, comme on l'appelle dans ce pays, ainsi que pourrait le faire un Mohican de l'Amérique du sud, c'est-à-dire à la lisière du Bocage.

Mais je veux procéder par ordre et te raconter mon itinéraire de Nantes ici. Je te dirai d'abord que je

---

[1] M. Adolphe de Forcade, qui avait alors douze ans.

ne suis plus pour le moment à ma compagnie. Un capitaine manquait à la 3ᵉ compagnie de mon bataillon, on m'a donné le commandement de cette compagnie jusqu'à nouvel ordre. C'est une marque de confiance que j'apprécie dans les circonstances difficiles où nous nous trouvons.

De Nantes nous sommes allés à Clisson, petite ville extrêmement pittoresque, occupée par le 32ᵉ de ligne ; rien de bien intéressant jusque-là. A chaque pas, on rencontre des patrouilles de soldats commandés par des officiers ou sous-officiers armés à la légère : bonnet de police, veste, grande courroie tenant la baïonnette autour du corps, cartouches dans la poche et fusil en bandoulière ou à volonté, telle est la tenue de l'armée dans toute la Vendée.

De Chollet à Châtillon-sur-Sèvres, pluie battante, boue jusqu'aux genoux, bottes perdues. Mon portemanteau n'est arrivé que dans la nuit.

De Châtillon à Bressuire, foyer de chouannerie, commencement du Bocage, pays de voleurs, car on peut se cacher partout. Là commence l'intéressant. A Bressuire, j'ai été détaché avec ma compagnie à Saint-Porchaire, village connu par les visites de Diot, le fameux Diot, qui se fait appeler général par les quarante chouans qu'il commande. Il était venu deux jours avant manger et boire dans le village, lui, à l'auberge en payant, car il paye partout, et ses gens chez le curé et chez les riches de l'endroit. J'ai recueilli les détails les plus intéressants et surtout authentiques sur ces bandes. Ils ne font de mal à personne jusqu'à présent, excepté un certain Segondi, Corse de nation, déserteur du 1ᵉʳ léger. Diot fait le généreux, sème l'or et donne comme faveur des pièces de Henri V. Lui et sa troupe n'en veulent qu'aux gendarmes, aux gardes nationaux et aux officiers. Dans les rencontres, ils crient toujours : « Tirez sur les officiers. » Mais on se moque d'eux. J'ai vu un chêne derrière lequel était placé un sous-lieutenant du 18ᵉ dans une affaire ; il y a soixante trous de balles dans l'arbre.

Le curé de Saint-Porchaire est un jeune homme de vingt-cinq ans, charmant, plein d'instruction et de tolérantisme. Il est venu me faire visite aussitôt mon arrivée. Je la lui ai rendue après dîner et nous sommes restés plusieurs heures ensemble à discuter sur tous les points de religion et de politique, séparés par un bol de vin chaud auquel il a fait plus d'honneur que moi. Nous nous sommes quittés très-amis ; il m'a promis de venir me voir dans mon cantonnement.

De Saint-Porchaire nous nous sommes dirigés sur Parthenay. C'est le 1ᵉʳ bataillon du 64ᵉ qui couvre de ses soldats les cantonnements entre Bressuire et Parthenay. Nous avons été reçus sur la route par nos camarades... A Parthenay, mon ami, j'ai reçu l'ordre de me rendre de suite dans le trou où je suis. C'est à trois lieues de Parthenay, j'ai cinquante hommes avec moi. Mon sous-lieutenant a vingt-cinq hommes à Lajou, éloigné d'une lieue de moi, et mon sergent, avec vingt-quatre hommes, occupe Maisontiers dans une autre direction. C'est moi qui commande tous ces cantonnements, et mon quartier général est à Gourgé.

La bande de Diot a désarmé mon village il y a cinq semaines ; il rôde dans les environs. Si je le trouve, nous causerons. En attendant, le service est horriblement pénible : toujours en course, jour et nuit, sautant les fossés, les halliers, couchant où l'on se trouve, partant à l'improviste à travers champs. Si les chouans sont aussi fatigués que nous, je les plains.

Gourgé, mon cher Adolphe, est encore plus petit qu'Ormesson[1] : pas de maisons bourgeoises, tous journaliers et pauvres. Le curé, que j'ai vu, est un homme tranquille et sage. Le maire est à l'aise ; c'est un bon paysan faisant un peu ses embarras ; je vivrai en bonne intelligence avec lui. Le juge de paix est riche et n'habite pas Gourgé, son château est à une demi-lieue d'ici, à Orfeil. Les chouans ont voulu y pénétrer il y a quelques jours ; il a montré beaucoup de fermeté et a refusé. J'irai faire une visite chez lui prochainement.

Tu vois, mon cher frère, quelle vie ! Encore, si on trouvait quelque occasion de se distinguer ; mais non, toutes les recherches sont inutiles. Les chouans sont mieux servis que nous. Les paysans, soit crainte, soit sympathie, ne les trahissent jamais. Je ferai mon possible ; mais pourquoi serais-je plus heureux que

---

[1] Village des environs de Paris où le Maréchal a passé avec son frère quelques années de son enfance.

tous ceux qui m'ont précédé et qui, guidés par le même intérêt, y apportaient le même zèle? Cependant les chouans sont serrés de plus près ; il n'y aura bientôt plus dans le pays une seule maison où ils pourront venir faire des provisions, tant les cantonnements seront rapprochés.

Le papier va bientôt me manquer et je ne t'ai rien dit encore pour ma mère et ma sœur. Tu leur liras ma lettre, tu leur diras que je pense à elles, que je les aime et que ma première lettre leur en portera une à chacune. Quand j'écris à l'un de vous, c'est pour tous. Dis-moi un mot de politique, car ici je suis mort au monde. Je n'ai ni livres ni journaux, moi qui les lisais et les commentais tous jusqu'au nom de l'imprimeur. Je ne pourrai plus trouver le temps de faire de même, car j'ai peu d'instants à moi ; juges-en... Il est onze heures du soir ; à minuit, je vais aller moi-même réveiller dix hommes et un sergent. Nous partirons sans bruit et nous irons faire trois et quatre lieues à travers champs, dans les bois, autour des métairies, tombant dans les trous, dans les fossés. Si je t'avais là avec moi, je rirais, mais seul je jure, et tout bas, de peur que mes soldats ne se croient autorisés à en faire autant. Au surplus, cela m'arrive aussi quelquefois le jour, quand je donne audience à mes pensées. Je rêve à tout ce que j'ai de cher au monde, à ma femme, à vous tous, et, croyant vous embrasser, je vais souvent dans un fossé donner un tendre baiser à notre mère commune, qui, par reconnaissance, me salit ou me déchire.

Enfin, c'est comme cela, que veux-tu? c'est la pensée qui nous rapproche, et vous êtes tous là toujours autour de moi. Adieu, mon frère chéri, embrasse bien ma mère, Louise, Adolphe junior, toute la famille. Mon pauvre ami, comme tu as bien fait d'être civil! Il vaut mieux courir après les lois, voire même après les procès, qu'après les chouans. Adieu, je t'embrasse.

AU MÊME.

Gourgé, 15 avril 1832.

Mon bon ami, ton ennemi c'est le choléra. Le mien, à moi, c'est le chouan. Je suis continuellement en course et souvent je rentre après avoir fait dix ou douze lieues de pays. Mes forces physiques se fatiguent, mais le moral remonte la machine.

Il y a quatre jours, j'ai entendu enfin siffler les balles chouanes. Une douzaine d'elles ont passé bien près de moi. Nous étions dans un bois très-fourré. Tout à coup nous sommes avertis du voisinage des chouans par une décharge et par les éclats d'arbre et de branches qui viennent me frapper au visage. J'ai eu la lèvre coupée par un éclat. Personne n'a été touché. J'avais vingt-six hommes, nous nous sommes élancés dans la direction; impossible de courir à travers les ronces et le fourré. Nous n'avons rien vu, rien, mon cher.... J'ai battu le pays toute la journée. Je suis revenu bivouaquer la nuit à l'endroit où nous avions essuyé leur feu, en embusquant des hommes à l'entour, rien. Je suis resté trente heures absent sans rien dans le ventre, la pluie sur le dos et avec des coups de fusil partis du diable. Ces gens-là courent plus vite que des lièvres. Tant qu'on ne pourra pas entrer dans les maisons, on ne prendra rien. Pendant que nous les traquons, ils sont aux fenêtres qui nous regardent passer et nous rient au nez. Avec la légalité, la tolérance et le juste milieu, nous serons décimés ici sans en avoir un.

Le 12 et le 13, le régiment a fait deux battues générales dans les bois d'Amailhou, de la Chapelle-Saint-Laurent, etc... Parti chaque jour à deux heures du matin, je ne suis rentré qu'à sept heures du soir. Le 13, on a annoncé l'arrivée du général Solignac. Tout le régiment était échelonné sur la route et la battait parallèlement pour éviter toute embuscade. Il n'y avait rien de beau comme le coup d'œil que présentait la route de Chiché à Parthenay, avec des bivouacs de distance en distance dont la flamme s'élevait parfois à plus de dix pieds. Le général a voulu parler en particulier à chaque commandant de compagnie et lui donner ses instructions et ses ordres. Je suis le seul lieutenant du régiment qui commande une compagnie. Il m'a complimenté sur ma manière de servir.

Aussitôt rentré chez moi, quoique exténué de fatigue, traversé, car au bivouac je me séchais d'un côté et je me mouillais de l'autre, j'ai pris de suite des mesures et j'espère qu'elles seront couronnées de succès. Avant quinze jours, j'aurai la peau de quelques-uns ou j'y perdrai mon nom. Ces coups de fusil que j'ai entendus sans pouvoir les rendre m'ont fait dresser les oreilles comme à un vieux chien de chasse au repos depuis longtemps. Maintenant, je suis enragé.

Il y a une bande de six qui rôde toujours autour de Gourgé. Elle est commandée par Segondi, ce Corse déserteur du 1er léger. Ils sont dans les bois comme des loups et ne sortent que pour piller. Ce n'est pas cette bande-là qui m'a tiré dessus ; c'est une autre, commandée par Robert et forte de quinze hommes. Elle est à trois lieues d'ici ; l'autre est quelquefois à une demi-lieue. Quand je suis d'un côté, ils sont de l'autre. Patience, nous verrons.

Demain sera un grand jour pour moi. Je saurai oui ou non si je réussirai à les avoir. Si j'ai du succès, je te l'écris sans perdre une seconde. Tes pistolets, dont je te remercie mille fois, les verront de près et j'espère qu'ils se feront sentir. Je ne tirerai qu'à trois pas. J'ai trouvé tout ce que tu m'annonçais, excepté la boîte de capsules ; mais je puis aisément m'en procurer. J'ai soixante-quatre balles fondues ce matin, de la poudre et des capsules en masse. Avec cela et un peu de bonheur on peut marcher. Quel brave homme que le général Solignac ! il est resté un quart d'heure à mon bivouac avec le général Mocquery. Il a paru très-satisfait de mes réponses et a demandé mon nom au colonel, qui, lui-même, paraissait content, car il rit quand la lune tousse, et il m'a souri en me disant que je pouvais regagner mon cantonnement.

Mon ami, quel métier! Se battre tous les jours donne du courage, donne de la besogne à l'imagination, on pense à ce que l'on a fait, à ce que l'on fera encore; mais courir à travers bois et champs, s'abîmer, se déchirer, recevoir des coups de fusil sans en rendre, s'attendre à en voir partir de chaque haie, de chaque pâté d'arbres et se dire je mourrai sans vengeance, il faut plus que de la philosophie... Tiens, cela rend cruel. Qu'ils ne me tombent pas sous la main, car ils payeront pour tous. Une poignée de chouans occuper trente mille braves... quel siècle! quel gouvernement! Et ce brave roi qui souffre cela. Il ne le sait donc pas? Mais qu'on le lui dise. Qu'on donne quinze jours carte blanche à chaque chef de cantonnement, et dans un mois pas un chouan ne désolera notre belle patrie. Ils sont dans les maisons; on ne peut y entrer. Comment les prendre? Crois-tu que toutes ces réflexions, tous ces obstacles dont on barre notre chemin ne soient pas faits pour décourager? Et cependant Dieu sait si je le suis. Ne dis pas un mot de cela à ma femme. Dans mes lettres je ne lui parle que de courses, de fatigues, mais nullement de dangers; du reste ils ne sont pas bien grands.

Adieu, mon ami, donne-moi promptement de tes

nouvelles. La lettre que j'ai trouvée dans la caisse est du 6 et nous sommes le 15. C'est trop longtemps sans écrire par le temps qui court.

AU MÊME.

Gourgé, 18 avril 1832.

Ta lettre m'a bouleversé. Comment, ma Louise chérie a reçu une atteinte du choléra? J'ai besoin de relire cent fois qu'elle est hors de tout danger. Je t'en prie, écris-moi courrier par courrier et dis-moi comment elle va...

J'écarte ces images que tu as fait naître par ta lettre et qui me font mal. J'ai besoin de toute ma tête, de toute ma force. Je frappe demain jeudi, 19, un grand coup. Je viens d'expédier mes ordres aux détachements que je commande, toutes mes mesures sont prises, et j'espère joindre ce Corse, effroi du pays et sa bande; j'ai un émissaire qui me conduit et me guide, je connais les endroits où il se réfugie, je les fais battre et occuper toute la journée, et moi-même je tombe sur la seule ferme que je lui ai laissée pour asile. Je médite ce coup depuis longtemps, aussi n'ai-je jamais envoyé de troupes, de patrouilles de ce côté. Demain il me verra pour la première, et, je l'espère pour la dernière fois ; je lui enverrai quelques-unes des balles que j'ai reçues de toi.

Mon expédition devait avoir lieu hier, mais je reçus des ordres supérieurs la veille pour me rendre dans les bois d'Oroux. Je partis de Gourgé à onze heures du soir, et ne rentrai que le lendemain à trois heures après midi. J'ai battu en tous sens cette forêt ; j'ai bivouaqué au centre. Il y avait, à ce qu'on assure, une bande de quinze chouans commandée par Robert et Mercier. Ces bois appartiennent à la duchesse de Berry.

Ce chouan dont ma femme te parle dans sa lettre, est une capture que j'ai faite lors de la première battue du régiment ; je la croyais importante, et elle s'est réduite à zéro. C'était un paysan que j'avais déjà fait sauver d'un bois à la pointe du jour. Il m'échappa à travers le fourré ; deux heures après je l'aperçus dans un champ ; il était armé d'un fusil et se baissait en se glissant le long des haies pour n'être pas vu. En un moment les gendarmes lancèrent leurs chevaux et nous nos jambes sur lui. Les chevaux vont mal dans les bruyères, les fossés et les haies ; aussi la cavalerie est restée en arrière. J'ai suivi mon individu à la course, franchi les haies et les halliers derrière lui, et lui ai fait sentir la pointe de mon sabre légèrement dans le dos, en l'invitant à s'arrêter. Il se rendit sans façon. Son fusil était chargé de plomb n° 1, mais il avait deux balles sur lui ; il les prétendit destinées aux loups ; bref, il fut lié, conduit à Parthenay, et relâché deux jours après par le procureur du roi, attendu que ce n'était pas un chouan, mais un paysan connu, et seulement coupable de contravention en portant un fusil. Je croyais t'avoir fait part de cette prouesse de mes jambes, c'était probablement à ma femme. Tant que je n'en trouverai que comme cela, je ne serai pas décoré. Demain nous verrons.

Aujourd'hui je me repose, c'est-à-dire mes jambes se reposent. Je suis levé depuis cinq heures et demie et je n'ai cessé d'écrire que pour déjeuner. J'ai repris ensuite, et j'en ai jusqu'à ce soir dix heures.

Tes vacances de Pâques vont te donner de la liberté. Profites-en pour m'écrire un peu plus longuement. Parle-moi de politique. Le choléra l'aurait-il tuée aussi? Ne s'en occupe-t-on plus? Moi, l'avenir m'effraye. Dans ce pays, il est horrible ; on n'ose y penser. Il faudrait bien peu de chose pour le soulever tout entier. Si les grains continuent à augmenter, il y aura quelque catastrophe. On parle de bruits et de coups de fusil à Nantes entre la troupe et le peuple pour qui la garde nationale aurait pris parti. Où en sommes-nous? Partout de petites guerres civiles. N'aurons-nous donc jamais une bonne guerre à l'extérieur?

AU MÊME.

20 avril 1832.

Eh bien! mon ami, j'ai encore manqué la bande de chouans qui m'occupe à chaque instant du jour et de la nuit. Mes mesures étaient cependant bien prises ; mon colonel avait eu la bonté de les approuver, de les louer même. Il faut que ces chouans aient des intelligences avec le diable. N'importe, je ne perds ni l'espoir ni le courage, et je ne leur laisserai ni repos, ni trêve. Tu as vu, par la lettre que j'écris à ma mère, quel nouvel espoir me sourit ; mon colonel n'est pas homme à dire des choses en l'air. En cas de réussite, je pourrai dire que je suis quelquefois un heureux individu. A peine lieutenant, quand tant d'autres le sont depuis des années, me trouver capitaine, ce serait charmant. Eh bien! mon ami, j'ose dire que cette faveur, si je l'obtiens, ne fera crier aucun de mes camarades, parce que tous m'aiment, et tous savent aussi que j'en suis digne. Cette idée me fait presque autant de plaisir que la place.

Demain, samedi saint, je recommence une battue dans deux bois sur lesquels j'ai quelques soupçons... Le choléra s'en va-t-il? Envoie-le-nous, nous le ferons courir après les chouans. Adieu.

AU MÊME.

Gourgé, 22 avril 1832.

Je reçois, mon ami, le fruit de tes loisirs de la semaine sainte...

Notre régiment a manqué un bon coup. Le vendredi saint les chouans de ce pays ont eu une assemblée générale. Tous les chefs y assistaient : Diot, Robert, Segondi, etc., au nombre d'environ quarante à soixante. La réunion avait lieu dans une ferme à trois lieues de Parthenay, sur la route de Saint-Maixent. Le hasard voulut qu'une patrouille de huit voltigeurs commandés par un caporal passât devant la ferme et voulût y entrer. On s'y oppose ; ils insistent ; une femme s'élance, le pistolet au poing, et le place sur la poitrine d'un voltigeur. Le voltigeur s'en débarrasse d'un coup de crosse, se précipite dans la ferme. Aussitôt de toutes les fenêtres, de toutes les portes partent des volées de coups de fusil. Un voltigeur tombe mort d'une balle dans la poitrine, un autre a la main traversée ; ils ripostent cependant au feu avec ardeur. Les chouans filent par une porte de derrière, et le caporal, en voyant leur nombre quintuple de celui de ses hommes, ne les poursuit pas et se contente de tirailler. Ils croient en avoir blessé plusieurs. Pas un n'est resté. Le caporal a saccagé la ferme, saisi tous les habitants et les a conduits garrottés à Parthenay. Avoue que nous ne sommes pas chanceux. Si ce détachement eût été commandé par un officier et fort de quelques hommes de plus, nous pouvions prendre d'un coup de filet toute la bande. Ah! si j'eusse été avec les huit hommes, ou j'y serais resté, ou j'en aurais eu quelques-uns. Ainsi, le jeudi et le samedi, je battais tout le pays, je fouillais partout, et le vendredi ils étaient tranquilles dans une ferme à manger un mouton.

Un autre trait de Diot dans un autre genre. Il y a deux mois, trois hommes entrent la nuit dans la ferme de Checay, à Lorge-Boisseau ; ils font lever Checay et le forcent à leur donner six louis. Checay les donne et le lendemain se réfugie à Saint-Loup, laissant sa femme soigner la métairie. Quelque temps après, deux hommes se présentent chez lui, demandent à sa femme combien on a exigé d'elle. Elle refuse d'abord de le dire. Enfin, pressée par les deux individus qui s'annoncent de la part de Diot, elle dit la somme. Ils la lui rendent au nom de Diot, en engageant Checay à rentrer chez lui ; que jamais on ne l'inquiétera. Checay ne s'y fie pas ; il va de temps à autre chez lui, mais n'y couche pas. C'est de lui-même que je tiens le fait.

J'espère que ma sœur et Delattre se remettront promptement de l'assaut qu'ils ont supporté. Embrasse-les tous les deux pour moi, ainsi que le petit Adolphe, qui ne veut pas du choléra pour camarade de jeux ou de classe...

AU MÊME.

Gourgé, 29 avril 1832.

J'éprouve de grandes douleurs d'entrailles, un malaise général, une soif inextinguible et une tristesse à me bâiller au nez vingt fois par minute. Impossible de se bien porter avec la guerre infernale que nous faisons. Lorsque l'on est harassé de fatigue, mouillé de sueur et de pluie, déchiré par les ronces et les épines, dormant en marchant tant on est épuisé, et tout cela pour rien, quel est le saint qui n'aurait de l'humeur et ne se ferait de la bile !

Depuis l'affaire du 20, dont tu as reçu quelques détails incomplets, mais que je vais t'achever, nous sommes sur pied jour et nuit. Tu sais, d'après ma dernière lettre, que nos voltigeurs se sont battus comme des Français de Napoléon. Forcés de se retirer devant des forces trop supérieures, ils ont quitté, après un long combat, un champ de bataille qu'ils présumaient avoir arrosé du sang de plusieurs chouans. Ils ne se trompaient pas. Le lendemain au soir, une paysanne passant près d'un champ de genêts entend des plaintes ; elle se dirige du côté d'où elles partaient et trouve un homme étendu par terre, la cuisse entourée d'une serviette teinte de sang. L'individu la menace de lui brûler la cervelle si elle ne lui donne du pain. La pauvre diablesse lui promet de lui en rapporter de suite, mais elle court avertir la gendarmerie, qui empoigne mon chouan. C'était mon ami le Corse Segondi. Amené à Parthenay, il a fait des révélations importantes. On est retourné à la ferme, on y a saisi des armes, des papiers et des blouses noires d'uniforme chouan, destinées à habiller les nouvelles recrues sur lesquelles ils comptent. Segondi porte une casquette noire avec un gland en or et un ruban blanc, bleu et vert. On lui a coupé la cuisse. Il a déclaré que dans l'affaire du 20, Diot et Robert étaient présents ; que c'était lui qui commandait le feu, qu'il y a eu deux chouans tués qui ont été enterrés dans un lieu qu'il a refusé d'indiquer, et trois autres blessés ; il en est un. Il est furieux contre ceux qui l'ont abandonné. La prise, comme tu le vois, est importante. Toute la bande s'est dispersée.

Le lundi de Pâques, 23, j'apprends qu'ils sont dans les bois d'Oroux et de Saurais. J'y cours avec trente hommes : il était dix heures du matin. Je bats les bois, les fermes, tous les coins jusqu'à minuit. J'arrive exténué à deux heures du matin à Gourgé et j'y trouve l'ordre de me porter à trois heures du matin, avec ma compagnie, sur le Thoué, de suivre son cours et de garder tous les ponts, passages et gués praticables. Je repars et ne rentre qu'à cinq heures du soir. Toute la journée la pluie sur le dos, et dans les prés où j'étais obligé de rester les pieds dans l'eau jusqu'à la cheville. Je me repose le mercredi, et le soir je reçois une lettre particulière de mon colonel qui m'annonce que Robert a été vu

à cheval, avec neuf chouans à pied, menant un des
leurs blessé dans la journée du 20, qu'ils pansent
eux-mêmes et que leur marche en est retardée. Il me
dit qu'il compte sur ma compagnie et m'indique les
bois que je dois battre et les villages que je dois occuper. Je pars jeudi à deux heures du matin avec
quatre-vingt-dix hommes munis de pain pour deux
jours. Mon ami, toute la journée de jeudi et tout vendredi, je n'ai fait que courir à travers les bois les
plus touffus et les plus difficiles. J'ai fouillé dix-huit
métairies dans un rayon de quatre lieues dans les
forêts de Mayotte, d'Oroux, d'Autun, de Saurais et
de Senilly. Je ne m'arrêtais que pour donner un peu
de repos à mes hommes et les laisser manger. J'é-
tais obligé d'employer la menace pour forcer les
paysans à nous servir de guides, un enfant que je
prends jeudi pour guide et que je paye est battu par
son père en rentrant. Oh! je le lui ai bien rendu.
Enfin je suis rentré vendredi à minuit, ramenant
deux sergents malades au premier degré du choléra, la diarrhée, la fièvre, le teint jaune et la peau
froide. Aujourd'hui ils sont bien. Moi, je suis malade,
mais moins qu'hier, et demain, si je couche dans mon
lit le soir, je serai bien. J'ai un peu de fièvre maintenant. Tout cela est le résultat de la fatigue; mais
quelle guerre! quelle guerre insupportable! Si l'on
se battait, si l'on se tirait des coups de fusil, passe
au moins, cela reposerait. Espérons toujours, il n'y a
que cela qui nous soutienne; car, pour mes pauvres
jambes, elles ne me soutiendront bientôt plus. Je

suis tellement habitué à les remuer que, même en rêve, je marche. Je suis comme le Juif errant.

Si tu n'as pas encore expédié le petit paquet que tu m'annonces, fais-moi le plaisir de te procurer une carte du département des Deux-Sèvres très-détaillée. Que les bourgs et les villages y soient. Ne la prends pas, si tu ne vois pas près de Parthenay, Gourgé, Lajou, Maisontiers, lieux où je commande. Ce n'est qu'à Paris qu'on peut se procurer une telle carte et tu dois penser de quelle utilité elle me sera pour combiner mes mouvements et établir mes plans. Je n'ai qu'un espoir, c'est que les chouans repasseront le Thoué, quand ils auront été bien chassés du côté de la Ferrière, Saurais et la Meilleraye, et qu'ils viendront se réfugier encore dans leur ancienne retraite, les bois de Viennet, de Latouche, du Presson et des Viallières d'où je les ai chassés. Tu pourrais voir ces positions sur la carte. Les routes de Partenay à Poitiers, de Parthenay à Bressuire et à Saumur et le cours du Thoué, sur lequel je suis, moi : voilà nos lignes d'opération. Maintenant les chouans sont à deux lieues et à droite de la route de Parthenay à Poitiers près de Saint-Maixent. L'affaire du 20 a eu lieu dans une ferme appelée Lamonière, dans les bois de Beaulieu. Ils étaient le 25 dans la commune de Pompaire. Suis tout cela sur la carte. Ils se tiennent dans cinq ou six forêts qui se touchent et où le diable ne saurait les trouver.

Le jour de Pâques, j'ai été à l'enterrement de la femme du maire de Gourgé, morte en couche à l'âge

de trente ans. Mon Adolphe, je pensais à vous, à ce
choléra qui vous menace, à ma femme enceinte. Les
pleurs me suffoquaient, je suis rentré chez moi où
j'ai eu une attaque de nerfs. Voilà la première cause
de mon malaise. La raison et la philosophie ont com-
battu et triomphé. Mais que veux-tu? depuis que
marié, bientôt père, je sens toutes les obligations que
j'ai contractées ; depuis que j'ai acquis une valeur
pour ceux à qui ma vie est utile, j'ai la faiblesse d'y
tenir plus que je ne faisais autrefois, quand je l'aurais vue me quitter avec joie. Cela ne m'empêcherait cependant pas de l'exposer mille fois le jour
avec sang-froid pour la gloire et le roi que je crois
nécessaire à mon pays. Je courrais sur le danger
demain à le faire fuir loin de moi. Je n'ai pas assez
de bonheur pour qu'il se présente. Je le cherche cependant bien. Embrasse ma bonne mère.

AU MÊME.

Gourgé, 15 mai 1832.

A quoi pensez-vous tous de me laisser dans une
inquiétude aussi affreuse? Voilà plus de quinze jours
que je n'ai reçu une ligne de vous. Est-ce dans de
pareilles circonstances que vous devez me laisser

sans nouvelles? Le choléra, quoique beaucoup diminué, règne toujours à Paris.

J'ai du noir dans l'âme; et qui n'en aurait pas par le temps qui court? On n'ose plus regarder devant soi de crainte d'y voir trop clairement de grands malheurs, derrière soi l'on voit des fautes, autour des révoltes, la paix nulle part, la guerre civile imminente et déjà commencée en certains lieux. Je n'ose plus lire les journaux, tant ils me révoltent et me dégoûtent. Où allons-nous? le sais-tu, toi? Pour moi, je l'ignore.

Les esprits sont partout dans une telle effervescence, que si une révolution éclate, elle sera plus sanglante que 93. A Paris vous ne voyez rien. Il y a quelques jours un bon fermier demeurant à une lieue de Gourgé, près des bois, est arrivé dès le matin chez moi tout consterné. C'est un bon homme tout à fait inoffensif, un vrai juste milieu tendant cependant vers la légitimité. Il avait en se levant trouvé sous sa porte une lettre ainsi conçue : « Nous t'avions
» jusqu'à présent cru de notre bord. Tu as eu des
» conférences avec l'autorité militaire à Parthenay.
» Ta tête est mise à prix, vingt-cinq louis pour celui
» qui nous l'apportera et quarante à partager entre
» ceux qui l'apporteront. Tremble..... Signé les
» Chouans. » J'ai eu cette lettre entre les mains et je l'ai de suite envoyée au colonel. Pendant plusieurs nuits j'ai été m'embusquer autour de la demeure du pauvre homme, mais je ne puis y passer ma vie. J'ai fini par le laisser en lui persuadant de ne pas s'ef-

frayer des menaces qu'on ne mettrait jamais à exécution. Mais qu'est-il arrivé? Tous ses domestiques mâles et femelles, effrayés de l'anathème, l'ont quitté, abandonné! Il est là seul avec sa famille consternée et absolument comme eût été un excommunié il y a trois siècles. Personne ne veut l'aider à travailler ses terres. Il est ruiné, perdu. Qu'en dis-tu? *Ab uno disce omnes.*

Mon ami, je t'en prie, aussitôt ma lettre reçue, hâte-toi de m'écrire, ne fût-ce que deux lignes pour me rassurer sur votre santé à tous, je ne serai pas tranquille jusque-là.

AU MÊME.

Gourgé, 1er juin 1832.

Je ne sais à quoi attribuer la manière dont les journaux rendent compte des affaires de la Vendée. Je suis à me demander comme Figaro : Qui trompet-on ici? Nous faisons une guerre affreuse et plus fatigante qu'on ne saurait le dire. Nous sommes à chaque instant menacés d'être attaqués dans nos cantonnements et enlevés. Deux cantonnements ont été attaqués pendant la nuit et les chouans ont été obligés de se retirer. C'est à trois lieues de Gourgé. Je me garde militairement; toutes les nuits je suis sur pied, je fais des rondes et je prête l'oreille, et suis toujours armé et prêt. J'ai été cinq nuits sans me coucher et je ne me jette sur mon lit que le jour. Le 29 nous avons tué un chouan, il avait trente-six balles sur lui et le contrôle des hommes de deux cantonnements. Tu vois comme nous sommes trahis. Les paysans murmurent et se lèvent ; beaucoup ont rejoint les bandes. J'ignore quel est le sort qui nous attend, mais nous sommes déterminés à nous battre jusqu'à l'extrémité. Tous les officiers sont à l'index, moi j'ai l'honneur d'être surtout désigné et marqué à l'encre rouge. Mon activité, l'acharnement que je mets à les poursuivre, m'a valu naturellement l'honneur d'une haine particulière ; ils m'en ont fait prévenir en me disant que si je quittais Gourgé, j'étais mort, ce qui ne m'empêche pas de courir après eux. Le colonel vient de me donner avis de faire faire une veste de soldat et d'avoir à mon bonnet de police un gland en laine. Je leur rends coup pour coup ; jusqu'à présent ils m'en doivent. C'est une chose hideuse qu'une guerre civile, elle aigrit, rend cruel, fanatique.

AU MÊME.

Gourgé, 22 juin 1832.

Et toi aussi, mon bon ami, tu t'es battu ; presqu'au même moment nous faisions tirer des coups de fusil,

nous exposions notre vie... Quand j'ai eu lu ta lettre
et que j'ai été bien convaincu que la fatigue une fois
passée il ne te resterait que la gloire d'une belle conduite, je me suis senti pris d'un rire fou à l'idée de
te voir dans un corps de garde commander quarante
hommes de ligne ; je me suis représenté mon grave
petit frère, toujours doux, posé, tranquille, opposant
tout cela à la brusquerie énergique d'une soldatesque
plus difficile à gouverner encore quand elle sent
qu'on a besoin d'elle et qu'elle expose sa vie. Nous
voyons cela tous les jours ici.

Depuis l'état de siége je ne sais plus où donner
de la tête, jour et nuit je suis occupé... Cependant
les affaires paraissent s'arranger. Avant-hier, à minuit, j'ai reçu une dépêche du général Solignac, qui
m'annonçait que quatre mille chouans s'étaient rendus, et que beaucoup de chefs se préparaient à en
faire autant. Déjà beaucoup ont proposé une capitu-
lation qui a été refusée. On les veut à discrétion...
Depuis quelques jours on ne se bat plus par ici ; tous
les chouans sont partis du côté de Vitré. Ils nous reviendront au premier moment. On parle de mouvements dans le Morbihan. La duchesse de Berry, dit-
on, se dirige de ce côté ; quelques-uns la disent dans
le Marais, d'autres la prétendent embarquée. S'ils la
trouvent, ils seront plus embarrassés que moi.

Je crains bien d'être obligé d'aller à Niort pour
l'affaire du 23[1]. Acteur très-actif, captureur d'un

---

[1] La lettre dans laquelle le Maréchal rendait compte de cette affaire n'a pas été retrouvée.

prisonnier important, ma déposition ne sera pas sans intérêt. Cependant ce voyage ne me sourit guère. J'ai reçu, en même temps que la tienne, une lettre de ma femme qui m'a fait de la peine. La pauvre petite, sur des rapports, des lettres écrites à des habitants de Brest qui me font l'honneur de s'occuper de moi, me croit blessé à la tête. Je me suis hâté de la détromper en lui faisant promettre de ne croire à rien, pas même à ma mort, que quand je la lui annoncerais moi-même.

Je vais me jeter sur mon lit et tâcher de rêver que je suis au milieu de vous tous, avec ma femme, entre Louise et toi...

AU MÊME.

Gourgé, 1er juillet 1832.

....∴ Le sous-préfet de Parthenay m'a donné sa parole de me faire nommer capitaine si je parvenais à prendre un chef de bande nommé Bory, dont la maison est à deux lieues de Gourgé. Je l'ai déjà blessé de deux coups de feu, mais légèrement. Il m'a échappé deux fois, gare à la troisième. Je le veille de près; si je le manque, je ne crois pas que d'autres l'attrapent. Il m'a fait passer bien des nuits blanches et une entre autres perché sur un arbre. Dix hommes que j'avais avec moi étaient aussi perchés autour du même champ où devait se tenir un conciliabule d'une vingtaine de chouans ; ils furent sans doute prévenus comme à l'ordinaire, car ils ne vinrent pas.

Le désarmement est bientôt terminé, j'ai envoyé pour ma part plus de cinq cents fusils au colonel. Quelques bandes ont reparu de nos côtés. Dimanche dernier douze chouans étaient dans un champ de blé à une lieue de Gourgé. Averti de leur présence, je pars au pas de course, je les ai poursuivis pendant quatre lieues et perdus dans la forêt de Mayotte. Quarante ont été vus, dit-on, d'un autre côté. On dit aussi qu'une bande s'est approchée la nuit jusqu'à mes avant-postes. Mes sentinelles n'ont rien vu, rien entendu. Je le crois, car ils se glissent derrière les haies comme des serpents. S'ils veulent tenter un coup, c'est de mon côté qu'ils le feront, car je forme l'extrême droite de nos cantonnements. Le poste le plus rapproché est à deux grandes lieues. Je couvre Parthenay et tout le pays sur la rive droite du Thoué. Ma position est importante, dangereuse et je l'aime pour ce motif.

Ce maudit choléra revient à Paris. Il est à Brest. Que de sujets d'alarmes ! Heureusement ma femme ne paraît pas le craindre. Vous autres, vous êtes aguerris, c'est beaucoup.

AU MÊME.

Gourgé, 12 juillet 1832.

...... Ma présence va devenir moins nécessaire au régiment. Un capitaine va être nommé à la compagnie que je commande et je retournerai à la mienne où nous sommes au complet et où l'on se passe de moi depuis cinq mois. Je quitterai cette compagnie avec regret, je l'avais formée. Je l'avais trouvée désorganisée ; maintenant les ordres du régiment donnent des éloges à sa belle tenue et à son administration. Il y avait quelques mauvais sujets, j'en ai envoyé deux aux compagnies de discipline. Un a été tué, un autre condamné à deux ans de prison. Au feu j'irais partout avec ces jeunes soldats qui n'écoutent que leur ardeur, ne connaissent pas le danger et l'affrontent gaiement.

Le choléra ne veut donc pas vous quitter ? Ici, nous en sommes entourés et nous en rions, ou pour mieux dire, nous n'y pensons pas. Les bains et les fruits sont contraires. Je me baigne et je mange du dessert parce que je l'aime et qu'ici il est à bon marché. Dans le Levant, la peste a passé bien souvent à mes côtés[1] sans me coudoyer ; il en sera de même du choléra. Je n'ai pas le temps de mourir, et encore moins d'être malade.

[1] Le Maréchal avait fait un voyage en Orient, en 1822 et 1823.

Nous venons de recevoir de la division l'ordre d'envoyer des garnisaires chez les pères et mères des réfractaires ou des individus faisant partie des bandes. Les soldats chargés de cette mission seront nourris et recevront un franc par jour jusqu'à reddition de l'individu et de ses armes. Voilà le premier acte du gouvernement du comte d'Erlon. Je le crois bon. C'était le moyen employé sous l'empire; il a réussi complétement. Toi, Monsieur l'avocat, tu vas crier à l'arbitraire, à l'illégalité, mais il faut en finir. Laisserons-nous tout un pays tourmenté par une poignée de chouans, le commerce détruit, la confiance nulle, la tranquillité, la sécurité perdues? Cela est impossible, il faut en finir...

AU MÊME.

Parthenay, 5 octobre 1832.

Mon bon ami, je t'écris deux lignes à la hâte. Je viens de recevoir l'ordre de prendre le commandement d'une colonne mobile de cinquante hommes. Je serai plus de quinze jours absent et hors de possibilité de te donner de mes nouvelles et de recevoir des tiennes, car je serai toujours par chemin le jour, et la nuit dans les bois, en embuscade, tantôt d'un côté, tantôt de l'autre, partout et nulle part, couchant dans les granges, mais toujours habillé, cherchant un repos de quelques heures et repartant à la hâte, tâchant de tromper l'ennemi par des marches et des contre-marches. Le colonel veut me mettre en avant et me présenter au général inspecteur à la tête de ma colonne, débouchant d'une forêt sur son passage : petit coup de théâtre qui l'amuse. Tout le monde prend de l'intérêt à la réussite de mon expédition.

AU MÊME.

Amailhou, 13 octobre 1832.

J'ai reçu ta lettre, mon bon ami, au milieu de mes opérations de colonne mobile... Voilà le huitième jour que je bats les bois et les champs, faisant mes dix, douze et quelquefois quinze lieues et couchant, pour me reposer, dans des granges, enterré dans la paille ou le foin comme cela se trouve.

Le colonel m'a présenté au général Meunier. J'ai déjeuné avec lui jeudi. Lundi je le verrai encore. Le général m'a fait beaucoup de compliments.

Tu rirais trop de me voir par les grands chemins à la tête de mes quarante hommes. Figure-toi un individu à barbe longue, moustache hérissée, veste de soldat, pantalon retroussé au-dessus de la botte, casquette recouverte en toile cirée pour la pluie, carnassière renfermant chemises, bas, cartouches, poudre, brosse à tête, rasoirs, papier de comptabilité, etc., ceinture où sont attachés tes pistolets, fusil à deux coups, et, pour compléter le tableau, sifflet attaché par un cordon à la boutonnière ; c'est avec cela que je fais manœuvrer mes hommes. Voilà ton pauvre frère ; son oreiller, c'est sa carnassière ; son lit, c'est le foin ou la paille ; mais il est temps que cela finisse, et j'ai encore huit jours avant de terminer mon expédition mobile ! Oh ! que je connais bien ce maudit département ! Je l'ai parcouru en tout sens. En allant coucher auprès de Chanteloup, il y a quelques jours, j'ai trouvé un de nos anciens camarades du lycée Napoléon, Olive. Te le rappelles-tu ? il était chez Patrice et en mathématiques. Il m'a mené souper chez lui, et nous avons causé souvenir de gamins...

AU MÊME.

Parthenay, 21 octobre 1832.

Me voilà, mon bon ami, revenu de ma campagne sans gloire, mais avec beaucoup de fatigues. La première nuit que j'ai passée dans mon lit m'a semblé si bonne, si délicieuse, que pour mieux en jouir je n'ai pas dormi du tout. Le bruit de la paille s'affaissant sous moi, le trot des rats et des souris courant près de ma tête, le chatouillement du foin pénétrant dans mon cou et mon pantalon, tout cela me manquait. J'avais fini par m'y habituer. Les bandes de chouans croisent le pays, les colonnes mobiles le croisent aussi. Comment se fait-il que les colonnes se rencontrent et ne rencontrent jamais les chouans? C'est que l'on nous déteste et qu'on les aime, c'est que tout les sert, et tout nous nuit. Nous n'aurions pour nous que le hasard, le bonheur, et il ne leur plaît pas d'être avec nous. Dans mes longs quinze jours, je n'ai fait qu'une chose : j'ai trouvé une de leurs *caches*. Comment trouver des gens qui vivent dans les entrailles de la terre ? Figure-toi au milieu des terres, dans une palisse entre deux champs, un gros et large chêne dont le tronc, d'à peu près huit pieds d'élévation, est creusé jusqu'au sol. Imagine-toi un trou de quatre pieds de long, et si étroit qu'un homme aussi maigre que moi est obligé de se roidir et d'entrer en rampant, les pieds en avant, de se laisser glisser, et la pente vous conduit à un souterrain long de six pieds, large de cinq, et trois pieds d'élévation, creusé sous terre. Des planches posées en long et croisées par deux fortes solives empèchent la terre de s'écrouler sur leur tête et forment un plafond. Six pouces de paille hachée par un long service, voilà leur lit. Cinq hommes peuvent vivre là couchés, étendus, car à genoux même il faut baisser la tête. Voilà, mon ami, où je suis descendu seul, le pistolet dans les dents. Malheureusement ils n'y étaient pas ; je n'ai trouvé qu'un soulier, un chandelier en bois grossièrement taillé, une pipe, des verres cassés, un pot destiné à recevoir des confitures, de vieux chiffons, probablement pour nettoyer leurs armes. Les malheureux jouaient aux cartes, car j'ai reconnu plusieurs drogues. Ne les trouvant pas, j'ai tout laissé dans le même état pour me réserver la chance de les y reprendre, en ne leur donnant pas à soupçonner que leur repaire était découvert. J'y suis revenu le soir, j'ai embusqué mes hommes et j'ai passé la nuit dans leur trou. Oh ! mon ami, quelle nuit ! quelle horreur! une odeur méphitique, pas d'air, entouré de mille espèces de mouches qui dévorent, et malgré tout, j'y aurais passé dix nuits si j'avais été sûr de les prendre. J'y suis revenu à toute heure du jour et de la nuit, toujours sans succès. Les paysans nous auront aperçus rôder et leur auront dit que leur cache était découverte. Ils n'y retourneront plus. J'avais cependant bien pris toutes les précautions que peuvent suggérer la prudence et la ruse.

Lundi dernier, 15 octobre, le général Meunier nous a donné notre drapeau et a distribué les croix d'honneur accordées au régiment. Quinze cents hommes étaient réunis dans une grande plaine auprès d'Amailhou. Favorisée par le temps le plus beau, la cérémonie était magnifique. Le général m'avait invité à m'y trouver avec une colonne mobile, la seule présente des trois que fournit le régiment. Après les grandes manœuvres, qui ont été exécutées avec une précision admirable pour un régiment disséminé depuis si longtemps, on a été à Amailhou où un déjeuner était préparé. Il y avait une table de trente couverts pour le général, les officiers supérieurs, les décorés et les officiers invités personnellement, dont j'avais l'avantage de faire partie. Les autres mangeaient sur des tables autour de celle du général. Au dessert, inspiré par la cérémonie qui m'avait véritablement ému, et poussé par le colonel, j'ai improvisé, tout à fait improvisé deux couplets; je les ai écrits à table, au crayon, au milieu du bruit et des plaisanteries. Chantés, ils font de l'effet. Tu les jugeras, je te les livre, les voici :

I.

Oh! mes amis, gardons la souvenance
Du jour heureux qui nous porte un drapeau.
Le général dont s'honore la France
Montre à nos yeux un avenir nouveau.
Pour nos drapeaux, c'est l'honneur qui l'ordonne,
S'il faut mourir, il sera satisfait,
Rappelons-nous que Meunier, qui les donne,
Sous la mitraille autrefois les prenait.

II.

Sur votre sein, pour prix de la vaillance,
Je vois briller l'étoile du guerrier.
On vous la doit, et cette récompense
Vient rajeunir ou donner un laurier.
Pour cette croix, fille de la victoire,
Avec bonheur notre sang coulerait.
Interrogeons nos anciens dans la gloire,
Ils nous diront comment on les gagnait.

Critique, mon ami, critique. C'est mauvais, je le sais. Dans cela il y a trois idées. Le reste est remplissage, tiré par les cheveux, détestable, mais le vieux général pleurait et il est venu m'embrasser. C'est payé bien plus cher que cela ne vaut.

Je suis pour quelques jours à Parthenay, retenu dans ma chambre par un accident qui, heureusement, ne m'est arrivé que le dernier jour de mon expédition. Dans une auberge, à trois lieues de Parthenay, j'étais devant le feu à chasser le froid amassé par la nuit dans une grange ouverte. Une bête de femme me jette une marmite d'eau bouillante sur le pied. J'ai été obligé de rentrer dans la capitale à cheval. Je suis boiteux, sans peau sur le pied, souffrant comme un damné et cloué là pour huit jours. Une fois guéri, j'irai à la Ferrière prendre le commandement de ma compagnie. Mon capitaine est parti en permission, appelé chez lui par l'événement le plus déplorable. Sa femme est morte en couches et l'enfant a suivi la mère. Que de tristes pensées cet affreux événement a fait naître chez moi! Si ma femme n'avait pas été accouchée, je serais devenu fou. J'ai trouvé des lettres d'elle à Parthenay...

AU MÊME.

Parthenay, 30 novembre 1832.

Voici la dernière lettre que tu recevras de moi de ce pays-ci, mon bon ami ; dimanche 2 décembre, ton mal étoilé frère part avec son bataillon ; pourquoi faire ? pour garder la duchesse de Berry. De coureur de chouan me voilà geôlier.

Je ne puis pas te dire combien je suis contrarié de cette destination qui m'ôte l'espoir d'aller à l'armée du Nord. Je mourrai de rage si on se bat sur le Rhin et que je reste enfermé dans les murs de la citadelle de Blaye. Qui sait combien de temps la duchesse restera là ?

Je suis si occupé au moment du départ, que je ne puis t'écrire plus longuement ; fais en sorte que je trouve une lettre de toi à Blaye.

BLAYE

(1833.)

La duchesse de Berry. — Le général Bugeaud. — Voyage à Palerme.

AU MÊME.

Citadelle de Blaye, corps de garde de la porte
Dauphine, le 25 janvier 1833.

Quelle date pompeuse ! qu'en dis-tu ? C'est-à-dire que pour échapper à l'ennui de vingt-quatre heures de garde je m'enferme avec toi et ne réponds qu'aux rondes-majors, rondes d'officiers, visites de poste, patrouille, etc. J'ai reçu ta lettre du 16, je t'avais écrit quelques jours auparavant. Toujours même vie ici, monotone d'activité. On tourne toujours autour du même cercle sans s'arrêter et comme jusqu'aux distractions qui sont toujours les mêmes (dîners et soirées chez le gouverneur) rien ne change, on finit par s'ennuyer de tout. Il faut se jeter dans le chapitre des espérances et percer l'avenir. Moi, cependant, j'aurais tort de me plaindre, car je suis reçu chez le gouverneur avec une bonté peu commune.

La duchesse est sortie avant-hier. Qu'elle est pâle et qu'elle a mauvaise mine ! Tout, jusqu'à sa démarche, porte l'empreinte du malaise.

Nous avons eu hier grande consultation de médecins. MM. Orfila et Auvity, accompagnés de M. Gintrac, de Bordeaux, sont venus voir la duchesse et tenir conseil. Les deux premiers sont repartis ce matin pour Paris. Ils ont visité la citadelle. Tout cela pourrait bien faire croire que la prisonnière ne le sera pas longtemps et qu'on la rendra à une température plus en harmonie avec les besoins de sa santé. Dieu le veuille ! Toute l'armée a des semestres, excepté le bataillon de Blaye...

AU MÊME.

Blaye, le 3 février 1833.

Je ne voulais, mon ami, t'écrire qu'en réponse à la lettre que j'attends de toi ; mais j'ai une bonne nouvelle à t'annoncer et je ne veux pas te priver une minute de partager le plaisir que je ressens. Je viens d'être nommé lieutenant de grenadiers. Cette faveur m'est d'autant plus précieuse, que mon rang d'ancienneté, comme lieutenant, ne me faisait l'espérer que dans quelques mois. Mon colonel m'avait écrit qu'il me porterait le troisième sur le mémoire de proposition. Le lieutenant général choisit presque toujours le premier candidat. Mais le brave général Meunier, qui commande à Nantes, s'est souvenu de moi. Il m'a choisi et a de plus écrit au colonel Chousserie pour lui dire qu'il me portait l'intérêt le plus vif et que dans l'occasion il serait heureux de me le prouver. Il veut bien faire de moi le plus grand éloge, et ses actions sont au moins d'accord avec ses paroles, puisqu'il me nomme à une place d'élite. J'attendrai patiemment maintenant la double épaulette. Dis donc que les chansons ne sont bonnes à rien. Cependant je crois avoir fait un peu plus que des chansons. Je vais encore être obligé de te charger de petites commissions. Envoie-moi les articles suivants : un hausse-col mieux fait que celui que ma mère m'a donné il y a deux ans, dont le coq plat s'envole par morceaux, et fais que le coq soit gras ; quatre grenades montées sur garance et une sur drap bleu pour le bonnet de police. Tu me choisiras de plus un beau pompon de grenadiers.

Je me suis trouvé, il y a quelques jours, bien près de la duchesse de Berry. Elle traversait le jardin de Mme Chousserie au moment où je sortais avec ces dames pour les accompagner sur le rempart. Madame a parlé à Mme Chousserie avec la plus grande bonté. Je l'ai trouvée bien pâle et l'air de malaise. Cependant elle se portait assez bien. J'ai pu la considérer pendant quelques minutes et l'entendre parfaitement puisque j'étais à deux pas d'elle. Son accent étranger est encore plus fort, à mon sens, qu'autrefois. Elle parle très-vite, le timbre de sa voix est fort. Mme d'Hautefort et Mme de Brissac l'accompagnaient, ainsi que le colonel Chousserie. Son petit chien s'est acharné à aboyer après moi, elle l'a appelé malhonnête et l'a fait taire. Elle l'appelle Bévis. Depuis ce jour elle n'est pas sortie. Voilà six jours qu'il fait le temps le plus affreux, une véritable tempête à poste fixe. Le vent souffle avec violence et la pluie tombe par torrents. Cette nuit j'étais de ronde à deux heures. Le vent m'a emporté par derrière et m'a jeté contre une pièce de 36 à laquelle je me suis cramponné. Le pauvre tambour qui portait le fallot a été jeté par terre à plus de dix pas. Je n'ai jamais tant ri.

Je crois, et cette idée ne me fait pas rire, que nous sommes ici pour longtemps. On fait des approvisionnements de tout genre pour la citadelle et la prisonnière. Ce n'est pas un signe de départ.

Annonce à ma mère, à ma sœur, en les embrassant, ma promotion à la grenade. Cela me fait presque autant de plaisir que d'être capitaine, à l'argent près.

A l'instant où j'allais fermer ma lettre j'apprends que le colonel Chousserie est remplacé par le général Bugeaud...

AU MÊME.

Blaye, 6 février 1833.

Dans ma dernière lettre, je t'annonçais à la hâte le changement du colonel Chousserie remplacé par le général Bugeaud. Le colonel est parti, emportant l'estime et les regrets de tout le monde et les miens surtout, car j'étais comblé de bontés par cette famille. C'est à une lettre du colonel au général Meunier que je dois d'être aux grenadiers. Il est parti mardi et nous lui avons fait cortége jusqu'à la diligence. Son départ était un triomphe. Nous ne savons encore que dire de son successeur. Attendons.

Le colonel Duhot, qui m'a écrit une lettre charmante pour m'annoncer que j'étais aux grenadiers, me dit qu'il croit que le régiment fera un mouvement au mois de mars. Si cela est, il est probable que nous le suivrons. Alors, mon bon ami, je demande une permission de trois mois pour aller à Brest. Il y a longtemps que je suis loin de ma femme et je ne vis pas loin d'elle. Sa santé m'inquiète. Elle se fatigue pour son fils et malgré les instances que je ne cesse de lui faire, s'obstine à ne pas le sevrer. Il faut que j'aille à Brest.

Te rappelles-tu un élève du lycée Napoléon, appelé Marchand, qui était sergent-major avec Zeindre ? Eh bien, il est sous-préfet de Blaye. Nous

nous sommes reconnus et sommes très-bien ensemble.

Si tu voyais, M. le garde national, capitaine rapporteur, quelle belle compagnie j'ai ! Cent quinze hommes dont le plus petit est aussi grand que ton honoré frère ! Viens donc te frotter là avec ta compagnie d'oiseaux.

Adieu, mon bon ami, je vais écrire quelques lignes à ma sœur.

Ma Louise,

Ne pas recevoir de lettres de toi, c'est fort triste, mais être privé de ce plaisir parce que tu souffres et que ta santé n'est pas bonne, c'est beaucoup trop.

Je ne veux pas que tu sois malade, entends-tu, je ne le veux pas. Serais-je obligé de te prêcher comme Laure ? Je sais que tu ne t'écoutes pas plus qu'elle. C'est un tort ; si tu m'aimes bien, ma Zétulbé, porte-toi bien et que j'en reçoive bientôt l'assurance de ta propre main. J'ai besoin de cela pour être tranquille.

Nous avions quelques soirées à Blaye. Le diable, qui s'en est aperçu, nous les a retirées avec l'excellente famille qui nous les procurait. Nous sommes réduits à nous-mêmes, c'est-à-dire à zéro et même au-dessous de zéro. Je fais force partie d'échecs avec un chef de bataillon d'artillerie. Voilà comme je tue le temps quand j'en ai à moi, car on ne nous épargne ni revues, ni manœuvres, ni aucune des niaiseries du métier. On présume cependant que nous ne verrons pas beaucoup de printemps à Blaye. Dieu le veuille ! Je serai bientôt à Brest. Tu sais que je suis grenadier et qu'*un grenadier c'est une rose*... Au surplus je suis enchanté de l'être... Je t'aime. Un gros baiser...

A M. DE SAINT-ARNAUD.

Blaye, 2 mars 1833.

Nous vivons ici dans une atmosphère de nouvelles qui se succèdent et se croisent. Depuis ma dernière lettre, la duchesse de Berry a officiellement avoué qu'elle était enceinte. Elle se prétend mariée secrètement sans pourtant nommer la personne. Le gouvernement a de suite nommé cinq docteurs pour former une consultation dont le but serait de déclarer si la prolongation du séjour de la princesse ici pourrait devenir préjudiciable à sa santé. La duchesse les a reçus avec une gravité pleine de noblesse, a répondu à toutes les questions et a renouvelé la déclaration qu'elle était enceinte de six mois, mais que ses amis n'avaient point à rougir de sa conduite, qu'elle était mariée et que bientôt elle en fournirait les preuves.

Le général Bugeaud avait demandé au président du conseil et obtenu la permission de nous présenter, le chef de bataillon, M. Chardron, et moi, à la princesse, pour faire de la musique chez elle. Je pense que tous ces événements feront tomber ce projet dans l'eau, et le commandant et moi en sommes ravis. Nous avions appris des morceaux. L'aide de camp du général avait fait des paroles, moi de la musique et j'ai autant envie de chanter que d'aller me pendre.

Le général Bugeaud, qui ne manque pas d'influence auprès du pouvoir, m'a donné, à table, devant quinze personnes, sa parole d'honneur que si jamais il avait une ambassade, il me présenterait pour son secrétaire d'ambassade, et cela parce que je lui ai traduit de suite, en trois langues différentes, un petit ouvrage de lui, intitulé : *Aperçu sur l'art militaire*[1]. Depuis avant-hier son aide de camp est à Bordeaux et ne revient que lundi et je fais auprès de lui les fonctions de l'absent. Il me porte beaucoup d'intérêt et j'en ai une reconnaissance égale. C'est du reste un brave homme rempli d'honneur et des meilleures intentions.

Adieu... Sais-tu quand ma mère part pour Taste[2]?

---

[1] Le Maréchal parlait plusieurs langues vivantes et particulièrement l'anglais et l'italien. Il existe un témoignage assez curieux des connaissances qu'il avait acquises dans la langue anglaise. Il a pu donner à un savant professeur d'anglais, M. Spiers, auteur d'un dictionnaire très-estimé, des indications sur le sens et l'emploi des termes militaires dans les deux langues. M. Spiers, dans la préface du *Dictionnaire* publié en 1846, remercie le colonel de Saint-Arnaud de son utile collaboration.

[2] Taste est le nom d'une propriété appartenant à M. et Mme de Forcade, dans le département de la Gironde. Il sera plusieurs fois question

Je serais bien aise qu'elle y vînt bientôt pour pouvoir l'embrasser.

AU MÊME.

Blaye, le 9 mars 1833.

Le colonel Duhot, à son passage à Paris, a vu le ministre. Il m'a écrit qu'il était dans le ravissement de sa réception. Le maréchal l'a gardé trois quarts d'heure, lui a dit qu'il était très-satisfait non-seulement de la conduite du 64e dans le Bocage, mais encore de sa discipline et de sa tenue. Il lui a annoncé ensuite que le régiment ferait un mouvement prochain, mais sans lui indiquer ni le lieu, ni l'époque. Le colonel croit qu'on ira à Bordeaux... Maintenant, suivrons-nous? C'est encore un mystère. Je crois que nous resterons ici jusqu'au dénoûment du drame. Quand finira-t-il? Personne ne le sait. Je me suis lié avec le médecin envoyé à Blaye, le docteur Menière[1], homme distingué sous tous les rapports. Il voit la duchesse tous les jours et souvent plusieurs fois par jour, et il me donne de curieux détails. Elle est enceinte de plus de six mois. Sa santé n'est pas bonne.

dans cette correspondance de cette propriété, où le Maréchal est venu à diverses époques, et notamment à l'époque de son séjour à Blaye.

[1] M. le docteur Menière, médecin de l'Établissement impérial des Sourds-Muets.

Elle tousse beaucoup et se plaint de la poitrine qu'elle a toujours eue faible. Tous les rapports à l'autorité tendent à démontrer que le séjour prolongé ici et dans toute prison ne peut qu'être nuisible, dangereux même, mais avec tout cela rien ne se décide. Si la princesse fait ses couches ici, elle le devra à la maladresse de ses amis et de leurs journaux, qui, loin de la servir, la feront rester ici. Elle est blessée de leur sottise. Je vois très-souvent le général Bugeaud, chez lequel je dîne plusieurs fois la semaine.

Ne manque pas de m'écrire le jour du départ de ma mère et celui de son arrivée à Taste, afin que je puisse prendre mes mesures. J'irai à Bordeaux prendre le bateau à vapeur jusqu'à Langon, mais une fois là, comment me dirigerai-je? Que demanderai-je? Où irai-je? car ce pays est tout à fait neuf pour moi.

Pauvre ami, tu es malade et moi je ne suis pas bien, toujours des douleurs d'estomac, souvent de poitrine.

AU MÊME.

27 mars 1833.

Sais-tu d'où je t'écris, ami? Du cabinet du général Bugeaud, auprès duquel je fais les fonctions d'officier d'ordonnance depuis hier. Son aide de camp est parti pour Paris, où il restera jusqu'au 10 ou 12 avril, et je remplis sa place. Je suis heureux, car le général est l'homme le meilleur, le plus aisé à vivre que je connaisse, et il me comble de bontés. Je dîne à sa table et je ne le quitte pas de la journée. Je lui donne des leçons d'anglais, et il fait des progrès inconcevables.

J'ai passé plusieurs jours avec notre mère, et jamais je n'ai été si tranquille, si heureux. Il y avait si longtemps que nous n'avions été ensemble !

Le régiment quitte la Vendée et va tenir garnison à Bordeaux. Il y sera le 12 avril. Notre bataillon reste à Blaye, tant que la duchesse y sera. Je ne parle pas d'elle, car maintenant tout ce que j'en sais est devenu confidentiel et ne m'appartient plus. Dans quelques mois, peut-être plus tôt, je t'intéresserai par des détails piquants.

La garnison de Bordeaux me convient sous tous les rapports. Elle me donne la certitude de te voir aux vacances.

Que fais-tu? Travailles-tu sans cesse? Moi, je suis actuellement très-occupé, car depuis six heures du matin jusqu'au soir j'écris. Je me trouve bien de ce régime, le temps passe plus vite. J'ai vu à Bordeaux M. et Mme de Faget, qui, à Marmande, ont fait un grand éloge de moi dans la famille de M. de Forcade. Il est vrai que j'ai essayé d'être aimable avec eux. J'y aurai probablement réussi.

Comment va ma sœur? Je recevrais de ses nouvelles par elle-même avec le plus grand plaisir. Embrasse-la bien pour moi...

AU MÊME.

Blaye, 29 mars 1833.

..... Le général avec lequel je suis s'attache de jour en jour davantage à moi et me témoigne la confiance la plus entière. Présenté hier matin chez MADAME, j'y ai passé deux heures le soir en y conduisant les docteurs Deneux et Gintrac. Enfin, tout me sourit dans ma carrière...

AU MÊME.

Blaye, 7 avril 1833.

..... Ma position militaire devient de plus en plus belle. Je suis toujours avec le général Bugeaud, qui me comble de bontés. Il a écrit au ministre, sur moi, des choses très-flatteuses, en lui disant qu'il m'avait pris pour son officier d'ordonnance. Si son aide de camp ne revient pas, ce qui est encore incertain, je resterai donc avec lui.

Je vois très-souvent la princesse et ses compagnons. Ils ont tous communié le jeudi saint. Je vais entendre la messe avec eux dans deux heures et ce soir j'irai y faire de la musique. La duchesse aime assez m'entendre chanter. Elle m'a dit d'apporter ce soir ma guitare. Sa santé est assez bonne ; sa grossesse marche.

Je suis étonné que tu n'aies pas reçu de lettre de Laure. Elle sera ici du 15 au 20. J'attends ce moment avec la plus vive impatience. Tu ne sais pas comme j'aime ma femme et quel bonheur je goûterai en me trouvant entre elle et mon fils qui devient charmant.

AU MÊME.

Blaye, 16 avril 1833.

Je suis maintenant en pied avec le général Bugeaud. Son aide de camp ne revient plus et il m'a demandé au ministre de la manière la plus flatteuse, en disant qu'il ne voulait d'autre récompense de ses services que celle de m'avoir auprès de lui. Je recevrai ma commission sous peu, et quelques changements deviendront nécessaires dans mon uniforme. Je porterai l'épée, le chapeau et le bracelet d'aide de camp. Du reste, je garde l'habit et le numéro du régiment, sur les contrôles duquel je figurerai toujours quoique détaché auprès du général.

AU MÊME.

Blaye, le 3 mai 1833.

Depuis bien des jours, mon frère chéri, je remets au lendemain de t'écrire, comptant toujours avoir à répondre à une lettre que j'attendais avec impatience d'abord et maintenant avec inquiétude. Je pense cependant que ce qui cause ton silence est encore une preuve que tu me donnes de ton amitié. Tu t'occupes de mes affaires et tu veux avoir quelque chose de positif à m'annoncer. Pauvre ami, que de peines, que de soins je te donne!

Je suis nommé officier d'ordonnance du général Bugeaud, et le ministre lui-même l'a écrit au général avec une grâce toute particulière. Mon général, qui voit mon zèle, mon entier dévouement à sa personne et à notre pays, aux intérêts duquel je travaille dans ma petite sphère de tout mon pouvoir, car ma position me met dans la politique jusqu'aux oreilles, mon général, dis-je, me comble de bontés, veut me garder près de lui et me faire suivre sa carrière militaire. La mienne se trace plus clairement. Mon colonel m'a écrit une lettre charmante. Je serai porté sur le tableau d'avancement à l'inspection, et en décembre prochain je serai capitaine. Ensuite nous verrons; si notre mission, si délicate, si épineuse, se termine bien, tout le monde s'en ressentira.

Félicite-moi, mon ami, je commence à sortir de l'ornière. Fais part de mon avancement à M. de Forcade et à Louise. Je travaille nuit et jour ; je cours beaucoup, mais je fais tout avec zèle, avec âme, parce que j'aime celui pour qui je travaille. Son cœur est le foyer de tous les sentiments honnêtes, nobles, généreux et désintéressés. Sa famille qu'il adore, lui, tout disparaît devant les intérêts du pays et du souverain auquel il est dévoué.

Je t'écris à la hâte, car j'ai à peine le temps. Dix lettres à répondre sont ouvertes sur mon bureau, et le courrier part dans une heure. Cette nuit, je ne me suis pas couché. La princesse va bien. Je la vois tous les jours. Le dénoûment approche. Du 15 au 25, nous aurons un duc de Blaye. Adieu, on m'appelle.

AU MÊME.

Blaye, le 8 mai 1833.

J'ai de l'ouvrage par-dessus la tête et je suis malade, pris par la gorge et la tête. Le moment critique approche ici, car nous attendons les couches de la duchesse du 15 au 25. Elle se porte aussi bien que possible et est fort gaie. Je la quitte il y a une heure.

Laure a passé douze jours ici, à Blaye, logée avec

moi, chez le général, et comblée de bontés par Mme Bugeaud qui l'aime beaucoup. Mais ayant trop d'affaires pour lui consacrer tous mes moments et craignant surtout de gêner le général et sa femme, j'ai prié ma mère de la prendre à Taste. Ton neveu a été fêté, caressé partout, même par la duchesse, qui a voulu le voir et l'a trouvé superbe. Il est en effet impossible de trouver un plus bel enfant.

AU MÊME.

Blaye, 10 mai 1833.

Je pense, mon Adolphe, que tu seras bien aise d'apprendre que la duchesse de Berry est accouchée ce matin d'une fille à trois heures vingt-cinq minutes. La mère et l'enfant se portent bien. Hier j'avais quitté la princesse à cinq heures du soir. Les médecins étaient restés chez elle jusqu'à dix heures. Elle était très-bien, avait bien dîné, était fort gaie. Rien n'annonçait l'événement, et ce matin, à trois heures, on est venu avertir le général qui y a couru. Les trois coups de canon ont été tirés pour avertir les témoins qui sont arrivés successivement, mais trop tard, car après un quart d'heure de douleurs, Marie-Anne-Rosalie est venue au monde. La duchesse s'est conduite avec franchise et noblesse. Au moment où l'on allait faire le procès-verbal, elle a déclaré qu'elle était légitimement mariée au comte Luchesi Palli (des princes de Campo-Franco), gentilhomme de la chambre du roi des Deux-Siciles, domicilié à Palerme. La constatation a été complète, car elle a déclaré que l'enfant était à elle.

Maintenant nous sommes tranquilles. Dans huit jours nous saurons si nous accompagnons la duchesse en Sicile. De toute manière, je quitterai Blaye dans les premiers jours de juin. Si la princesse part seule avec sa suite médicale, le général aura un congé d'un ou de deux mois et moi aussi. Nous nous rejoindrons ensuite à Paris ou au lieu où il aura un commandement. Je t'avoue qu'un peu de repos ne me fera pas de mal et que le séjour de Taste entre ma femme chérie et ma bonne mère sera un paradis dont j'ai d'autant plus besoin que, depuis quelques jours, je suis malade ; j'ai la fièvre et un grand mal de gorge et de tête. Cela se passera, je l'espère. Le grand drame m'occupait ; le voilà fini et bien fini, et tu liras mon nom au bas de l'acte de naissance de la petite princesse. J'ai signé comme témoin.

AU MÊME.

Blaye, 15 mai 1833.

J'ai tant de choses à te dire que je ne sais par où commencer. Cependant, tâchons de procéder avec ordre. Ma tête se brouille et tu le concevras. D'abord je suis proposé pour la croix et le mémoire est parti aujourd'hui, adressé directement au maréchal. Cela ira rapidement ; je serai accordé ou refusé, mais le général exprime le désir d'avoir les récompenses qu'on accordera promptement, afin de les distribuer avant son départ. Je crois que tout se fera dans le cabinet du ministre.

Le général accompagne la princesse en Sicile et je le suis. Tire toutes les conséquences que tu voudras de cette nouvelle chance de bonheur qui s'offre à moi et dans quelle position elle me mettra. Accompagnant mon général à la petite cour de Sicile et à celle plus importante de Naples, je dois être bien. Je vais être obligé de dépenser, mais je ne crois pas devoir me repentir. Il faut hâter l'envoi que je t'ai demandé.

Nous allons à Palerme par une frégate de l'État. La traversée peut être longue. Il faut aller passer à Gibraltar. Le général et moi nous reviendrons par terre et traverserons l'Italie. En revenant d'Italie, nous resterons chacun chez nous jusqu'à la fin de septembre, et ensuite il prendra un commandement. Je le suis partout, et il m'a dit qu'il ne voulait plus que je le quittasse.

Samedi, je serai à Taste où mon général me permet d'aller dire adieu à ma femme et à ma mère. Je n'y resterai que deux ou trois jours, et je recule presque devant tout ce que j'ai à faire. Mais je pense à l'avenir, à ma femme, à mon enfant, à toi qui jouiras de mes succès et de mon avancement, et mon courage, ma résolution, mon zèle se multiplient. Prie Dieu que rien ne m'arrête en route et je marcherai vite et droit.

Te verrai-je en septembre à Taste? Viens-y pour ma femme. Je t'écrirai avant de partir.

AU MÊME.

Blaye, 5 juin 1833.

J'ai reçu, mon ami, les deux boîtes que tu m'as envoyées. Je te remercie mille fois. Tout est bien... Enfin, mon Adolphe, nous partons samedi, 8, pour Palerme. Si nous traversons l'Italie, je trouverai ta lettre à Rome. Je dis si, car le général n'est pas fixé là-dessus et, pressé de retourner chez lui, peut-être après être resté quelques jours à la cour de Palerme, profitera-t-il de la frégate pour retourner de suite à

Toulon. Il n'est donc pas bien sûr que tu reçoives des lettres de moi d'Italie. Je t'écrirai de Palerme et de Toulon.

Voici le nom des personnes avec qui je vais à Palerme et qui suivent Madame : M. de Mesnard, M. le prince et Mme la princesse de Beaufremont, les docteurs Deneux et Menière, Mme Hauster et Mlle Lebéchu, femmes de chambre de Madame, et l'abbé Sabatier, aumônier, être gigantesque descendant de Goliath et qui ressemble à un prêtre comme moi à un bedeau.

M. Hennequin est depuis hier à Blaye. J'ai dîné avec lui, discuté avec lui politique et je n'ai pas été trop battu de l'avis du général.

Écris à ma femme pendant mon absence. Ton neveu a deux dents.

AU MÊME.

A bord de *l'Agathe,* le 3 juillet 1833.

Quelque voyage que tu aies à entreprendre, frère chéri, ne le fais pas par mer, si la terre peut t'y porter. Ne t'attends cependant pas à avoir de longs détails. L'idée seule m'en cause encore des nausées. Quelle traversée, quel ennui, quel dégoût! Huit premiers jours malade autant qu'on peut l'être, pour s'en aller. Il est vrai que la mer était mauvaise, le vent contraire. Enfin tout était contre nous. Huit jours toujours indisposé sans vomissements. Enfin je n'ai été tranquille que dans la Méditerranée. Nous avons passé le détroit en louvoyant, ce qui nous a permis d'explorer, avec nos lunettes, les côtes d'Afrique et d'Espagne. Voilà le seul moment de plaisir que j'aie eu. J'ai vu Tanger, j'ai admiré Ceuta. Il me semblait distinguer les troupes de ce brave Annibal s'embarquant pour Tariffa, qui est de l'autre côté sur la côte d'Espagne, petite ville assez insignifiante. Mais qui peut se lasser d'admirer Gibraltar? C'est atrocement fort. Si c'eût été français, je n'aurais pas pu en arracher mes yeux. Nous sommes aujourd'hui devant la Sardaigne qui fuit à côté de nous, car nous courons vent arrière sur la Sicile en filant huit nœuds. Soixante-quinze lieues nous en séparent encore. Demain soir ou vendredi matin, nous aurons mouillé à Palerme, si le vent ne change, car en mer jurer c'est folie. Le calme succède au vent qui passe de l'est à l'ouest en une minute. C'est à désespérer. Je prépare donc ma lettre que je fermerai à Palerme et ferai partir de suite. Je te parlerai de notre débarquement.

Mon général, qui devait d'abord acheter une voiture à Naples et revenir à Toulon par Rome, Florence, Pise, Gênes et Nice, a changé d'idée et nous retournons à Toulon par *l'Agathe*. Cette détermination est le fruit de sages réflexions. A quoi bon s'exposer de sang-froid aux vengeances siciliennes et italiennes?

Un coup de poignard dirigé par un gueux pour vingt francs et lancé par derrière ne se pare pas, et mourir assassiné n'est ni glorieux ni gai. Nous avons nos raisons pour le craindre. Garçons, nous l'aurions peut-être bravé; et étant sur nos gardes, nous en aurions appelé avec confiance aux bonnes lames françaises qui ne tiennent guère dans le fourreau. Mais nos femmes, nos enfants, nos frères!... Mon ami, nous reviendrons par mer et nous ne resterons à Palerme que quarante-huit heures, en ayant soin de n'y descendre que de jour et bien armés. La moyenne de la traversée de Palerme à Toulon est quinze jours; mais on peut y arriver en dix, comme on peut n'y être qu'au bout d'un mois. Je t'écrirai de Toulon où je ne resterai qu'un jour. J'écris à ma mère à Taste; j'ignore si elle y sera. Viendras-tu à Brest en décembre? J'ai besoin de cela pour oublier tous mes ennuis depuis deux mois. Tout n'est pas rose, quand on est en évidence un tant soit peu.

Mon général a été fort malade, il a eu la fièvre, le délire. Je l'ai soigné, veillé comme un fils. Je l'aime chaque jour davantage et je crois qu'il me le rend bien. Il fera tout au monde pour me garder toujours près de lui. Il se charge, me dit-il souvent, de mon grade de capitaine, et une fois là, il essayera de me faire nommer officier d'ordonnance du roi. Ce serait ma fortune militaire.

Nous menons une triste vie à bord. Deux partis sont en présence. On s'examine, quelquefois même on se toise. Plus la duchesse approche de la Sicile, plus elle devient froide et même sèche; elle fait bande à part avec sa suite. Le meilleur est M. de Mesnard. M. Deneux bredouille et pâlit quand on parle politique. Nous mangeons à la table du commandant avec M. Deneux et l'abbé. Pas de conversation possible, aigreur partout. Je ne cause qu'avec mon général, Ménière et quelques officiers du vaisseau.

Je finirai ma lettre à Palerme en te disant quelques mots de notre débarquement et de ce que nous aurons su du consul relativement *to the matrimony*...

5 juillet, devant Palerme.

Nous sommes en vue de Palerme et nous apercevons un vaisseau français qui se prépare à mettre à la voile pour France. Nos lettres vont partir par cette voie; aussi je me hâte de t'embrasser et de fermer ma lettre.

AU MÊME.

A bord de *l'Actéon,* le 9 juillet 1833.

Une lettre à bord de *l'Agathe,* une lettre à bord de *l'Actéon,* que dois-tu penser, mon cher Adolphe, de tous ces transbordements? Je ne suis pas mieux dans une place que dans l'autre, car je suis malade ici comme là-bas et je tiens mon cœur à deux mains et emploie tout mon courage pour t'écrire. Nous roulons horriblement depuis hier. Il est vrai que nous filons neuf nœuds en bonne route, et que si cela continue, demain nous serons à Toulon.

Maintenant, il faut que je retourne en arrière pour te donner des explications. Tu m'as laissé devant Palerme. Nous y avons mouillé le 5 juillet à midi. Quelque temps après, quelques autorités, chambellans du vice-roi, sont venus voir la duchesse. Ils sont restés fort peu de temps avec elle. Je les ai sondés sur l'esprit du pays, sur ce qu'on disait du mariage. Ils m'ont dit que le mariage de la duchesse n'avait été connu que par les journaux, que M. le comte Luchesi n'était arrivé à Palerme que l'avant-veille; que le gouvernement sicilien n'avait su que la veille, par le brick français *l'Actéon*, envoyé de Toulon, l'arrivée prochaine à Palerme de la duchesse de Berry; et enfin que son frère ne savait où la loger. Ils avaient l'air, du reste, fort embarrassés de leur personne et assez mal à l'aise. Pendant ce temps-là, le comte Hector Luchesi s'était glissé incognito chez sa noble épouse. Il est resté seul avec elle près de deux heures. Ils sont enfin sortis ensemble sur le pont. Comme les chambellans, ils avaient l'air fort embarrassés. On a remarqué que le comte Luchesi n'avait pas fait la plus légère attention à l'enfant que la nourrice tenait sur le pont. La cour a dîné à bord. A cinq heures, un contre-amiral sicilien est venu

chercher la princesse. Elle est descendue dans un
canot de *l'Agathe* avec son mari, M. de Mesnard,
M. et Mme de Bauffremont. Un autre canot portait
l'abbé, MM. Deneux et Ménière, et un troisième la
nourrice, l'enfant et les gens. Tout cela est défilé au
milieu d'une grande quantité de petites barques,
remplies de curieux, de musiciens, de moines mendiants, etc. *L'Agathe* tremblait sous les coups de
canon de salut et se pavoisait de pavillons. Palerme,
devant nous, rendait le salut et se dorait sous les
rayons du soleil; et, sur le dernier plan, *l'Actéon*, sous
toutes voiles, louvoyait pour attendre la fin du drame
et aller en rendre compte à Toulon. Le consul de
France était venu à bord voir le général et lui
donnait des renseignements sur l'esprit du pays.
Palerme est misérable au dernier degré, en proie à
plusieurs partis et peuplé de gueux qui, pour vingt
sols, sont capables de tout. Les vengeances italiennes
sont connues. Était-il prudent de descendre à Palerme?
Notre mission était terminée : la princesse était à
Palerme ; le général avait entre ses mains le reçu
de sa personne, délivré par le prince de Campo-
Franco, premier ministre et père de Luchesi. Mille
intérêts bien chers nous rappelaient en France et
nous commandaient la prudence. Le général a fait
remercier le vice-roi de l'invitation qu'il lui faisait
faire de venir le voir, et, à six heures du soir, nous
étions à bord de *l'Actéon*, faisant voile pour Toulon.
Favorisés par le vent, nous marchons ferme et
demain je reverrai la France, et aurai de tes lettres,

des lettres de ma Laure adorée, des nouvelles de mon fils.

Nous ne nous arrêterons pas. Le général ira directement chez lui. Moi, j'irai à Bordeaux régler mes affaires avec mon régiment, voir mon colonel. J'y resterai deux jours, et, muni d'une permission, j'irai passer trois mois avec ma femme, chez laquelle tu me rejoindras, si tu m'aimes.

AU MÊME.

Taste, le 24 juillet 1833.

Tu as dû recevoir mes lettres de Palerme et de Toulon. Mon voyage de Toulon ici a été très-pénible, car j'étais dévoré par une fièvre réglée qui cède seulement aujourd'hui. A Toulon, j'ai dîné avec Faget que j'ai présenté à mon général. Nous nous sommes revus avec le plus vif plaisir. Nous avons beaucoup parlé de toi. Partout le général et moi, nous avons été très-bien reçus. Nous nous sommes séparés à Toulouse, lui se dirigeant sur Brives et moi sur Bordeaux. Chargé des commissions de Faget pour Marmande, je n'ai pu m'y arrêter, j'étais trop souffrant. Je suis donc à Taste.

Ma mère m'a dit que tu avais écrit une longue lettre à Laure et que si tu ne m'avais pas écrit, à moi, c'est parce que, ayant à me parler d'affaires, tu craignais que des lettres adressées au hasard ne se perdissent. Tout cela ne me satisfait pas. Je serai à Brest dans les premiers jours d'août. Si je n'y trouve pas une lettre de toi, oh! pour le coup, je serai fâché. Tu as, dit-on, de bonnes nouvelles à me donner de mes affaires. Tant mieux, mais cela m'intéresse moins qu'autre chose.

Tu as, mon ami, l'occasion de faire ample connaissance avec la mer. Quand tu viendras à Brest, c'est par le Havre qu'il faut venir. Le bateau à vapeur te mènera à Brest en vingt-quatre heures. Je ne mets pas en doute que tu viennes passer avec nous au moins le mois de septembre. Arrange-toi là-dessus. Laure y compte, M. Pasquier y compte, ton neveu y compte, et moi par-dessus tout, qui ai tant à te gronder, à te battre et à t'embrasser.

J'ai rapporté, pour toi, de mon voyage, quelque chose qui te fera plaisir, je le crois. Tu viendras le chercher. Une fois à Brest, j'écrirai à ma sœur, à laquelle j'ai rapporté aussi quelques petites marques de souvenir. Je les lui enverrai de Bretagne...

A MADEMOISELLE LOUISE LEROY DE SAINT-ARNAUD.

Brest, le 7 août 1833.

M'en veux-tu beaucoup d'avoir été si longtemps sans t'écrire, ma bonne sœur?... Je suis arrivé ici le 4 à midi et j'ai encore été malade jusqu'au 6. Mais le bonheur remet vite et je suis à présent tout à fait bien. J'ai trouvé ma Laure bien changée, bien fatiguée et elle commençait déjà à reprendre, lorsqu'une nouvelle contrariété est venue nous atteindre. Adolphe[1] est malade depuis hier. Ses dents le tourmentent horriblement. Il ne peut rien garder. Ma femme s'affecte et je vois tout cela avec chagrin. Ton petit neveu est si joli, si intéressant, qu'il est impossible de ne pas l'aimer et de ne pas le plaindre quand il joint ses petites mains en souffrant. C'est un charmant enfant et ce serait un affreux malheur de le perdre. Si cela m'arrivait, je n'en aurais jamais d'autre à regretter.

Demain, par le courrier, il partira de Brest une caisse à ton adresse. C'est un bien petit souvenir de ton frère, mais il te prouvera du moins qu'il a pensé à toi à Toulon et à Nîmes. Entre les deux compartiments de la boîte, tu trouveras, dans une feuille de papier, un dessin représentant la tombe de Napoléon. C'est d'une exactitude remarquable, et dessiné sur les lieux, d'après nature, par un officier de *l'Agathe*, qui, en revenant de Bourbon, a passé à Sainte-Hélène. Dans une petite case il y a un morceau de bois coupé du saule qui ombrage sa tombe. Je te prie de remettre cela à mon frère. Je pense que cela lui sera agréable.

[1] Le fils du Maréchal avait alors dix-huit mois. Il est mort en 1852, à l'âge de vingt ans. Il portait le prénom d'Adolphe comme ses deux oncles, MM. de Saint-Arnaud et de Forcade.

Je suis à Brest pour trois mois au moins. Ensuite mon séjour sera subordonné à celui que fera mon général à Excideuil. Il est probable que je serai à Paris en novembre ou décembre, et, mon aimable sœur, si tu me conservais quelque rancune, je ferais tant que je rentrerais en grâce.

Adieu, ma Louise chérie, embrasse pour moi les deux Adolphe.

GARNISONS DIVERSES.

(1834-1837.)

Bordeaux. — Clermont. — Béfort. — Légion étrangère. Départ pour l'Afrique.

A M. LEROY DE SAINT-ARNAUD, AVOCAT A PARIS.

Bordeaux, le 23 janvier 1834.

Arrivé ici depuis hier, mon bon ami, j'y suis dans la plus grande inquiétude, car je n'y ai pas trouvé ma mère que ta dernière lettre m'annonçait devoir partir de Paris samedi dernier. Elle aurait dû arriver à Bordeaux mardi, et aujourd'hui les diligences de Paris sont arrivées sans elle. Sa santé, qui n'était pas bonne, se serait-elle dérangée davantage?

Mon voyage s'est fait sous les plus tristes auspices. J'ai d'abord quitté Brest le cœur bien brisé. Qui sait maintenant quand je reverrai ma femme et mon enfant ?

A ces peines morales sont venues se joindre les maux physiques les plus aigus. Ce petit mal au pied que j'avais à mon départ de Brest s'est accru de la fatigue du voyage. Mon pied s'est enflé, enflammé. La douleur m'a fait descendre à Saintes chez un pharmacien qui m'a pansé. Ma botte a été coupée du haut en bas.

Je suis arrivé en souffrant horriblement et j'ai de suite envoyé chercher le docteur du régiment. Mon pied est enseveli dans les cataplasmes et j'en ai pour longtemps sans bouger ni pouvoir mettre des bottes. Au lieu de reprendre mon service, d'opposer mon activité à mes pensées, de les combattre l'une par l'autre, me voilà cloué, étendu sur un lit.

Le commandant Chardron est de suite venu me voir, ainsi que beaucoup de mes camarades. J'ai écrit au colonel mon arrivée et l'accident qui me retenait chez moi.

Tâche de savoir au ministère s'il est toujours question d'une expédition pour le printemps, et pour quel endroit elle est destinée. Ceci est important pour moi.

Adieu, mon pauvre frère, soigne ta santé, pense à moi et aime-moi comme je t'aime.

AU MÊME.

Bordeaux, le 1er février 1834.

Ma mère n'est restée que deux jours à Bordeaux. Elle est repartie jeudi pour Taste; elle devait m'écrire de suite; je n'ai pas encore de ses nouvelles. Elle était bien à son arrivée. Nous avons beaucoup causé de vous tous et de moi. J'ai bien peur que mes épaulettes doubles ne viennent que l'année prochaine tout au plus. Je crains tant peut-être parce que je désire beaucoup.

M. de Lusignan, député, collègue et ami du général Bugeaud, est passé ici jeudi. J'ai dîné avec lui et lui ai donné une lettre pour le général. J'ignorais alors son duel avec M. Dulong. Cet événement, qui peut avoir de plus tristes conséquences encore, m'a engagé à écrire de suite au général une lettre que tu trouveras ci-incluse et que je te prie de lui faire tenir sans le plus petit délai. C'est assez important.

Le général prévoyait dès Blaye ce qui est arrivé : il ne comptait que sur une affaire pour faire cesser les paroles indiscrètes. Dieu veuille qu'il ne se soit pas trompé ! Madame Bugeaud doit être bien tourmentée, bien malheureuse.

J'ai reçu ce matin une lettre de Laure : tout le monde se portait bien à Brest. Ma femme se tourmente et se chagrine de mon absence; et moi aussi j'en ai du chagrin, mais qu'y faire? Soyons capitaine et nous verrons. Que dit-on de l'expédition de Constantine? On parle du voyage du roi à Bordeaux, après la session. M. de Lusignan me l'a dit après ma mère.

Je t'écris à la hâte ces deux lignes, et il faut que je te quitte pour aller passer la revue d'habillement de ma compagnie. A deux heures je vais avec le major à l'Université pour demander la salle de gymnastique, car tu sauras que je suis chargé au régiment de la gymnastique, course, etc., etc.

Je suis allé jeudi au bal, chez le général Janin. C'est un brave homme, qui me montre beaucoup de bienveillance. L'aide de camp du général Despéramont est un de mes amis. Il m'a offert mille agréments, que j'ai refusés par discrétion et parce que je n'y ai pas de goût.

AU MÊME.

Bordeaux, le 11 février 1834.

J'ai reçu hier une lettre du général Bugeaud en réponse à la mienne, lettre remplie d'amitié et d'affection véritable. Il me donne tous les détails sur son duel et finit par m'annoncer que le régiment va venir incessamment à Paris et qu'il me prendra près de lui, qu'alors cela ne souffrira pas de difficultés.

Je suis bien à Bordeaux ; tout le monde me voit avec bienveillance. Le lieutenant général Janin me comble de bontés. J'ai dîné chez lui, et seul du régiment il me mène dans le monde. J'en serais plus reconnaissant si j'avais le cœur plus gai, plus content. Mais ma femme, mes affaires tout me bouleverse. Ah ! mon pauvre frère, où est donc le bonheur ? J'aime ma femme, mes enfants, toi, les miens ; je suis aimé d'eux et je ne suis pas heureux.

Adieu, mon bon Adolphe, embrasse Louise pour moi, pardonne-moi de te causer encore de l'ennui et du tracas, mais dis-moi pour me consoler que tu partages ma peine.

AU MÊME.

Bordeaux, le 17 avril 1834.

Mon bon frère, on s'est battu à Paris, on s'est battu chaudement, et certes tu as dû t'en mêler. Tant que je n'aurai pas une lettre de toi, je serai dans des transes mortelles. Quelles affaires ! Du sang partout, à Lyon, à Paris. Depuis deux jours je ne sors pas de la caserne où le bataillon est consigné. Il n'y a eu que quelques cris de vive la république. Les braillards ont été arrêtés. Nous sommes prêts à frapper durement, mais j'espère que nous n'en aurons pas besoin.

Je viens d'écrire au général Bugeaud, qui a marqué dans toutes ces affaires. Il commandait à l'hôtel de ville ; un officier de la garde nationale a été blessé à ses côtés. C'était là ma place. Cette balle-là, je la regrette. Ah ! mon ami, comme je me battrai quand j'en trouverai l'occasion. Ce sera toujours dans la proportion de quitte ou double. Il faut que je sorte de la position où je suis, ou que je tombe avec quelque gloire.

La position de notre pays m'épouvante, et cependant dans le fond du cœur un sentiment blâmable sans doute d'égoïsme m'empêche de la déplorer, car on est sur un volcan, on se battra ; les gens de cœur, de caractère se montreront, et ton frère périra ou sortira de la foule. Ceci est une résolution arrêtée.

Nous avons enfin reçu l'ordre de départ. Nous quittons Bordeaux le 2 mai pour nous diriger sur Autun, où nous recevrons de nouveaux ordres. Ce mouvement est la suite des affaires de Lyon. Nous ne pouvons rester à Autun, qui ne peut loger que quelques compagnies, mais dont la position est à cheval sur les routes de Paris, Lyon et les principales villes de la Bourgogne. Nous serons dirigés là où notre présence sera nécessaire.

Ma mère se porte bien ; elle m'a écrit il y a quelques jours. Elle ignore encore notre départ. Je vais le lui apprendre aujourd'hui. Adieu, frère, porte-toi bien et aime-moi. Tu fais mieux que de me le dire, car tu me le prouves chaque jour.

AU MÊME.

Bordeaux, le 30 avril 1834.

Notre pauvre régiment, ballotté comme tout l'est dans ce siècle, vient enfin de recevoir une destination fixe. Ce n'est plus à Autun que nous allons, mais à Clermont en Auvergne. Cette garnison, que j'aime mieux que Lyon, ne me plaît cependant pas, parce que d'ordinaire de Clermont on va toujours à Lyon. C'est donc une halte que nous y faisons. Nous aurons quelques détachements à Riom, Ferraud, le Puy, peut-être Montbrison. Je ne sais où le sort m'enverra. Ecris-moi en attendant à Clermont où j'arriverai le 18. La route est moins longue que celle d'Autun.

En allant à Clermont, je me rapproche un peu de toi, frère, mais je m'éloigne beaucoup de Laure et d'Adolphe. On ne peut jamais être entièrement heureux. Ma femme est toujours souffrante. Elle accouchera probablement quand je serai en route. Que d'inquiétude, que de soucis m'attendent! Je lui écrirai encore une fois avant de quitter Bordeaux. Mon bataillon ne part que le 4. Moi, je t'écrirai de Périgueux ou de Limoges. J'ai été malade, pendant quelques jours, d'un grand échauffement de poitrine et d'estomac.

Adieu, frère, embrasse bien ma Louise pour moi, et messire Adolphe II. N'oublie pas de m'écrire à Périgueux.

AU MÊME.

Périgueux, le 8 mai 1834.

Il me fallait ta lettre pour me défatiguer, mon ami, je l'ai reçue au débotté, et, comme par enchantement, je me suis senti le courage et la force de marcher jusqu'à Thiviers, c'est-à-dire d'ajouter aux neuf lieues de poste que j'avais dans les mollets huit autres que j'aurai demain, si Dieu me prête vie. Me voilà à Périgueux, où j'ai été reçu par plusieurs amis du général comme si j'étais de la famille. Je dîne aujourd'hui avec le capitaine Fayou qui était à Blaye avec nous. Romieu est préfet ici, à peine si j'aurai le temps de le voir. J'ai vu le maire, il tremble que le général ne soit pas réélu à Excideuil. Ce serait une grande ingratitude et je ne la crois pas possible. Le général a tant fait pour le département et il fait tant tous les jours, que l'intérêt général est un garant de sa réélection. S'il en était autrement, il ne faudrait plus compter sur rien dans ce monde où nous roulons.

Périgueux est bien laid, bien étroit, bien sale. Pays magnifique, environs enchantés, les bords de l'Isle sont admirables.

Dis à ma petite Louise en l'embrassant que si elle veut me faire oublier les fatigues d'une route de quinze jours, elle n'a qu'à me faire trouver quelques lignes d'elle à Clermont. L'espoir de les y trouver doublera mes forces, et le plaisir de les lire tuera la fatigue.

AU MÊME.

Saint-Léonard, le 13 mai 1834.

Quelques lignes du *Limousin-lisière,* mon cher Adolphe, beau pays, mais pauvre pays, pauvres habitants, pauvres maisons, pauvre chère et pauvre vin ; enfin rien de comparable à toute cette pauvreté que celle des pauvres individus comme moi qui ont le temps de la contempler en comptant leurs pas sur les routes. Je ne puis pas me plaindre, car je marche bien et le marcher ne me fait rien ; jamais mal aux pieds, seulement quelquefois des douleurs dans les mollets. Mais la chaleur, mais la poussière, mais la pluie, mais la boue, toutes calamités détruisant, rongeant, déchirant, fléau du piéton et de sa fortune quand il ressemble à Bias. Encore cinq étapes pour arriver à Clermont.

J'écrirai à ma sœur aussitôt mon arrivée à Clermont. Partout où je vois un beau site, un paysage aimable, je pense à elle et je l'y amène avec ses crayons. Avant-hier j'ai couché à Chalus, près de la tour sous laquelle Richard-Cœur-de-Lion a été mortellement blessé par Gordon. Le long de la route, nous avons vu plusieurs antiquités et beaucoup de ruines. Ici, je viens de visiter une belle manufacture de porcelaines.

J'écrirai à ma mère de Clermont. En as-tu des nouvelles ? Son mari est-il installé au 1.er arrondissement ? Je souhaite qu'il y réussisse aussi bien qu'au 12me [1].

AU MÊME.

Clermont, le 21 mai 1834.

J'ai reçu en arrivant ta consolante épître, mon bon frère, et j'en avais bien besoin pour me faire oublier et les fatigues du voyage et les ennuis de l'installation.

Me voilà à Clermont, mon ami. Quelle chute quand on y tombe de Bordeaux ! Je me suis logé chez un luthier au 2me, où pour 25 francs par mois j'ai une chambre propre, flanquée de deux cabinets et un bon piano. Je ne sortirai de chez moi que pour mon service et un exercice salutaire aux environs, qui sont bien. Voilà le plan de vie que je me suis tracé. En attendant, je suis de garde. C'est un ancien magasin

[1] M. de Forcade venait d'être nommé juge de paix du 1er arrondissement de Paris. Il quittait le 12e arrondissement où, depuis 1811, il avait rempli les mêmes fonctions.

de modes dont on a fait la chambre de l'officier : *quantum mutatus ab illo !* Je coucherai sur un banc où probablement de jeunes et jolies têtes ont fait souvent des rêves d'amour. Je tâcherai d'en renouer le fil.

Je vais répondre à l'aimable billet de ma petite Zétulbé. Il m'a fait bien plaisir et je le payerai en pâte d'abricots à la première occasion.

A MADEMOISELLE LOUISE LEROY DE SAINT-ARNAUD.

Clermont, le 4 juin 1834.

Bonjour, aimable tante de ma fille chérie, de ma petite Louise, que j'aimerai autant que celle dont elle porte le nom.

As-tu écrit à ma pauvre Laure? Elle a bien de la peine à se rétablir, à reprendre ses forces. Sa poitrine m'inquiète beaucoup, j'ai bien du tourment d'être si loin d'elle. Et ma petite Louise qui était venue au monde avec un dépôt près de l'œil. Tout est heureusement rentré à sa place et la petite promet d'être jolie.

J'ai toujours oublié de parler à Adolphe d'une fontaine dont l'eau a la faculté de pétrifier ou plutôt d'incruster les objets que l'on soumet à son action. En quarante jours un œuf, une grappe de raisin, une fleur sont recouverts d'une épaisse couche de carbonate de chaux qui a la dureté de la pierre. Il a fallu trois ans pour pétrifier une vache et un homme, c'est-à-dire des mannequins. Un chien empaillé, un mouton sont restés deux ans. Tout cela est fort curieux. Si tu désires un échantillon de ce phénomène, je t'enverrai un œuf, une grappe de raisin ou un oiseau. Dis-moi ce que tu veux.

Le colonel Duhot a la bonté de se charger de quatre boîtes de pâte d'abricots qu'il te remettra. Fais patte de velours et sois bien gentille en le remerciant.

Écris à ma femme, elle est encore trop faible pour écrire elle-même. Adieu, ma chérie, pense à moi dans tes moments perdus et écris-moi...

A M. LEROY DE SAINT-ARNAUD, AVOCAT A PARIS.

Béfort, le 3 juin 1835.

J'ai reçu ta lettre à mon arrivée ici, mon bon Adolphe, je l'ai démêlée d'un paquet que le vaguemestre m'a remis. Laure, le général Bugeaud, Chardron m'attendaient aussi, chacun avec un souvenir.

Nous voilà à Béfort dans l'est quand on a la chance de se battre dans le midi. Nous quittons Clermont, et le régiment qui nous remplace a reçu l'ordre de partir pour l'Espagne ainsi que le régiment qui nous a succédé à Bordeaux. Quel régiment que le nôtre !....

Nous sommes fort heureux d'être arrivés au terme de notre voyage sans malencontre. L'orage nous a suivi depuis le Puy jusqu'ici, éclatant toujours pendant la nuit ou après notre arrivée à l'étape. Il a fait de grands ravages. A Baume-les-Dames, le tonnerre est tombé sur un rocher près de la route au moment où un roulier passait. Roulier, chariot, chevaux, tout a été broyé, brisé à ne pas en trouver vestige. C'était quelques heures après notre passage au même endroit.

Nous ne sommes pas encore casernés à Béfort. Ma compagnie est détachée à Danjoutin, joli village à une lieue de la ville. Je regarde mes soldats pêcher, je m'en mêle un peu, je tue le temps.

AU MÊME.

Béfort, le 30 juillet 1835.

Frère, tu dois penser combien je suis inquiet. Nous ne connaissons ici que la tentative d'assassinat commise le 28 sur le roi et sa famille, mais nous n'avons pas de détails. On parle d'une espèce de machine infernale lancée d'une croisée au moment où le roi passait la revue. On cite la mort du maréchal Mortier, on déplore la perte d'un grand nombre de victimes. La maison d'où est partie la machine s'est, dit-on, en grande partie écroulée. Enfin mille versions plus alarmantes les unes que les autres se succèdent et portent partout l'inquiétude. Louise a dû être bien effrayée si le bruit de cet événement affreux est venu jusqu'à elle, avant d'avoir vu rentrer son mari et toi. Hâte-toi de me rassurer, dis-moi ce que tu sais et ce que l'on pense à Paris.

Ici nous sommes deux régiments, le 7ᵉ dragons et nous. L'indignation a été universelle. C'est à la messe, où nous assistions pour célébrer le funèbre anniversaire, que la dépêche télégraphique est arrivée au sous-préfet. Je commandais le piquet en armes qui était dans l'église, et je t'assure que mes commandements n'étaient plus aussi fermes qu'avant de savoir cettte désastreuse nouvelle. Tous les officiers se sont réunis après la messe chez le commandant de la place. On a voté une adresse au roi, exprimant notre indignation et nos sentiments. Il paraît qu'on craignait ici un mouvement général, car nous sommes restés sous les armes une partie de la nuit. C'était fort inutile, tout est calme et personne ne pense à remuer. Le sentiment général est l'indignation. Que de victimes innocentes! que de familles en deuil et pour qui et par qui!

Quelle époque ! Ce que laisse respirer le choléra se détruit et se tue. Vraiment, nous mériterions un déluge !

Adieu, frère, écris-moi de suite et force détails, je t'en prie.

AU MÊME.

Béfort, le 25 août 1835.

C'est aujourd'hui même, frère, qu'on te fête à Paris, vous boirez à ma santé et je vous remercie d'ici en espérant que votre toast me portera bonheur.

Ainsi que je te l'avais annoncé, j'ai été à Montbéliard. La cérémonie a été touchante et belle. La statue en bronze de Cuvier, élevée en face de sa maison même, était couverte d'un voile noir, tombé au bruit de la mousqueterie et des vivats. Au bruit a succédé un religieux silence que commandaient les discours prononcés par les académiciens. MM. Ch. Nodier, Duméril, Roger, Michaud, Flourens, nous ont tour à tour attachés et touchés dans des morceaux pleins d'éloquence et de sentiment, Nodier surtout. Le préfet du Doubs a bien parlé, les députés de Strasbourg ont été lourds comme des Alsaciens ; le maire a parlé comme on parle à Montbéliard. Après les discours, musique, concert assez mauvais. Le soir, bal superbe, au-dessus de tout ce que j'attendais, des femmes charmantes et des toilettes presque parisiennes.

J'ai causé avec Charles Nodier. Cet homme parle comme il fait parler ses héros. Il est toujours en scène, geste, regard, tout est vif, il est fort attachant. M. Roger est aimable et gai. M. Michaud ne nous regardait peut-être pas comme dignes de son courroux ; j'étais obligé de penser aux croisades pour ne pas lui tourner les talons.

Je voulais écrire à mon petit Adolphe II, pour le complimenter de ses succès ; charge-toi de le complimenter et de l'embrasser pour moi.

AU MÊME.

Béfort, le 30 août 1835.

... Le feu a pris il y a quelques jours ici dans une maison contiguë à un entrepôt de poudre. L'incendie était menaçant, on osait à peine s'en approcher. L'un des premiers je me suis précipité, j'ai organisé le service, établi la chaîne, indiqué les premiers secours à porter, et enfin, attiré par les cris d'une femme, j'ai eu le bonheur d'arracher un enfant de trois ans de son petit lit que les flammes entouraient déjà.

Tout cela m'a coûté un pantalon et un shako que j'ai laissé tomber en enlevant l'enfant. Mes cheveux ont un peu brûlé, mais je n'ai eu du reste aucun mal.

Le maire a écrit au colonel une lettre superbe où les habitants témoignent leur reconnaissance au 64ᵉ. Trois enfants ont été sauvés, un par moi, l'autre par Turenne et un troisième par un caporal. Le caporal a été fait sergent et le maire de Béfort, dans un rapport circonstancié au ministre, demande des récompenses pour Turenne et pour moi. Turenne a écrit à son père. Cette association du nom de Turenne au mien est un bonheur, car son père fera tout pour le faire décorer; et si on le décore, on ne peut faire moins que de me donner aussi la croix pour laquelle j'ai déjà été présenté deux fois.

Il serait plaisant qu'un hasard et un danger d'une heure me fissent obtenir ce que j'ai cherché vainement pendant un an en Vendée, à travers les coups de fusil et les fatigues de toute espèce. Le sort est si bizarre!

Quel feu, mon pauvre frère, quel spectacle, quels cris! En une heure vingt familles ruinées; les lâches se sauvant quand on parlait de poudres, et moi, obligeant les grenadiers la baïonnette au bout du fusil à contenir les fuyards, et jurant que les poudres étaient enlevées quand je les sentais à vingt pieds de moi.

J'ai rendu grâce à ce que je sais de gymnastique: j'étais au bout d'un pignon dirigeant la pompe, lorsque la flamme me coupe la retraite; j'étais à trente pieds au-dessus du feu. On m'a tendu une perche d'une fenêtre en face, je me suis laissé pendre et j'ai regagné la fenêtre. Il s'est fait un moment de silence pendant que je voyageais en l'air. Dis en gros ces détails à Laure sans lui parler de dangers ni d'autre chose que de l'enfant sauvé.....

AU MÊME.

Béfort, le 9 septembre 1835.

Notre affaire est en bon chemin, dis-tu; moi j'ai bien peur qu'elle ne soit embourbée et à jamais enfoncée dans l'ornière ministérielle. Turenne, qui fait agir de son côté, a reçu aussi hier une lettre de son père à la date du 6. Il lui marquait qu'à cette époque, rien n'était encore parvenu à M. Thiers, et l'incendie a eu lieu le 27 au soir. Au surplus, M. de Turenne promet à son fils de le tenir au courant jour par jour. Attendons donc; pour moi, mon affaire marchera avec la sienne si l'affaire doit marcher. Quelque chose me dit que cela en restera là. Nous n'aurons gagné que des compliments à force et l'honneur d'avoir été mis à l'ordre du jour de la division et du régiment. C'est toujours cela [1]...

[1] La médaille d'argent ne tarda pas à récompenser le dévouement des deux officiers.

AU MÊME.

Béfort, le 18 septembre 1835.

... On parle de l'organisation d'une espèce de garde sous le nom de régiments d'élite, composée de trois régiments de grenadiers et de trois régiments de voltigeurs. On cite déjà l'uniforme et jusqu'au dépôt qui serait aux environs de Paris. On dit que tout est organisé sur le papier et que cela paraîtra au premier jour.

As-tu entendu parler de quelque chose de semblable? Il faudra bien en finir par là tôt ou tard, car enfin nous sommes la seule armée de l'Europe qui n'ait pas son corps d'élite, de réserve, que cela s'appelle comme on voudra, garde royale, impériale, ou grenadiers réunis ou régiments d'élite. Le fait est qu'il en faut, par la raison que les autres en ont et qu'en cas de guerre il faudrait, pour parer à ce qui nous manque, priver les régiments de leurs compagnies d'élite, ce qui est fort mauvais. Informe-toi et dis-moi ce que tu auras appris. Si cela était, tu sens bien que ma place serait dans un de ces régiments.

AU MÊME.

Pau, le 19 novembre 1836[1].

Frère, me voici à Pau depuis ce matin, j'y suis arrivé à trois heures. J'ai vu le commandant, j'ai dîné avec lui, j'ai pris tous les renseignements possibles sur la légion, sur la position que j'allais y prendre, sur ce que nous allons devenir, et en rentrant chez moi, je t'écris.

Voici mes adieux, mon frère chéri, car en te quittant à Paris, je n'ai eu ni la force ni le courage de te dire tout ce que je pensais, combien j'avais le cœur déchiré de te quitter, car cette fois c'est pour bien longtemps.

J'ai passé près de ma mère à Taste deux heureuses journées à parler de vous tous et de tout ce que je laissais de cher à Paris. Vendredi ma mère m'a accompagné à Langon, où j'ai pris la voiture de Pau.

J'ai été reçu à merveille par un corps d'officiers

---

[1] Il y a plus d'une année de distance entre cette lettre et la précédente. Voici la raison de cette lacune dans la correspondance : au mois d'octobre 1835, le Maréchal vint en semestre à Paris, et fut attaché au Gymnase militaire. Il était au milieu de sa famille, la correspondance s'arrêta.

Au mois de mars 1836, il perdit sa première femme. Il demanda alors à passer dans la légion étrangère pour aller servir en Afrique. Après beaucoup de difficultés, il entra dans la légion avec son grade de lieutenant.

beaucoup mieux que ceux que l'on rencontre dans les régiments. Le commandant Bedeau m'a parfaitement accueilli. Nous avons longuement causé, je suis le premier lieutenant.....

Adieu, frère, je te recommande mes pauvres enfants, je ne veux pas trop penser à eux. Mes amitiés à M. de Forcade, embrasse Adolphe et toute la famille.

AU MÊME.

Pau, le 20 novembre 1836.

Quel drôle de régiment, mon frère! je l'ai vu ce matin, nous avons passé l'inspection avec un temps infernal. Des hommes superbes, mais un ramassis de toutes les nations, un amalgame de tous les états, de toutes les professions, de toutes les positions sociales qui sont venues là se fondre et beaucoup se cacher. Allemands, prussiens, hollandais, belges, italiens, espagnols, polonais, grecs, nous avons de tout, mais les belges et les hollandais, puis les allemands sont en majorité.

J'ai dans ma compagnie deux soldats dont l'un était lieutenant d'artillerie bavarois et l'autre sous-lieutenant belge. Le bavarois est décoré de l'ordre de son pays. Ils ont leurs brevets en règle et n'ont quitté, disent-ils, leur pays qu'à cause de duels qui chez eux sont punis avec la dernière sévérité. J'ai un courrier de la malle hollandais, plusieurs peintres, des musiciens, un individu qui a servi quinze ans à Batavia. J'ai interrogé tous ces hommes et tous ont quelque épisode curieux d'une vie bien agitée à raconter avec plus ou moins d'intérêt.

Du reste ces hommes feront, je l'espère, d'excellents soldats. Il faut savoir les prendre et s'en faire aimer, et j'y mettrai mes soins. J'aurai besoin d'eux devant l'ennemi, car on ne fait rien tout seul. Je vais m'attacher à les bien connaître. Je regrette de ne pas savoir l'allemand, mais je vais travailler à le comprendre et à me faire entendre. Nous avons d'ailleurs des interprètes. Que de peines pour faire des soldats de ces matériaux hétérogènes, pour les faire prendre goût à notre service, aimer leur drapeau! Ils ne comprennent pas nos lois militaires, nos peines; aussi ils désertent et emportent leurs effets, voilà leurs péchés mignons. Pendant notre longue route, ils se feront peut-être un peu.

Nous attendons toujours notre ordre de départ...

AU MÊME.

Ollioules, près Toulon, le 4 janvier 1837.

En arrivant ici hier, nous avons appris que nous n'entrerions à Toulon que pour nous embarquer sur le *Suffren*. Nous savons depuis quelques jours que nous sommes destinés pour l'expédition de Constantine. Voilà le seul moment de plaisir que j'aie éprouvé depuis bien longtemps.

Ce voyage de trente jours m'a bien un peu fatigué, mais si je n'avais pas eu des douleurs de tête, j'aurais été fort bien. Depuis Tarascon, nous marchons dans deux pieds de neige et avec un froid de dix degrés. Le matin, nos moustaches, nos cils, nos cheveux étaient gelés et couverts de givre. Nos hommes ont bien souffert; à présent le dégel. Ici, je suis logé chez un riche propriétaire. C'est un curieux spectacle que son jardin planté d'orangers en pleine terre, couverts de gros et superbes fruits et les pieds dans la neige.

A deux lieues de Toulon, nous en sommes aussi loin que s'il était à trente lieues. Il faudra cependant que j'y aille demain pour me procurer toutes les choses nécessaires à une entrée en campagne.

A MADAME DE FORCADE.

Ollioules, près Toulon, le 6 janvier 1837.

Ma bonne mère, je voulais attendre pour te faire mes adieux, de bien longs adieux, d'avoir quelque chose de bien positif à te dire, mais j'ai peur d'être pris au dépourvu et de n'avoir plus le moment de t'écrire.

Nous vivons dans une pénible incertitude. Ce qu'il y a de positif, c'est que nous embarquons avant trois jours, que nous allons droit à Alger où nous resterons un mois ou six semaines pour achever de nous organiser et de nous instruire, et que de là nous allons occuper devant Constantine le poste qui nous est désigné. Ceci est le meilleur, nous ferons partie de l'expédition et je saisirai avidement toutes les occasions possibles de me distinguer.

J'ai très-bien pris dans mon nouveau corps. J'y suis aimé et estimé. J'ai la certitude de passer capitaine avant trois mois.

Je prie M. de Forcade de recevoir ici mes adieux. Je voulais lui écrire, mais notre départ si précipité donne aux commandants de compagnie tant d'occupations, il faut nous mêler de tant de détails qu'il ne nous reste pas une minute. Je lui écrirai d'Afrique ainsi qu'à mon jeune frère, que je te prie d'embrasser pour moi. Je te recommande mes enfants.

Il me tarde d'être embarqué. Cependant, au moment de te quitter pour si longtemps, d'abandonner mon pays pendant de si longues années, je vois presque avec un certain plaisir se retarder mes adieux.

A demain, ma bonne mère, encore un jour à vivre sous le même ciel que toi.

8 janvier 1837.

Chaque jour on nous dit que nous embarquons le lendemain et nous n'avons toujours rien de nouveau.

A demain encore, ma bonne mère, je ne fermerai ma lettre qu'en te disant quelque chose de positif.

10 janvier 1837.

Demain mercredi, nous embarquons à bord du *Suffren*.

Notre destination n'est pas encore fixée. On attend la dépêche télégraphique, qui nous désignera Bone ou Alger. Nous resterons quelques jours en rade avant de mettre à la voile, mais la semaine prochaine ne nous verra pas en France.

Adieu, ma mère chérie, embrasse bien ton mari, ton fils, et crois que jamais fils n'a plus aimé et vénéré sa mère que celui qui t'embrasse de toute son âme.

GUERRE D'AFRIQUE.

(1837-1840.)

1837. — Arrivée à Alger. — Combats aux environs de Blidah. — Assaut de Constantine. — Choléra.

1838. — Campements divers aux environs d'Alger. — Camps de Kouba, du Fondouck, de Birkadem. — Le maréchal Valée. — Incidents de la vie africaine.

1839. — Prise de Djidjelli. — Combats contre les Kabyles. — Les Portes-de-Fer. — La guerre sainte.

1840. — Abd-el-Kader. — Le col de Mouzaïa. — Blessure et maladie.

A M. LEROY DE SAINT-ARNAUD, AVOCAT A PARIS.

Au camp de Kouba, le 16 janvier 1837.

Me voici en Afrique, frère, j'ose à peine le croire, tant les événements se succèdent avec rapidité; tant chaque instant qui s'écoule met de distance entre nous. Tu as dû recevoir le 15 la lettre que je t'ai adressée de Toulon, et ce jour-là même je débarquais à Alger à sept heures du matin. Nous avons fait une traversée surprenante. Le 11, à quatre heures du soir, nous levions l'ancre et quittions la rade de Toulon, et le 13 à la même heure nous étions à vingt-cinq lieues d'Alger. Là, les vents ont changé et nous n'avons pu mouiller devant Alger que le samedi 14, à quatre heures du soir. Quel spectacle que cette côte d'Afrique où je suis condamné à vivre si longtemps, quel tableau que cette ville d'Alger ! Figure-toi un amphithéâtre, forme de trapèze renversé, en craie blanche avec de petites taches noires régulières. Voilà l'aspect d'Alger, vu même de très-près. La masse de craie blanche, ce sont les maisons toutes blanchies chaque année de nouveau, bâties les unes sur les autres, et surmontées de la Casbah. Les petites lignes noires, ce sont les fenêtres. La côte est admirable : à droite, les immenses jardins de l'ex-dey sillonnés de galeries découpées comme les décorations d'un optique ; le fort Taxis, à la pointe de ce cap que l'on a doublé en 1830 pour aller débarquer à Sidi-el-Feruch ; et le fort l'Empereur construit à neuf et dominant Alger à gauche. La pointe de l'extrémité gauche de la baie est dominée par un fort qui couronne le cap Matifou. Entre ce point et Alger, dans un espace de six lieues à peu près, le camp Moustapha, la maison carrée et le camp de Kouba, d'où je t'écris ; tout cela en amphithéâtre et parsemé de maisons de campagne entourées de palmiers, d'orangers, avec des haies d'aloës ; les maisons brodées à jour comme des dentelles, les arbres, les prés verts, les amandiers en fleurs ; à côté de l'herbe que le soleil a séchée hier l'herbe qui pousse aujourd'hui.

— Il était trop tard samedi pour nous débarquer, c'est dimanche, à sept heures du matin, que notre débarquement s'est opéré. La veille nous avions senti l'influence du soleil d'Afrique, mais le soleil d'Afrique devait se faire désirer par nous. La pluie commençait à tomber, le vent se levait, le temps menaçait fortement. Les marins ont fait tous les efforts imaginables pour nous débarquer, et y ont en partie réussi, mais il était grandement temps ; une heure plus tard c'eût été impossible. Ce n'est qu'avec la plus grande peine que les embarcations ont pu rejoindre le *Suffren*, ballotté par une affreuse tempête. Mais nous sommes si horriblement à terre que nous ne savons pas si nous devons nous féliciter d'être parvenus à la toucher. Nous sommes entrés à Alger avec une pluie battante d'Afrique, c'est-à-dire des petites lames d'eau incessantes, grosses comme des cordes à sauter. Nous sommes restés sous cette pluie pendant deux heures, pour faire distribuer le pain à nos hommes, et faire charger nos bagages et nos sacs de campement qui devaient nous suivre. Nous avons vu des rues où deux personnes ne peuvent passer de front ; des maisons mauresques que l'on détruit pour construire à la française, des ruines pour élargir des rues. On se demande comment, après six ans d'occupation, on n'en est que là ? On dirait que la ville a été conquise d'hier, car tout a l'air bouleversé, sens dessus dessous. Peu d'Arabes et de Turcs, plus de Juifs, beaucoup d'Européens, voilà la population algérienne, population agissante, se faisant voir. Peut-être dans l'intérieur de toutes ces maisons y a-t-il des Arabes.

A Alger nous avons su que nous allions occuper le camp de Kouba, à deux lieues de la ville, sur un plateau qui domine la mer d'un côté, la plaine de l'autre. Les avant-postes sont à deux lieues de l'ennemi, le dernier poste est confié à Bel-Zégris et ses Arabes irréguliers. De Kouba à Alger, circulation libre et sans danger. De l'autre côté, c'est différent, on se garde..... Nous resterons là deux mois à nous organiser et nous instruire, puis nous partirons pour Bone et Constantine au moment de l'expédition, pour laquelle on fait des préparatifs si considérables qu'elle ne pourra jamais commencer avant la fin de mars ou le commencement d'avril.

Je ne t'entretiendrai pas de mille et une misères qui me chatouillent à chaque instant depuis que je suis Africain, pas plus que des puces énormes et affamées qui nous disputent nos tristes baraques. Nous sommes en campagne; ce *mal-être* est à présent notre état normal. Quand le bien viendra nous le prendrons avec reconnaissance et saurons mieux en jouir; mais il faut ou beaucoup d'ambition ou beaucoup de résolution pour rester longtemps dans ce pays de contraste et de non-civilisation.—Moi je le regarde comme une patrie pour si longtemps que, cuirassé d'une résolution à toute épreuve, comme moyen de moins souffrir, je ne regarderai jamais le revers de la médaille..... La patience, la résignation,

voilà mon lot..... J'aurai assez de courage et de
philosophie pour l'accepter tout entier sans murmure
et sans chagrin. Il y a mieux ; cette vie si nouvelle,
si active, mêlée de tant de dangers, de tant de privations, a retrempé mon âme, décuplé mon énergie;
et si parfois le souvenir du passé ne venait m'attrister, je serais presque heureux..... oui heureux, si je
pouvais tous les huit jours avoir de tes nouvelles, de
celles de ma mère et de mes enfants. Enfin tu m'écriras le plus souvent que tu pourras, j'en suis sûr !....
Si j'en crois les on dit, les demi-assurances, etc.; je
ferai comme capitaine l'expédition de Constantine.
Depuis que je suis certain d'obtenir prochainement
ce grade, il me semble que j'ai plus de patience....:
J'attends, et en attendant je commande toujours une
compagnie, et fais pour tout le service de capitaine.

Adieu, frère, je ne sais au juste quand tu recevras
ma lettre, mais je sais qu'une de toi me ferait bien
plaisir. — Embrasse ma mère, mes enfants, ma sœur
et tout le monde.

AU MÊME.

Au camp de Birkadem, le 23 février 1837.

Tu vois par la date de ma lettre que j'ai quitté
le camp de Kouba. Le 10 de ce mois j'ai reçu l'ordre,

dans la nuit, d'aller avec ma compagnie prendre le commandement des camps de Birkadem et de Tixeraïm. Je suis à Birkadem avec soixante-dix hommes, et mon sous-lieutenant, avec soixante, occupe le camp de Tixeraïm à vingt-cinq minutes de mon camp. Je me suis rapproché de l'ennemi, j'ai un poste important et je corresponds directement avec le lieutenant général. Je pense que demain je recevrai l'ordre de réunir toute ma compagnie à Tixeraïm et qu'une autre compagnie viendra s'établir à Birkadem. On fait bien, car il faut du monde dans ces camps où le service est fort pénible. Je me prépare pour l'expédition de Constantine. J'étudie l'arabe jour et nuit. Tout le temps que me laisse mon service, je le donne à cette langue et je sais déjà beaucoup pour le peu de temps que j'ai passé en Afrique. Je peux déjà demander toutes les nécessités de la vie ; je connais les termes de guerre, les questions à faire à un espion, à un individu pour demander son chemin ; je sais compter en arabe, je saisis toutes les occasions de parler avec tous les indigènes et je vois avec un vif plaisir que je me fais comprendre et que je saisis les réponses.

Tout ce que je t'ai dit de ce pays est exact..... C'est un pays de contrastes. — On peut y faire d'excellentes affaires et s'y ruiner. — Une famille qui s'y établirait et voudrait travailler y vivrait grandement, et avec peu d'avances. Il y a, à trois cents pas de mon camp, un petit bien à louer ou à vendre ; on en demande 270 fr. par an ; avec la culture, qui se ferait par deux Kabyles fort aisément, on se ferait un revenu de plus de 1,500 fr., en orge, vin, fruits, légumes, oranges, citrons, figues, etc., etc... Il y a de tout et en quantité..... J'ai été visiter cela il y a quelques jours et je n'en pouvais revenir.

D'un autre côté, on voit maint colon qui fait de mauvaises affaires, mais il faudrait remonter à la cause. Beaucoup d'Arabes ne veulent pas vendre pour un capital, ils ne veulent qu'une *rente à vie.* Le marché a lieu devant le Cadi. — Cette rente est minime et jamais en comparaison de la valeur de la propriété tout en augmentant en raison de l'étendue des terres. On peut très-facilement la payer avec une fraction du rapport. Pour 12 fr. par mois et le pain, on a un Kabyle qui travaille tant que le jour dure.

Je te remercie des détails que tu me donnes sur mes enfants. Mes pauvres enfants ! je serais plus heureux si j'y pensais moins souvent ! Ma gentille petite fille, embrasse-la mille fois pour moi et dis-lui que moi aussi je pense à elle, à son frère et que je les chéris tous les deux et travaille pour eux.

AU MÊME.

Au camp de Tixeraïm, 1er mars 1837.

Mon pauvre frère, je ne sais quand partira ma lettre, mais je te sais si triste, si malheureux, qu'il me semble que je suis soulagé moi-même en m'attristant avec toi... Tous les raisonnements possibles tombent sans force devant la douleur poignante que cause la perte d'une sœur chérie, d'une amie d'enfance.....[1] En France, tu as des parents, des amis, qui pleurent avec toi et te consolent ; moi ici, je n'ai personne à qui ouvrir mon cœur, à qui parler de mon chagrin. Seul dans mon camp, je demande aux devoirs de mon état de m'étourdir, de m'empêcher de penser. Mon pauvre frère, nous ne sommes heureux ni l'un ni l'autre ; si nous étions ensemble nous souffririons moitié moins. Quand pourrons-nous parler d'elle? peut-être jamais. J'arrive à peine dans ce pays où je suis exilé pour de si longues années. Tu vois bien qu'il ne faut pas penser à tout cela pour conserver sa tête : parlons d'Afrique....

Je vais souvent faire de petites expéditions dans la plaine. — Je protége avec 100 hommes les travailleurs qui font la route de Douëïra. — Je garde un pont sur le Cired-el-Kerma, en français rivière des Figuiers. Tout cela m'occupe, mais on ne voit pas l'ennemi ni assez près ni assez souvent. — Cela viendra, j'espère. — En attendant, on ne sait pas au juste ce que l'on fera de nous. Nous gardera-t-on pour le service de la plaine et pour occuper Blidah? — Nous enverra-t-on à Oran, où l'on prépare une expédition de 15,000 hommes? — Sommes-nous

---

[1] Le Maréchal venait de perdre sa sœur Louise, au mois de février 1837.

destinés à l'expédition de Constantine? On le dit, mais rien ne l'atteste. Nous attendons avec impatience l'arrivée du général Danrémont pour savoir quelque chose de positif.

AU MÊME,

Au camp de Douëïra, le 10 mai 1837.

Depuis ma dernière lettre, frère, voilà la deuxième nuit que je couche sur un lit et sans bottes..... Le 25 avril nous avons reçu l'ordre de fournir 1,000 hommes pour nous réunir à l'armée, sous Bouffarick. Le 25 nous avons bivouaqué à Douëïra; le 26 à Bouffarick, où l'on devait se rassembler. L'armée était forte de 10,000 hommes, divisée en trois brigades, commandées par les généraux Perregaux, Bro et Négrier, sous les ordres du général Rapatel, et dirigée en chef par le gouverneur lui-même, le comte Danrémont.... Tout cela campait dans le plus bel ordre autour de Bouffarick, dans une plaine immense et faisant face à Blidah, but de nos espérances et de notre réunion. Notre bataillon avec les 11e et 48e de ligne faisait partie de la 2e brigade commandée par le général Négrier qui nous a trouvés si beaux qu'il nous a désignés pour faire l'avant-garde. Nous marchions donc à la suite des zouaves et des spahis. Je ne te peindrai pas ce coup d'œil, frère, je ne te dirai rien de mon enthousiasme, de mon bonheur. C'était la première fois que je voyais réellement la guerre, que j'allais me battre pour mon pays. J'étais si heureux que je m'en étonnais moi-même..... J'avais vingt ans ! Le 28, l'armée s'est mise en marche sur trois colonnes, à travers la Mitidja, et à cet élan, à cette joie qui brillait sur tous les visages, je me suis fait une idée de ce qu'on pouvait attendre de pareils soldats, de ce qu'on pouvait faire avec eux.... Il était onze heures du matin ; à quatre heures nous étions sous Blidah, et nous reçûmes l'ordre de couronner les hauteurs environnantes, ce qui fut exécuté en un clin d'œil, malgré le feu nourri des Hadjoutes et des Kabyles qui nous opposèrent deux ou trois mille cavaliers..... Ces messieurs crièrent beaucoup, selon leur habitude, tiraillèrent de loin, mais ne tinrent pas..... Chacun bivouaqua dans ses positions..... Le lendemain, les zouaves, les spahis et nous, reçûmes l'ordre d'aller brûler douze tribus autour de Blidah. Là, la guerre et ses horreurs commencent... Je ne puis te parler des tribus que je n'ai pas vues.... Détaché avec cent cinquante hommes de chez nous et cent zouaves, je reçus l'ordre de monter au pas de course sur une tribu défendue par son bouclier de figuiers sauvages, hauts de dix pieds...... Je m'élançai franchement au pas de course et je fus assailli par la fusillade la plus meurtrière.... Arrivé sur le sommet de la hauteur, toute la tribu se développa à mes yeux....

Femmes et enfants faisaient les paquets, les hommes s'apprêtaient à se défendre. J'avais mes instructions qui m'ordonnaient de respecter les femmes et de les laisser partir, et de tout brûler ensuite. Pendant que les paquets se faisaient j'étais là, l'arme au bras, fusillé de tous côtés par une force décuple de la mienne. Mes hommes tombaient en criant : *En avant!...* Les Arabes se rassemblaient pendant mon inaction, et quand je voulus donner le signal de l'attaque, une nuée de Bédouins nous entourait... Mon pauvre frère, j'ai pensé une minute à toi, à ma mère et à mes enfants, quand j'ai vu le lieutenant des zouaves, M. Regnault, renversé sur moi, la poitrine traversée d'une balle, un sergent de zouaves tué à mon côté, et moi tout couvert de leur sang..... Tout cela a été plus prompt que l'éclair ; j'ai regardé autour de moi, j'ai vociféré : *En avant!...* Les zouaves sont partis comme la foudre, en tirailleurs ; je les ai appuyés de près, tiraillant sur les côtés. C'est alors seulement que les généraux, s'apercevant que nous étions trop engagés et trop faibles, ont envoyé spahis, chasseurs d'Afrique et deux obusiers de montagne. En un clin d'œil il n'y avait plus d'Arabes ; la tribu était brûlée. Mais ceux qui l'avaient conquise n'ont pas eu le profit, car les autres compagnies, arrivant derrière, ont pillé pendant que nous ramassions nos blessés et nos morts. *Sic vos non vobis....* Le pauvre Regnault est à l'hôpital à Douéïra. Je l'ai vu, on le sauvera.... Il aura la croix, le général la lui a promise. C'est tout naturel.... J'envie sa blessure. Moi, force compliments et la promesse du grade de capitaine avant un mois.

Les autres tribus ont été brûlées, nous sommes entrés à Blidah, où nous avons reconnu l'impossibilité de nous établir faute d'eau ; et le lendemain l'armée rentrait à Bouffarick. Mais pour nous l'expédition n'était pas finie, car notre bataillon a reçu l'ordre de partir de suite avec cinquante chasseurs et deux pièces de campagne, pour secourir les Beni-Moussa, les Ouled-Akhra et autres tribus alliées de la plaine, menacées par les cavaliers d'Abd-el-Kader qui était à Médéah, et, de là, faisait des excursions.... Ici, frère, c'est le romantique, l'agréable de notre excursion. Jusqu'au 4 mai nous avons parcouru la plaine dans tous les sens, pénétrant dans les cols, montrant l'uniforme français là où il n'avait jamais paru, présentant partout la bataille aux Arabes qui, cette fois, n'ont pas voulu l'accepter à notre grand chagrin et étonnement, car ils sont braves et se battent bien ; ils me l'ont prouvé à Blidah. Chaque fois, nous nous formions en carré pour bivouaquer.... Les Arabes amis fournissaient notre camp de viandes, légumes, oranges, etc., et venaient fraterniser avec nous. Nous avions pour avant-garde le kaïd (chef) des Beni-Moussa et cent Arabes irréguliers.... Là, j'ai bien pu les étudier, les observer, et j'ai vu avec regret que ces gens-là, serviles et obéissants parce que nous sommes forts et puissants, nous égorgeraient tous s'ils nous rencontraient avec la certitude de nous attaquer impunément. Un échec un peu grave, et on les verrait

se lever contre nous...; L'expédition est finie et tu
en verras sans doute les détails dans les journaux.
Abd-el-Kader est retourné à Médéah. — On ne connaît pas ses intentions, on l'observe.... De cette expédition, frère, nous avons retiré un grand fruit....
c'est de nous faire connaître avantageusement. Dans
les journées du 29 et du 30 la légion a pris son rang
glorieusement dans l'armée. Nous avons reçu le
baptême du feu, et tous les régiments, qui semblaient
s'éloigner de notre *étrangeté*, se rapprochent aujourd'hui et fraternisent.... C'est une drôle de chose
que cet enivrement de poudre, de bruit, de cris ;
tout cela nous monte à la tête. Je suis sûr que frappé,
on mourrait sans souffrir..., et ce serait une belle
mort !

AU MÊME.

Au camp de Bouffarick, le 8 juin 1837.

Ma dernière lettre a dû te laisser des inquiétudes
sur moi, mon bon frère, et c'est pour te les éviter
que je t'écris. Je vais bien, aussi bien que possible,
Le mal m'a quitté, mes forces seules ne sont pas
entièrement revenues. J'étais encore à l'hôpital le 1er,
lorsque l'on a annoncé que le lendemain 2 l'armée
partait pour une expédition. Mon régiment avait reçu

l'ordre... Il n'y a plus eu ni mal, ni faiblesse, ni rien. Ma compagnie partait; je suis sorti de l'hôpital malgré les médecins, malgré tout le monde, et j'ai suivi mon corps à Bouffarick où était le rassemblement général, à peu près six mille hommes sous les ordres du général gouverneur.... Frère, te dire ce que j'ai souffert, les journées des 4, 5 et 6, est au-dessus de toute idée... Ces trois jours-là nous nous sommes battus des huit heures de suite, avec 36 degrés de chaleur, contre des forces doubles des nôtres et tout cavalerie !... Le 6 surtout, les Arabes, conduits par le frère d'Abd-el-Kader, sont venus à cinq heures du matin nous attaquer jusque dans notre camp; à trois heures on se battait encore. La plaine était blanche de Bédouins qui nous chargeaient de tous côtés... Nous les avons rejetés dans la montagne au delà de Blidah... Nous avons été souvent obligés de charger à la baïonnette pour les chasser de leurs positions... Mes pauvres jambes flageolaient sous moi, et sans le courage qui m'a soutenu, je serais resté là et aurais abandonné ma triste tête au yatagan arabe, comme bien des soldats et quelques-uns de mes camarades. Nous avons perdu beaucoup de monde, surtout par la chaleur. J'ai vu un lieutenant du 63ᵉ tomber mort d'une congestion cérébrale. Les Arabes ont fait des pertes considérables... Tout cela est sans résultat. Nous faisons des marches forcées, des contre-marches jour et nuit... Nous les poursuivons sans cesse et ils nous échappent. Nous n'avons ni assez de monde, ni assez de cavalerie.

Parle-moi des chasseurs d'Afrique : le commandant d'Erlon, avec quarante-huit chasseurs, a chargé quatre cent Bédouins et en a tué plus de cinquante. Les chasseurs revenaient avec une et deux têtes de Bédouins à l'arçon de la selle. Tu vois que la guerre a toujours son caractère de cruauté. Le 4, les Bédouins ont surpris vingt faucheurs à une demi-lieue du camp... Nous avons retrouvé dix-neuf troncs.... Un faucheur, parvenu à se sauver par miracle, avait apporté la triste nouvelle.

Le 6, au soir, est arrivé au camp un officier de marine porteur de dépêches d'Oran.... Il apportait la conclusion de la paix entre le général Bugeaud et Abd-el-Kader.... Vous devez savoir cela à Paris.... Cela n'a rien fait par ici.... Il paraît qu'Abd-el-Kader n'avait pas jugé à propos d'avertir son frère de cesser les hostilités ici comme là-bas. Adieu, frère, écris-moi tôt et longuement, embrasse bien ma mère, mon frère et mes enfants.

AU MÊME.

Au camp de Doueïra, le 30 août 1837.

Frère, je suis capitaine ; je commence par t'annoncer cette bonne nouvelle.... On embarque des troupes pour l'expédition de Constantine.... Nous voyons partir zouaves, 1ᵉʳ léger, etc., et nous, si

beaux, si bien préparés, si nombreux, si dispos!...
Rien, pas d'ordres encore et le temps marche....
Les préparatifs sont immenses. Il paraît qu'Achmet, soutenu en dessous, se dispose à se défendre pied à pied. Je vais écrire à ma mère. J'ai reçu d'elle une lettre qui m'annonce un nouveau malheur : la mort de notre petite nièce, qui a suivi son père à quinze jours près.

Le sort de notre frère Adolphe doit être décidé, tant au concours qu'à son lycée? Fais-moi savoir le résultat ; il aura certainement bien attrapé quelque couronne. Annonce ma nomination à tes amis. Ma santé n'est pas rétablie, mais je fais contre fortune bon cœur. Si nous n'allons pas à l'expédition, je tomberai par terre comme une masse, car cette idée seule me donne force et courage.

AU MÊME.

Bone, le 19 septembre 1837.

Dix lignes, frère, écrites au bivouac sur mes genoux, mais qui te diront ce que je vais devenir et t'empêcheront d'être inquiet. Si j'avais le temps d'écrire, je te dirais de belles choses, car j'ai un magnifique tableau sous les yeux, dix mille hommes sous la tente, autour de Bone,... un état-major innombrable,... un matériel immense. Toute cette armée magnifique va se mettre en mouvement vers le 25 et marcher sur Constantine, où l'on veut être établi vers le 15 octobre. Personne ne se dissimule les difficultés. Vingt mille cavaliers arabes et à peu près dix mille fantassins nous barrent la route. Ils ont fortifié des positions qu'il faudra enlever. Enfin, nous aurons fort à faire et l'on se battra comme il faut. Moi je vis, je respire, je suis dans mon centre. Bivouac, marche, combat, tout cela est un bonheur pour moi. J'anime mes soldats, je les prépare, je les instruis et je crois que je leur devrai quelque chose à ma boutonnière.

AU MÊME.

Au camp de Medjz-el-Ammar, le 29 septembre 1837.

Frère, tout ce que j'ai sous les yeux et autour de moi est si grand, si beau, que je voudrais pouvoir te faire partager ma jouissance en te donnant une description exacte de tout. Figure-toi un vallon immense, entouré de toutes parts d'une double ceinture de collines à plateau sur le premier plan, et de montagnes plus élevées au second. Dans ce vallon, où coule la Seybouse, toute l'armée est campée. Une ville militaire de baraques en feuillage, avec ses rues alignées, ses dessins, ses emblèmes, s'est élevée, et renferme en son centre une ville civile et commerciale non moins curieuse. L'industrie, le commerce, la soif du gain ont amené ici, au centre de l'Afrique, une peuplade d'individus qui ont monté des boutiques en feuillage où l'on vend de tout au poids de l'or, et des cafés et des cabarets sans nombre. — Il en faut pour la consommation et les caprices de quinze mille bouches. — Les Arabes ont leur camp à trois lieues et viennent, toutes les nuits, attaquer nos avant-postes, et souvent le jour. — Le 23, ils ont déployé une douzaine de mille hommes commandés par Achmet-Bey en personne. — Les Kabyles sont venus se faire tuer à vingt pas des ouvrages, avec une grande intrépidité. Cela promet de la résistance, du danger, et partant de la gloire. Toute l'armée se met en marche après-demain 1er octobre. Ici est le rendez-vous général, et, sans discontinuer, les convois et les régiments arrivent. — C'est un panorama vivant, continuel, admirable ! L'armée est belle et bien disposée, mais on charge trop les hommes pour obtenir quelque succès bien prononcé. Chaque soldat porte pour douze jours de vivres en pain, biscuit, riz, sel, café et sucre pour remplacer le vin ; de plus un petit fagot de bois sur son sac et un bâton de quatre pieds à la main. — Il le faut pour gravir la montagne le premier jour de marche, et ce bâton servira à faire la soupe ce soir au bivouac. — Les Arabes ont tout brûlé d'ici à Constantine. — Ils ont détruit tout ce qu'ils ont pu ; nous ne devons compter que sur nous.

Au camp d'Hamman-Berda je me suis baigné dans des bains romains d'eau minérale chaude. C'est fort curieux. Là aussi la légion a versé son premier sang de la campagne. Un homme qui allait chercher de l'eau la nuit a eu la tête coupée par les Arabes à cent pas de mon bivouac. J'ai entendu ses cris, je me suis précipité le sabre à la main. Il n'était plus temps, le cadavre n'avait plus de tête.

Je t'écris étendu par terre sur mon manteau et avec la musique de la fusillade de nos tirailleurs, car depuis ce matin la première brigade est engagée dans la montagne. Ce sera notre tour après-demain, et nous savons qu'il fera chaud, car nous devons surprendre le camp arabe à la pointe du jour. Nous marcherons toute la nuit.

Les Kabyles sont de braves soldats, mais ils ne sont que six à huit mille hommes, et s'ils tenaient devant nous, la baïonnette ferait son jeu..... Dans cinq jours nous serons sous Constantine, deux jours de tranchée, cela fait sept, un jour de brèche et le neuvième l'assaut. — Le 10 octobre, tu peux compter que nous serons maîtres de Constantine. — Quel pays! frère, admirable jusqu'ici. A présent tout sera horreur et privation, nous serons un jour sans eau; c'est la plus affreuse chose du monde. Enfin si le bon Dieu reste neutre, ils sont perdus.

Je suis bien portant et disposé à me battre dur, car il faut que Constantine me rapporte quelque chose. — Il est bien malheureux que la fièvre nous décime avant le boulet. Depuis Bone, trente hommes de ma compagnie sont entrés dans les hôpitaux et ambulances. Il en est de même dans toute l'armée. — Il ne faut plus tarder un jour ; je vais écrire à ma mère quelques lignes seulement pour l'empêcher d'être inquiète. — Tu lui écriras aussi et lui donneras les détails que le temps m'empêche de lui donner moi-même. — Comme la fusillade redouble par là-bas et que le brutal commence à tousser, il est probable que nous allons faire un petit mouvement. Toutes les montagnes autour de nous sont blanches d'Arabes. — C'est un coup d'œil magique. — Ils n'y resteront pas longtemps. Ils vont retourner au col d'Aser où ils ont fortifié le passage pour nous arrêter. — Nous verrons cela dans deux jours. Adieu, frère, je ne t'écrirai plus que de Constantine et avec un laurier au front. — Moi je ne puis avoir de tes nouvelles que vers la fin d'octobre, aussi tu m'écriras de longues lettres. Embrasse pour moi notre mère, mes chers enfants et notre jeune lycéen libéré. — Il aurait de beaux discours français à faire sur le camp de Medjz-el-Ammar.

AU MÊME.

Constantine, le 14 octobre 1837.

Frère, je suis sain et sauf, pas une égratignure ; une santé aussi bonne que possible après huit jours de fatigues incroyables, de bivouac dans la boue, de pluie sur le dos, de combats journaliers et continuels, couronnés par l'assaut le plus terrible et le plus meurtrier. Hier 13, à neuf heures du matin, nous sommes montés à la brèche en trois colonnes successives; formées d'officiers et de soldats de choix pris dans tous les régiments de l'armée, formant une masse d'environ mille hommes. — J'ai eu l'honneur d'en faire partie. — Je ne te donnerai pas de détails aujourd'hui, frère, le temps me manque; mais figure-toi tout ce qu'il y a de plus épouvantable au monde, de l'avis même des vieux guerriers de l'Empire.—Une résistance admirable.—Des hommes qu'il fallait tuer deux fois. — Une ville prise à la baïonnette sous un feu écrasant, maison par maison, rue par rue; et ce massacre de part et d'autre durant trois heures, et tu te feras une idée du sang répandu. Que te dirai-je de moi?... J'ai enlevé mes soldats à la baïonnette dix fois sous le feu, monté dans les maisons, couru avec cette rage, cet élan que tu me connais, à travers les balles et la mitraille. — Je t'avais dit que je voulais me faire tuer ou me faire remarquer. —Je t'avais dit que je voulais la croix. — Je ne sais pas si je l'aurai, mais je suis déjà récompensé, car mes chefs et mes camarades m'ont embrassé en me disant que je la méritais.—Et mes soldats m'ont proclamé brave à grands cris, et cependant je ne les avais pas ménagés, car de cinquante que j'avais avec moi, dix sont morts et onze blessés. Enfin, frère, je suis heureux.... Echappé comme par miracle, je jouis du triomphe sans comprendre comment je ne l'ai pas payé de mon sang, car dix fois j'ai été entouré de cadavres qui faisaient place vide autour de moi. Nos pertes en officiers sont immenses, hors de proportion avec celles des soldats et prouvent quel élan, quelle intrépidité les animait. Nous sommes partis, dans la légion seule, seize officiers : deux sont tués, un capitaine et un sous-lieutenant; un capitaine amputé; l'adjudant-major et un sous-lieutenant blessés moins gravement; cinq sur seize. Il est vrai que notre légion s'est immortalisée : elle s'est toujours battue, et, le 10, a eu une affaire superbe. — Notre réputation est telle que tous les régiments nous complimentent, et que nous avons pris rang à la tête de l'armée.

J'ai écrit en courant à notre mère. Donne-lui des détails et embrasse mes enfants, mon frère et tout le monde.

AU MÊME.

Constantine, le 19 octobre 1837.

Frère, je t'ai déjà écrit le lendemain de l'assaut de Constantine, mais dans la crainte que ma lettre ne te parvienne pas (car plusieurs courriers expédiés ont été égorgés), je profite encore d'une occasion pour te délivrer de l'inquiétude où tu dois être à mon sujet. — Dans ma première lettre je te donnais quelques courts détails ; je ne t'en donnerai pas dans celle-ci ; je te réserve l'historique du siége jour par jour, lorsque je serai tranquille à Bone ou à Alger [1]. Je suis monté à l'assaut, j'ai été distingué, je suis porté pour la croix. — Tout le monde me dit que je ne puis manquer de l'avoir. — Je sais l'avoir méritée, mais tu connais les affaires de ce monde !...

Frère, j'ai bien cru ne jamais t'embrasser. — Quand j'ai vu autour de moi les cadavres tomber sans cesse et les balles m'étourdir de leur sifflement, je regardais la boue des rues et je me disais : voilà mon dernier lit ! Cela ne m'a fait ni pâlir, ni reculer ; au contraire, je me suis jeté au plus fort du feu où j'ai entraîné mes braves soldats. — Nous sommes dans la ville depuis trois jours. Nous avons quitté notre affreux cimetière de Koudiat-Aty.

J'habite une maison qui a dû être superbe ; une belle décoration d'opéra ; mais trouée, percée à jour par les bombes et les boulets. J'ai trouvé un coin où je suis à l'abri, et après un mois de bivouac, je suis au paradis. — Je suis tout étonné de ne plus voir le ciel quand je m'éveille la nuit et de coucher sans ma capote, sans mon sabre et sans mes bottes.

---

[1] Nous donnons à la suite de cette lettre l'historique du siége, bien qu'il n'ait été adressé que quelque temps après par le Maréchal à sa famille.

ASSAUT DE CONSTANTINE,

13 octobre 1837.

La matinée du 12 octobre s'était tristement annoncée par la mort du gouverneur. Le général Danrémont, frappé d'un boulet dans la batterie, léguait à son successeur, le général Valée, les embarras d'un siége que tout se réunissait pour contrarier; mais toutes les difficultés surmontées devaient augmenter la gloire de l'armée expéditionnaire. L'artillerie française redouble d'efforts. Une canonnade formidable répondit au malheureux boulet qui avait privé l'armée de son chef, et toute la journée, les bombes, les obus se succédaient sans intervalle. La brèche grandissait à vue d'œil. Chaque coup témoignait de l'adresse des artilleurs. L'artillerie arabe, bien dirigée, répondait presque coup pour coup.

La mort du général Danrémont avait produit peu d'effet moral, seulement l'armée sentait la nécessité d'en finir. Il fallait entrer dans la ville ou battre en retraite, et, à cette seule idée, tous les cœurs se soulevèrent. Le gouverneur était mort en brave; on le regrettait, non pour ce qu'il avait fait, mais pour ce que sa conduite pendant le siége faisait présumer qu'il aurait pu faire, s'il avait vécu. La blessure du général Perregaux fut beaucoup plus sentie dans l'armée, où le général était connu et apprécié.

En prenant le commandement de l'armée, le général Valée eut l'adresse d'annoncer, en même temps, qu'on eût à se préparer à donner l'assaut, aussitôt que la brèche serait praticable.

Alors on n'eut plus dans l'armée qu'une idée, celle de voir finir d'une manière ou de l'autre, et les fatigues et les privations sans nombre, et les misères qui nous accablaient depuis huit jours.

La position de l'armée était critique : les chevaux mouraient de faim et de fatigue, et ce qui restait, loin de nous servir dans une retraite, nous aurait embarrassés. Le soldat mal nourri, toujours dans la boue et sous la pluie, sans sommeil, sans repos, devenait la proie des maladies. La dyssenterie, la fièvre nous menaçaient plus que les Arabes, et nous les craignions davantage.

Ce mot d'assaut guérissait tout, et l'espoir de faire partie des élus qui devaient le tenter ranimait partout la force et le courage.

Toutes les dispositions furent prises dans la soirée du 12, les corps et les officiers désignés. Chaque régiment devait fournir ses compagnies d'élite. La colonne d'assaut devait se subdiviser en trois colonnes.

La première, sous les ordres du colonel Lamoricière, était formée des zouaves, des compagnies d'élite du 2ᵉ léger. Le chef de bataillon Sérigny agissait sous les ordres du colonel zouave.

Les 2ᵉ et 3ᵉ colonnes, sous les ordres du colonel Combes, étaient fortes de huit cents hommes ainsi répartis : la 2ᵉ colonne, guidée par le commandant Bedeau, se composait de cent hommes de la légion étrangère, en deux pelotons de cinquante hommes chaque; cent hommes de la compagnie franche; cent hommes du 2ᵉ bataillon d'Afrique et les grenadiers du 47ᵉ.

La 3ᵉ colonne, à la tête de laquelle marchait le commandant Clerc du 47ᵉ, était formée des autres compagnies d'élite des 47ᵉ de ligne et 17ᵉ léger (1ᵉʳ bataillon).

Le colonel Corbin, ayant sous ses ordres le chef de bataillon Paté, commandait la réserve où se trouvaient les tirailleurs d'Afrique et les compagnies d'élite des 23ᵉ et 26ᵉ de ligne et 17ᵉ léger (2ᵉ et 3ᵉ bataillon).

Les trois colonnes agissantes étaient fortes de douze cents hommes, la réserve d'environ quatre cents. Tout le reste de l'armée, gardant les positions, était prêt à se porter partout où les circonstances l'exigeraient; mais les Arabes, qui cherchaient à faire diversion et attaquaient de toutes parts, donnaient à chacun de l'occupation.

Les instructions données, les places de bataille arrêtées, chacun reçut l'ordre d'aller prendre du repos et de se préparer à être sous les armes à trois heures et demie du matin.

S'il m'était permis de parler de moi dans de si graves circonstances, je dirais que, depuis le commencement du siége, je n'avais jamais aussi bien reposé, si profondément dormi que cette nuit solennelle qui précéda l'assaut. Chaque officier désigné avait fait ses petites dispositions, même son testament... Est-ce insouciance? Est-ce philosophie? Est-ce confiance? Je ne me charge pas de le deviner, mais l'idée ne me vint même pas que je pourrais rester sous les décombres de la brèche. Une fois le matin, en m'éveillant, je pensai à mon frère, à ma mère, à mes enfants; toutes ces pensées si chères se croisèrent réunies et firent battre mon cœur qu'elles remplissaient... Je me hâtai de les refouler bien profondément, ce jour-là je n'étais plus rien que soldat.

Le vendredi 13!... quel augure pour les superstitieux, un vendredi!.... un 13!.... et ce jour-là a été un des plus beaux de ma vie..... A quatre heures du matin, les trois colonnes étaient massées dans la place d'armes, derrière la batterie de 24, établie à cent mètres de la place. La réserve était pelotonnée, à deux cents mètres plus en arrière, dans les anciennes écuries du bey. On appelle ce bâtiment le Bardo. Toutes ces troupes étaient défilées du canon et de la mousqueterie de la place.

Vers deux heures du matin, le brave capitaine Garderens des zouaves, et un capitaine du génie, étaient allés, au milieu des balles, reconnaître la brèche et l'avaient jugée praticable. Cependant le général Valée avait voulu la rendre encore plus facile, et notre artillerie foudroyait sans relâche la muraille qui nous préparait un passage. Vingt-cinq hommes de front pouvaient se présenter à la brèche.

De quatre à sept heures et demie du matin, nous restâmes massés dans la batterie. Le bruit de l'artillerie nous assourdissait, un coup n'attendait pas l'autre. Les boulets et les balles arabes passant par-dessus nos têtes ou à côté de nous ne nous envoyaient que des éclats de pierre et de la terre.

Cependant plusieurs artilleurs furent tués dans la batterie où étaient le prince, le général Valée, les généraux Fleury, Lamy, Caraman, et tout l'état-major.

A un signal donné, chaque peloton de cinquante hommes devait s'élancer de la batterie au pas de course, traverser l'espace de cent mètres qui nous séparait de la brèche et la franchir. Au bout de quelques minutes, un deuxième peloton de cinquante hommes suivait, et ainsi de suite. On séparait ainsi les pelotons pour donner moins de prise aux boulets, aux balles, à la mitraille arabe qui sillonnaient l'espace entre la place et la batterie.

Enfin le bienheureux signal est donné, la charge bat de toutes parts, la canonnade de 24 se tait de notre côté comme par enchantement, et est remplacée par des obus de 12 que l'on jette sans discontinuer dans la place. Le brave Lamoricière s'élance avec ses zouaves. Lui et le commandant Vieux du génie, suivis du capitaine Garderens qui porte un drapeau, gravissent la brèche, où les couleurs françaises flottent glorieuses. En quelques minutes, la première

colonne couronne la brèche. La deuxième est prête
à s'élancer quand la brèche sera débarrassée par la
première qui pénétrera dans la ville.

Mais en arrivant sur la brèche, au lieu de pouvoir
pénétrer dans la ville comme on le croyait, la première
colonne est arrêtée par un deuxième mur d'enceinte.
Toutes les murailles, toutes les maisons,
toutes les fenêtres sont garnies de turbans. C'est un
mur de feu que l'on a devant soi..... Les Français
tombent, mais ne reculent pas. A ce nouvel obstacle,
le cri : *Des échelles! des échelles!* est partout répété.
Le génie dirige ses braves soldats sur la brèche, ils
sont pourvus d'échelles, de haches, cordes, sacs à
poudre, etc., etc. Dans ce moment les Turcs font
tomber un pan de muraille qui écrase sous ses ruines
le brave commandant Sérigny du 2ᵉ léger, et environ
quarante hommes. Cet avantage est bien loin de
profiter aux Turcs, car les décombres comblent des
intervalles, et l'on parvient à pénétrer dans une rue,
rue étroite et serpentante, et rouge du feu que les
Bédouins dirigent sur nous.

Alors seulement, et il s'est écoulé un grand quart
d'heure depuis que la première colonne est partie,
temps qui nous a paru bien long ; alors, dis-je, le
général donne l'ordre à la deuxième colonne de faire
son mouvement. Ici je deviens acteur et vais raconter
ce que j'ai vu, ce qui s'est passé sous mes yeux,
sur les points de la ville où j'ai été. L'aspect général
de l'assaut se changera souvent en tableaux particuliers.

Pendant que nous gravissions la brèche, les Français, qui avec les capitaines Richepance, Répon des zouaves, Leflo du 2ᵉ étaient entrés dans la ville, sont arrêtés court par une mitraillade infernale. Les Turcs, beaucoup plus nombreux, s'élancent de toutes parts sur nos soldats que la mitraille a surpris et arrêtés ; et malgré les cris et les menaces des officiers, qu'ils entraînent eux-mêmes, nos soldats sont ramenés aussi vivement qu'ils étaient entrés. — Les cris de : *En avant!* poussés avec énergie, ce tumulte de fuite attirent Lamoricière suivi d'un renfort, et il arrive pour voir les Turcs poussant les nôtres l'épée dans les reins, nos soldats tombant les uns sur les autres pêle-mêle avec les officiers, enfin un désordre épouvantable. — Lamoricière s'élance le sabre à la main. — Nous sommes arrivés au haut de la brèche. Notre étoile veut que la compagnie franche soit devant nous. C'est dans ce moment qu'eut lieu la terrible explosion... Un silence de mort succède un instant au tumulte... Ceux qui restent debout, repoussés par la force de l'explosion, cherchent un point d'appui sur leurs sabres, leurs voisins, ou le mur à gauche. Les plus près du haut de la brèche essuient leurs yeux pleins de terre, de poussière et de poudre, et sont un moment suffoqués. — Mais alors s'offre à tous les yeux le plus horrible spectacle... Les malheureux qui ont conservé leurs membres et qui ont pu sortir des décombres fuient vers la batterie et descendent la brèche en courant, et en criant : *Sauvez-vous, mes amis, nous sommes tous perdus, tout est miné, n'avan-*

cez pas, sauvez-vous !!! Quand je me rappelle ces figures brûlées, ces têtes sans cheveux, sans poils et dégouttantes de sang, ces vêtements en lambeaux, tombant avec les chairs, quand j'entends ces cris lamentables, je m'étonne que ces fuyards n'aient pas entraîné toute la 2e colonne qui encombrait la brêche. — Combes et Bedeau étaient sur le haut de la position. D'un commun accord, ils élèvent leurs épées en l'air, aux cris de : *En avant, en avant!* Ce cri, frère, je le répétais, je le vociférais avec eux : Je criais à mes soldats : *A moi la légion, à la baïonnette, ce n'est rien, c'est de la mitraille, en avant! en avant!* et je me précipitai le premier dans ce gouffre où, sur ma conscience, j'attendais une seconde explosion ; je croyais que c'était une mine, qu'elle devait être suivie d'une deuxième.

Là, frère, j'eus ma première récompense, le colonel Combes me serra affectueusement la main en me disant : *Bravo, capitaine!* J'étais tellement enthousiasmé que seul je me serais jeté sur des canons. L'explosion avait, dans son désastre, eu ce côté avantageux pour nous, qu'elle avait arrêté les Turcs et facilité l'entrée de la ville ; une porte, une voûte, et plusieurs maisons avaient sauté. — Environ cent hommes des nôtres, tant de zouaves que du 2e léger et compagnie franche, dormaient sous les décombres. Lamoricière blessé était emporté par ses zouaves.

Alors, frère, nous nous jetâmes dans la ville, chacun où le hasard et son instinct le poussa, car les ordres étaient confus. C'était un chaos, mais un chaos dont les éléments étaient l'intrépidité et l'oubli de soi-même. — J'avais ordonné à mes hommes de ne jamais me dépasser, mais de me suivre toujours; je commençai par me jeter dans la batterie à gauche de la brèche. Dans un petit carré servant de place à l'embrasure d'un canon, sept Turcs faisaient un feu continuel sur nous. Je m'élançai dans ce trou la tête baissée, mes hommes me suivaient de près. Les Turcs se défendaient avec le courage du désespoir. Ils faisaient feu et nous les tuions rechargeant leurs armes : ce sont d'admirables soldats; la baïonnette n'en laissa pas un vivant. On ne faisait pas de prisonniers.

En quittant la batterie, je me dirigeai sur le point où la fusillade me paraissait la plus vive. J'arrivai à la maison de Ben-Aïssa, lieutenant du bey. Le commandant Bedeau y était avec le commandant Despinois. On cherchait encore des issues pour pénétrer en avant dans la ville. Les balles nous pleuvaient de partout et tombaient sur les dalles autour de nous, comme la grêle qui frappe sur les toits et les carreaux.

Je demandais des ordres, je sollicitais pour qu'on m'envoyât hors de cette cage, où je tournais comme un ours qui évite des frelons. Enfin le génie arrive en criant qu'il y a une barricade à enlever au bout d'une petite rue, et que cette issue donne dans une des rues principales. Je regarde le commandant Bedeau et sur un petit signe d'approbation, que moi seul je devine, je m'élance avec mon peloton, en criant : *A moi la légion!* Oh! cette petite rue étroite et sinueuse comme la rue Traversine d'autrefois, tu te rappelles, cette petite rue, je la verrai souvent dans mes rêves.... Elle était encombrée de soldats. Les hommes du bataillon d'Afrique s'y pressaient avec les nôtres, et pendant dix minutes au moins nous avons marché sur le cadavre du brave capitaine Hackette, du génie, tué là avant notre arrivée. Tout le monde criait, on ne s'entendait pas. Mon grade me donnait là de l'influence et du pouvoir : au milieu des balles je rétablis une espèce d'ordre, je fis enlever le corps piétiné de notre camarade, et m'avançant vers le bout de la rue, je vis que nous étions arrêtés par le feu formidable d'une barricade artistement construite : portes, poutres, matelas, rien n'y manquait. Les Kabyles la défendaient par le feu le mieux nourri et nous tuaient beaucoup de monde: Retourné à mes hommes, je leur fis comprendre qu'en allant sur la barricade au pas de course et l'enlevant à la baïonnette, on perdrait beaucoup moins de monde qu'en tiraillant inutilement contre des matelas. Ceci bien compris, je plaçai dans les maisons voisines, conquises par nous, quelques tirailleurs adroits qui dominaient la barricade, incommodaient fort les défenseurs ; puis, le sabre à la main, aux cris de *Hourra*, mieux connu de mes soldats étrangers, aux vociférations de : *En avant la légion*, je me jetai sur la barricade que je franchis en tombant de l'autre côté au milieu des Arabes. Cette chute me sauva, car toutes les balles me passèrent au-dessus de la tête; on me tira de si près que ma capote fût brûlée par la poudre, mon fourreau de sabre traversé d'une balle. Là, par terre, j'eus le bonheur d'entendre un soldat, crier furieux : *Au capitaine, au capitaine, il est blessé, par terre, par terre.* Ma chute les avait trompés. Debout comme l'éclair, je commençai à travailler les Turcs comme il faut, et la barricade presque aussitôt détruite nous donna passage à gauche, dans cette même rue où les zouaves et la 1re colonne avaient été d'abord repoussés. A droite était la brèche, mais à environ trois cents pas.

Cette rue, frère, c'est la rue marchande de Constantine, garnie de chaque côté de boutiques sans étages qui les surmontent; de loin en loin, quelques maisons occupées par les Turcs, les toits surmontant les boutiques, plats et garnis de Turcs, rue serpentante, à coudes arrondis, étroite comme la rue Saint-Jacques, quelquefois davantage.

C'était cette rue qu'il fallait prendre maison par maison, et sous un feu d'autant plus terrible qu'on ne voyait pas d'où il venait. C'est dans cette rue, où l'on marchait jusqu'aux genoux dans des cadavres et dans le sang, que nous avons perdu le plus de monde. C'est dans cette rue que le brave Combes a été blessé mortellement ; que Lacoste, mon pauvre sous-lieutenant, a été tué. Mais n'anticipons pas.

En entrant dans cette rue, mon premier soin fut d'établir mes hommes de chaque côté : ceux de droite tiraient sur tout ce qu'ils voyaient d'ennemis à gauche ; ceux de gauche faisaient feu à droite. Malgré cela, mes hommes tombaient et pour ne plus se relever, car toutes les blessures étaient mortelles : on tirait de trop près. — Après vingt pas nous fûmes arrêtés par un feu roulant et croisé qui détruisait tout ce qui voulait hasarder le passage. Le soldat n'obéissait plus d'élan à la voix de son chef.... Cet obstacle nous venait d'une grande maison à droite, à plusieurs étages, et qui semblait en feu tant elle nous envoyait de mitraillade dans des fusils de remparts, tromblons, etc. J'ai su depuis que c'était la caserne des soldats du bey.

Il n'y avait qu'un parti à prendre, enlever la maison. En un instant cinq ou six officiers de différents corps réunis rassemblent leurs soldats; on enfonce la porte, on se précipite dans les cours, dans les escaliers, sur les terrasses, dans les chambres....

Quelle scène, frère, quel carnage, le sang faisait nappe sur les marches.... Pas un cri de plainte n'échappait aux mourants ; on donnait la mort ou on la recevait avec cette rage du désespoir qui serre les dents et renvoie les cris au fond de l'âme... Les Turcs cherchaient peu à se sauver, et ceux qui se retiraient profitaient de tous les accidents de murs pour faire feu sur nous.... J'ai vu là bien des morts, j'ai fixé bien de ces terribles et poétiques figures de mourants qui me rappelaient le beau tableau de la bataille d'Austerlitz.

La maison prise, on redescendit à la hâte trouver dans la rue le même feu à peu près qu'on y avait laissé. Les Turcs s'étaient embusqués dans un coude et de là nous décimaient. C'est là, qu'à côté de moi, se promenant tranquillement au milieu de la rue, encourageant tout le monde de l'exemple, du geste et de la voix, l'intrépide Combes fut atteint d'une balle... Un simple mouvement nerveux accusa la souffrance ; il se retourna du côté de la brèche et reçut une seconde balle qui amena le même mouvement, sans une plainte, sans un mot; il continua à marcher vers la brèche, la descendit seul, traversa l'esplanade jusqu'à la batterie de 24, où étaient réunis le prince, le général Valée et tout son état-major. On s'aperçut qu'il était blessé et le prince lui en témoignait ses regrets.... Combes répondit par un rapport clair et succinct de ce qui se passait à sa colonne, et termina en disant : *Monseigneur, ceux qui seront assez heureux pour revenir de cet assaut-là, pourront dire qu'ils ont vu une belle et glorieuse journée.* Et s'adressant au chirurgien-major de l'artillerie, il lui dit : *Docteur, j'ai de la besogne pour vous.* Le lendemain la France perdait une des espérances de son armée, un intrépide guerrier, aussi froid au feu que sage dans le conseil.... Moi, je pleurais un ami, car nous nous étions serré la main deux fois, dans des circonstances que les cœurs généreux n'oublient jamais.... Une minute avant sa blessure, je lui disais : *Mon colonel, ne vous promenez pas là, il y fait trop chaud, il faut que nous allions en avant à tout prix, la position n'est pas tenable....* Et il regardait comment on perdrait le moins de monde.

Ce fut quelques instants après que je fus assailli par le Turc dont je t'ai envoyé le poignard yatagan. Il se jeta sur moi le sabre haut, son pistolet avait raté. Je n'eus que le temps de me précipiter sur lui en parant son coup ; ma lame lui pénétra dans le col.... Un soldat de ma compagnie, nommé Keller, qui était derrière moi, se jeta à ma droite et lui plongea sa baïonnette dans le corps; au même instant il fut frappé lui-même de deux balles, une à la tête, l'autre à la poitrine ; le pauvre garçon mourait pour moi, car ces balles m'étaient destinées, la troisième frappa dans mon manteau que je portais en bandoulière, ainsi que tous les officiers de la légion. Le Turc tomba percé de vingt coups de baïonnettes, car chaque soldat lui lançait son coup. — Je pris le sabre qui m'avait menacé. — En roulant dans la boue, l'œil fixe de cet homme me regardait encore avec une expression terrible. Tout le temps que les cadavres restèrent dans les rues, on s'arrêtait involontairement devant celui-là, qu'on admirait comme un type d'expression militaire, de colère et de menace.

C'est aussi à quelques pas de là que le pauvre Lacoste fut frappé d'une balle à la tête. Pas un mot, pas une plainte ne s'exhala avec son dernier soupir; il tomba à genoux comme pour prier et ne se releva plus du lit de boue qui venait de le recevoir.

A ce moment, frère, nous avancions lentement, le feu redoublait et la position devenait de plus en plus dangereuse ; en vain, plusieurs fois, j'avais voulu enlever mes hommes aux cris de : *En avant!* Des balles les arrêtaient court et pour jamais.... C'est là que le courage du sergent-major Doze et du sergent Piétri, de ma compagnie, leur mérita la croix que je leur ai fait obtenir ; je leur devais cela, car j'avais joué leur vie ; il est vrai que la mienne était aussi dans l'enjeu.

Voyant que le feu, partant d'un point de la rue, nous abattait tout ce qui se présentait à droite, j'allai placer moi-même Doze et Piétri en face de ce feu pour y riposter d'une manière sûre. Ces deux braves tirèrent plusieurs coups de fusil, dans le poste le plus périlleux. Je ne pouvais y rester avec eux, car je n'avais pas de fusil. Il me fallait, d'ailleurs, surveiller l'ensemble de l'attaque. Doze et Piétri échappèrent par miracle, je puis le dire. Je les présentai tous deux au commandant Bedeau, en racontant le fait, et j'eus le bonheur de voir sur leur poitrine une croix qui triplait la valeur de la mienne.

Je suis arrivé, frère, à l'instant de l'assaut où je crois avoir couru le plus grand danger. Des hommes tombaient dans cette mare de boue et de sang dans laquelle nous pataugions. Je pouvais prévoir, à quelques minutes près, le moment où j'irais aussi m'étendre dans cette fange noire qui me répugnait. Alors, frère, ta pensée est venue à mon cœur, comme un éclair, j'ai envisagé ta douleur ajoutée à d'autres douleurs déjà si poignantes.... J'ai serré la poignée de mon sabre et je me suis dit, je ne mourrai pas.... Nous étions arrêtés, on n'avançait plus, six hommes du bataillon d'Afrique me séparaient du feu des Kabyles ; je prends une résolution, je me retourne vers mes soldats et je leur crie : « *Vous serez tous tués là, suivez-moi, en avant, et je vous sauve.* » Aussitôt je les entraîne, nous chargeons les Turcs qui ne tinrent que peu, et la rue est balayée.... Il était temps, pendant que je parlais à mes soldats, les six hommes qui étaient devant moi, avaient disparu dans la boue, et pour courir aux Turcs j'ai été obligé de sauter par-dessus leurs cadavres.

De la même manière et chassant toujours les Turcs qui se défendaient pied à pied, nous parcourûmes plusieurs rues, entrant dans les maisons desquelles partait le feu le plus nourri. Dans une d'elles, une pauvre femme blessée à la tête d'un coup de baïonnette et une négresse vinrent se jeter à mes pieds : je les rassurai et les fis entrer dans une chambre où était un vieillard qui semblait attendre la mort. Je mis une sauvegarde à leur porte.

Enfin, frère, j'arrivai à une petite place où je retrouvai le commandant Bedeau que j'avais perdu de vue depuis la maison de Ben-Aïssa. Heureux de nous retrouver en vie, nous nous serrâmes la main. Il me fit quelques compliments en me voyant avec mon sabre et mon yatagan turc, et la figure et les mains pleines de sang, mon sabre rouge ; enfin, moi j'avais l'air un peu boucher. — A ce sang qui n'avait rien de moi, je l'avoue que je n'aurais pas été fâché d'y voir mêlé un peu du mien. J'aurais désiré une blessure qui m'eût permis, cependant, de te revoir et de t'embrasser un jour. Une autre fois je serai plus heureux.

Sur cette petite place où venaient aboutir trois rues et où s'élevait une mosquée, nous eûmes encore des coups de fusil, mais ce n'était rien en comparaison de ce qui s'était passé. Le colonel Corbin, commandant le 17ᵉ léger, qui avait remplacé le pauvre Combes dans son commandement, était là avec notre commandant. Je poussai en avant dans une rue, mais je fus de suite rappelé. Un Arabe, s'étant présenté avec un papier à la main, cria : *Carta, carta*.... Cet homme était le fils du cheick, tout était fini, la ville se rendait.... Sur bien des points encore la fusillade continuait, mais aussitôt que l'on sut que la ville se rendait à discrétion, les Arabes coururent en tous sens, en criant : *Semi, semi*, pour faire cesser le feu.

Ce mot *semi*, dont nos oreilles furent fatiguées si longtemps, n'est pas arabe : c'est une corruption du mot italien et espagnol *insième*, qui veut dire ensemble. Les Arabes s'en servaient comme du seul mot qu'ils supposassent pouvoir être compris de nous, et nous présenter l'idée de la paix.

A peine le fils du cheick eut-il fait voir son papier qu'il élevait au-dessus de la tête, et qui n'était autre qu'une lettre des principaux habitants au général Valée pour rendre Constantine à discrétion, que les Arabes, mais surtout les Juifs, vinrent à nous, prenant nos mains, nos habits, les baisant, se prosternant, cherchant à lire dans nos regards. Un froncement de sourcils, une expression de colère, les faisait fuir ou tomber à terre. Cela me dégoûtait.

Pour moi, poussé par mon esprit aventureux, je m'engageai dans cette ville inconnue, suivi d'une douzaine de soldats de différents corps. C'était une imprudence bien grande, car dans les rues où je pénétrais on n'avait pas encore vu de soldats français. Nous n'avions pas pris un vingtième de la ville, quand elle s'est rendue. Je me servais du peu d'arabe que je sais, et me faisant précéder de deux maures et un juif, qui criaient : *Semi, semi*, je m'avançai vers la porte d'*El-Countra* (le pont), côté entièrement opposé à celui par lequel nous étions entrés. Cette porte fait face à la *Mansoura*, où était le général Trézel et sa division, et je voulais m'emparer de ce point important et livrer passage aux troupes françaises.

Dans ma route je passai devant la grande mosquée où je plaçai un poste de huit hommes. Je n'avais plus avec moi qu'un fourrier décoré du 47e et un grenadier, c'est avec ces deux hommes que je passai au travers d'une foule d'Arabes de tout sexe et de tout âge, fuyant d'abord à la vue de l'uniforme, mais s'approchant et s'encourageant à ce cri de *Semi, semi*, que ni moi ni mes conducteurs n'épargnions. Là, j'ai pu juger de la population nombreuse que nous aurions eu à combattre si la guerre avait duré. Tous ces Arabes se jetaient devant moi, prenaient le bas de ma capote pour la baiser et se dépouillaient de leur beurnous pour me l'offrir ; mon refus de les dépouiller les remplissait d'un étonnement mêlé de joie où je trouvais une douce satisfaction.

C'est ainsi que je parvins à la porte d'El-Countra. Elle était tellement barricadée avec des poutres énormes et d'aussi énormes pierres de taille, qu'il ne fallait pas songer à la débarrasser. Il aurait fallu une journée et deux cents hommes de corvée. Je me contentai de crier du rempart aux Français qui couronnaient les hauteurs, de l'autre côté du pont et du ravin, que la ville était rendue et qu'on eût à envoyer des troupes occuper le pont et la partie extérieure.

Je laissai le fourrier et le grenadier dans le poste abandonné par les Turcs.

Depuis, ce fourrier, déjà décoré à Oran, est venu me faire signer un certificat relatant les faits ci-dessus; il a été nommé officier. Le grenadier est décoré; moi, je n'ai parlé de cela qu'au commandant Bedeau et après avoir reçu ma croix.

Les mêmes Arabes qui m'avaient conduit me ramenèrent seul à travers la foule, toujours accrue par la cessation du feu, jusqu'à la Casbah où je voulais aller. Pour y parvenir il fallait traverser la ville dans toute sa longueur, et pendant tout ce trajet seulement quelques coups de fusil me furent tirés par des Arabes ignorant le traité, ou effrayés de me voir parmi eux. Ils se sauvaient de suite et la population elle-même se chargeait ou de les punir ou de les arrêter. J'en battis un seul à grands coups de plat de sabre, parce que sa balle m'avait passé bien près du visage.

A la Casbah, un autre spectacle m'attendait..... Les détachements armés des différentes colonnes commençaient à y arriver.... Mais le pillage aussi avait commencé et expliquait comment si peu de soldats se trouvaient à la Casbah. Le général Rulhières y arriva vers midi; il criait beaucoup après les pillards, menaçait de prendre les mesures les plus sévères, mais rien n'arrêtait le soldat ; il était victorieux, il avait beaucoup souffert, il avait acheté sa conquête au prix de son sang, il y aurait eu folie à vouloir l'arrêter. Le pillage, exercé d'abord par les soldats, s'étendit ensuite aux officiers, et quand on évacua Constantine, il s'est trouvé, comme toujours, que la part la plus riche et la plus abondante était échue à la tête de l'armée et aux officiers de l'état-major...

Je ne m'appesantirai pas davantage sur ces scènes de pillage et de désordre ; elles ont duré trois jours. Jetons un voile épais et ne ternissons pas notre gloire et nos souvenirs.

Dans toutes les maisons le pillage était facile, car telle était la confiance des habitants dans la force de leur ville et de leurs défenseurs, et ils croyaient si peu à la prise, que partout on a trouvé le couscousse au feu et le café prêt.

Du côté de la Casbah, côté opposé à celui par lequel nous étions entrés, un spectacle affreux s'offrait à nos yeux : environ deux cents femmes ou enfants gisaient brisés sur les rochers qui ferment la ville sur cette face. Les Arabes nous voyant gagner du terrain dans la ville, et commençant à croire à leur défaite, étaient venus essayer de sauver leurs femmes et leurs enfants, et ils avaient tenté, par ces ravins impraticables, une fuite impossible. La terreur, précipitant leurs pas, les avait rendus encore plus incertains, et bien des femmes, bien des enfants avaient péri de cette horrible manière.

Quelques-uns respiraient encore quand nous arrivâmes; quelques-uns aussi, mais plus rares, étaient arrivés, comme par miracle, sains et saufs sur le sommet aplati de rochers qui ne communiquaient à rien. — On fit la chaîne, on se servit de cordes pour les tirer de là, et la crainte qu'ils avaient de nous était le plus grand obstacle apporté à leur délivrance.

L'aspect de la place de la Casbah offrait le tableau militaire le plus varié et le plus curieux ; les soldats, privés de tout depuis longtemps, se retrouvaient dans l'abondance, et s'empressaient de réparer la diète qu'ils avaient été obligés de faire. Les uns arrivaient chargés de galettes maures, les autres de pots de beurre, beaucoup de viandes conservées ; on se réunissait, on cuisinait, et bien des feux s'élevaient dans les angles de la place, et sur le plateau dominant le ravin.

Je ne veux pas parler des bazars qui s'organisaient à côté des cuisines, mais j'ai remarqué que les bons soldats n'avaient pris que des vivres ; les mauvais venaient chargés de tapis, de beurnous, de grandes couvertures, de haïcks; que sais-je, tout était pillé, rien n'était respecté. Des soldats ont trouvé des coffres pleins d'argent. Il en est qui ont rapporté plusieurs mille francs en monnaie du pays.

Le camp offrit pendant plusieurs jours l'aspect d'un vrai marché. Des Juifs y abondaient. Ils venaient pour tromper le soldat, et plusieurs d'entre eux furent pris eux-mêmes pour dupes. On avait trouvé dans les maisons beaucoup de petites pièces jaunes imitant parfaitement l'or ; les Juifs qui avaient suivi l'armée les prirent pour des roubles turcs valant 2 francs 50 centimes, et les payaient aux soldats jusqu'à 2 francs. Ces pièces n'avaient aucune valeur, c'était du cuivre, et les Maures ne s'en servaient que comme des jetons pour jouer.

Cependant on cherchait à arrêter le désordre et le pillage. Le général Rulhières fut nommé gouverneur de Constantine, le chef de bataillon Bedeau, commandant de la place ; les ordres les plus sévères furent donnés. Le 47ᵉ de ligne, le 2ᵉ léger, les zouaves entrèrent en ville, le 13 et le 14 ; on logea les soldats dans les plus grandes maisons dont on fit des casernes. Les officiers s'emparaient des maisons vides voisines des casernes de leur régiment. Le logement ne manquait pas, car toutes les belles maisons étaient vacantes et abandonnées. Tout ce qu'il y avait de plus riche à Constantine était parti pendant le siége. Il ne restait plus dans la ville que les Turcs, les Kabyles, et la partie combattante. Les citoyens restés ne se composaient que de Juifs, de vieillards et de pauvres gens.

Quand l'état-major nombreux de tous les corps spéciaux, l'intendance, l'administration, eurent choisi les plus beaux logements, il en restait encore assez pour loger la véritable armée, l'armée combattante et souffrante.

Le soir de la journée du 13, nous retournâmes dans nos positions sur le Condiat-Aty, ce ne fut que le 16 que nous reçûmes l'ordre d'entrer en ville.

Pendant ce temps le commandant de la place, quoiqu'entravé à chaque instant dans ses bonnes intentions, prit les mesures les plus sages et les plus à propos. Tous les Juifs, convoqués par leur roi, d'après les ordres du commandant Bedeau, furent occupés pendant trois jours à enlever les morts de toute nation, et à les enterrer dans un immense trou creusé près de la ville. Le nombre des morts surpasse toute prévision, puisque le trou ne suffit pas, les cadavres entassés ne sont pas enterrés assez profondément; trop peu de terre les recouvre, et Constantine pourra bien se ressentir de cet inconvénient, quand arriveront les chaleurs.

Pendant bien des jours on trouvait des cadavres dans des maisons abandonnées. Les Juifs appelés les portaient hors de la ville, où des trous les recevaient.

C'était un affreux spectacle que de voir le lendemain et le surlendemain de l'assaut, au bas de la brèche, les morts des deux nations, étendus séparément, attendre leur sépulture commune. Parmi nos soldats, nous reconnaissions bien des braves qui méritaient un meilleur sort. Le nombre s'élevait à environ cent cinquante. Les Arabes, beaucoup plus nombreux, se comptaient par cinq cents. On pouvait reconnaître aux blessures et à l'âge de quelques-uns toutes les horreurs d'un assaut.

Les Juifs furent aussi employés à nettoyer la ville qui en avait le plus grand besoin. Cette opération eût été beaucoup plus prompte si on avait eu des ânes en plus grand nombre pour transporter les immondices ; mais quoique Constantine, comme toutes les villes arabes, en fût abondamment pourvue, on n'en trouvait que peu ; nos soldats les avaient tous pris.

Le 16, nous entrâmes dans Constantine pour y tenir garnison. Notre pauvre bataillon décimé par les balles, les fièvres et déjà le choléra, fut caserné dans une petite et sale impasse où il occupait trois maisons. Nous logions autour de ce cloaque. J'avais pour moi seul une vaste et belle maison où je faisais, par précaution, loger quelques soldats. Deux de nos officiers avaient failli être assassinés par les Kabyles dans leur maison.

Les boutiques se rouvraient peu à peu, la confiance revenait, mais lentement. Les Arabes n'apportaient que peu de choses au marché et faisaient tout payer au poids de l'or. On fut obligé de taxer les denrées.

Du reste l'aspect de la ville était sombre. Les Juifs se promenaient en grand nombre avec leur servilité riante et abjecte ; mais les habitants, tristes, mornes, souffraient ce qu'ils ne pouvaient empêcher. Leurs regards, quelquefois menaçants, témoignaient de leur peu de bienveillance. Comment ces gens-là pourront-ils oublier jamais le sac de leurs maisons et leur ruine pour bien des années ?

Les régiments évacuaient par convois ; le choléra encombrait les hôpitaux ; harassés par une fatigante victoire, officiers et soldats regardaient comme heureux ceux qui allaient retrouver leur vie de camp, devenue bonne par comparaison, et les partants pour Bone étaient enviés. Après bien des indécisions, des ordres et des contre-ordres, car tout le monde voulait garder des hommes qui s'étaient fait une si belle réputation, nous reçûmes enfin l'ordre formel de partir le 29. Nous avions l'honneur de faire partie de la brigade du prince, et nous étions le dernier convoi qui dût quitter Constantine, où restaient environ trois mille hommes, sous les ordres du général Bernelle.

Ceux qui, tranquillement assis sur leur banquette rembourrée, les pieds chauds et l'estomac plein, vont décider par caprice ou par passion si l'on gardera ou non cette conquête, ne se doutent guère de ce qu'elle nous a coûté.

A M. LEROY DE SAINT-ARNAUD, AVOCAT A PARIS.

Hamman-Berda, le 4 novembre 1837.

Me voici, frère, échappé à peu près à bien des fléaux. Attaqué à la fois par la faim, la soif, la misère, le feu et le choléra, j'ai passé la tête au milieu de tout cela. Toujours jouets du destin, qui ballotte si étrangement la vie du soldat, nous croyions aller tout droit à Bone et retourner bien vite à Alger ; pas du tout. Nous recevons l'ordre de tenir, jusqu'à nouvel ordre, garnison au camp insipide de Nechemaya. Et moi, l'on m'envoie avec deux compagnies commander la position de Hamman-Berda, dont je t'ai déjà parlé, et où l'on prend des bains d'eau chaude. C'est de là que je t'écris, frère, sur une belle table de pierre, formée d'un débris de colonne. C'est de là que j'enrage de ne pas avoir été jusqu'à Bone pour trouver tes lettres, dont je suis privé depuis le 15 septembre, des nouvelles de ma mère, de mes enfants, de vous tous.

Le cœur me bat en t'écrivant, frère. On dit, on m'a assuré que j'étais cité à l'ordre de l'armée pour ma conduite à l'assaut. Cité à l'ordre de l'armée, sais-tu ce que c'est?... C'est une réputation, c'est la croix, c'est un avancement assuré. — Je t'avais toujours dit : Donnez-moi une circonstance et j'en profiterai. A Constantine, si j'y vais, je me ferai tuer ou je regagnerai le temps perdu et me ferai connaître. Es-tu content, frère?... Je suis porté pour la croix, et il y a mille à parier contre un que je l'aurai. — Nous ne sommes que trois du régiment cités : le capitaine Raindre, amputé; le capitaine adjudant-major Mayran, blessé au bras ; et moi contusionné, ma capote et ma casquette brûlées et percées de balles, mais le coffre épargné. J'ai cependant fait tout ce que j'ai pu pour me faire accrocher. Un pauvre soldat de ma compagnie, Keller, a reçu pour moi deux balles presque à bout portant. Un autre, Villione, a eu deux doigts fracassés en me parant un mauvais coup et a été amputé de ses deux doigts. Si j'étais riche il ne me quitterait jamais.

Lorsque tu m'écriras, adresse tes lettres à Alger. Donne-moi bien des détails sur mon Adolphe, sur ma Louise [1].—Quand me retrouverai-je au milieu de vous tous?... J'éprouverai autant de bonheur que le jour de la prise de Constantine, lorsque tous mes camarades sont venus me complimenter d'être sorti de l'affaire sain et sauf et avec quelque gloire. Mon Dieu ! que de choses j'aurai à te dire, que de traits intéressants, que de touchants et glorieux épisodes, que de brillantes scènes de ce beau drame !... Oh ! que quelques heures passées ensemble me feraient du bien. Qui sait quand cela arrivera? Adolphe commence-t-il à écrire et Louise lit-elle? Pauvres chers enfants, que j'ai été si près de ne plus revoir !

[1] Les deux enfants du Maréchal.

Et notre frère Adolphe, a-t-il pris un parti? Sera-t-il avocat, magistrat ou militaire? Qu'il y prenne garde: les Constantine sont rares et les bivouacs, la misère et les rhumatismes extrêmement communs. Ensuite vient le chapitre des membres cassés! Moi, à qui la fortune a laissé cette fois mes deux bras, je m'en sers pour vous presser tous deux sur mon cœur.

AU MÊME.

Camp de Nechemaya, 20 novembre 1837.

Je t'écrivais le 5, frère, et je te disais, plein de force, d'espoir et de santé: j'ai échappé à tous les fléaux possibles, feu, peste, etc... Il paraît que ma jactance a éveillé la susceptibilité du plus terrible de tous, et il m'a frappé de manière à ne me laisser jamais oublier sa force et son pouvoir.—Ne t'effraye pas, frère, tu vois au ton de ma lettre que je suis ressuscité.—Ressuscité, frère, c'est le mot.—J'ai été aussi bas que possible, on a désespéré de moi, on a jeté mon manteau de combat sur ma face.—Tu as vu bien des cholériques, ton courage t'en a fait soigner et approcher beaucoup, mais je ne pense pas que tu en aies jamais considéré en face de plus affreux et de plus sérieusement pris que ton frère. Au surplus, aussi vive a été l'attaque, aussi brillante la défense. Saisi le 10, à huit heures du soir, par les crampes générales, vomissements, etc., bleu au bout de deux heures, mort jusqu'aux genoux, les ongles noirs le lendemain à midi, et en convalescence la nuit suivante, je suis aujourd'hui bien du coffre, mal des jambes, désorganisé par une secousse qui laisse de longues traces ; mais si bien, que personne ne veut croire avoir désespéré de moi, ne m'avoir pas reconnu, m'avoir pleuré.

J'ai dû la vie à bien des dévouements, à bien des amitiés réunies ; d'abord, mes soldats attirés par mes cris, mes hurlements se sont jetés sur moi, m'ont entouré de feux et m'ont frotté à m'arracher la peau ; ils m'entortillaient de tout ce qu'ils pouvaient faire chauffer, guidés dans leurs soins par mon lieutenant et mon sergent-major. J'étais, comme tu le sais, à Hamman-Berda, sans secours, sans ressource d'aucun genre ; ils l'ont compris, ont fait un brancard pendant la nuit, et à huit heures du matin m'ont étendu dessus ; moi roide, moi quasi-cadavre, et en se relevant de quatre en quatre, m'ont porté pendant quatre lieues de montagne jusqu'à Nechemaya. Il était temps ! Quel voyage !... Oh mon Dieu ! comme je regrettais les balles de Constantine !.... Y avoir échappé et venir mourir du choléra. Ah ! c'était affreux !... A Nechemaya, reçu par le commandant, mes camarades, le docteur, j'ai été l'objet des soins, de l'intérêt les plus touchants... Je mourais, frère, mais je me voyais aimé, regretté et je mourais doucement, et, je puis te le dire, sans craindre la mort. Le docteur désespérait, mais moitié par amitié, moitié par amour pour la science, il a opéré, n'ayant aucune chance contraire à opérer sur un cadavre.

Il a fait une pommade de tartre émétique et m'en a frictionné partout, vésicatoire de cheval sur les mollets, etc., etc... Enfin me voilà, enfin je vis, je t'aime, je suis heureux.... Toi aussi tu le seras, quand tu auras lu ces tristes détails, en disant : Pauvre Achille ! mourir sans la croix, sans avoir lu son nom sur le rapport de l'armée, car ce rapport nous ne l'avons pas encore lu et toi tu le connais depuis longtemps. — C'était triste, n'est-ce pas, frère ? Je t'ai causé bien des chagrins, mais comme tu aurais souffert.... Enfin, cela n'est pas et nous causerons encore, et nous rirons encore comme dans le bon temps, car le bon temps pour nous est celui que nous passons ensemble.... Assez sur ce sujet, embrasse bien mes enfants et n'en parlons plus. Le choléra est une connaissance de plus que j'ai faite et dont je me serais bien passé, comme de beaucoup d'autres.

J'ai pu lire, le 14, quatre lettres d'Adolphe Ier, deux lettres d'Adolphe II, et une lettre d'Adolphe III. J'avais ces lettres depuis le 11. Ç'a été un doux retour à la vie. J'ai pleuré comme un enfant. Je réponds à tout cela aujourd'hui. Tu savais une partie de nos exploits et tu as lu depuis dans les journaux les mille et une versions, les mille et un contes que l'on fait sur les opérations de l'armée sous Constantine.—Beaucoup nous font rire, d'autres nous irritent quand elles sont fausses, quand elles donnent à l'un ce qui est à l'autre. — Que de geais qui se parent !!!

Nous quittons la province de Bone à la fin du mois et nous retournons à Alger où tu m'adresseras ta première lettre.

AU MÊME.

Hôpital militaire de Bone, le 29 novembre 1837.
Sic transit gloria mundi.

J'ai chanté victoire trop tôt, mon pauvre frère, cet affreux mal ne pardonne pas et s'acharne longtemps après la proie qui veut lui échapper; j'espère cependant bien malgré tout triompher encore, car je commence à tenir à la vie. Après quelques jours d'une superbe convalescence, j'ai été pris par une inflammation dans le bas-ventre. J'ai été obligé de me faire transporter à Bone pour y être soigné. Ces onze lieues de Nechemaya à Bone, je ne les oublierai de ma vie; je les ai faites en deux jours, sur un fourgon suspendu sur essieu et par des chemins affreux. Juge des secousses, juge des cahots! Tu le vois, frère, je me débats; j'ai tout mon moral, tout mon courage, toute ma philosophie; mais mon pauvre corps, ma pauvre machine, ma pauvre santé, tout cela est détraqué, délabré, perdu pour bien longtemps!.... Ah! comme j'en sens le prix depuis que je la vois m'échapper; et que je me rattache à la vie, depuis que je me vois un avenir marqué et quelque peu de gloire et d'estime dans l'armée.

Nous avons enfin reçu le rapport sur la prise de Constantine. Tout bien traité que je sois dans ce rapport, je n'en suis pas content. Est-ce ainsi que l'on rend compte d'un assaut, d'un des plus beaux faits d'armes de l'armée française? Il y avait de bien belles choses à dire en racontant simplement les faits comme ils se sont passés.

Après l'explosion, il y a eu un moment sublime. — Les échappés brûlés à moitié, blessés, défigurés, les habits en lambeaux, descendaient en courant la brèche et criant : « Voyez, amis, camarades, n'avancez pas! sauvez-vous! tout est miné, vous allez sauter comme nous. » — Nos soldats étonnés hésitaient et regardaient leurs chefs. — C'est alors que le colonel Combes, le commandant Bedeau et ton frère, se sont précipités le sabre à la main en criant : « *En avant, en avant, camarades! ce n'est rien, à la baïonnette, en avant;* » et nous nous sommes élancés dans le gouffre qui venait d'engloutir nos pauvres camarades; et nos soldats entraînés ont baissé la tête, croisé la baïonnette, aux cris de : *Hourra, en avant!* Voilà un fait, voilà un beau fait. — Tout le monde en eût peut-être fait autant, mais il fallait le faire et au moment où une mine éclatée en fait toujours supposer une seconde, il y avait quelque audace à se précipiter dans le milieu d'un danger certain. — Il y a cent traits de ce genre que je pourrais te citer, car je les ai vus, mais ma tête est trop faible et je fais un immense effort pour t'écrire. Tu trouveras ci-inclus un petit bout de ruban rouge..... C'est le premier que mon colonel ait attaché à ma boutonnière le 20, et qui ait fait bien battre mon cœur. Donne-le à mon fils, pour qu'il se rappelle que son grand-père, son père et son oncle, portant de semblables rubans, il doit tout faire, quelque carrière qu'il embrasse, pour se rendre digne d'en porter un à son tour.

AU MÊME.

Camp de Kouba, le 7 janvier 1838.

Dans huit jours, il y aura un an que par un temps abominable, crotté jusqu'à l'échine, pauvre petit lieutenant peu connu, je faisais ma triste entrée dans le camp de Kouba. Aujourd'hui, frère, je m'y promène en autorité, capitaine de voltigeurs, ma boutonnière ornée d'un ruban que personne ne regarde en riant, car tout le monde sait que je l'ai gagné; connu, parce que l'on m'a vu à l'action. Tout cela grandit un homme et lui donne une confiance et un aplomb nécessaires dans notre métier. Quelle différence une seule année a apportée dans ma position!

Nos états de service ont été envoyés par le corps au ministère de la guerre pour y être revus. Toujours bien vu par les inspecteurs généraux, on m'y porte une campagne en Grèce.

Annonce à notre bonne mère, pour les premiers jours de février, la visite de la veuve de notre brave camarade, le capitaine Marland tué à Constantine. Nous avons fait ici pour elle tout ce que nous avons pu et plus que nous ne pouvions faire, car la mort de son mari la laisse sans ressources. Il sera bien facile, en rappelant l'intérêt qu'a pris le duc de Nemours à la mort de Marland tué près de lui, de faire obtenir un secours à la veuve.

On prépare à force une expédition pour Blidah, mais elle ne pourra guère commencer avant six semaines ou deux mois au plus tôt; alors je serai rétabli ou jamais.

AU MÊME.

Kouba, le 24 février 1838.

J'ai reçu la lettre que tu intitules longue, mon Adolphe, et je l'ai trouvée si courte, si courte.....
Toutes tes raisons, quelque bonnes qu'elles soient,

ne font pas le plus petit effet sur mon esprit. Moi, triste Africain, je vis de France, et quand tu me fais jeûner, quand mon appétit, augmenté progressivement d'un courrier à l'autre, n'a pour s'apaiser qu'une bouchée qui n'engraisserait pas un goujon, je grogne, car je suis devenu grognard; je rage, car j'ai toujours été rageur, et la neige de mes cheveux n'a nullement refroidi mes dispositions à cet égard. Nous avons, Monsieur mon frère, notre petite réputation africaine à laquelle nous avons dû une aimable invitation de bal chez le consul anglais à Alger, bal paré, costumé, fashionable, etc., etc. — Si j'avais eu l'esprit content, j'aurais vraiment joui..... Tu te serais cru transporté dans une des belles fêtes de Paris. — Des femmes charmantes et parfaitement costumées. — Un orchestre délicieux. Ces maisons mauresques ont l'air d'être bâties pour des fêtes. On dansait sur le marbre dans la cour, grande, carrée et entourée de galeries soutenues par des colonnes de marbre blanc à torses, entourées de guirlandes de fleurs naturelles. Le haut de la cour fermé par des pavillons admirablement arrangés..... Gradins sous les galeries..... Lustres partout. Il y avait deux cents personnes. Le bal a fini au grand jour, car à six heures on dansait encore. J'ai été fêté dans cette maison et y ai reçu des invitations pour beaucoup d'autres. Je me suis retranché dans mon camp de Kouba.

Je me remets à l'arabe, et l'inspection terminée, j'y travaillerai sérieusement. Il faut que dans un an je le parle bien. Je remplacerai ainsi mon anglais, que j'oublie un peu. Je suis plus fort que jamais en italien, on le parle beaucoup ici, ainsi que l'espagnol.

Le gouvernement, d'après ce qui a transpiré ici, ne paraît pas disposé à seconder les vues du Maréchal, ni son système en Algérie. Dans ce cas, je ne crois pas que nous le conservions longtemps. Le Maréchal est entier. Il veut le bien, croit y travailler, et si on lui refuse les moyens de parvenir à son but, il s'en ira. Pauvre Afrique, pauvre France! Les députés marchandent la gloire comme un paquet de chandelles. Je te parie qu'on ne laissera pas en Afrique les quarante mille hommes qui y sont déjà, et qu'on ne donnera pas d'argent; tu verras. Tout cela m'intéresse, moi, qui suis destiné à être Africain des années encore.

Pardon de la digression, elle m'éloigne de toi, j'y reviens vite. Nos enfants chéris, tu les trouves donc bien, je suis heureux de penser cela....

AU MÊME.

Kouba, le 18 avril 1838.

Demain, frère, demain nous partons pour aller faire la conquête de Blidah, cette belle coquette à la ceinture d'orangers, qui n'aura de prix à mes yeux que si je la trouve entourée d'une auréole de feu.

Demain nous irons bivouaquer à Doueïra ; vendredi toute la brigade, composée des 47ᵉ, 48ᵉ, et la légion étrangère, spahis réguliers, se concentrera à Bouffarick, y attendra l'artillerie, le génie ; et tout cela réuni, sans oublier les ambulances, enseignes déployées et Maréchal en tête, nous irons ratifier le traité de la Tafna, et, comme César, prendre ce qui nous appartient. Je regarde cette prise de Blidah comme un véritable jeu d'enfant..., et cependant je désire de toute mon âme qu'on s'y batte sérieusement, mais j'en doute. En tout cas s'il y a un coup de fusil de tiré, ce sera moi qui le recevrai et riposterai, car la légion, plus forte, plus belle qu'aucun autre régiment, marche en avant, et c'est à ma compagnie, voltigeurs du 1ᵉʳ bataillon, à tirailler si l'on tiraille et l'on ne peut faire que cela. Nous sommes destinés à occuper, à construire le camp que l'on va établir pour commander Blidah, car on n'entrera pas plus à Blidah que l'on n'est entré à Coléah ; on dépassera la ville, on occupera la hauteur.

As-tu reçu mon gros paquet de lettres, mon album arabe et mon ouvrage latin ? Cet envoi a été bien retardé et à mon grand regret.

AU MÊME.

Kouba, le 23 avril 1838.

Tu me crois parti pour Blidah, frère chéri, et guerroyant noblement dans les jardins d'orangers, sous la grande ombre qui descend sur nous du haut du petit Atlas. Pas du tout, je suis encore dans mon étroite baraque de Kouba, cherchant à me garantir de l'eau qui tombe en cascade à travers les fentes des planches mal jointes et mal couvertes qui sont censées me servir de toit. Je me suis industrié à me faire un second toit avec de la toile cirée. De cette manière je vis presque sec au milieu des gouttières qui m'entourent ; c'est dans cette position, au bruit d'un tonnerre affreux, au fracas d'une tempête, belle même pour l'Afrique, à la lueur d'éclairs qui sillonnent un ciel d'un gris noir effrayant, que je cherche à rasséréner mon âme en la rapprochant de toi.

Mon ami, l'Afrique devient un chaos si noir, que le diable aurait de la peine à y reconnaître ses favoris. Notre Maréchal est discret comme la tombe ; comme ce stoïque de l'antiquité dont j'ai oublié le nom, il brûlerait sa chemise s'il pouvait supposer qu'elle connût ses secrets. Aussi troupe, administration, tout est-il toujours sur le qui-vive. On vit dans une atmosphère d'incertitude vraiment pénible. Impossible de hasarder un projet, de se permettre une idée, parce que le possible n'est plus probable, ni le probable possible.

Ainsi que je te l'ai écrit, nous devions partir jeudi; notre revue de départ était passée, nos malles, nos effets envoyés au magasin, nos préparatifs achevés, nos emplètes faites, et nous sommes encore ici sans savoir si nous partons, si nous restons.... On ne pense plus, on ne parle plus que par on dit, et je vais te dire les on dit.

On dit que le Maréchal veut des troupes à Alger pour fêter le 1er mai, et la légion est belle et il la garde pour parader : nous voilà donc devenus garde prétorienne. On dit qu'il veut donner un bal pour le 1er mai, et il veut des officiers pour faire danser les dames. On dit que l'on se battra ferme à Blidah et que, dans ce cas, nous ne sommes pas encore prêts. On dit qu'on attend les instructions du gouvernement à ce sujet. Enfin on n'en finirait pas avec les on dit. Ce qu'il y a de plus sûr, parce que c'est au moins raisonnable, c'est que l'orage qui dure depuis deux jours ayant inondé la plaine et rendu le passage de l'Aratch et de ses affluents fort difficile et les bivouacs plus que pénibles, tout mouvement sera retardé jusqu'après la fête du roi.

Je ne devrais pas être fâché de ce retard, car je souffre beaucoup. C'est fini, frère, quoique jeune soldat, une seule campagne, bonne il est vrai, a suffi pour me donner les *fructus belli*. Trois mois de bivouac et je suis rhumatismé. Tout changement de temps à la pluie me ramène l'odieuse présence de mon ennemi, et tout entouré de flanelles et de couvertures, je souffre comme un damné....

Ajoute que la vie continuelle des camps fait qu'on oublie jusqu'aux traditions de la bonne compagnie, et quand on se présente en société, on y est presque emprunté. C'est ce qui m'est arrivé il y a quelques jours, en dînant chez la comtesse d'Erlon. Son mari, fils du comte d'Erlon, ancien gouverneur à Alger, est chef d'escadron avec Morris aux chasseurs d'Afrique et un de mes amis. Nous nous sommes fort liés ensemble à Doueïra, à Bouffarick et dans nos expéditions. Invité chez lui, j'ai été un moment mal à mon aise, et tu sais si c'est mon défaut. J'ai bientôt pris le dessus et suis redevenu naturellement moi, mais j'ai conservé de ce moment une impression triste et désagréable.

Il n'y aurait qu'une guerre active et continuelle qui pourrait nous offrir quelque compensation. Hors de là, on ne vit pas en Afrique, on se prépare lentement et tristement à mourir de la fièvre, ou d'ennui, ou d'une vieillesse prématurée. Je suis dans toutes les conditions voulues pour résister à tous ces fléaux, et je les vois tous en les bravant.

AU MÊME.

Kouba, le 27 avril 1838.

Morris[1] débarque, mon cher frère, et me remet ton bout de lettre pour lequel j'avais presque envie de lui chercher dispute. Il a dû te parler d'Afrique en détail. Hier, je l'ai à peine vu : il était entouré, pressé, choyé. Demain il vient dîner avec moi à Kouba, et alors nous causerons plus longuement. Il m'a dit que vous aviez passé deux heures ensemble à son hôtel.

Ah ! tu me croyais à Coléah : ce n'est pas digne de nous. La légion, le 47e, se gardent pour d'autres circonstances. Notre proie, c'est Blidah, Blidah la désirée. Le 1er mai, grande fête à Alger, revue, parade, pétarade le matin ; le soir, grand bal au gouvernement. Mardi, souriant aux femmes jolies et embaumées, mardi enivré par la musique et la danse, entouré d'une chaîne de fleurs. Jeudi, autre bal, autre musique : calme au milieu des Bédouins, heureux si le cercle de feu vaut la peine qu'on s'en occupe ! Voilà, frère, des contrastes comme je les aime. Alors, on se sent vivre, on se réjouit d'être en Afrique, d'être soldat. Et comme on se bat bien quand on est encore sous l'impression brûlante de ces jolis yeux qui vous ont fixé un instant, et qui ont l'air de

---

[1] M. Morris, alors officier aux chasseurs d'Afrique, aujourd'hui lieutenant général commandant la division de cavalerie en Orient.

vous suivre partout! Oh! que la gloire devient alors facile! Songer qu'une femme que l'on aime vous regarde, qu'elle vous suit du cœur et de la pensée, et ne pas briser tous ces Bédouins, c'est impossible. Je suis fâché de ne pas être dans ce cas-là. Cela ne m'empêchera pas de faire de mon mieux. Je m'ennuie déjà d'être capitaine, et puis j'ai un motif plus puissant que les femmes, plus fort que tout, qui m'animera et fera de moi un lion : c'est que chaque grade gagné me rapproche de vous et de mes enfants.

Quand nous aurons pris Blidah, tu auras des détails. Le 3 nous partons, le 6 nous serons dans la ville. Pour l'occupation de Coléah, les journaux t'ont rendu aussi savant que moi. Les zouaves n'ont eu à lutter que contre la dernière tempête qui leur a enlevé soixante tentes, et le pont construit sur le Massafran. Destinés à vivre au moins six mois sous la tente, le même sort nous attend une nuit ou l'autre quand nous aurons campé près Blidah, car personne, je pense, ne restera dans la ville. L'état-major peut-être, mais nous, non pas. A nous les coups de fusil, les fatigues, les bivouacs ; à eux les récompenses et les rapports. A qui la gloire? Je n'ai nulle envie de changer ma part.

AU MÊME.

Camp de Kouba, le 7 mai 1838.

J'arrive de Blidah, frère, j'arrive désappointé,
Honteux comme un renard qu'une poule aurait pris...
j'arrive dégoûté des châteaux en Espagne dont l'amour de la gloire pétrit le mortier, et élève les portiques. Blidah est à nous, c'est-à-dire que, comme à Coléah, nous avons deux camps qui la dominent, l'un à l'est et l'autre à l'ouest. C'est là ce qu'on appelle occuper, je le veux bien.

On n'est pas entré dans Blidah. Le caïd, le hackem, sont venus faire soumission au Maréchal qui a trouvé tous les Arabes l'arme au pied, en signe d'obéissance. Bref il a fait le tour de la ville et de ses jardins, puis il est retourné à Alger et nous ici. Reprenons les affaires de plus haut.

Le 1er mai, il y a eu bal chez le gouverneur. J'étais invité; le Maréchal avait été peu prodigue d'invitations. Vers minuit, au plus fort, au plus entraînant de la danse, le colonel Bedeau s'approche de moi et me dit tout bas : « Soyez à cinq heures du matin à Kouba, nous partons à sept. » Je crus d'abord qu'il plaisantait. Beaucoup d'officiers supérieurs, venus des camps, étaient au bal. Où était la grande raison d'État de partir si mal à propos, tout le monde était encore fatigué; on attendait depuis si longtemps ; qu'était un jour de plus? N'importe ; telle était la volonté du Maréchal. Au bout d'une heure, le secret du départ était le secret de Polichinelle ; tout le monde prenait son sabre, sa casquette et partait. Le Maréchal cherchait partout les coupables indiscrets. Enfin les dames se sont trouvées sans danseurs, en perspective avec leurs maris, et comme cette catégorie-là ne danse pas, elles ont été se coucher. A trois heures du matin, les bougies étaient éteintes dans le palais du gouvernement. A quatre heures je faisais mes paquets, et à sept nous marchions gaiement, quoiqu'un peu las ; sur notre bivouac de Sidi-Rahan, le long des montagnes, à l'est de Blidah.

Notre position était superbe pour recevoir les coups de fusil ; nous contenions les tribus des montagnes, et côtoyions les fameux Beni-Sala.

Le lendemain nous sommes arrivés sous Blidah, et notre bivouac, placé à quelques cents toises de la ville, nous promettait une ample moisson de coups de fusil. Le soir, arrive un ordre du général de nous tenir prêts : nous serons attaqués la nuit. Notre bivouac était formé en carré, l'artillerie aux angles. Je commandais la deuxième face du carré, la meilleure, car elle regardait les broussailles et le fourré par où l'ennemi devait venir. J'avais pris toutes mes dispositions, et toutes les nuits, visitant mes postes, animant mes soldats, j'attendais le premier coup de fusil comme les Juifs attendent le Messie. Rien, frère, rien, pas une amorce brûlée. Lâches Bédouins, si jamais je vous rattrape, vous me payerez tout mon désappointement ! Le lendemain 4, le Maréchal nous a passés en revue et nous a ordonné de retourner à Kouba attendre une nouvelle destination.

AU MÊME.

Camp du Fondouck, le 1ᵉʳ juin 1838.

Mon frère puîné, vous êtes un insolent, un véritable insolent, j'ai l'honneur de vous le répéter, et si j'étais près de toi,

> Va, ton outrecuidance,
> Téméraire pékin, aurait sa récompense ;
> Avec un moulinet, mon docile bâton,
> En t'apprenant à vivre irait changer *ton ton*.

Ah ! je fais le jeune homme, et je ne suis plus qu'une ruine ! c'est un peu dur à supporter. Tiens, entre nous, mon pauvre frère, c'est vrai, je n'ai plus que l'apparence. Je ressemble à ces vieux chevaux de bonne maison qui bien pansés, bien cirés, bien harnachés et un peu poussés d'avoine, redressent encore la tête et piaffent avec élégance ; mais plus de fond, mais plus de nerf. Je me désole de sentir que ma vigueur physique est bien loin de ma vigueur morale. L'élan est toujours là, impétueux, terrible, mais il ne faut pas que la course soit longue.

Je vais t'en citer un triste exemple, et dans ce cas

j'ai été puni par où j'avais péché. J'ai voulu faire le jeune et on s'est chargé là-haut de m'envoyer un avertissement que je ne l'étais plus. Au fait. En revenant de Blidah, nous avons traversé cette grande plaine de la Mitidja. Elle était coupée par des mares boueuses, par des fossés, et à chaque instant il fallait faire des détours pour chercher le passage. Ennuyé de ces contre-marches, qui doublaient la fatigue, je me mis à franchir les mares et les fossés en droite ligne. Chaque deux cents ou trois cents pas, nouvel obstacle, nouveau saut! J'étais imité par plusieurs jeunes officiers; mais au bout du douzième ou quinzième saut, je m'étais donné un effort....

A présent que je suis dans le désert, je n'ai plus que la faculté de converser avec un merle que j'ai apprivoisé, et qui voltige libre sous ma tente. Il vient se percher sur ma tête, sur mon épaule. En être réduit à faire sa société, sa distraction, d'un merle!... Certes, je resterai en Afrique mes dix ans, mes dix siècles, mon éternité, malgré l'énorme crapaud que j'ai trouvé hier soir dans ma cuvette, crapaud qui aurait été serré dans la coiffe de ton chapeau. Ah! frère, quel crapaud! J'en rêverai comme Buridan de la tête du père de Marguerite. « Superbe tête de » crapaud, que j'ai revue bien des fois dans mes » rêves! » Que Dieu te préserve d'une pareille vision, et moi d'une seconde réalité!...

AU MÊME.

Alger, le 7 juin 1838.

..... Dimanche, nous avons eu au Fondouck un orage magnifique. Je n'avais jamais entendu tant de tonnerre ni vu tant d'éclairs à la fois. Les montagnes de l'Atlas se renvoyaient tout cela avec un fracas épouvantable. C'était une sublime horreur. On n'a pas d'idée en France de tels orages, de tels bouleversements. On dirait toucher à la fin du monde, et l'âme la plus ferme en est ébranlée par moments. Enfin, les nuages amoncelés au-dessus de notre pauvre bassin-entonnoir ont crevé et nous ont vomi des torrents, des avalanches de grêlons gros comme de fortes noisettes; la terre en était blanche. Au mois de juin, après une chaleur étouffante et pendant un orage étouffant lui-même, de la grêle, qui en un moment nous a gelés à mettre des manteaux! Toute la nuit il a plu, et sous nos tentes nous étions à couvert à peu près comme au milieu du Champ-de-Mars. Plusieurs tentes ont été emportées avec ce qu'elles étaient censées couvrir. C'était un brouhaha, une confusion qui échappent à la description. Cinquante Bédouins auraient saccagé le camp. On n'aurait pu tirer un coup de fusil ou mettre le sabre à la main. Comment se faire entendre du soldat, quand le tonnerre commande plus haut que tout le monde.

Heureusement les Arabes n'aiment pas plus la pluie que nous. Ils choisissent leur temps pour faire leurs coups de main, et il leur faut du soleil pour se battre. D'ailleurs nous sommes *semi-semi*. Partout où ils nous rencontrent, ils nous accostent cette parole à la bouche, ou en disant : « *Buono francess donnar sor-di.* » Comprends-tu le *donnar sordi* ? C'est le petit sou du Savoyard demandé avec autant d'instance et autant de mignardes grimaces, surtout par les enfants et les quelques femmes auxquelles certaines tribus, dans le voisinage ou sur la route des Français, permettent ce manége.

En venant du Fondouck à Alger on traverse plusieurs tribus. Quand on voit ces cahutes misérables, couvertes et construites en roseaux ou en feuillages, ou ces tentes en poil de chameau ; quand on voit toute cette création, bêtes et gens, vivant et mangeant ensemble dans un espace entouré de hauts cactus, on se demande comment tout cela existe ; et quand on pense au peu de besoins qu'ont ces gens-là, on a bientôt vu clairement l'extrême difficulté de les civiliser. Ils ne comprennent pas la vie plus heureuse. Donnez-leur un lit, ils couchent dessous ; bâtissez-leur une maison, ils bivouaquent dehors pour la garder. Que faire avec de telles gens ? Un, sur dix mille, leur caïd ou hackem, comprend un peu le bien-être et fait bâtonner à sa guise la masse qu'il gouverne et qu'il fait trembler tant qu'il est le plus fort et qu'un plus puissant que lui ne l'a pas dépossédé. Mais il n'y a que le bâton de changé pour la masse ; aussi reste-t-elle presque toujours froide et indifférente, à moins que, comme en Corse, l'esprit de vengeance, de haine de famille ou de tribu ne lui mette la rage au cœur et le yatagan à la main. Alors elle est terrible, féroce, impitoyable. Chez aucun peuple, je crois, il n'y a autant de contrastes que chez les Arabes, et aucun peuple n'a moins avancé, moins changé que celui-là. Je vois tous les jours des Abraham, des Isaac et des Jacob. Je vois les Numides de Juba et de Massinissa. J'ai vu, sous Constantine, les bandes de Jugurtha. Les hommes sont les mêmes, les chevaux sont les mêmes, les vêtements sont parfaitement les mêmes. Que leur ont apporté le temps et la civilisation ? de mauvais fusils et de grandes selles turques.

Vois-tu, frère, où m'ont mené la tempête et les Arabes. Voilà une dissertation....

Adieu, frère, embrasse mes enfants. J'ai lu le discours d'installation de Salvandy, et la réponse d'Alfred de Wailly [1]. Tout était, selon moi, fort convenable, fort spirituel.

---

[1] M. Alfred de Wailly venait d'être nommé proviseur de l'ancien lycée Napoléon, devenu collége Henri IV. Le Maréchal avait eu pour proviseur le père de M. de Wailly, et pour condisciple M. Alfred de Wailly.

AU MÊME.

Camp du Fondouck, 12 juin 1838.

J'arrive de faire une longue reconnaissance, frère, à la tête de deux cents hommes. J'ai pénétré loin dans le petit Atlas. On avait appris que les Arabes s'étaient montrés en force dans les montagnes. On voulait savoir ce que c'était et ce qu'ils faisaient par là. Je présume que les Bédouins aperçus, et dont le nombre a été, comme à l'ordinaire, fort exagéré, faisaient partie de l'armée du lieutenant d'Abd-el-Kader, El-Barcam, qui revient du désert où il est allé chercher le dépossédé Achmet.

J'étais enchanté de la mission que l'on me confiait, mais les instructions que j'avais reçues modifiaient un peu ma satisfaction. Elles te donneront une idée de la politique à l'ordre du jour en Afrique. Mon expédition était toute pacifique, me disait-on : je devais observer le pays, les passages, les positions ; si je rencontrais des Arabes, me montrer ami ; si je recevais des coups de fusil, ne les rendre qu'à la dernière extrémité ; et si j'étais attaqué par des forces supérieures et mon détachement compromis, alors seulement je pouvais repousser la force par la force ou me retirer en faisant bonne contenance. Heureusement qu'avec de pareils ordres je n'ai pas rencontré d'ennemis, ou qu'ils n'ont pas jugé à propos de me mettre dans l'embarras! J'ai vu beaucoup d'Arabes, passé près de beaucoup de tribus, j'ai été plusieurs fois entouré avec une curiosité qui ne me plaisait guère ; mais on finissait par apporter à mes soldats, du beurre, du lait et des fruits, que nos amis nous faisaient payer dix fois leur valeur... J'ai fait une douzaine de lieues dans un pays d'un contraste inconcevable. Derrière un pli de terrain aride, derrière un pan de rocher sec et gris, une petite vallée riante, de l'ombrage, de l'eau, un paradis ! Mais c'est trop rare, c'est pour cela qu'on le trouve si délicieux.... Si ces Messieurs m'avaient envoyé des prunes, j'aurais fait comme la Renommée, j'aurais grossi le nombre, et je leur aurais rendu des abricots.... Deux ou trois fois j'ai bien cru que nous allions en venir là.... Ils hésitaient beaucoup, et commençaient à pousser leur cri de guerre.... Ils ont vu mes hommes si tranquilles et si fermes, que cela les aura probablement dégoûtés de commencer un bal où ils auraient bien pu payer les violons... J'aurais fait comme jadis nos pères à Fontenoy : je les aurais laissés tirer une fois, deux fois même,... mais ensuite.... J'avais cent voltigeurs, cent grenadiers, et dix chasseurs à cheval qui, en cas d'attaque sérieuse, auraient été au galop chercher du secours....

Pour voir un peu plus de pays, je me suis aventuré un peu plus loin que je ne le devais ; un moment j'en ai eu du regret ; à présent j'en suis content.... J'ai vu une partie de l'Atlas tout à fait inexplorée jusqu'ici ; les Arabes y pullulent, les tribus sont comme des fourmilières.... Ces gens-là ne connaissent pas leur force. S'il y avait eu là un seul homme de tête et qui eût eu du poil aux yeux, je ne t'écrirais pas aujourd'hui, et pas un des hommes de ma troupe ne boirait la goutte à l'avenir. C'est ce que j'ai écrit au général, en lui faisant le rapport détaillé qu'on a exigé... J'ai levé le plan de la chaîne que j'ai parcourue, indiqué les bassins et le cours du Hamise et de l'Oued-el-Kébir, que j'ai passé plusieurs fois à mon grand ennui, car on ne marche pas bien avec l'eau dans les bottes.... Après trente heures d'absence, me voilà rentré au camp, bien fatigué, et avec un bon rhume que j'ai gagné cette nuit à mon bivouac; joli petit bivouac en carré : cinquante hommes sur deux rangs sur chaque face. — J'avais fait défendre d'allumer des feux, pour ne pas servir de point de mire aux Arabes pendant la nuit. De peur d'être attaqué, j'ai veillé toute la nuit, visité mes postes, marché pour vaincre le sommeil... La moitié de mon monde sous les armes, pendant que l'autre moitié reposait.... Frère, je suis plus tranquille à présent que je ne l'étais alors, car il pouvait me tomber deux ou trois mille Arabes sur les bras, et quoique sur un plateau, et ayant bien choisi ma position, je n'aurais pas été à la noce..... Qu'en dis-tu?... Ce petit épisode semi-guerrier est venu rompre à temps la monotonie de notre vie.

Laurencin est venu me voir au Fondouck, justement pendant que j'étais à Alger..... Nous nous sommes croisés dans la Mitidja. Cette plaine est comme la mer ; on passe à quelques toises les uns des autres sans se rencontrer...

14 juin.

Nous avons eu ce matin notre grand marché des jeudis ; j'y ai vu deux choses nouvelles pour moi, déjà vieil Africain. C'est d'abord un médecin arabe, chose fort rare dans ce pays-ci. Ce docteur, d'une drôle d'espèce, donnait ses consultations sous un palmier en plein air. Un malade s'est présenté : après l'avoir interrogé, examiné, palpé, il lui a rasé la tête fort vite et fort adroitement ; ensuite il lui a passé une ceinture autour du cou, serrant assez fort pour que le sang montât visiblement au visage, ensuite il a pris un petit instrument assez semblable à une lancette, et en a frappé le patient à la tête, au-dessous de l'oreille. Le sang a jailli avec force, la saignée était opérée. Après avoir tiré la quantité de sang qu'il a jugée convenable, il a pressé la plaie, assez large, entre ses deux doigts, l'a comprimée un moment, en épongeant la tête de l'autre main, et puis a mis dessus un morceau d'amadou qu'il a fixé assez longtemps avec un doigt. Le sang était arrêté, le pansement fait ; le malade a remis son bonnet rouge, qu'il a entouré de sa corde de chameau, et a été se mêler à la foule des Arabes qui circulaient dans le marché.... Tu as assisté à une saignée arabe.

La seconde curiosité était d'un autre genre.....
Deux Arabes ont été surpris en flagrant délit, cou-

pant la poche d'un sergent du 2ᵉ léger pour lui
voler sa bourse..... Véritables filous de Paris, pick-
pockets de Londres. On s'est rué sur eux, on les a
bousculés, battus, puis conduits devant le caïd, qui
les a condamnés à recevoir de suite cinquante coups
de bâton chacun. Aussitôt dit, aussitôt fait. Les gail-
lards ont été étendus par terre sur le ventre, et les
deux exécuteurs ont fait tomber sur leur dos le nombre de gourmades ordonné. — Pas un cri, pas une
plainte n'est échappée aux patients. — On les a relevés pâles, mais impassibles. — Incapables de marcher, ils sont restés longtemps à la même place; puis
leurs amis ou parents les ont traînés chez eux. — Le
drôle de peuple! Ce matin j'ai rossé un Arabe qui
m'avait coudoyé et répondu insolemment. — Il a reçu
mes coups avec autant de fierté que si c'était lui qui
me les avait donnés.

AU MÊME.

Camp du Fondouck, le 20 juin 1838.

Les Arabes se rassemblent, se remuent, parlent
tout bas d'Abd-el-Kader et de guerre sainte. Les
Musulmans en contact avec les Chrétiens, cela ne
peut pas durer; Mahomet gronde, il est prêt de jurer. En attendant, les Arabes pour n'en pas perdre

l'habitude, nous assassinent nos sentinelles et même nos officiers. Un de mes amis, M. de Gavaudan, lieutenant au 24°, s'est écarté à quelques pas des avant-postes, il a reçu six coups de fusil, trois ont porté et lui ont traversé l'épaule, le bas-ventre et la cuisse. On désespère de sa vie..... Oh! que nous sommes dégénérés! Où sont les balles de Constantine? N'avons-nous plus de tambours pour battre la charge? L'armée est indignée! et les Arabes, qui traduisent notre patience en faiblesse, redoublent d'audace et d'insolence.....

AU MÊME.

Camp du Fondouck, le 12 juillet 1838.

... Les Bédouins continuent à couper des têtes. On attribue ce passe-temps à des coupables isolés, étrangers à la plaine, descendus des montagnes pour aider aux moissons et que leur fanatisme a poussés contre nous. Deux colons et un soldat ont été victimes. La conséquence de ces faits, qui ne troublent malheureusement en rien la paix générale, a été de nous faire patrouiller, trotter, pousser des reconnaissances dans les gorges de l'Atlas. Beaucoup de fatigue et peu de résultat.

Le duc de Rovigo avait un autre système qui ne

manquait pas son effet et inspirait une telle terreur qu'il n'avait pas besoin d'y recourir souvent. Il disait aux tribus qui avoisinaient le lieu où le crime avait été commis : on m'a coupé trois têtes ; si dans quarante-huit heures les coupables ne me sont pas livrés, j'irai chez vous et je prendrai trois cents têtes ; et il tenait parole. C'est ainsi qu'il a détruit la malheureuse tribu d'El-Ouffiat, mais aussi sous son gouvernement on n'entendait pas parler d'assassinat, et la plaine était aussi sûre que le Palais-Royal à Paris.

Aujourd'hui, autre système : Gavaudan est mort assassiné à la barbe de l'armée ; des colons, des soldats ont eu le même sort, tout cela reste impuni ; ceux qui ont succombé ont eu tort. J'aime mieux Rovigo, et si nous avons la guerre, je vengerai Gavaudan.

N'aie aucune inquiétude pour moi, je ne vais pas à la chasse, je m'écarte peu du camp, et quand cela m'arrive, je suis si bien armé que je brave les coupeurs de tête. La mienne est trop bien attachée pour tomber ainsi. Ensuite, au petit bonheur, Dieu est grand.

AU MÊME.

Alger, le 24 juillet 1838.

... Le bruit court ici qu'Abd-el-Kader avait été tué dans un combat qu'il aurait livré à un chef arabe, qu'il a été chercher bien loin pour le soumettre. De suite nous voyions la guerre sainte à proclamer et on allait courir aux armes, car Abd-el-Kader contient les Arabes. Le bruit a été démenti. L'émir, à la tête de forces assez considérables, soumet toutes les tribus qui lui sont opposées et range sous ses lois les cheiks les plus puissants.... Quand il se croira assez fort, il nous attaquera, mais son intérêt positif est de rester en paix et d'affermir sa puissance. Tout cela sera long et la paix ici n'est guère supportable.....

A MADAME DE FORCADE.

Camp du Fondouck, 17 août 1838.

Tu es à Paris, bonne mère, depuis bien longtemps et tu ne me donnes guère de tes nouvelles.....

Mon frère me marque que tu vas bientôt repartir pour Taste, mais au moins cette fois tu auras une société et le philosophe[1] te soignera assez bien pour nous ôter le souci de l'inquiétude. Dans ce moment-ci, les couronnes philosophiques ceignent probablement la tête du futur campagnard. Je changerais avec bien du plaisir le Fondouck et ses montagnes superbes, contre les coteaux si verts, si riants de

[1] M. Adolphe de Forcade achevait sa philosophie.

Saint-André, et si, d'un coup de baguette, je pouvais suivre mon cœur et ma pensée, tu aurais bien souvent ma visite. A chacun sa destinée dans ce monde. La mienne est de vivre loin de ceux que j'aime. Toujours la même existence en Afrique; Abd-el-Kader, au lieu de nous donner de la besogne, va se faire frotter bien loin à Aïn-Maïdi. Les Arabes se battent entre eux et nous laissent tranquilles. C'est d'une absurdité révoltante.

Malgré cela, on nous tient en haleine par des bruits d'attaque qui ne se réalisent jamais. Toutes les nuits nous sommes sur pied, nous patrouillons. Il y a, dit-on, un camp de cinq mille Arabes réunis à cinq lieues de nous et qui n'attend que le moment favorable pour venir nous chasser de notre camp. Je crois, en vérité, que nos espions se moquent de nous.....

Quand tu recevras ma lettre, tous tes enfants se seront réunis pour te fêter et seront heureux de se presser autour de toi. Je me joins de cœur à eux, bonne mère, et fais des vœux ardents pour pouvoir t'embrasser et te fêter moi-même un jour. Mais ce bonheur me paraît si loin dans l'avenir que je n'ose envisager tout le temps qui m'en sépare.....

A M. LEROY DE SAINT-ARNAUD, AVOCAT A PARIS.

Camp du Fondouck, le 27 août 1838.

... J'ai été, sur un faux avis, envoyé à trois lieues d'ici dans la montagne, protéger une tribu amie menacée d'une razzia. J'ai passé là trente-six heures avec ma compagnie. J'ai couché sous la tente arabe en poil de chameau et vécu de la vie des Arabes, fumé, bu du café, mangé du couscousse et des figues de Barbarie. J'ai rapporté beaucoup de poux et un immense mal de cœur qui se renouvelle chaque fois que je pense à mon excursion. Le cheik de cette tribu est venu le jeudi suivant, jour du marché, me faire une visite et me demander à déjeuner. Je lui ai rendu amplement son hospitalité, aux poux près. Je l'ai grisé *guttatim*, car il ne voulait boire du vin que goutte à goutte, mais il a tant bu de gouttes, qu'il était plein comme un tonneau. Singulier spectacle! cet homme éprouvant des sensations toutes nouvelles, s'en étonnant, les combattant, y cédant malgré lui, riant et s'arrêtant stupéfait de s'entendre rire, comme si c'était un autre être qui avait ri en lui. Enfin j'ai observé en philosophe et joui en observateur. Il a eu tous les plaisirs d'une gentille ivresse et aucun des désagréments. Il a parcouru le camp et tout examiné. Je suis intimement lié avec mon ami Ali-Hassem qui, après m'avoir avoué que depuis

1830 il avait coupé bien des têtes françaises, m'a juré par Allah qu'il n'en couperait plus et que si la guerre sainte l'obligeait à nous combattre encore, il les épargnerait, surtout la mienne. J'ai ri, je l'ai pris par le bras, je l'ai mené dans une tente où j'avais d'excellents pistolets et je l'ai conduit à trente pas d'un cactus ; je lui ai désigné une feuille large à peu près comme ce papier et ma balle l'a traversée. Le pauvre Ali est resté muet. Il a tiré dix coups sans approcher et s'est consolé en me disant : Oui, mais tous les Français ne font pas cela, toi tu es un grand chef.

La politique arabe s'embrouille de jour en jour. Il y a des rassemblements partout. Les chefs influents réunissent leur parti et attendent le résultat de l'expédition d'Abd-el-Kader sur Aïn-Maïdi. Si l'émir triomphe, ils le rejoindront ; s'il succombe, ils se battront entre eux pour avoir ses dépouilles. Si Abd-el-Kader fait la conquête d'Aïn-Maïdi, il pourra disposer de vingt-cinq à trente mille hommes. Il a dix pièces d'artillerie. Nous enlèverons tout cela à la baïonnette.

AU MÊME.

Camp du Fondouck, le 12 septembre 1838.

.... Les Courouglis nos amis avaient été faire une petite razzia chez le bey de Seybaou. Ils avaient enlevé quelques chevaux, quelques mulets, et pas mal de bétail. Le bey voulait, disait-on, prendre sa revanche, et s'avançait à la tête de quatre mille hommes pour frotter nos amis les Courouglis. De là, grande rumeur, télégraphe en l'air, estafettes dans la plaine. On demande du renfort à Alger. Deux escadrons avec Morris arrivent au galop, puis le 24e, et le 2e léger. En attendant que le renfort arrivât, mon bataillon avait été envoyé chez les Courouglis mêmes, dans leur tribu, à une lieue du camp. Moi, en enfant perdu, j'avais été placé avec ma compagnie dans un défilé, Thermopyles au petit pied, où je devais arrêter aussi longtemps que possible la bédouinaille enragée. J'étais sous le vent, j'aurais pu les sentir de bien loin. Mes dispositions étaient superbes. Cent hommes, partagés en trois corps : un pour tomber sur la droite, l'autre sur la gauche, et moi au centre, au fort de la mêlée; tout cela embusqué, tout cela le cœur bondissant d'espérance et d'ardeur. J'avais lâché la harangue : « Soldats ! nous » sommes cent. Ils sont plus de mille. La partie n'est » pas égale ; ces gens-là sont perdus, ils sont à nous. » Je pleure encore d'attendrissement en te contant la chose seulement. O triste revers de médaille ! O instabilité des choses humaines ! Les Bédouins se sont bien gardés de venir. Je suis resté quarante-huit heures embusqué, mangeant fort peu, buvant de l'eau sale, et la pluie sur le dos, pas de feu la nuit, enfin de la misère. Le colonel Changarnier accueille trop facilement les rapports de ses agents ou espions.

Pour un rien il nous fait trotter, et ici toute marche est une fatigue. Nous sommes encore moins à plaindre que les pauvres diables qui viennent d'Alger, avec douze ou quinze lieues dans les jambes et rien dans le ventre....

AU MÊME.

Tixéraïm, le 23 septembre 1838.

J'ai quitté mon Fondouck, frère, j'ai dit adieu aux montagnes du vieil Atlas, bien grand, bien haut, bien sec et bien imposant, quoiqu'on l'appelle le Petit. J'ai dit adieu aux cris des chacals et des hyènes qui poétisaient souvent mes insomnies. J'ai quitté la nature âpre de l'Afrique pour me rapprocher de sa civilisation bien imparfaite. Ai-je gagné au change? Tout au plus. Mais c'est une diversion, un changement, et dans notre vie fastidieuse des camps, c'est quelque chose. Le colonel Changarnier est venu me voir lors de mon départ. Dans son opinion, avant deux ou trois mois nous nous battrons sérieusement. Dieu le veuille, mais je n'y crois pas. Le cas échéant, je serais de suite rappelé au Fondouck et envoyé aux avant-postes. C'est la bonne place, la seule qui me convienne et que j'envie....

A Tixéraïm, j'ai retrouvé les sites amis que j'ai

vus il y a dix-huit mois. Quelques Arabes me reconnaissent et me disent bonjour amicalement ; j'ai toujours été juste pour eux, et ils s'en souviennent. Tixéraïm n'est qu'à deux lieues d'Alger : eh bien! un colon a été assassiné hier à une demi-lieue d'ici...

On recommence à parler de la guerre, et on pense qu'elle sera sérieuse. Abd-el-Kader, aidé par les obusiers que le Maréchal lui a fait donner, s'est enfin emparé d'Aïn-Maïdi. Le voilà au comble de sa puissance. A son retour il aura à châtier quelques tribus qui se sont montrées malveillantes, et ensuite, gonflé par la victoire (car lui aussi a eu son expédition de Constantine), il tombera sur nous. Brave émir, va, comme tu seras reçu !

AU MÊME.

Birkadem, le 6 octobre 1838.

Tu le vois, j'ai encore changé de camp. Me voilà à Birkadem, où je suis commandant de place. Morris jouit du même honneur au camp de Moustapha, et tu rirais si tu entendais le récit de nos tribulations. Nous nous consolons mutuellement. Morris est plus malheureux que moi encore; car il a plus de troupes sous ses ordres, et surtout plus de femmes d'officiers à loger. Quel embarras que les femmes

d'officiers! quel cauchemar pour les infortunés commandants de place! « Capitaine, je ne peux pas loger
» mes enfants. — Madame, pourquoi en faites-vous?
» — Capitaine, je n'ai pas de cuisine. — Madame,
» ayez des fourneaux. — Capitaine, madame une
» telle a un cabinet; je n'en ai pas, il y a des préfé-
» rences. — Madame, ce n'est pas moi qui ai fait les
» logements. — Capitaine, les tambours, la musique,
» les chiens, les chats, les ivrognes,.... on ne peut
» pas fermer l'œil de la nuit; on dépérit, on mai-
» grit, on vieillit. — Madame, mettez du coton dans
» vos oreilles, ou allez loger dans le grand désert de
» Sahara. » C'est à en devenir fou.

Le Maréchal n'est pas encore revenu de Constantine. L'on ne sait rien, quoiqu'on fasse courir quelques bruits de guerre auxquels je n'ose croire.

AU MÊME.

Birkadem, le 25 octobre 1838.

.... Le Maréchal est allé à Stora ou plutôt à Russicata, à une demi-lieue de l'endroit où était jadis Stora, dont il ne reste pas une pierre. Cette expédition de Stora a été conduite avec une grande discrétion. C'est là le talent du Maréchal. Le 51e de ligne et un bataillon d'Afrique sont à Stora ; il a été un moment question de nous y envoyer, et j'en aurais été charmé. Au moins on se tirera quelques coups de fusil, comme partout où l'on crée un établissement. Les Arabes viennent vous tâter. Par là, ils tâteront dur, car ce sont les Kabyles de Bougie et de Constantine qui y sont, et ce sont de solides soldats. En parlant de Kabyles, je vais me procurer l'arme la plus redoutable des Kabyles, le terrible flissa ; je te l'enverrai par la première occasion, tu jugeras toi-même du plaisir que l'on éprouve à voir briller devant sa poitrine une gentillesse de ce genre : longue de trois pieds et demi, pointue et effilée comme une aiguille, puis s'élargissant insensiblement jusqu'à la largeur de quatre doigts. Cela, c'est pour couper la tête ; le fourreau, en bois travaillé, est aussi fort curieux....

On dit toujours que nous approchons d'un changement de système. Les Arabes recommencent à se montrer hostiles. Les assassinats sur les routes se multiplient. On prend des précautions ; on ne voyage plus seul. Tout cela éclatera comme une bombe, et un beau matin nous aurons les Arabes sur les bras, et peut-être en plus grand nombre que nous ne le voudrons. Tant mieux ; plus la fête sera longue, plus elle me conviendra. J'aime mieux bivouaquer et me battre six mois de suite que de retourner dans les boues du Fondouck, les bras croisés devant l'Atlas....

AU MÊME.

Birkadem, le 9 novembre 1838.

Nous sommes en inspection générale. Aux revues succèdent les revues, les théories sur le terrain et dans le cabinet. J'ai passé une inspection brillante, j'ai commandé le bataillon avec un aplomb qui m'a valu des éloges, et le général Dampierre m'a dit qu'il regrettait que mon peu d'ancienneté de grade ne lui permît pas de me porter sur le tableau d'avancement, mais qu'il préparerait, par ses bonnes notes, un avancement mérité.

Le maréchal Clausel est à Alger. Son arrivée dans la colonie a fait naître mille coteries. On est divisé presque en deux camps. Le Maréchal est simple, comme toujours, fort convenable. Il a refusé les honneurs dus à son rang.

Il a voulu visiter ses propriétés dans la plaine, et notamment la ferme de Baba-Ali. Il a naturellement demandé une escorte, et le camp que je commande étant sur la route, j'ai reçu l'ordre de me mettre à sa disposition, et de l'escorter partout où il voudrait aller. Mes ordres ne parlaient pas de la manière dont je lui rendrais les honneurs, ou même si je lui en rendrais du tout. J'avais ma compagnie, forte de cent hommes et vingt-cinq chasseurs à cheval. La circonstance était difficile, épineuse, frère; j'y ai bien ré-

fléchi, et j'ai cru bien faire en suivant la voix de ma conscience. J'ai vu devant moi un homme honoré du plus haut grade de l'armée, je ne me suis rappelé que de ses succès, et plus il était dans la disgrâce, plus j'ai voulu lui prouver que cette armée qu'il avait souvent menée à la victoire s'en souvenait toujours. Il était en bourgeois, sans décorations. J'ai donné ordre à mon détachement de le traiter comme s'il se fût présenté avec les plumes blanches et les décorations qu'il a conquises sur les champs de bataille. J'ai été récompensé, frère, quand j'ai vu des larmes couler sur les joues brunies du vieux soldat, lorsqu'arrivant au pont d'Oued-el-Kerna, où mon petit détachement l'attendait en bataille, il a été reçu au son des trompettes et des clairons, et les soldats présentant les armes. Il m'a témoigné sa reconnaissance dans les termes les plus énergiques en me prenant les mains. Lorsque je l'ai quitté, il m'a dit : « Ca-
» pitaine, au revoir, nous nous reverrons, bien cer-
» tainement.... » Si l'autorité militaire s'offusque, si l'esprit de parti s'empare de mes intentions et les dénature, je ne serai pas embarrassé pour répondre, je puis te l'assurer.

AU MÊME.

Fondouck, le 7 décembre 1838.

.... Le 2 décembre, à quatre heures de l'après-midi, je reprenais mon ancien cantonnement du Fondouck ; le 3, nous recevions l'ordre de nous préparer à partir le 5, à la pointe du jour, pour une expédition. Laquelle? Personne ne peut le dire. Chacun s'interroge, et l'on ne répond que par des conjectures.

Le 4, notre camp du Fondouck, fait pour loger quinze cents hommes, est inondé de génie, d'artillerie, d'ambulances, de matériel, de prolonges, etc. De plus, le 48e en entier, le 24e et le 11e arrivent escortés du régiment de chasseurs à cheval. Nous voilà plus de huit mille hommes réunis.

Tout cela ne serait rien si le temps avait permis de bivouaquer autour du camp, mais le 4 toutes les cataractes du ciel se défoncent et tombent sur nous. Jamais tu n'as rien vu de semblable. La rivière devient torrent ; plusieurs hommes et chevaux qui veulent passer sont noyés ; tous les bivouacs sont inondés. La nuit, bien des malheureux meurent de froid et de misère. Pour épargner le plus d'hommes possible, on entasse les uns sur les autres trois cents hommes dans des baraques qui sont faites pour quatre-vingts. Les pauvres diables ne peuvent ni se bouger ni se coucher, et reçoivent debout la pluie qui traverse tout. Nous autres officiers, nous recevons nos camarades des autres régiments dans nos petites mauvaises chambres, et où je me remuais difficilement seul, nous pataugeons six sur la paille, dans la boue... Je pense à Constantine, et je souffre patiemment. Nous verrons comment cela finira.

Ce qu'il y a de positif, frère, c'est qu'aussitôt que le temps va le permettre, bientôt si la pluie cesse et que le vent souffle, car le vent ici sèche bien vite tout ce qu'il atteint, bientôt donc nous allons partir pour une longue, et, si j'en juge par les préparatifs, importante expédition....

Nous allons marcher comme les Romains, en traçant le chemin devant nous, en coupant les montagnes et comblant les ravins pour livrer passage aux caissons, prolonges et artillerie, car nous emmenons seize pièces, dont quatre de 16. Du 16, pièce de siége! Nous allons donc faire un siége; peut-être, je l'espère. Prends la carte d'Afrique; cherche Constantine, bien; près de Constantine, et à l'ouest, Milah; de Milah marche sur Sétif, place une épingle. Milah, Sétif, tout cela est à nous, occupé par nous. Eh bien! l'expédition qui part du Fondouck marche à la rencontre de nos amis, partis de Sétif. Leur tâche à eux n'est pas aisée, mais la nôtre, frère! Il faut que le Maréchal soit trempé de bronze pour penser à une pareille entreprise. Nous allons traverser les Portes-de-Fer, que jamais Romain n'a saluées de son aigle. Là où un homme peut passer à peine, nous ferons passer tout le matériel d'une armée de huit mille hommes et son artillerie, et des pièces de siége. Tu penses comme nous marcherons lentement, une lieue ou deux par jour, et trente-cinq lieues à parcourir, des Arabes à combattre, des positions à enlever, des travailleurs à protéger, et le climat, le plus terrible ennemi de tous, le climat à braver et à supporter.

Pour arriver à Sétif, il faut traverser la plaine du Hamza, de l'autre côté de l'Atlas. Au milieu de cette plaine est le fort du Hamza, défendu par cinq cents hommes et quatre pièces de canon. Voilà l'explication des pièces de siége.

Le bey de Seybaou, homme influent et puissant, nous a déclaré que si nous passions les limites du traité de la Tafna, il nous attaquerait. A deux lieues plus loin que le Fondouck, la guerre sera déclarée. Que Dieu veuille qu'elle soit bonne! Je crains plus les fatigues et le climat que les huit ou dix mille hommes du bey....

Pourvu que tout cela ne soit pas la montagne qui accouche d'une souris. C'est impossible, on fait trop de préparatifs, trop de monde est en mouvement. Le Maréchal vient avec nous.

AU MÊME.

Fondouck, 12 décembre 1838.

Même position que lorsque je t'écrivais ma dernière lettre, cher frère, même gâchis, même pêle-mêle.... Les préparatifs continuent sans relâche et sont considérables. Si ce que l'on dit est vrai, Abd-el-Kader serait revenu vainqueur d'Aïn-Maïdi et assemblerait des forces à Médéah. Dans ce cas, nous aurions plus de vingt mille Arabes sur les bras. Tant mieux, mille fois tant mieux ! Dans une reconnaissance que j'ai faite hier, j'ai traversé et vu bien des tribus, bien des douairs. Tout est désert, tout a disparu, femmes, enfants, bestiaux. Tout cela a filé dans les montagnes. Les hommes se rassemblent et se préparent. Voilà bien des présages de besogne. Dieu veuille que nous ne soyons pas désappointés !...

AU MÊME.

Fondouck, le 21 décembre 1838.

Nous sommes damnés, frère, Mahomet est de semaine. Nous sommes toujours entassés, emboués. La pluie nous délaye et il fait un froid de loup. Malgré tout, le vieux Louis XI[1] persiste, il veut faire son expédition ; mais il est impossible que les routes soient praticables aux fourgons, caissons, artillerie, avant huit jours, au moins, de vent sec et de beau temps.

Je suis désespéré de voir notre expédition retardée, ajournée peut-être au printemps, car nous ne savons rien des intentions du maréchal : nous supposons.... Nous sommes mieux instruits de ce qui se passe chez les Arabes. Nous savons qu'ils se rassemblent et qu'ils sont divisés en deux partis. Les uns veulent nous laisser passer, les autres s'y refusent. Nous irons bien jusqu'au Hamza, mais si nous nous hasardons jusqu'aux Portes-de-Fer, nous trouverons de douze à quinze mille ennemis....

En attendant que je t'embrasse pour le commencement de 1839, je t'embrasse pour la fin de 1838. Peut-être ma première lettre sera-t-elle datée du Hamza ou des Portes-de-Fer. Souhaite-moi cela.....

---

[1] Surnom donné familièrement au maréchal Valée dans l'armée d'Afrique.

AU MÊME.

Fondouck, le 1ᵉʳ janvier 1839.

Voilà plus de deux ans, frère, que nous sommes séparés.... Je suis enrhumé, endolori, rhumatismé, et, j'en ai bien peur, menacé de la goutte. Voilà sous quels heureux auspices j'ai passé d'une année à l'autre....

Nous sommes cernés au Fondouck : à l'est et au sud, montagnes couvertes de neige et inaccessibles plus que jamais ; au nord et à l'ouest, deux rivières sans gué et des marais impraticables. Plusieurs cavaliers se sont noyés en voulant tenter le passage... Nous manquons des choses les plus nécessaires à la vie, et tout ce que l'on peut avoir se paye au poids de l'or. Pauvre frère, je t'aime bien, mais je ne voudrais pas te voir huit jours au Fondouck. Sous ma baraque, j'aurais peine à te fabriquer une petite place à l'abri des gouttières. Tes pauvres pieds, s'arrachant à la boue, se coucheraient glacés et se relèveraient froids. Tu remettrais tes habits humides, et tes bottes raides, si tu pouvais les entrer, te blesseraient et augmenteraient ton malaise. La nuit, pas de sommeil possible : la pluie, le vent, les rats vous tiennent éveillés, quand le froid vous permet de fermer les yeux que la fatigue affaisse. Déjeuner, dîner, il n'est pas question de cela ; on mange, pour vivre, ce que l'on peut, ce que l'on trouve. La pluie a détruit nos cuisines, et nos salles à manger sous des tentes sont devenues de véritables bassins... Et nos pauvres soldats ! Si les officiers souffrent, juge ce qu'ils endurent. Je n'entre jamais dans la baraque de mes voltigeurs sans avoir le cœur gros.

Et vous, à Paris, êtes-vous gais ? Etes-vous tristes ? Avez-vous de la neige ou du beau froid ? Change-t-on souvent de ministres, de système ? Veut-on la guerre ou la paix ?...

AU MÊME.

Fondouck, le 10 janvier 1839.

Je fais un grand effort pour t'écrire, frère, car, depuis quatre jours, je suis retenu au lit par un commencement de gastrite aiguë. Je souffre, je me fais du mauvais sang : comment guérir ici où il n'y a ni sangsues, ni tisanes, ni feu pour faire chauffer de l'eau, ni chambre pour être libre....

Il n'est plus question d'expédition ; l'époque tient au beau temps. Il n'y a plus de secret, tout est connu. Il y aura, d'Alger à Constantine, onze positions militaires occupées, soit par des camps, soit par de simples redoutes ou blockhaus. Cela fera onze gentils coupe-gorges. Il faudra prendre des précautions et ne marcher qu'avec une bonne escorte, cela sera beau, très-beau....

AU MÊME.

Hussein-Dey, le 18 janvier 1839.

Je t'écris de chez Morris où je suis depuis hier. Le mal a été le plus fort. Depuis ma dernière lettre, j'ai toujours eu la fièvre. J'ai pris plus de soixante grains de quinine. Je te fais grâce de tous les détails de ma maladie. En un mot, j'ai la fièvre du pays, et je bénirai le ciel si elle cède aux remèdes de cheval que je m'inflige pour m'en débarrasser. Je suis aussi menacé de jaunisse et ma gastrite n'arrive plus qu'en dernière ligne.

Les médecins m'ont ordonné de changer d'air, et ce bon Morris, apprenant mon état, m'a écrit qu'il avait un lit à ma disposition. J'ai accepté franchement et pour quelques jours je suis installé chez lui...

Adieu, frère, je ne puis pas écrire longtemps, car je suis faible....

AU MÊME.

Hussein-Dey, le 25 janvier 1839.

Tu le vois, je suis toujours dans ma maison de santé. Il n'y a pas de soins et d'attentions que Morris n'ait pour moi. Tous les officiers de son régiment me connaissent, nous avons bivouaqué ensemble à Constantine et partout ; rien de tel que la fraternité du bivouac. Grâce à tous les efforts, ma santé s'est un peu améliorée, en ce sens que la fièvre a cédé à des picotins de quinine ; mais il m'est resté une belle et bonne jaunisse, et un tel délabrement d'estomac, qu'un régime bien long, bien sévère et bien suivi, peut seul me rétablir et me rendre mes forces.

Dieu veuille que ma santé me permette de prendre part à l'expédition du Hamza ! Oui, frère, oui, si nous étions partis, peu de nous seraient revenus ; car, de ce côté-ci, nous aurions eu plus que le climat à combattre, les Kabyles de Bougie ne plaisantent pas. On n'ose pas dire toute la vérité sur les désastres qui ont décimé la pauvre colonne Galbois. Ici même on ne sait pas tout. Nous prendrons notre revanche en avril. Oh ! je crois que je mourrais de chagrin si je ne pouvais pas être à la tête de ma compagnie !

En même temps que ta lettre, j'en ai reçu une du

général Bugeaud. Rien de bon, rien d'aimable comme ce qu'il m'écrit.

Morris te dit mille amitiés....

AU MÊME.

Alger, le 2 février 1839.

Je suis à Alger, frère. Morris a reçu, le 28, l'ordre d'aller commander le camp de Bouffarick, et, à mon grand regret, j'ai quitté Hussein-Dey. La fièvre ne reparaît que très-rarement, et les accès sont courts et peu violents, mais elle me laisse un malaise, une langueur dont je ne puis me débarrasser. Mes yeux sont toujours jaunes ; en somme, je vais mieux et je ne suis pas bien.

Nous avons un temps horrible et les Arabes ne se rappellent pas avoir eu un froid pareil depuis 1829, Il neige et les montagnes et même la plaine ont gardé leur tapis blanc. Ce n'est pas la peine d'être en Afrique pour y geler. Dans ces maisons mauresques rien n'est préparé contre le froid. On ne se défend que contre la chaleur, et par le temps qu'il fait c'est une amère dérision. Prenons patience, espérons que la santé et le beau temps reviendront ; je voudrais me revoir à mon Fondouck : tout mal que j'y suis, je m'y trouverais plus tranquille qu'ici. Mais la plaine ne sera pas de longtemps praticable.

J'ai reçu bien des marques d'amitié et d'intérêt depuis que je suis à Alger. Le général Bernelle, les lieutenants-colonels des 47ᵉ et 48ᵉ sont venus me voir, ainsi que les commandants d'Erlon, Dubernc et Despinois ; beaucoup d'officiers d'état-major sont aussi venus et quantité de frères d'armes.....

AU MÊME.

Alger, le 9 février 1839.

Je ne vais pas mieux, je languis, je traîne. Depuis deux jours un soleil de mai nous est revenu. Je croyais qu'il me rendrait des forces. Pas du tout, je me suis promené et un rien me fatigue. Tout le monde me dit d'aller passer deux mois en France, et moi je dis non. Destiné à vivre ou mourir Africain, je dois résister et je résisterai.

Contre notre ordinaire, nous nous occupons de politique parce que nous croyons voir des enseignes déployées à l'horizon. Il nous semble qu'on charge les canons et nous voulons voir s'ils sont bien chargés. Que dit-on donc à Paris? Qu'espère-t-on? Que craint-on? Nous voilà encore dans les embarras ministériels sans fin. Qui aurons-nous? Qui n'aurons-nous pas? Ici, il n'est plus question de départ ni de portefeuille pour le maréchal Valée.

AU MÊME.

Fondouck, le 21 février 1839.

J'ai quitté Alger le 16 non guéri, non bien portant, mais la fièvre m'avait laissé, la jaunisse avait disparu. Certes j'étais loin d'être dans mon état normal, ni appétit, ni forces n'étaient revenues; mais je ne pouvais plus tenir à Alger, j'ai voulu regagner mon camp.

Ah! frère, que de courage, que de résignation il me faut! quand le mal vient saper mon moral, que je me sens seul, isolé, loin de tout ce que j'aime, j'ai le cœur bien serré; alors je regarde ma croix, mes épaulettes, je pense à mes enfants, à vous, à mon passé, à l'avenir; je me raidis et je tiens bon, mais mes cheveux blanchissent et mes genoux tremblent.

Mon frère Forcade me donne sur mes enfants des détails charmants. Ainsi ils récitent des scènes d'Andromaque. Comme je voudrais être dans un petit coin pour les entendre se reprendre et se souffler, et suivre les progrès de leur mémoire et les développements de leur intelligence.

La politique de France absorbe tout ce qu'on pourrait dire en Afrique. Aussi nous sommes morts. Il n'y a que le canon qui puisse nous réveiller.....

AU MÊME.

Fondouck, le 20 mars 1839.

J'ai retrouvé au Fondouck les orages, la tempête, la grêle dans une proportion effrayante. De vingt-six degrés de chaleur, nous sommes tombés le lendemain sans transition à huit degrés. Comment se bien porter?

Malgré ce temps, malgré ce climat, notre service devient de jour en jour plus pénible. Aux préparatifs que l'on fait partout, aux mesures que l'on prend, on peut croire le gouvernement de l'Afrique pénétré de cette maxime : *Si vis pacem, para bellum.* Nous faisons des reconnaissances, nous envoyons trois cents travailleurs par jour sur les routes.....

Où en es-tu de ton Andromaque avec mon fils? Quel rôle apprend-il? Oreste ou Pyrrhus? Les autres sont trop peu importants. Et Louisette avec ses fables? Tout cela me résonne aux oreilles et descend jusqu'à mon cœur.....

Les élections qui viennent d'avoir lieu ne nous apprennent pas grand'chose, des noms seulement. Les journaux crient tous victoire. *La Presse* et le

Siècle chantent le *Te Deum* en même temps. Cela rappelle la bataille d'Eylau. Les empereurs étant victorieux, il n'y avait que les peuples de vaincus. A Paris, vous savez mieux que nous quelle est la nuance qui deviendra de mode. Ici nous sommes de la race du philosophe : *Dùm clitellas portem meas.....*

AU MÊME.

Fondouck, le 29 mars 1839.

... Notre camp du Fondouck deviendra, si on nous y laisse et que le gouvernement donne des fonds au génie, un établissement magnifique. Tout s'élève en pierres superbes tirées d'une carrière voisine, carrière qui ferait des fortunes à deux lieues de Paris. Ces pierres, ce mortier dont nous nous servons, unis, durcis par le temps, deviendront ce fameux ciment de granit qui n'éclate et ne cède que sous la poudre. Les plans sont admirables. Les Arabes dont on se sert pour aider les maçons s'arrêtent stupéfaits devant ce qu'ils ont construit. Mais cela n'avance pas vite et nous ne serons pas logés dans nos pavillons avant deux ans. Que de pluie à recevoir d'ici là ! Voilà de ces choses qui font croire à la stabilité de la colonie : car quel est le gouvernement assez fou pour dépenser des sommes aussi énormes, s'il voulait quitter ce pays? Les pierres ne s'enlèvent pas. Quel riche héritage pour les Bédouins! Les mêmes travaux que l'on fait au Fondouck s'exécutent sur dix points différents, à Blidah, à Coléah, à l'Arbah, au Massafran. De pareils sacrifices ne sont pas faits en l'air. Mais plus nous nous étendons, plus nous construisons de camps et fondons d'établissements, plus il faut de monde pour les garder, et voilà le nœud gordien.

J'ai interrogé il y a quelques jours un Italien de la légion qui a passé six mois avec Abd-el-Kader. Il a été devant Aïn-Maïdi. L'émir s'agrandit, augmente son armée, forte de sept mille hommes d'infanterie et environ le double de cavalerie. Il fortifie ses positions, renforce les forts du Hamza qui sont plus considérables, plus importants qu'on ne pense. Il ne paye pas ses troupes, les nourrit mal, les habille d'une manière grossière, mais il a une armée. Il possède deux bataillons réguliers composés de déserteurs français et étrangers et commandés par un maréchal des logis d'artillerie déserteur. Il a aussi un escadron régulier. Tout cela est au Hamza, tout cela nous promet de beaux et bons coups de fusil si nous y allons; mais malgré ce que disent les journaux, il est moins que jamais question d'expédition, on est au calme plat, on semble avoir abandonné toute idée de guerre.....

Toutes les combinaisons ministérielles que l'on met en avant ne mentionnent pas le nom de notre Maréchal. Le garderions-nous? De toute manière j'ai peine à le croire. Pas encore de gouvernement constitué. Cela commence à devenir drôle. Tout ce que tu me dis de l'état des choses me semble juste, mais tu avoueras que nous sommes bien peu avancés pour l'être autant. Qui montera sur le soliveau? Qui écrasera les grenouilles?...

AU MÊME.

Fondouck, le 12 avril 1839.

Me voici rendu à l'ennui de notre vie de camp : travail de route, reconnaissances journalières dans les environs, exercices quand on le peut. Quelle existence, frère! durera-t-elle encore bien longtemps? Je sens la patience qui m'échappe insensiblement. On veut travailler, rien ne profite. Si l'on veut réfléchir, on n'est pas maître de ses pensées ; elles glissent hors de la route que vous leur imposez, et, attirées par une force à laquelle il faut céder, elles courent se rejeter et tourbillonner dans un cercle qui vous entraîne bien loin de l'Afrique. Oh! je ne crains pas la nostalgie, je me crois plus fort qu'elle; mais je n'en ris plus, je la comprends, je la regarde comme plus dangereuse que le choléra et la fièvre. A propos de santé, la mienne se rétablit, mais lentement et elle ne sera pas de longtemps ce qu'elle était même après Constantine....

Nous avons, comme tu le dis, des ministres et pas de ministère. Mais quoique cette combinaison ne doive pas durer, où a-t-on été chercher ces noms-là? Qui les connaît?... Je ne regarde pas les embarras du gouvernement comme terminés; que nous réserve l'avenir? En Afrique, on attendait avec impatience un ministère, chacun a ses intérêts là-dedans, plus ou moins sérieux, plus ou moins éloignés. Quand on a vu les noms de ces ministres *in partibus*, on les a salués gaiement, et sur le forum de notre camp, c'était un feu roulant de plaisanteries, qui devaient bien amuser Scipion, Jugurtha, Sylla, Massinissa et Juba, si leurs âmes rôdaient par hasard autour de nous. Au surplus, du temps de ces messieurs on ne gouvernait pas beaucoup mieux.... Le premier courrier nous apprendra peut-être quelque chose de nouveau et de mieux. C'est ainsi qu'en Afrique on s'use à espérer, et que l'on traîne sa vie d'un mercredi à un autre, bien fâché souvent de n'en être pas resté au mercredi qui n'est plus.... Quoique tu en dises, notre Maréchal ne veut pas rester; les diatribes des journaux contre lui l'ont dégoûté. Il ne veut plus ni gouvernement, ni portefeuille; il veut mourir tranquille et loin des tracas des affaires. Le général Rulhières est venu au Fondouck lundi.... Il a paru très-satisfait de nos travaux de toute espèce. Dans dix ans ce camp sera vraiment superbe. Mais en attendant, quel chaos!... Le général nous a parlé d'un voyage du duc d'Orléans ici ; cela ne pourrait être que pour l'expédition du Hamza. Cela ne peut pas être. On a bien d'autres chats à fouetter en France, à moins qu'on ne veuille faire une diversion....

Tu sais comme j'étais myope ; maintenant je vois fort bien de loin. Décidément je veillis, il n'y a que mon cœur qui reste fort et jeune. Est-ce un bien ?

Adieu, frère, embrasse bien mes enfants, ma mère, Adolphe le philosophe en droit.

AU MÊME.

Fondouck, le 20 avril 1839.

.... Il y a trois jours que le bey de Seybaou nous tient en alerte, il nous fatigue pour rien ; on craint qu'il ne vienne attaquer et piller nos alliés des tribus voisines, et nous courons la plaine pour leur éviter une razzia.... Rien d'ennuyeux comme de courir sans attraper.... Voilà trois nuits que je passe à la belle étoile. Les compagnies d'élite sont fort agréables, surtout celles de voltigeurs, mais la médaille a son revers. Les pauvres voltigeurs sont toujours en réquisition. Faut-il aller en avant, faut-il courir, faut-il une expédition un peu hardie, une embuscade hasardée, les voltigeurs sont toujours-là.... S'il y avait des résultats, j'en serais heureux, mais il n'y a rien, et j'en suis ennuyé. — Il est onze heures, frère, et dans une heure, par une nuit noire, je vais aller encore courir au passage que doit prendre ce bey de Seybaou. S'il y vient, je me vengerai sur lui, mais il n'est pas si bête, il a aussi ses espions.... Nous avons eu dimanche dernier, à deux heures vingt minutes une secousse de tremblement de terre très-violente. Elle a duré cinq à six secondes. Tout le monde est sorti en masse, plus étonné qu'effrayé. A Alger, deux maisons se sont écroulées; quelques personnes ont été écrasées, mais en très-petit nombre. On frémit à l'idée des malheurs qui auraient suivi une secousse un peu plus forte et un peu plus prononcée. —Voilà la seconde fois de ma vie que j'assiste à ce triste phénomène. La première, j'étais à Salonique[1]; le mouvement fut moins sensible et moins long.... J'en ai assez pour ma part; je n'aime pas sentir la terre se promener sous moi.

La Chambre vérifie ses pouvoirs, et entend des criailleries bien peu dignes; c'est un triste début. Toujours rien de nouveau ici; on attend le nouveau ministère, le ministère sérieux, pour voir si l'on fera oui ou non l'expédition du Hamza. En attendant, nous travaillons aux routes et nous nous ennuyons à en pleurer.

[1] A l'époque du premier voyage du Maréchal en Orient, en 1822.

AU MÊME.

Fondouck, le 25 avril 1839.

.... Nous sommes toujours ici dans le plus triste *statu quo*. Les Arabes se moquent de nous, nous assassinent impunément quand ils l'osent, et nous attaquent souvent. — On les laisse faire. Il y a encore quelques jours, un de mes voltigeurs, revenant d'Alger, à huit heures du soir, a été attaqué par six Arabes qui l'ont poursuivi à coups de fusil.... Le pauvre homme s'est sauvé en faisant feu. Il a brûlé dix cartouches, chargeant et tirant en courant. Je me suis plaint. Eh bien, le croirais-tu? le voltigeur a été blâmé et moi aussi.... Du reste, les journaux de France nous annoncent que la paix avec Abd-el-Kader ne peut pas durer longtemps. — Puissent-ils avoir raison une fois par hasard!.... Jamais je n'ai tant désiré les coups de fusil. Je ne sais si c'est dans un espoir ambitieux, ou si cela tient à la vie que je mène ici. Demain matin à cinq heures, je pars encore en reconnaissance. J'en reçois l'ordre à l'instant.... Encore une promenade pour rien. Je vais aller, à quatre ou cinq lieues dans la montagne, reconnaître des positions, chercher des passages et ensuite faire des rapports. Si jamais nous faisons la guerre en Europe, les officiers de l'armée d'Afrique auront, ainsi que leurs soldats, un avantage immense sur les troupes qui sont restées en France. Ici nous apprenons notre métier à fond, et nous sommes obligés de joindre la pratique à la théorie; mais tout cela sert bien peu si l'on doit rester capitaine....

AU MÊME.

Tixeraïm, le 3 mai 1830.

Si dans le cours de ta vie d'expériences, d'observations et d'agitations de toute espèce tu trouves, mon bon frère, un homme plus chanceux que moi, je consens à l'acheter à tout prix. Les fêtes de Mai se passent au Fondouck avec toute la solennité possible, messe en plein vent, autel improvisé, musique, revue, manœuvre, jeux de toute espèce, assauts, courses arrosées d'une pluie battante, grand dîner chez le colonel commandant les camps de l'Est, puis invitations par ordres à certains officiers de se trouver au lendemain, 2 mai, à huit heures du soir, au bal chez le Maréchal. Ils devront représenter leur régiment. Je suis désigné, et à mon regret, triste de corps et d'esprit, je fais deux lieues pour aller danser officiellement. Rien de mieux; mais à dix heures du soir circule un bruit qui grossit, qui grandit comme la calomnie de Bazile, avec la différence qu'il était tout plein de vérité.

Le bataillon de la légion au Fondouck a, dit-on, reçu l'ordre de partir la nuit, et arrive pour s'embarquer pour Bougie. J'ai laissé tous mes effets en l'air, ouverts dans ma baraque au camp; tu te figures mon inquiétude, je cours au général Rulhières, et je lui demande le mot de l'énigme. En effet, mon bataillon est parti; je suis au bal, et ma compagnie marche par un temps effroyable. Mes effets sont à l'abandon, Dieu sait si quelqu'un s'en chargera. Trois compagnies vont se loger à Kouba, et embarquent demain samedi. Trois compagnies occupent Birkadem, et moi, avec deux compagnies, je commande Tixeraïm, où j'attends mon embarquement, qui ne peut se faire attendre plus de huit jours.

Nous partons donc pour Bougie, j'en serais désespéré si c'était pour y tenir garnison, mais j'espère que nous allons faire une diversion sur le Hamza; au premier courrier les nouvelles. Si nous nous battons, nous nous battrons ferme : car les Kabyles de Bougie sont les plus belliqueux de l'Algérie....

AU MÊME.

Tixeraïm, le 8 mai 1839.

Ce n'est plus pour Bougie qu'est notre destination, frère. Tout le monde nous croyait envoyés à

Bougie; le colonel lui-même avait reçu les ordres pour Bougie. Mais notre sublime politique, toute de discrétion et de mystère, marche ainsi. Aujourd'hui il ne s'agit plus de cela, nous embarquons jeudi 9 pour Stora. M. de Salles, gendre et aide-de-camp du Maréchal, vient avec nous.

Voici les versions que l'on fait, elles sont toutes vraisemblables : Nous allons à Delhys, délivrer les prisonniers que les habitants ont faits traîtreusement à la suite du naufrage d'un bâtiment qui s'est échoué sur la côte. Nous allons prendre possession de Djidjelli. Mais, plus positivement, nous allons à Stora, et de là à Sétif, réparer l'échec qu'a éprouvé cet hiver la division Galbois. Ensuite, que fera-t-on de nous? je l'ignore....

AU MÊME.

A bord *du Styx,* en rade de Philippeville, le 11 mai 1839.

Je t'écris quatre lignes pour te dire quelque chose de plus certain sur notre destination. Si j'avais le temps je te parlerais de tout ce qui m'a frappé depuis ce matin que nous avons mouillé dans la rade, ayant devant nous Philippeville, et à notre droite Stora....

J'arrive de terre, et je suis sous l'influence du tribut d'admiration que j'ai payé d'abord aux Romains, à leur mémoire, à leur grandeur, qui parle encore après tant de siècles, et ensuite à notre industrie, qui s'élève sur des ruines et les fait revivre.

Voir le résultat obtenu en six mois à Russicata est chose extraordinaire. Des maisons, moitié en bois, moitié en pierre, se sont élevées comme par enchantement, et là où l'on ne voyait que d'immenses ruines, des colonnes enfoncées en terre, des chapiteaux de marbre détrônés, des pierres énormes, s'élève une ville tracée, vivante, commerçante, où s'agitent quinze cents habitants de toutes nations, sans compter la garnison. Un cordon de cinq blockhaus couronne la baie vaste et abritée; une route superbe d'une lieue conduit de Stora, où il n'y a absolument rien, à Philippeville, qui, si cela continue, sera dans dix ans aussi grande qu'Alger; elle est déjà plus vivante que Bougie. Son arène est devenue parc aux bœufs; ses temples, ses voûtes souterraines, des magasins. C'est un prodige, mais il y a un inconvénient terrible : on manquera d'eau..... Les anciennes citernes des Romains ne peuvent ni être réparées ni servir. Pour la première fois, je n'ai pas souffert en mer; c'est peut-être parce que mon imagination était trop préoccupée par l'expédition qui se prépare. Enfin nous y touchons, enfin nous savons où nous allons, et demain sera un jour glorieux pour la légion, car seule elle agira dans cette circonstance. C'est notre 1ᵉʳ bataillon, si beau, si fort, si bien disposé, qui est l'élu de l'armée.

Nous remettrons à la voile, ou plutôt à la vapeur ce soir, et demain matin nous serons devant Djidjelli.

Juge de ma joie, frère! C'est ma compagnie, entends-tu? ma propre compagnie, moi en tête, moi le premier, qui débarquerai et entrerai à Djidjelli, si Dieu et mon étoile écartent les balles.... L'ordre de bataille est assigné, les postes désignés, et M. de Salles lui-même m'a donné ce poste d'honneur en me disant les choses les plus flatteuses. J'espère que c'est d'un bon augure. Mes petits voltigeurs sont disposés au mieux. Je ne puis pas te dire avec quelle impatience j'attends demain. Le 12 du mois sera encore un beau jour pour moi.

AU MÊME.

Djidjelli, le 14 mai 1839.

Nous sommes à Djidjelli, frère, entrés sans coup férir, sans brûler une amorce, et après un débarquement des plus maladroits; car si nous avions trouvé de la résistance nous nous serions fait abîmer. Les barques de débarquement ont touché et sont restées engravées sous le feu de la place. Ennuyé de cette ridicule position, je me suis jeté à la nage avec ma compagnie, nous avons marché quelques toises dans l'eau, et avons pris possession de la ville.

A peine à Djidjelli, j'ai été dirigé en avant de la ville à environ un quart de lieue pour prendre position sur une ligne de monticules. J'y ai été reçu par une belle et bonne fusillade qui nous a tué quelques hommes. J'ai de suite fait faire des petits parapets en pierre sèche, en terre et en feuilles de figuier pour mettre les hommes à l'abri. Toute la journée nous avons tiraillé et canonné. Les Arabes se montraient environ cinq ou six cents.... On nous en promet cinq ou six mille pour ce soir. La nuit ils nous ont laissés tranquilles.... Au moment où je t'écris (neuf heures du matin), de grandes colonnes blanches descendent des montagnes et nous promettent un rude combat. Aussi je me dépêche de finir ma lettre, tout en donnant mes instructions autour de moi.... Quelle ville que ce Djidjelli, où nous sommes destinés à passer peut-être un an!... Des maisons où notre mère ne mettrait pas ses porcs de Gascogne.... Au surplus, nous n'y entrerons pas, et c'est tant mieux. On fait des redoutes autour de la ville, qui ne tient à la terre que par une langue très-facile à défendre.

AU MÊME.

Aux avant-postes, devant Djidjelli, le 18 mai 1839.

Ah! frère, quel métier que le nôtre!... Depuis le 13 que je suis ici, que d'émotions diverses, que d'enivrements, que de douleurs poignantes. Tous les jours, frère, tous les jours sans exception, pendant des cinq et six heures de suite, des combats de géants! car nous avons eu affaire à au moins quinze cents hommes et deux fois à quatre mille. Attaqués de toutes parts sur toute notre ligne, beaucoup trop étendue pour notre petit nombre, nous avons été obligés de charger à la baïonnette et nous l'avons fait avec un élan, une vigueur dignes d'un plus grand théâtre. Livrés à nos propres ressources, nous avons fait des miracles, et cela nous a donné de la fierté dans l'âme. Ma compagnie a enlevé des positions couvertes de Kabyles, qui se battent corps à corps, qui mordent à terre et meurent en frappant. Juge du combat par la perte. Dans les journées du 15 et du 17, j'ai perdu vingt voltigeurs. Mon sous-lieutenant est blessé, moi seul je suis respecté par les balles et j'en ai presque du regret. Si cela continue, mon tour doit venir. A l'exception de l'assaut de Constantine, je n'ai rien vu de comparable aux combats que nous livrons ici. Depuis le 13, je ne me suis pas couché, je n'ai pas ôté mes bottes, déboutonné ma capote. L'exaltation, la nécessité me soutiennent; je me porterais très-bien sans le chagrin affreux qui m'a frappé hier. Le commandant de notre bataillon, le brave Horain, mon ami intime, l'homme avec lequel je sympathisais le plus, a reçu, en chargeant les Kabyles, une balle qui lui a traversé la poitrine. Je l'ai pleuré, je le pleure: je déplore une victoire si chère. On l'a transporté à bord *du Styx* qui, cette nuit, l'a conduit à Bougie où on a été chercher du renfort et des munitions. La blessure est bien grave ; son courage, son moral peuvent seuls le sauver.

Si j'étais égoïste, je me féliciterais d'un événement toujours attendu dans notre état, et qui m'a placé dans une position à laquelle je ne pouvais pas m'attendre.

Le commandant de l'expédition m'a de suite donné toute sa confiance. Je commande quatre compagnies et j'ai sous mes ordres toute la ligne des avant-postes. Génie, artillerie avec deux obusiers de montagne, tout m'obéit ; toutes mes dispositions, toutes mes mesures sont approuvées, et jusqu'ici j'ai eu du bonheur. Serai-je récompensé ? J'en doute. Si j'avais eu seulement trois ans de grade, je serais nommé chef de bataillon, j'en ai la certitude. Je viens d'être proposé de nouveau pour l'affaire du 15. Si j'avais voulu être officier de la Légion d'honneur, je le serais, mais dans ma position je préfère le grade. Si je ne l'ai pas cette fois, j'aurai du moins bien avancé mes affaires.

J'ai pour toi un fusil de Bédouin et sa giberne. Ne crains rien, frère, jamais je n'ai cru davantage à mon étoile. J'ai des traces de balles partout, et une seule balle morte m'a fait une contusion au bras gauche. Nous comptons mener la même vie pendant un mois ou deux. Les Kabyles ne se découragent pas facilement. Donne tous ces détails à ma mère.

AU MÊME.

Aux avant-postes, devant Djidjelli, le 25 mai 1839.

Je suis harassé, frère, exténué de fatigue ; en parlant je dors debout, et si je me jette sur mon lit d'herbe et de feuillage, je ne puis dormir, parce que je crois toujours entendre les coups de fusil qui me rappellent à mon poste.

Le commandant de Salles me paye tout ce que je fais en confiance et en amitié. On parle partout de la compagnie de voltigeurs et de son capitaine. Mes petits voltigeurs, ils ont été admirables ! Je les ai menés trois fois, à la baïonnette, contre plus de cinq cents Kabyles. Maintenant que je crois que jamais les Kabyles ne nous attaqueront comme le 17, je puis te dire que je ne sais pas comment je t'écris. Je me suis trouvé deux fois entouré de Kabyles. J'ai été obligé de faire manœuvrer mon sabre comme à Constantine et plus longtemps. Le 17, mon sous-lieutenant était tourné et enlevé d'une position qu'il occupait avec trente voltigeurs. C'est là où il a été blessé. Avec le reste de la compagnie, je suis parti au pas de course, j'ai repris la position, chassé les Arabes et je les ai poursuivis plus d'un quart de lieue. Ils étaient, sur ce point, au moins cinq cents.

Nos chefs de bataillon n'ont pas de bonheur. M. Honvaux, arrivé de Bougie, a de suite été blessé à l'avant-bras droit.... Nous avons des nouvelles de Horain, il va mieux ; on espère. Il respirait par le trou de la balle ; la blessure commençait à se fermer, la respiration a repris son cours naturel, les hémorragies ont cessé. Je suis heureux de ces bonnes nouvelles.

Ces Kabyles sont les soldats les plus braves de toute l'Afrique. Il y en a qui sont venus sur nos pièces et qui ont été tués par la mitraille à dix pas. Le cadavre du père était tombé, les deux fils se sont fait tuer dessus à coups de baïonnettes. Ce n'est déjà pas si sauvage, en civilisation on ne fait pas mieux que cela.

Nous essayons de sortir du chaos, nous nous établissons, nous nous fortifions dans nos positions....

AU MÊME.

Djidjelli, le 26 mai 1839.

Frère, mes affaires commencent à prendre une belle tournure et je n'ose me livrer à toute la joie qui s'emparerait volontiers de mon âme. M. de Salles m'a pris à part et m'a dit : « J'ai quelque chose de con-» fidentiel à vous faire voir », et il m'a fait lire un passage d'une lettre du maréchal Valée, son beau-père. Il écrivait : « Gardez le commandant Honvaux jus-

» qu'à ce que M. de Saint-Arnaud soit nommé chef
» de bataillon. » Ceci est clair et, sous la plume d'un
homme comme le Maréchal, tout à fait sérieux. Il
est positif que la proposition, vivement appuyée par
le Maréchal, est partie pour Paris. Ceci est ma fortune militaire, toute ma carrière. Nommé chef de
bataillon après vingt-deux mois de grade de capitaine et pour une action de guerre, je sors de la
foule et dans deux ans je suis lieutenant-colonel.
Lamoricière, en sept ans, est devenu de capitaine
colonel.

Je reçois d'Alger des lettres si flatteuses de félicitations un peu prématurées, je pense, mais si
bonnes, si sincères, que je me laisse aller au plaisir
de les goûter.

Les Arabes ont la sottise de nous laisser tranquilles depuis trois jours. Peut-être se préparent-ils
à nous attaquer!...

AU MÊME.

Djidjelli, le 3 juin 1839.

Le brave Horain, mon ami, mon frère d'armes,
est mort à Bougie, le 26, des suites de sa blessure
du 17. Neuf jours d'agonie ne l'ont pas empêché
de penser à ceux que sa perte laisserait désolés. Il a

fait dire au commandant de Salles que seul je pouvais le remplacer au bataillon et que la récompense qu'on lui réservait, il la demandait pour moi. Il a désiré être enterré sur la terre qu'il avait conquise et achetée au prix de son sang. Le Maréchal s'est empressé de remplir son noble vœu. Hier, son corps est arrivé à Djidjelli. Une tombe creusée dans le roc avait été préparée sur la pointe du fort Duquesne, qui s'avance dans la mer. Le monument que l'on va lui faire et pour lequel une souscription s'ouvre dans l'armée d'Afrique, sera vu de loin et perpétuera le souvenir de Horain et de son bataillon, sur lequel sa belle mort a refleté tant d'éclat. Toute la petite armée de Djidjelli était sous les armes et rendait honneur au brave Horain, bien plutôt par ses larmes et sa contenance triste que par des démonstrations militaires. Chaque soldat est venu payer sur sa tombe son tribut de poudre. Le canon tirait dans les avant-postes et les feux de peloton y répondaient. Les Arabes qui couronnaient les crêtes à un quart de lieue, témoins de cette scène, devaient être bien surpris d'entendre, pour la première fois, tant de bruit sans effet pour eux.

Tout est fini; sa destinée est remplie, la nôtre était de lui survivre pour le regretter toujours. Si je le remplace, frère, et sa mort me donne une grande chance de plus, quelle tâche difficile il m'aura léguée! Étrange destinée que la nôtre : il faut se trouver heureux de profiter des dépouilles d'un homme pour lequel on aurait donné sa vie!

Depuis ma dernière lettre nous n'avons eu qu'une affaire qui pouvait être fort sérieuse et qui en effet n'a été qu'un beau spectacle, une belle fantasia..... Je crois bien que nos combats sont finis. Les Arabes ont peur, ils se gardent, nous voyons leurs avant-postes, leurs vedettes.....

Nos positions se fortifient et s'achèvent. Nous avons deux blockhaus. Le fort Duquesne, armé de deux pièces de 12, est imprenable. Le commandant de Salles a parfaitement compris la défense de sa conquête, et quand on la visitera on rendra justice à ses dispositions, à son activité, car tout cela s'est élevé comme par miracle. On construit dans la ville une casbah; pour cela on a été obligé de pousser, pour les faire tomber, quelques-uns de ces amas de pierres sèches que les habitants appelaient maisons.. On a déblayé et fait une place. Le colon commence à arriver, mais seulement le colon alcool, le colon fromage et allumette. Le colon cultivateur est rare en Afrique.

Tous ces détails m'entraînent loin de toi et de mes enfants. Comment vas-tu? comment vont-ils? comment va ma mère? Vos émeutes sont finies. Les procès vont commencer. Est-on tout à fait tranquille? On a remis son fusil dans un coin, mais est-il chargé ou non? Quelle marche prend le ministère? Mon pauvre pays, je le sers de bien loin, mais je voudrais le voir grand et puissant; pour cela il ne faut pas qu'il soit mené par de petites gens et de petits esprits.....

4 juin, midi.

Au moment où je t'écrivais que nous étions à peu près tranquilles, je ne me doutais guère que la nuit viendrait me donner un démenti si prompt. Cette nuit, à une heure du matin, nous avons été attaqués sur toute la ligne par une nuée d'Arabes qui, comme des serpents, rampant ventre à terre, muets, invisibles, sont venus se ruer tout à coup jusque dans nos positions où ils se sont annoncés par un feu terrible et des hurlements d'enfer. C'était un magnifique spectacle au milieu d'une belle nuit à demi éclairée par la lune. Toute la ligne était en feu. D'un côté la rage et les vociférations qui nous indiquaient où devaient porter nos coups, de l'autre le calme et le sang-froid. Ils ont entouré les blockhaus, où ils voulaient mettre le feu, ont coupé à coup de yatagan des tentes dont ils ne trouvaient pas l'entrée et ont pillé ce qu'ils ont trouvé. Cet amour de la rapine leur a coûté cher, car on les a chargés et on leur a tué beaucoup de monde. Des morceaux de leur cervelle, des lambeaux de leurs têtes étaient plaqués autour des retranchements. Cette attaque acharnée a duré jusqu'à quatre heures du matin. Au grand jour, tout avait disparu. Le calme le plus complet avait succédé à un tumulte que l'écho de la nuit rendait plus imposant encore. Alors on s'est regardé, secoué, compté. Chose extraordinaire, au milieu de ce pêle-mêle où la mort avait si beau jeu, nous n'avons eu chez nous que huit hommes de blessés.

5 juin.

Encore attaqués cette nuit, cela devient abusif. A deux heures du matin, le fort Duquesne où je suis avec ma compagnie a été entouré de plus de mille Arabes et pris dans un cercle de feu. J'ai riposté vivement et mes pièces de 12 leur ont craché de la mitraille à la figure..... C'est fini, il faut se décider à ne plus dormir la nuit. Cela me fatigue, mais je m'y accoutumerai. Ces Kabyles nous prennent par tous les bouts.....

AU MÊME.

Djidjelli, le 12 juin 1839.

M. de Salles, à qui je faisais mon compliment sur ses épaulettes de lieutenant-colonel qu'on lui annonce, m'a répondu : « Mais j'aurai bientôt un pareil » compliment à vous faire. Le Maréchal vous a proposé » et il attend par le prochain courrier tout ce qu'il a » demandé. » Il y a de quoi faire bondir mon cœur de joie hors de ma poitrine, et cependant je n'espère que médiocrement. Inférieurs, camarades, supérieurs, tout le monde me complimente et regarde l'affaire comme certaine ; moi seul, je doute profondément et cependant, frère, en conscience, je l'ai bien gagné, gagné comme ma croix à Constantine.

... Les Kabyles deviennent tous les jours plus nombreux, plus audacieux, plus habiles. Nous n'avons plus une nuit sans coups de fusil. Le 9, ils ont commencé le bal à deux heures du matin et n'ont fini qu'à sept. Ils étaient plus de deux mille attaquant avec furie. Toujours battus, toujours perdant du monde, ils se recrutent sans cesse. Nous, nous diminuons, nous nous fatiguons, les maladies arrivent. Je suis arrivé à Djidjelli avec cent trois voltigeurs. J'en ai aujourd'hui soixante-huit. Le reste est mort ou blessé et dans les hôpitaux. Avec tout cela, l'armée, la petite armée qui compte à peine huit cents combattants, est pleine de moral, de force, de courage. Viennent dix mille Bédouins, le jour surtout, ils ne nous entameront pas.....

AU MÊME.

Djidjelli, le 17 juin 1839.

Eh bien ! frère, as-tu lu *le Moniteur ?* As-tu lu les journaux du 2 qui renferment l'extrait du rapport du Maréchal au ministre? Ton cœur a bien battu de joie en voyant mon nom cité et bien cité. Cette nouvelle citation à l'ordre de l'armée est sœur de celle de Constantine. Que je sois nommé ou non chef de bataillon, je suis déjà récompensé. Ah! frère, dix ans de moins sur la tête, quelle belle carrière j'aurais devant les yeux!

Maintenant, je crois que tout est fini ici pour la guerre sérieuse, du moins pour quelque temps. Les Kabyles ne nous tirent plus que quelques coups de fusil insignifiants. Ils font leur moisson; quand leur orge et leur blé seront faits, battus, rentrés, mis en silos, ils viendront en masse nous remercier de les avoir laissé faire. Connais-tu rien d'absurde comme cette guerre-là? Devant nous, sous nos yeux, à une portée de canon, ils moissonnent tranquillement. On les laisse faire, nous restons chez nous, nous ne voulons pas aller chez eux.

Depuis le 15, j'ai quitté les avant-postes. Il était temps pour mes hommes et pour moi; je suis exténué et j'ai la fièvre. On m'a donné une maison à Djidjelli, c'est-à-dire une cabane, une hutte, une cave, où on a fait percer une porte et deux croisées. C'est là que je pense à toi et à mes enfants. J'ai fait blanchir à la chaux, boucher les trous, enlever les pierres. J'ai tendu une tente attachée au plafond de poutres d'aloës, au-dessus de mon lit. J'ai attaché des hamacs à la muraille, et ainsi arrangé, ni les scorpions, ni les araignées, ni les rats ne peuvent m'arriver sur la figure sans m'avertir. J'ai une petite cour où il y a un figuier et une treille qui fait berceau. C'est le beau de ma propriété, j'ai de l'ombre et j'écris là. Mais des myriades de mouches et de cousins m'y assiégent. Alors je rentre chez moi et je ferme tout après avoir chassé les mouches et j'allume la chandelle.

Les affaires d'Orient s'embrouillent. Cela fait beau jeu à Abd-el-Kader. Toute l'attention du gouvernement se porte là et l'émir gagne du temps, du terrain, et des hommes.

Le philosophe aura vu avec plaisir le nom de son grand frère dans *les Débats*, *le Courrier*, *l'Estafette*. S'il avait voulu être soldat, il aurait probablement eu la satisfaction de se voir aussi imprimé vif à la première occasion. Fais acheter un *Moniteur* pour le joindre à celui de Constantine. Ce sont des archives pour nos enfants.

AU MÊME.

Djidjelli, le 28 juin 1839.

Ta lettre du 11, mon pauvre frère, a été une fière tuile tombée sur ma tête bien faible, bien malade alors. Cela n'a duré qu'un moment, parce que, grâce au ciel, je suis fort, j'ai de l'âme et surtout de la philosophie, et je suis homme à obliger les gens à me rendre justice. J'ai vu huit décorations briller sur des poitrines qui certes n'avaient pas été aussi près des balles que la mienne. Voilà mon bataillon, le plus beau de toute l'armée, dix-sept décorations sur vingt-six officiers. Cela me console un peu. Le Maréchal est furieux qu'on lui ait refusé ce qu'il demandait, il a encore écrit au ministre pour le lui dire. Le colonel Bedeau m'a écrit quelques lignes, il me dit qu'on lui marque du ministère qu'on me trouve trop jeune de grade pour me faire chef de bataillon. Ils attendent que j'aie pourri dix ans capitaine. Frère, c'eût été trop beau ; aussi je refusais d'y croire ; serais-je nommé en 1839 que je trouverais cela magnifique, je m'abonnerais même à 1840. Tu vois que je ne suis pas exigeant.

Bientôt trois ans que nous ne nous sommes vus. J'ai pris six campagnes en Afrique, bien des cheveux gris, peu de rides à la figure, mais beaucoup au cœur. Si je suis chef de bataillon cette année, je n'aurai pas perdu mon temps, parce qu'en 1841 je serai lieutenant-colonel, et en 1844 colonel. Entends-tu ? Deux bonnes expéditions arrivant en leur temps, et je réponds de tout. Il ne peut pas y avoir de bulletin en Afrique où mon nom ne se trouve....

AU MÊME.

Djidjelli, le 10 juillet 1839.

.... La fortune m'a encore servi. Dans le poste important que j'occupe, les Bédouins sont venus m'assassiner un voltigeur qui, heureusement, n'a été que légèrement blessé. Je leur ai tendu une embuscade si bien organisée que la ruse numide y a été prise. En trois nuits je leur ai tué trois hommes dont les cadavres et les armes me sont restés, chose merveilleuse ici, et j'en ai blessé cinq. Parmi les morts se trouvaient deux chefs influents, connus par leur audace, de manière que ma petite affaire est devenue superbe. Tout le monde, excepté moi, en écrit à M. de Salles qui est à Alger, et, comme je suis généralement aimé, en écrit chaudement. Mais quelle vie je mène, frère! Toujours aux aguets, pas une minute de repos ni de sommeil, je ne sais vraiment pas comment j'y tiens; je suis maigre comme un clou, mais à ma gastrite près, je vais bien. Il n'en est pas de même de mes pauvres camarades.

Des quatre coins de la France où j'ai des amis, et où on lit les journaux, j'ai reçu des félicitations. Tout le monde me veut chef de bataillon, excepté le ministre. Il est temps, frère, il est temps; chaque grade acquis me rajeunira et j'ai besoin de ce bouclier contre le temps.

On parle de notre rentrée à Alger pour le mois de septembre. Cela prouverait qu'il est question d'une expédition importante. On voudrait rassembler des troupes aguerries. S'il n'y a rien à faire, j'aime autant rester ici que d'aller croupir dans quelque camp comme le Fondouck. Au moins ici j'ai ma maison et je plante des radis. Ils ne poussent pas, mais c'est égal! Je mangerai mes figues et mes raisins. Je me fais un plaisir de voir dans cinq jours si tout cela a grossi. Tu le vois, je suis comme l'ami Bonnard,

> . . . , . . Doucement tourmenté
> Du démon vigilant de la propriété...

AU MÊME.

Djidjelli, le 15 juillet 1839.

.... Maintenant, frère, je suis obligé d'aborder un triste sujet : l'état sanitaire à Djidjelli. L'année ayant été pluvieuse et la chaleur étouffante, nous sommes dans toutes les conditions pour être accablés de maladies. Partout les hôpitaux regorgent. A Djidjelli, les malades ne peuvent plus être admis à l'hôpital, ni à l'ambulance, ni à l'infirmerie, faute de places. En trois jours, j'ai eu vingt-huit voltigeurs atteints tous du même mal, fièvre, vomissements. Moi, jamais bien, je ne suis pas non plus mal. Sur les confins de la santé et de la maladie, je cherche un équilibre où je veux me maintenir. Aujourd'hui, par exemple, je suis brûlant, la tête chaude et incertaine. Eh bien! la diète complète, un bain de pied sinapisé, et demain, après la diète encore, je serai bien.

J'ai érigé ma propre maison en hôpital; à l'abri de mon figuier et de ma treille, j'ai reçu cinq voltigeurs que l'hôpital ne peut admettre et qui sont frappés de ces terribles insolations qui frisent la fièvre chaude. Ils sont sur la paille enveloppés de couvertures, et je leur donne autant de citrons, autant d'oranges, autant de sucre que je le puis et force bains de pied. Il y a des hauts et des bas, mais mon métier d'infirmier ne me sourit guère. L'aspect des misères humaines est toujours triste. Ma pauvre compagnie si belle il y a deux mois, cent dix brillantes baïonnettes bien pointues, bien agiles! j'ai à peine quarante combattants. Ils en valent quatre-vingts, mais pour moi, qui les compte avec mon cœur de camarade, ce n'est plus cela.

17 juillet.

Comme je le prévoyais, frère, j'ai eu mon accès, mais bien plus terrible que je ne le supposais. Dix minutes après avoir écrit ma lettre du 15, j'étais sur le flanc, sentant ma tête se fendre et mon corps brûler : une vraie fièvre chaude, au délire près. Mon hygiène m'a réussi. Aujourd'hui je suis beaucoup mieux, mais d'une faiblesse qui m'empêche de guider ma plume....

AU MÊME.

Djidjelli, le 24 juillet 1839.

Cher frère, je ne veux pas te laisser sous l'impression fâcheuse de ma dernière lettre. Tu devais être inquiet ; je viens de faire une forte maladie, la même qu'à Bone, inflammation d'entrailles, gastrite, etc.

Je suis en convalescence. Tous les médecins veulent m'envoyer en France, je résiste. On a voulu m'évacuer sur l'hôpital d'Alger : j'ai refusé, je ne veux pas quitter ma compagnie quoique je n'en aie plus ; ils sont tous malades.

Adieu, frère, mes forces ne peuvent davantage. Voilà une heure que je suis à t'écrire ces lignes. Ma pauvre tête, depuis huit jours elle est confite dans du vinaigre comme un cornichon. Sois sans inquiétude, je n'ai plus qu'une grande faiblesse....

AU MÊME.

Djidjelli, le 7 août 1839.

Je rassemble toutes mes forces pour t'écrire, frère. Quelle maladie ! elle ne le cède qu'à mon choléra. Je suis moins qu'un squelette, je suis un bâton. Ils m'ont détruit, ruiné, et ils m'envoient demain, par le bateau qu'on attend, à l'hôpital d'Alger.

Quel revers de médaille! Quel résultat de campagne! Après une ombre de gloire, la maladie hideuse et le supplice de l'hôpital. Je ne te parle plus de grade, je n'ai plus d'ambition que celle de vivre et de te revoir avec mes enfants. Tout le monde me pousse vers France, et moi je ne veux aller en France que chef de bataillon.

La plume me tombe des mains; adieu, je t'aime et t'embrasse de cœur ainsi que mes enfants.

AU MÊME.

Alger, hôpital du Dey, le 15 août 1839.

Me voilà à l'hôpital, frère: depuis que j'y suis, j'ai repris beaucoup de forces. Si le bien continue et que mes forces reviennent dans la même proportion, je sortirai le 20. J'aurai besoin d'au moins vingt ou vingt-cinq jours de repos et de régime. Je les passerai à Alger. Mais l'hôpital me tue, je ne puis m'y voir ni m'y souffrir. Celui-ci a beau être un palais, le malade souffre dans ces mêmes chambres, dans ces mêmes petits marabouts où les odalisques du dey chantaient et cherchaient le plaisir. Les jardins sont féeriques. Tout cela est fort bien, mais c'est un hôpital.

J'ai si peur d'être malade encore, qu'à chaque instant je me fais tâter le pouls par un docteur, mon voisin de lit, et que la fièvre, malgré sa science, retient ici. Quelle faiblesse et comment en suis-je arrivé là ! Je suis cependant doué d'une grande force morale : car à présent, je puis te le dire, j'ai été aussi près de partir de ce monde que lorsque j'ai eu le choléra. J'ai été piquer une tête contre la porte de l'enfer et le diable m'a renvoyé. Il ne veut pas encore de moi....

Morris vient me voir souvent. Il était à l'hôpital huit jours avant mon arrivée. Les fièvres l'ont repris.

Adieu, frère, embrasse bien mes enfants chéris.

AU MÊME.

Alger, le 20 septembre 1839.

Mon bon frère, ce passage fébrile de la joie au désappointement, je n'en suis plus tourmenté, je ne serai pas chef de bataillon. Je t'avoue que j'ai le cœur bien serré, mais j'ai pris mon parti. Je retournerai à Djidjelli par le premier bateau, c'est-à-dire dans les premiers jours d'octobre. Ma convalescence se traîne longue et pénible sans me rendre la santé ni les forces, mais cependant il y a progrès. Je n'ai plus la fièvre toutes les nuits. J'ai été trois nuits sans l'avoir et la quatrième, elle a été faible. Je reprends, je le sens et je m'en réjouis. Je pourrai rester en Afrique et exposer encore ma vie pour éprouver une autre injustice. Je m'y attends. Vraiment, si j'étais à Paris, j'irais trouver le ministre. On était plus chaud à Djidjelli, quand le 17, ma charge sur les Arabes a sauvé nos positions, notre artillerie et probablement notre chétif bataillon. Enfin, j'ai ma conscience pour moi et l'opinion de toute l'armée. Cela me console....

AU MÊME.

Djidjelli, le 6 octobre 1839.

Me voici à Djidjelli, frère, et j'ai revu avec un sentiment de tristesse inexprimable tous les lieux qui devaient être pour moi une cause de plaisir et de joie éternels. Derrière chacune de ces positions que j'ai prises au péril de ma vie, je voyais se dresser l'injustice des hommes et je détournais la vue avec un profond dégoût. J'ai revu mes pauvres voltigeurs et à peine si je les ai reconnus, tant je les ai trouvés défigurés par les fatigues et les maladies. On a beaucoup travaillé à Djidjelli pendant mon absence. On a tout fait pour le coup d'œil, mais le bien-être du soldat, sa santé, on ne s'en est pas occupé. Nos maisons sont toujours inhabitables. Malgré tout, Djidjelli et les positions qui le défendent auront une espèce de figure.

Nous attendons le duc d'Orléans demain dans la journée. Je ne fermerai ma lettre qu'après sa visite pour pouvoir te dire ce qui s'est passé.

Les Arabes ne tirent plus un coup de fusil et ils ont raison de nous laisser en repos. Nous en avons bien besoin. Quiconque aurait vu ce bataillon il y a cinq mois et le verrait aujourd'hui, se sentirait saisi de pitié et en même temps de haine pour la guerre. Moi, je l'aime malgré tout, parce que je suis obligé d'en vivre en attendant que j'en meure. Tu n'aimes pas les procès, toi, et cependant tu n'es pas fâché qu'ils abondent.

8 octobre 1839.

Hier, à trois heures de l'après-midi, le duc d'Orléans, le maréchal Valée et leur suite, ont débarqué à Djidjelli. A six heures du soir ils étaient rembarqués et voguaient vers Philippeville. Tu vois que la visite n'a pas été longue et cependant le Prince a eu le temps de tout voir ou à peu près. Il a été fort bien : il a de l'aplomb, de l'à-propos, une belle tenue militaire, un air de dignité et de franchise. En passant devant ma compagnie il m'a dit : « Capitaine

» Saint-Arnaud, je regrette de ne vous avoir pas
» apporté votre affaire. Il ne faut pas désespérer,
» cela vous arrivera bientôt. » De Salles lui a encore
parlé de moi en lui faisant voir nos positions et le
lieu de nos combats.

Voilà le Prince en route pour Constantine. Où
ira-t-il ensuite? C'est encore un mystère. Mais je
crois que toute l'expédition se bornera à une reconnaissance militaire sur les Bibans.

Tu vas bientôt piétiner de nouveau ta salle des
Pas-Perdus et ramener les enfants en ville. A-t-on
joyeusement fait les vendanges? Moi, j'ai encore
trouvé quelques grappes à ma treille et quelques
figues sur l'arbre. Cela m'a fait plaisir, on avait fait
bonne garde. Maintenant les feuilles jaunissent et
tombent. Je voudrais voir la neige de France, dût-
elle être haute de six pieds dans les rues. Comme je
vous embrasserais tous!

AU MÊME.

Djidjelli, 6 novembre 1839.

J'ai encore eu deux accès de fièvre et j'attends
les autres le quinine à la main. Tout est humide chez
moi, mon lit lorsque j'y entre, mes habits, mes
chemises, mes bottes quand je les mets.

Le Prince doit être de retour à Paris. A Djidjelli, nous ne savons les nouvelles que quand elles sont vieilles. Ainsi, nous ne savons rien de positif de l'expédition du Prince. Le colonel Bedeau m'a écrit qu'au moment de partir de Bougie avec sa colonne, il avait reçu contre-ordre par un bateau à vapeur qui venait, en même temps, prendre le bataillon du 62e pour le conduire à Philippeville. Nous avons aussi appris que quatre mille hommes étaient partis d'Alger se dirigeant dans l'est, sur le Fondouck. De là nous avons conclu que le Prince, parti de Constantine, passerait par Sétif, franchirait les Bibans, s'emparerait du Hamza et reviendrait par terre à Alger. Ç'a toujours été le projet favori, l'idée fixe du Maréchal. C'est bien, c'est une belle expédition, mais nous ignorons encore si elle s'est faite pacifiquement et comme promenade curieuse et pleine de difficultés, ou si on a été obligé de recourir à la force. Nous apprendrons cela par les journaux de France.

Je ne crois pas à une guerre sérieuse en Europe. Les protocoles ont remplacé le canon pour quelque temps encore. Si la guerre arrivait, elle nous viendrait comme une bombe. Je demanderais aussitôt à repasser en France. J'ai dans l'idée qu'on ne me laisserait pas en Afrique. Quel avantage, nous autres Africains, soldats du corps à corps, n'aurions-nous pas dans une guerre régulière ; on aurait bien vite jugé la différence. Je vaux, en 1839, dix fois ce que je valais en 1836.

AU MÊME.

Djidjelli, le 20 novembre 1839.

... Les cheiks des tribus voisines sont venus en pourparlers. Il est convenu que chacun restera chez soi. On se garde, on s'observe, mais on ne se bat pas. C'est un calme plat bien monotone. En Algérie, ils sont plus heureux, la guerre est imminente et ils se battent déjà. La plaine de la Mitidja n'est plus sûre. Les Hadjoutes sont en campagne. On dit de plus, et ceci est grave, qu'Abd-el-Kader furieux d'avoir été joué par le Maréchal, auquel il avait refusé le passage du Hamza, a fait châtier les tribus qui l'ont laissé passer et de plus ordonné à tous les Arabes de terminer en quinze jours toutes leurs affaires avec les Chrétiens. Après ce délai, tout Arabe venant à un marché aura la tête coupée et la guerre sainte sera déclarée.

Si la guerre est sérieuse, nous irons à Médéah et à Milianah. C'est là qu'il faut frapper l'émir. Une fois ces deux villes à nous, la Mitidja sera purgée et tranquille. Les Arabes ne restent pas quand ils sentent du monde derrière eux. Abd-el-Kader sera forcé de se retirer dans le sud. Comprends-tu qu'une espèce de chef de bandits comme cela ose se mesurer contre la France, la tienne en échec, et traite avec elle sur le pied de l'égalité. Il faudrait envoyer en Afrique cinquante mille hommes, brûler tout et rejeter les Bédouins de l'autre côté de l'Atlas.

Revenons à l'expédition des Portes-de-Fer. S'il avait plu trois heures, toute l'armée était arrêtée aux Bibans. Un tronc d'arbe en travers aurait suffi pour cela. Tous les officiers en étaient effrayés. C'est un tour de force, mais on ne le recommencera plus. Quand on a vu ces positions, ces précipices, ces défilés que cent hommes peuvent défendre avec avantage contre dix mille, on a renoncé à faire une route par là et à établir un nouveau camp au Hamza. Notre vieux Louis XI a bien joué son rôle : la comédie de Bougie était parfaitement conçue. Les Arabes, en voyant l'armée s'avancer paisiblement, ne savaient s'ils rêvaient; ils jetaient leurs armes et se sauvaient. Il n'y a pas eu deux cents amorces de brûlées. A Alger même on ne savait rien, et le Prince et l'armée arrivaient au Fondouck qu'on les croyait à Constantine.....

J'ai découvert des mosaïques superbes, j'en ai coupé quatre à cinq morceaux fort curieux, je te les réserve. Qui sait? Jugurtha a peut-être foulé ces mosaïques en méditant quelque ruse contre les consuls Métellus et Silanus, ou plutôt Marius les a fixées en rêvant de Rome et de la gloire. J'en ai donné un morceau au général Bonnemain, qui était ravi. Il y en a une, fort grande et fort belle, d'un riche dessin : elle est sur le bord de la mer. On la conserve ; découverte avec soin, elle marque le carré d'une chambre indiquée par des fondations de mur ; elle peut

avoir trois mètres de longueur sur quatre de largeur.
On a trouvé des morceaux qui représentent des animaux. Tous les jours on découvre quelques ruines romaines ou françaises qui vous renvoient aux Numides et à Duquesne et au marquis de Beaufort. J'aimerais mieux voir la Madeleine et le quai de la Tournelle[1]...

AU MÊME.

2 décembre 1839.

... La guerre a recommencé et sérieusement. On se bat ferme à Alger, et les Arabes ont déployé plus de force et plus d'audace que de coutume. En deux circonstances, il nous ont tué plus de deux cents hommes. Un de mes amis, le commandant Gallemand du 24e, a reçu trois coups de feu. Son bataillon n'a pas eu le dessus. Un convoi protégé par quarante hommes a été enlevé et les hommes massacrés. Toute la plaine est en révolution. On fortifie le camp de Moustapha et Alger. Tout ceci est sérieux. Le Maréchal est très-irrité et jure de tirer des Bédouins une vengeance éclatante. Oui, mais il faut les joindre. Abd-el-Kader, de son côté, n'est pas moins irrité contre les Français, depuis que le Maréchal l'a si bien

[1] La mère du Maréchal habitait le quartier de la Madeleine et son frère le quai de la Tournelle.

trompé par sa marche aussi hardie qu'habile à travers les Bibans. L'émir attendait l'armée avec douze mille Arabes sur la route de Bougie. Il n'a vu personne et l'armée passait ailleurs.....

5 décembre.

... Donc nos enfants vont bien et croissent en santé et en sagesse. Dieu soit béni ! La sagesse n'est pas donnée à tout le monde ; mon pauvre ami, je suis arrivé tard à l'appel quand on la distribuait. On a beau dire, cela dépend beaucoup du tempérament, et on naît sage comme on naît peintre ou rôtisseur. Moi je suis né soldat, avec beaucoup des défauts du métier et quelques-unes de ses qualités. Morris, qui me ressemble de ce côté-là, m'a écrit d'Alger. Il me dit que le Prince est parti enthousiasmé de l'enthousiasme qu'il a excité à Alger à son retour de l'expédition. C'est une belle entreprise, pleine d'audace et que je regretterai toujours de n'avoir pas faite. On devrait ouvrir les portes du paradis de Mahomet à ceux qui ont su franchir les Portes-de-Fer. C'est mieux qu'une bataille gagnée et ça coûte moins cher. Le brave Maréchal a conduit cette entreprise admirablement. Nous verrons comment il va mener la guerre. On parle d'une demande de 20 millions et de vingt mille hommes, dont quatre mille de cavalerie. Les députés vont crier ; je les entends déjà : Après neuf ans d'occupation, 20 millions, vingt mille hommes, la France est ruinée ! Aiment-ils mieux qu'Abd-el-Kader nous insulte et nous jette à la mer ?....

AU MÊME.

Djidjelli, le 20 décembre 1839.

... On attend des troupes en masse, cavalerie, infanterie, etc. On parle de réunir la légion à Alger. On aura raison et dans toute éventualité je m'en réjouis. C'est un beau corps qui se battra toujours bien. Morris m'a écrit, il bataille dans la Mitidja. Il y a bien des victimes, bien des désastres. Les Français ont abandonné et brûlé eux-mêmes quatre camps: le petit camp de Blidah, les camps de l'Aratch, de l'Arbah, celui de l'Oued-la-Leg et deux ou trois blockhaus. Les événements ont un effet moral fâcheux et tout à notre désavantage. Quand on pense qu'un parti d'Arabes a passé une nuit à la Ferme modèle, à trois lieues d'Alger. Il y a deux camps à une lieue de là, Birkadem et Tixeraïm. A une lieue et demie, il y a Kouba, et à deux lieues au nord-est la Maison-Carrée. Un peu de patience, ils ne perdront rien pour attendre! Quand le Maréchal aura pris toutes ses mesures, la danse commencera. Nous verrons qui payera les violons. On ira à Médéah, à Milianah et à Mascara. Il y a le fameux col de Mouzaïa à traverser. C'est toujours un champ de bataille certain et fort arrosé. Abd-el-Kader a dix mille hommes de troupes réglées: six mille fantassins et quatre mille cavaliers. Les irréguliers à pied et à cheval sont innombrables. On ne les compte pas plus qu'on ne s'en occupe. Ils varient de vingt à quarante mille. Ils crient beaucoup, courent beaucoup, mais font peu de mal. Cependant ils peuvent gêner dans une retraite, même dans une marche. D'ici à six mois, il se passera de grandes choses en Afrique, pourvu que la Chambre nous donne des hommes et de l'argent. Pour obtenir un résultat marqué et en finir avec l'émir, il faut cent mille hommes en Afrique, trois armées mobiles de vingt mille chaque à Alger, Constantine, Oran, et le reste occupé à garder nos derrières et nos flancs. Nous avons de plus le Maroc à châtier, ce que je n'hésiterais pas à faire. Ce sera le refuge d'Abd-el-Kader. Il n'en est pas moins vrai que si nous l'avons joué aux Bibans, il nous l'a rendu dans la plaine. Nous sommes manche à manche : nous verrons qui aura la belle. Avec un Mahomet à leur tête, les Arabes nous donneraient de la besogne.

On travaille pour nous faire rentrer à Alger. Je voudrais y être si on s'y bat. J'aime autant Djidjelli si on ne se bat pas. Je viens de lire et d'étudier l'*Histoire de la Révolution*, par Thiers. Je lis à présent l'*Histoire d'Angleterre*, par Roujoux. Je me défatigue avec la Bruyère et Voltaire dans son *Essai sur les mœurs*. Je coupe tout cela avec quelques études théoriques pour ne pas oublier mon métier et le temps passe assez bien. Ma récréation consiste à aller me promener sur les bords de la mer en pensant à toi et à mes enfants....

AU MÊME.

le 31 décembre 1839.

Je finis l'année en t'écrivant, frère ; je la commencerai demain en pensant à vous et en t'envoyant une foule de bénédictions et de baisers pour toi, mes enfants, ma mère et mon plus grand frère. Vous vous réunirez sans doute, soyez surs tous que mon cœur sera au milieu de vous. Mon Dieu, ce n'est que là où je suis bien ! Quand y serai-je un peu ?

Je finis mal l'année ; mon estomac me tourmente et j'ai des douleurs internes qui ne me conviennent pas. Tout cela s'en ira si je change promptement d'épaulettes. Je laisserai ce mauvais bagage à Djidjelli.

AU MÊME.

Camp de Kouba, le 21 janvier 1840.

Voilà une lettre, frère, commencée dans la province de Constantine, qui partira d'Alger où je suis depuis le 19. Nous avons été relevés à Djidjelli tout d'un coup sans être prévenus. Le bateau qui a amené le 3ᵉ bataillon a ramené le 1ᵉʳ. Nous avons eu quelques heures pour faire nos paquets....

Je me retrouve à mon ancien camp de Kouba. On parcourt la plaine en colonne mobile. On fait quelquefois quinze lieues dans la journée. On rencontre les Arabes et on les tiraille de loin. Depuis la brillante affaire du 31 décembre, l'ennemi se montre peu, il a bien perdu de son audace. Les actions du Maréchal vont remonter du double. On s'est admirablement battu et l'affaire a été conduite avec beaucoup d'habileté. Quel bonheur si j'avais pu être par là ! On ne peut pas avoir tous les bonheurs....

AU MÊME.

Kouba, le 25 janvier 1840.

Frère, je reviens de conduire un convoi au camp de l'Arbah. Notre colonne, forte de douze cents hommes, deux cents cavaliers et deux obusiers de montagne et commandée par le général Rostolan, a rencontré les Arabes à une lieue de l'Arbah. La fusillade a commencé et ma compagnie seule, avec un détachement de grenadiers du 58e, a couvert la colonne et le convoi pendant plus de deux heures de marche. Pas une balle n'est arrivée dans la colonne, tant je tenais les Bédouins en respect. Deux fois ils ont voulu s'approcher et j'ai pris le pas de course, ce qui leur a fait faire demi-tour lestement. J'ai reçu de grands éloges et de grandes poignées de main du général. Cela n'en valait pas la peine, c'était vraiment une fantasia de Franconi. J'ai eu deux voltigeurs blessés et trois contusionnés. Les Arabes nous ont laissés à l'Arbah, et à notre retour ils avaient disparu.

Nous sommes entassés à Kouba. Nos hommes ont besoin de beaucoup de repos. Le courage ne manque pas, mais bien les forces. Dans six semaines nous pourrons reprendre et tenir campagne. Il paraît qu'on se battra rudement.

On fait de grands préparatifs : cinq divisions complètes, plus de soixante mille hommes agiront en même temps d'Oran à Bone. On prétend qu'Abd-el-Kader, effrayé depuis l'affaire du 31 décembre, a fait évacuer Médéah, Milianah et Mascara, et que tous les Arabes se sont retirés avec leurs familles et leurs fortunes au delà de l'Atlas, dans le désert. Je ne crois pas à ce bruit, qui s'accorde mal avec la présence des Arabes sur les crêtes du petit Atlas, tout auprès de nous.

Au moment où je t'écris, nous entendons le canon et une forte fusillade dans la direction de Blidah. Nous saurons demain ce qu'il en est...

AU MÊME.

Kouba, le 31 janvier 1840.

.... Plusieurs officiers supérieurs de tous grades dans les régiments qui sont en Afrique depuis peu, dégoûtés, effrayés de voir une pareille guerre où les têtes volent comme des hannetons, demandent leur retraite. Le Maréchal les renvoie sans pitié. Il y aura donc sous peu beaucoup de vacances peu honorables pour l'armée, mais dont les gens de cœur profiteront. Quelles troupes, frère, que celles qui viennent faire ici leur apprentissage de la guerre et recevoir le saint baptême du feu. Certes elles se feront, je l'espère, j'en suis sûr; mais quel triste début! J'ai vu, de mes yeux vu des compagnies d'élite, des grenadiers, des voltigeurs, nouvellement arrivés, se sauver devant deux cents Bédouins, sur lesquels j'ai défendu de tirer parce que je les trouvais trop loin. Une trentaine de soldats sont venus se mêler à mes voltigeurs et m'ont dit de les conduire, qu'ils iraient partout avec moi et ils ont pardieu bien été. J'en ai fait blesser cinq ou six, mais je les ai ramenés après leur avoir fait voir la bédouinaille de bien près et ils sont aguerris.

Les Arabes reparaissent plus nombreux que jamais, et tout aussi audacieux qu'avant le 31 décembre. Ils se battent quand ils veulent, où ils veulent, tout autant qu'ils veulent. Nous avons donc un véritable désavantage. Outre cela, ils tombent deux, trois ou quatre mille sur nos petites colonnes de six à huit cents hommes. Ils n'entament plus, mais ils fatiguent, mais ils blessent, mais ils tuent. La guerre prend un caractère de férocité à laquelle personne n'échappe, même ton mouton de frère qui, après le combat, redevient agneau comme devant.

Le 27, dans la nuit, nous avons été réveillés par une fusillade assez vive; environ deux cents Bédouins pillards attaquaient une ferme à une lieue de Kouba. Il n'y avait dans la ferme qu'une douzaine d'individus. Nous sommes partis au pas de course à minuit, environ trois cents hommes, à travers champs, guidés par les coups de feu et la lueur de l'incendie. Nous avons galopé traversant ravins, fossés, makis, tombant, roulant; enfin nous sommes arrivés une centaine pour assister à un désastre irremédiable. J'étais sur les lieux un des premiers et j'ai vu les Bédouins à cheval se disposant à faire feu sur nous. Je n'ai eu que le temps de crier : *Tout le monde à terre*, et j'ai donné l'exemple. Ma casquette a été percée de deux balles, je n'ai eu personne de touché. Les Arabes sont aussitôt partis au galop et je leur ai fait envoyer une décharge. Ne pouvant entrer dans la ferme, ils y avaient mis le feu, et trois cents têtes de bétail ont été grillées et perdues dans la bergerie et les étables. La maison n'a pas été atteinte. Nous avons fait la part du feu et laissé brûler le chaume, les moutons et les vaches. C'était un bruit horrible.

. Le lendemain le général Rostolan est venu me chercher pour aller sur les lieux. Je m'y suis rendu avec deux compagnies. Il n'y avait plus d'Arabes. Du reste tout le jour on se bat dans la plaine, à Blidah, à l'Arbah, au Fondouck, partout. Du côté de Médéah, les Arabes fortifient le passage du col de Mouzaïa, et nous perdrons bien du monde pour le franchir. Tout cela prend une tournure sérieuse qui ne m'effraye guères, moi qui suis bien décidé à y faire ma fortune militaire, et dont le moral grandit en face du péril. Mais, mais, mais,... on fait d'immenses préparatifs, et tout marche lentement. La tête, la tête.... des généraux neufs et peu militaires, fatiguant le soldat comme dans une garnison de France, ne sachant ni les conduire ni leur inspirer de confiance....

AU MÊME.

Kouba, le 12 mars 1840.

..... La nomination du capitaine Lelièvre au grade de chef de bataillon doit donner de l'espoir à ceux qui, comme moi, sont sur les rangs. Certes le fait d'armes de Mazagran est beau ; c'est une belle défense, mais elle était forcée, il fallait résister ou mourir. M. Lelièvre passe d'ailleurs pour un officier assez ordinaire, et il a huit mois de grade de capitaine. Si on l'a fait chef de bataillon, il ne faut plus désespérer. J'ai maintenant plus de deux ans de grade, et des faits de guerre qui m'ont valu deux citations à l'ordre de l'armée.

Notre 4e bataillon vient d'arriver. On l'organise, mais cela marche lentement.

Les affaires d'Europe vont peut-être effacer bientôt celles d'Afrique. M. Thiers est belliqueux, et il pourrait lui prendre envie de guerroyer en grand....

AU MÊME.

Kouba, le 20 mars 1840.

.... Un événement déplorable, qui aura pour la légion un retentissement funeste dans l'armée et qui va nous déconsidérer dans l'esprit de nos chefs, a eu lieu cette nuit même aux avant-postes, occupés par le 4e bataillon de la légion, arrivé depuis quelques jours. La redoute d'Ouled-Ada est occupée par quarante hommes commandés par un capitaine et un lieutenant. Vers dix heures du soir, le capitaine était dans la baraque, et le lieutenant se promenait dehors. Tout à coup des soldats se jettent sur le lieutenant, le terrassent, le frappent à coups de baïonnette, lui arrachent son sabre, et lui font une profonde blessure à la tête. Aux cris du malheureux, le capitaine s'élance le sabre à la main en criant : *Aux armes !* Il croyait que c'étaient les Bédouins qui venaient l'attaquer. A son arrivée, à ses cris, les assassins abandonnent la victime et se sauvent hors de la redoute, laissant le capitaine seul avec dix hommes. Les trente misérables assassins sont tous Espagnols, et ils ont déserté avec armes et bagages. Le capitaine a envoyé deux hommes à Kouba pour nous prévenir. Je suis monté de suite à cheval, tout malade que je suis encore, et je me suis porté en toute hâte sur la redoute avec soixante hommes. J'ai recomposé le poste, j'ai fait enlever le blessé, et je l'ai conduit à Kouba, où il a été pansé et dirigé sur l'hôpital. Les blessures sont graves. J'ai ordonné de nombreuses patrouilles, j'ai parcouru moi-même les environs, et à deux heures du matin, j'étais de retour à Kouba, faisant mon rapport au colonel.

Il paraît que parmi les cent-vingt misérables Espagnols, recrutés pour notre malheur à Pau, il y avait complot tendant à assassiner tous les officiers du 4ᵉ bataillon, à l'exception de trois. On fait une enquête ; quatre des trente déserteurs sont déjà entre nos mains. Quelles conséquences cette catastrophe aura-t-elle pour nous ? Elles ne peuvent être que déplorables. A la veille d'une expédition, confiera-t-on un poste à des hommes qui désertent en présence de l'ennemi ? Et pour les officiers eux-mêmes, quel effet moral horrible ! Quelle confiance avoir en de pareils hommes ? Ce n'est plus pour nous l'ennemi qui est à craindre, ce sont nos propres soldats qui nous assassinent dans notre service, qui tuent notre honneur en abandonnant un poste qui nous est confié. Moi, qui m'étonne de peu de chose, dont le moral est bien trempé, je suis navré. Ma gastrite, qui allait un peu mieux, a reparu, et je vais être obligé de remettre des sangsues. Ce coup, auquel je m'attendais si peu, m'a écrasé parce que j'en prévois toutes les conséquences. La légion est compromise ; le fruit de nos combats, de nos veilles, de nos fatigues, peut être anéanti ; quatre années de douleurs, d'abnégation et de dévouement rayées du calendrier de notre avenir. Malgré tout, je tiens tête à l'orage, je remonte le moral des autres, je donne des ordres sévères, je prends des mesures terribles, mais il le faut. Un espagnol, qui murmurait dans le rang et jurait en me regardant, a reçu de moi un coup de sabre dans le bras qui a paré sa poitrine que je traversais. Heureusement que nous ne comptons plus dans nos rangs que soixante-dix de ces bandits. Et l'on veut me faire entrer dans ce bataillon ! C'est une dure tâche, une épreuve cruelle, mais je ne reculerai pas.

Tu dois comprendre, pauvre ami, si je souffre, si je suis malheureux. Certes, je ne crains rien pour moi ; sans nous flatter, nous ne passons pas par la même porte que la peur, et j'ai un bras et un sabre qui se rient des assassins parce que s'ils sont de fer, moi je suis d'acier. Mais ce prestige perdu, cette belle réputation de la légion ternie par une centaine de misérables, voilà ce qui me fait pleurer comme un enfant.

AU MÊME.

Kouba, le 1ᵉʳ avril 1840.

Notre 4ᵉ bataillon est enfin formé et j'y suis capitaine de grenadiers. J'ai des colosses d'hommes qui ne vaudront peut-être pas mes petits voltigeurs. Je suis de beaucoup le plus petit de ma compagnie. L'affaire misérable de la désertion s'est assoupie. La justice informe et l'on fusillera les huit gueux qu'on a pris. J'ai été chargé par le général Rostolan de faire le rapport de cette affaire. J'y ai beaucoup travaillé, j'ai fait un long rapport bien détaillé, en reprenant l'historique de ce bataillon depuis sa formation à Pau. J'ai réussi, car j'ai reçu beaucoup de compliments. Je crois que tu aurais été content. J'ai donné au récit une tournure dramatique qui a plu. On n'est pas un écrivain, Monsieur mon frère, mais pour un capitaine d'infanterie on s'en tire dans les occasions. J'ai reconnu avec plaisir que j'avais encore le travail facile.

Tu connais par les journaux le résultat de la grande expédition de Cherchell. Il paraît que de mémoire d'homme on n'avait pas vu un désordre semblable.

Mille Bédouins attaquant la nuit auraient pu faire un mal énorme. Du reste, on s'est à peine battu en allant et pas du tout en revenant. Fera-t-on encore des expéditions? Si on en fait, où serons-nous? Je prends tout cela trop à cœur ; c'est ce qui me mine. Mon ambition fait bien du tort à ma philosophie.

AU MÊME.

Kouba, le 10 avril 1840.

Je reçois ta lettre du 1er avril, frère, et au milieu de ces nouvelles espérances dont ton amitié se berce et que ma raison n'admet pas entières, je ne vois qu'une chose bien positive : c'est que je suis sur le tableau d'avancement. Avec cela, je suis certain d'être nommé dans l'année, et je le serais bien vite si j'étais appuyé.

Quoique toujours souffrant, pâle, changé, je me donne depuis huit jours un mal d'enfer pour organiser ma nouvelle compagnie : j'ai réussi au delà de mes souhaits. J'ai la plus belle compagnie de grenadiers du régiment. Nos hommes sont superbes et par la taille et par la tournure militaire ; ils ont tous servi. J'ai des hommes de près de six pieds, plus de quarante entre sept et dix pouces, et les plus petits ont plus de cinq pouces. C'est vraiment beau ; je les soigne, je les peigne, je les *chique* et ils me feront honneur, je t'en réponds.

On attend le duc d'Orléans demain ou dimanche. Un de ses aides de camp est déjà arrivé avec une partie de ses bagages.

AU MÊME.

Maison-Carrée, le 23 avril 1840.

Je suis, pauvre frère, arrivé au point le plus important de ma vie si agitée et souvent si triste. Le drame est en deux volumes : le premier est terminé, le second me coûtera davantage. Pourrai-je seulement le terminer aussi ? Expliquons-nous, depuis quinze jours, ma santé a été toujours en déclinant, elle est compromise pour bien longtemps. La fièvre me mine : chaque jour a son accès fatal, accablant. La gastrite suit son cours, toute ma machine est détraquée. L'amaigrissement, l'affaiblissement de ma chétive personne est d'un progrès effrayant, enfin mon courage seul tient bon. C'est dans un moment si fatal que le Prince arrive, que les expéditions commencent. Rester à l'hôpital, c'est perdre ma carrière ; c'est peut-être sauver ma vie, mais j'aime mieux mourir que de rester là. Faire les expéditions sans forces et avec la fièvre tous les jours augmentée par le froid des bivouacs, les fatigues et la mauvaise nourriture, c'est hardi, c'est désespéré, c'est courir une chance plus fatale, plus certaine que le plomb. Eh bien, je l'ai tenté, je veux arriver à quelque chose ! Malgré les prières, les ordres même de mes chefs, j'ai suivi l'expédition qui, sous les ordres du maréchal Valée et du général Schramm, allait chercher Abd-el-Kader lui-même dans les montagnes inaccessibles de l'Est au delà du Fondouck. L'émir était là depuis quelques jours avec quelques troupes régulières et les populations soulevées de l'Est. Les Arabes n'ont pas tenu, ils se sont sauvés après une fusillade de trois heures.

Dans cette campagne de quatre jours, toute de fatigue et d'élan, les Français ont prouvé que rien ne les arrêtait, car ils sont montés là où les chèvres seules ont posé leurs pieds. Les crêtes du Bou-Zigzag, la plus haute montagne du petit Atlas, ont vu défiler nos soldats sur leurs sommets les plus inaccessibles. J'ai vu Abd-el-Kader distinctement : il était simplement vêtu, mais entouré d'un assez bel état-major et de quelques spahis réguliers, j'étais auprès du général Rostolan. Le résultat de l'expédition est surtout dans l'effet moral qu'a dû produire sur les Arabes notre présence à leur poursuite dans leurs plus hautes retraites.

Pour moi, frère, il a été immense. Tout le monde me disait fou et prétendait que je resterais en route. Tous les généraux sans exception m'ont donné des marques d'intérêt. Mon colonel m'a confié pour cette courte expédition les fonctions d'adjudant-major de mon bataillon et j'ai pu aller à cheval. Mais dans ces montagnes horribles, quel cheval aurait monté ? J'ai donc été souvent à pied, trop souvent. Je suis revenu, et je m'en étonne. Si tu voyais ma figure, tu t'en étonnerais plus que moi. J'ai souffert ce que personne ne souffrira au monde : tous les jours la fièvre avec ses frissons, ses sueurs, ses faiblesses, son épuisement ; et marcher, toujours marcher, faire son métier, coucher sur la terre, recevoir le vent et la pluie ! J'ai versé dans le silence de la nuit bien des pleurs de rage et de désespoir. Enfin me voilà ! Mais la deuxième expédition, la grande expédition, celle du Prince, celle qui décidera les propositions, l'avancement, il faut la faire ou je n'ai rien fait....

AU MÊME.

Kouba, le 24 avril 1840.

Ma santé est toujours faible, chancelante, mais grâce à trente grains de quinine, voilà deux jours que je n'ai pas la fièvre. Demain, j'avale encore seize grains, après-demain autant, et j'espère qu'elle me laissera le temps de faire l'expédition. Je ne demande que cela. Mes forces, je les appelle tant, que je ne puis croire qu'elles ne finissent pas par revenir.

Demain, frère, demain 25 avril, nous partons et nous allons bivouaquer à Doueïra, Doueïra mon premier bivouac en Afrique. Après-demain 26, toute l'armée doit être concentrée autour de Blidah, pour se diriger ensuite sur Médéah. Après cela, les opérations se recouvrent d'un voile un peu mystérieux. Reviendra-t-on sur Blidah? Ira-t-on à Milianah? Doute. On parle de communications à établir entre Blidah et Médéah, et de là entre Milianah et Cherchell; mais ce projet, tant soit peu gigantesque, s'accorde mal avec les idées de la Chambre, qui veut l'occupation restreinte. On parle encore d'une marche combinée des deux armées d'Alger et d'Oran, qui se rencontreraient sur le Chélif. Cela me paraît impraticable, il n'y a pas assez de troupes ni de moyens de transport. Voilà les on dit. Le positif est que nous partons et que nous resterons dehors au moins trois semaines. C'est bien long pour moi. C'est une forte épreuve, nous y apporterons tout notre courage, toute notre résignation.

Mon projet est toujours le même: l'hôpital à ma rentrée, un congé de convalescence et un voyage de trois mois en France.

AU MÊME.

Bivouac de l'Afroun, le 1ᵉʳ mai 1840.

Tu dois être bien inquiet de moi, frère, et pour te rendre un peu de tranquillité, je me hâte de saisir une petite occasion pour t'écrire dix lignes.

Et d'abord ma santé.... Je supporte les fatigues et je n'ai eu que deux accès de fièvre. La poudre, l'activité forcée me font du bien ; je n'ai plus la crainte de rester en route, mais j'ai avalé soixante grains de quinine. Je t'écris couché par terre après une fatigante journée, toute de combats, depuis neuf heures du matin jusqu'à quatre heures du soir. La légion a admirablement soutenu la retraite de toute l'armée au passage d'une rivière. Ma compagnie s'est distinguée, je ne néglige aucune occasion. Depuis trois jours nous nous battons sans cesse. Nous avons Abd-el-Kader et six mille cavaliers sur les bras. Jamais je n'ai vu les Arabes si bien manœuvrer. Ils nous cernent, nous entourent, nous harcèlent, nous tuent du monde. Nous étions en route avant-hier pour Milianah et nous voilà aujourd'hui revenus à trois lieues de Blidah. Le Maréchal paraît embarrassé ; une proclamation avait annoncé que nous allions sur le Chélif du côté d'Oran. Il y aurait aujourd'hui plus que de la folie à le tenter. Tout au plus pourrons-nous aller à Médéah, et notre honneur y est cependant engagé.

Nous sommes de la division du général Rumigny. Il est brave de sa personne, et a reçu une balle dans sa casquette et une dans son pantalon. Je me bats toujours avec mon bonheur habituel. Aussi sois sans inquiétude....

AU MÊME.

Au bivouac, devant le col de Mouzaïa, le 3 mai 1840.

Je commence cette lettre, frère, et je ne sais ni où, ni quand je la finirai, ni quand elle partira ; mais après avoir causé avec toi je suis plus tranquille, et il me semble que tu dois être moins inquiet : donc je cause. Un mot d'abord de ma santé. Je souffre toujours de l'estomac, je n'ai pas de jambes, mais je n'ai pas de fièvre et tout cela marche *adjuvante Deo*.

Abd-el-Kader manœuvre bien. Il a dix mille cavaliers dans la plaine, qui sont partout, et de l'infanterie dans les montagnes. Nous aurons affaire à elle demain ou après-demain, car on travaille à fortifier des positions au col de Mouzaïa et à rendre les chemins plus faciles. Nous allons donc pénétrer dans le col et marcher sur Médéah. Nous perdrons du monde, mais nous irons ; nous perdrons du monde encore et nous reviendrons pour aller où ? Nous fatiguerons Abd-el-Kader, nous le battrons s'il nous attend ; mais, il faut le dire, être obligé de manœuvrer devant des Arabes est presque une défaite pour des Français. L'émir a parfaitement compris sa position et la nôtre ; il a sinon fait avorter, du moins retardé le but de notre expédition, et l'effet moral est immense et point favorable pour nous. Pour le détruire, il nous faudrait un grand succès, une victoire complète, et l'émir est trop adroit pour nous en fournir l'occasion. S'il se jette dans le Sahel pendant que nous sommes engagés à Médéah contre l'infanterie de Ben-Salem, il ira jusqu'aux portes d'Alger. A sa place, voilà ce que je ferais, et je crains qu'il ne le fasse.

Je t'ai parlé de l'affaire du 30, au passage de l'Oued-Ger. Cette action de guerre, très-honorable pour la légion, a eu du retentissement dans l'armée. Prince, maréchal, généraux, tout le monde nous complimente. Joins à cela ma propre affaire, lorsque le soir, avec ma compagnie seule, j'ai enlevé à la baïonnette un bois où étaient six cents Arabes. On a demandé les noms des officiers qui se sont distingués, et naturellement je suis cité. Mon nom figurera donc encore dans un rapport, bulletin ou ordre. Mais nous n'avons eu jusqu'ici que des roses. Le sérieux va commencer et j'arracherai cette épaulette, je te le promets.

L'armée est pleine d'ardeur, mais chacun se de-

mande ce que nous faisons, où nous allons. Le Prince et le Maréchal sont ensemble froidement. On ne se parle qu'officiellement et par aide de camp. Le Prince n'est ici que simple lieutenant général, commandant sa division. Le vieux Louis XI est chef entier, absolu, mais je crois que son règne touche à sa fin. Il m'a parlé hier soir, il m'a demandé combien je pensais que nous avions tué d'Arabes dans les deux charges qu'ils ont faites contre nous sur l'Oued-Ger et le soir sur ma compagnie. Je lui ai dit environ cent cinquante, et je me suis plaint, en même temps, que la cavalerie arabe ne nous attendît pas. Il m'a répondu en souriant : « Soyez tranquille, demain ou après-
» demain nous trouverons de l'infanterie. » Je l'ai remercié de la bonne nouvelle.

4 mai 1840.

Je te l'ai dit, notre affaire du 30 a fait beaucoup de bruit.

Notre feu de deux rangs à vingt pas sur les Arabes qui nous chargeaient a été admiré du Prince, qui a donné le branle aux éloges. Hier, en se promenant, il est venu à notre bivouac et a donné 20 fr. à mes grenadiers.

L'armée manœuvre toujours de même. On se fortifie à Mouzaïa, à l'entrée du col. Le col sera bien défendu. Les feux de bivouac ennemis, qui sont en face des nôtres, sont très-nombreux. Nous aurons beaucoup de besogne. Le grand camp de cavalerie des Arabes est toujours à une lieue derrière nous.

Ils nous ont coupé, ce matin, le cours d'eau qui alimentait le camp. Vois-tu dix mille hommes, quinze mille chevaux, deux mille mulets sans eau !

Embrasse mes enfants mille fois. Ecris à ma mère, ce n'est pas la peine de lui dire que je me bats ; affaire entre hommes....

AU MÊME.

Cherchell, le 9 mai 1840.

Mes forces reviennent lentement, mais le tremblement de jambes a cessé. J'espère donc mener à bien cette longue, fatigante et jusqu'à présent insignifiante campagne.

Toute l'armée est partie le 7 pour Cherchell et nous bivouaquons à une lieue de la ville, sur un rocher, cime d'une montagne élevée ; bivouac détestable. Où allons-nous ensuite ? Que ferons-nous ? Toujours même mystère ou même incertitude. Notre campagne se traîne péniblement ; hier l'ennemi en force nous a accompagnés toute la journée pendant quatre lieues. Au passage des défilés et des rivières, il s'est montré intelligent et hardi.

Nous supposons que l'armée va retourner au bivouac de Mouzaïa. Il y a beaucoup d'infanterie dans la montagne. Les cavaliers inondent la plaine et nous suivent toujours. De Mouzaïa, il faudra bien finir par passer ce col si redouté et arriver enfin à Médéah....

AU MÊME.

Ambulance de Mouzaïa, le 15 mai 1840.

Cher frère, j'ai payé mon tribut et avec le même bonheur qui m'a protégé dans les grandes circonstances de ma vie. Ne t'effraye pas : j'ai été blessé le 11 mai, en commandant ma compagnie déployée en tirailleurs, pour protéger la marche de l'armée, au départ du bivouac de Bordj-el-Arbah pour aller à Mouzaïa. La balle a traversé capote, pantalon, caleçon, gilet de flanelle et grâce à tous ces obstacles, n'a que très-peu pénétré dans mon bas-ventre, d'où je l'ai retirée moi-même, entourée des morceaux de drap bleu et rouge qu'elle avait emportés. Six lignes de plus j'étais perdu. *In statu quo*, je me porte aussi bien que possible comme blessé, mais mal comme fiévreux, car ma fièvre m'a repris sur-le-champ. J'ai fait aussi quelques imprudences. D'abord je suis remonté à cheval au bout d'un quart d'heure sans être pansé. La position était importante, je n'ai pas voulu quitter mon poste où je suis resté trois heures commandant et guidant ma ligne de tirailleurs. Une autre balle est venue alors fracasser la mâchoire inférieure de mon pauvre cheval. Ce malheur m'a mis pied à terre, j'ai voulu continuer, mais c'était impossible. Les douleurs m'ont pris, et mon lieutenant ayant été atteint d'une balle à la cuisse, on nous a mis tous deux sur des cacolets et nous avons été transportés à l'ambulance.

Là, j'ai été pansé et j'allais si bien le soir, j'avais passé une si bonne nuit, que j'ai eu l'idée de ma seconde et plus grave imprudence. L'armée partait pour le col de Mouzaïa. C'était là le grand coup. Le manquer c'était affreux. J'ai trop présumé de mes forces, je n'ai réfléchi ni aux quatre lieues de montagnes et de ravins, ni aux courses à faire pour s'emparer des positions. J'ai suivi mon bataillon à pied. Te dire ce que j'ai souffert pendant quatre heures est au-dessus de mes forces ; enfin elles ont manqué, je suis tombé et je me suis retrouvé à l'ambulance du col de Mouzaïa. L'armée s'en était emparée avec de grandes pertes. Bien des braves ont arrosé de leur sang cette terre stérile. Bien de mes amis y restent ensevelis. Trois cents blessés gémissent autour de moi, mais on a passé, mais on fortifie les redoutes que les Arabes avaient construites. Ils y étaient retranchés environ cinq mille fantassins, tant bataillons réguliers que Kabyles. Abd-el-Kader et six mille cavaliers sont à cheval sur la route de Médéah dans la plaine. Le général Rumigny est blessé à la cuisse, le général Marbot au genou. Le 2e léger et les zouaves ont le plus souffert. Demain on sera à Médéah.

Je n'ai pas le temps de te donner d'autres détails. Parlons de nous. Donc, ma blessure n'est rien et je te rapporte la balle dans un morceau de papier. La fièvre m'a repris, voilà ma maladie. Je serai évacué dans quatre à cinq jours sur Blidah, de là sur Doueïra, de là sur Alger, après lequel mon corps brisé, rompu, soupire. Ah ! mon Dieu, je crois que je mourrai de plaisir dans un lit....

AU MÊME.

Alger, hôpital du Dey, le 22 mai 1840.

J'arrive à l'hôpital du Dey, mon cher frère, et malgré ma répugnance pour ce séjour, je me trouve dans un vrai paradis.

Il y a onze jours que j'ai reçu ma blessure et la plaie est fermée, je n'ai d'autre accident que la fièvre qui m'est revenue plus ardente, plus forte que jamais. Elle m'a rendu aussi faible qu'un enfant. C'est déplorable, je me décompose, je m'en vais, j'ai quatre-vingt-dix-neuf ans.

Veux-tu quelques détails sur l'armée ? Le 14, on marchait sur Médéah, où l'on a dû entrer le jour même. Le Maréchal a fait travailler aux chemins et avait, je crois, l'intention de trouver une route qui, conduisant directement de Médéah à Blidah, épargnerait les dangers du passage du col de Mouzaïa. Ce passage nous a coûté cher le 12. Les Arabes étaient retranchés derrière des redoutes et nous ont attendus à bout portant. S'ils avaient tenu, nous aurions eu mille hommes hors de combat.

Vous devez être bien inquiets de nous à Paris. Vous êtes sans nouvelles, car à Alger même on ignore ce que nous faisons, et mille fables absurdes circulent dans la population déjà effrayée par la visite des Arabes. qui sont venus jusqu'à Hussein-Dey à une lieue d'Alger. La légion les a reçus vigoureusement. C'est égal, ils sont venus et l'effet moral est produit. Que fera-t-on de l'Afrique? Si on la garde telle quelle, il faut un autre système et trente mille hommes de plus....

AU MÊME.

Hôpital du Dey, le 30 mai 1840.

J'ai reçu, frère, tes trois lettres, une grande et deux petites. J'avais besoin, grand besoin de cela dans mon triste séjour, avec mes vilaines idées, avec ma tête qui travaille et mon corps qui brûle. Quand je pense, frère, que dans vingt jours je puis être dans tes bras, le sang me monte au cœur comme un coup de pistolet. Vingt jours et tenir ton front chauve et t'embrasser à mon aise, et causer, et rire de notre rire à nous, que je n'ai retrouvé nulle part, et voir nos enfants là tout à portée des calottes et des baisers. Tout cela me donne la fièvre, et c'est du superflu....

Le Prince est parti, emportant le rapport et les propositions. Jusqu'au dernier jour tout s'est ressenti du froid, de la glace qui séparait les deux principales têtes. Le travail a été fait très-secrètement entre le Prince et le Maréchal.

Une seconde expédition se prépare. C'est le complément de la première. Le Maréchal part dans quelques jours à la tête d'environ huit mille hommes, divisés en trois brigades. Il va ravitailler Médéah, s'emparer de Milianah et faire une pointe dans le Chélif, ainsi que son ordre du jour l'a annoncé il y a un mois. Fera-t-il tout cela? Le fera-t-il bien? C'est ce que la suite nous apprendra, mais il commence sous de fâcheux auspices. Les chaleurs arrivent brûlantes : les hommes, harassés de fatigue, tombent malades comme des mouches. La légion envoie à cette expédition les deux bataillons qui sont en Algérie. C'est encore un crève-cœur pour moi que de voir ma compagnie partir, et moi de rester. Si je pouvais, j'aurais encore été de la partie et j'aurais reculé le bonheur de vous embrasser, mais c'est impossible, il n'y faut pas penser. D'ailleurs, d'ici au mois d'octobre on ne peut rien entreprendre de bien sérieux. Le soleil est l'allié des Arabes.

Embrasse mille fois mes enfants chéris. Dans vingt jours peut-être, je verrai cette marmaille sur mes genoux, bien près de mon cœur. Et mon frère, l'étudiant, avec quel plaisir je le mesurerai pour voir s'il a l'audace d'être plus grand que moi. Et toi, mon pauvre Adolphe, que j'aime tant, et ma mère.... Comme je vais jouir de vous tous après quatre ans!

AU MÊME.

Alger, le 5 juin 1840.

Sorti de l'hôpital depuis le 2 avec mon congé en poche, je suis évidemment mieux. Ma blessure est entièrement guérie à l'extérieur; de vives douleurs me la rappellent quelquefois intérieurement si j'avais envie de l'oublier. Sans le chagrin bien vif de l'injustice dont je suis victime, je crois que je reverrais la France sans fièvre et que la santé me reprendrait à Toulon. Je ne suis pas proposé pour chef de bataillon! Comment trouves-tu cela? Ils m'ont trouvé digne d'une récompense puisqu'ils m'ont cité à l'ordre de l'armée, car je suis cité à l'ordre. Ils m'ont proposé deux fois pour chef de bataillon, et à la troisième, pour placer des officiers qui étaient aux eaux pendant que je me battais à Djidjelli, ils vont me proposer pour autre chose et le Maréchal l'a souffert, et le Prince, le Prince l'a appuyé !

Le général Rumigny écrit au Prince par ce courrier pour lui exposer mes griefs et lui demander le grade et non la croix d'or. Il lui fait de moi tant d'éloges que j'en suis honteux. Il veut qu'on me donne la croix d'or d'abord, et qu'on donne cours ensuite à la proposition de novembre. Il rêve : qu'on me donne le grade que je demande, qu'on m'a promis, que j'ai mérité, et je suis content.

Je t'écrirai encore du lazaret, où je serai le 9 et d'où je sortirai le 15.

METZ

(1840-1841.)

A M. LEROY DE SAINT-ARNAUD, AVOCAT A PARIS.

Lazaret de Toulon, le 12 juin 1840.

J'espérais, cher frère, te présenter une figure un peu passable. Le mieux que j'avais éprouvé à Alger pendant les derniers jours me donnait cet espoir ; encore une triste déception. Le lendemain de notre départ, dans la nuit, nous avons relâché à Mahon, d'où nous ne sommes repartis que lundi vers huit heures du matin. Notre état de quarantaine nous a privés de descendre, mais j'ai pu voir assez de Mahon et de ses environs pour augmenter le dédain que m'a toujours inspiré le gouvernement espagnol. Quel beau pays abandonné ! Que de jeunes ruines ! Cela serre le cœur. Mardi, à trois heures après midi, nous étions dans la rade de Toulon. J'ai salué mon pays avec des tremblements d'une fièvre affreuse qui m'avait repris à une douzaine de lieues du port. Je me suis fait traîner au lazaret. Heureusement que beaucoup de gens qui me connaissent et qui rentrent en France avec moi ont eu pitié de moi et m'ont entouré de soins. On m'a de suite fait faire un lit, et je le quitte pour t'écrire. J'ai eu un bien fort accès auquel s'est jointe une dyssenterie qui me fait beaucoup souffrir. Me voilà rejeté en arrière pour ma guérison. Je suis aussi faible que je l'étais il y a trois mois, et je me trouve mal à chaque instant. Je prends de l'eau de riz et de l'opium, mais j'espère surtout dans la révolution que me fera le bonheur de te revoir et de me retrouver en famille. Il n'y a pas de fièvre qui résiste à cela. Malgré tout, je serai samedi prochain 20 courant dans tes bras, entends-tu bien cela, frère, dans huit jours.

J'ai lu ici le rapport du maréchal Valée. S'il avait fait sur le terrain la moitié de la stratégie qu'il fait sur le papier, nous aurions exterminé les Arabes. Outre le rapport, il a paru à Alger un ordre à l'armée qui mentionne les noms des officiers qui se sont le plus distingués pendant l'expédition. Je t'ai écrit que j'y étais ; tout cela ne me fait plus rien. Maintenant mon affaire est décidée et je suis bien sûr qu'on m'a fait l'injustice complète.

J'apporte d'Alger pour tout le monde un petit souvenir, chacun aura le sien, ma mère, toi, mon frère, mes enfants. La meilleure chose de toutes, frère, sera de nous retrouver ensemble et de ne pas nous quitter de trois mois. Adieu, à samedi ! Est-ce que ce n'est pas un rêve, samedi dans la même cour où nous nous sommes embrassés il y a quatre ans ! Comme j'ai failli n'y pas rentrer ! Il y a une providence, à samedi, à samedi !..

AU MÊME.

Paris, samedi 22 août 1840[1].

Rien, rien de nouveau, frère, toujours les mêmes ennuis, les mêmes incertitudes qui grandissent, qui s'accroissent à mesure que le temps marche et s'écoule. Sous quelle étoile maudite suis-je donc né !

Le ministre était de retour à Paris, jeudi 20 à midi. Il n'a rien rapporté. Tout est resté à Eu. Voilà ma seule fiche de consolation, aucune ordonnance n'était revenue signée. J'ai parlé au colonel de Guise qui ne m'a rien dit si ce n'est, « vous êtes en bonne » position, » phrase banale. J'étouffe avec peine tous les orages qui s'amoncellent dans mon pauvre cœur

---

[1] Le frère du Maréchal était parti en vacances dans la Gironde. Le Maréchal était resté à Paris pour attendre sa nomination de chef de bataillon.

et le gonflent. Ma santé paye tout cela. Enfin patience encore, et vive la patience quand elle ne tue pas! Paris m'est en horreur, je n'y respire plus, je vais demain à Noisy[1].

Tous les jours, j'ai vu M. de Forcade, dîné avec lui, causé avec lui, promené avec lui. A mon retour de Noisy, je serai installé chez lui.

Je vous ai suivis d'heure en heure sur la route. Au moment où je t'écris, vous êtes encore à quelques douze lieues de Bordeaux et demain vous vous défatiguerez tous à Taste. Quand serai-je avec vous?

AU MÊME.

Paris, le 25 août 1840.

Pas plus avancé aujourd'hui, frère, que le jour de ton départ. Je ne sais vraiment pas comment je résiste à tant d'ennuis. Ma dernière lettre te disait que je verrais le général Trézel lundi. C'était hier, je ne l'ai pas vu. Le général était occupé avec une commission. Son aide de camp m'avait engagé à revenir aujourd'hui sans m'assurer que je pourrais avoir audience. Je suis retourné chez Pontonnier[2] tenir

---

[1] Village des environs de Paris où le frère du Maréchal a une maison de campagne.

[2] M. Pontonnier, alors chef de bureau au ministère de la guerre, ami du Maréchal et de son frère.

conseil, et nous avons décidé que je ferais une tentative auprès de Mahéraut. Pontonnier a forcé la consigne pour moi et j'ai été fort bien reçu. Toujours les mêmes paroles : « Ne vous désespérez pas, pa- » tience. Les ordonnances restent quelquefois un mois » chez le roi. Aussitôt que j'aurai reçu quelque chose, » vous le saurez, etc., etc. » — « Mais, Monsieur, je ne » puis tenir à cette vie-là ! Après tant de promesses, » rien ! J'aimerais mieux que l'on s'expliquât fran- » chement. » — « Eh bien ! je vous dis franchement » que je ne vous laisserais pas vous leurrer d'un vain » espoir, mais que vous n'avez pas lieu de désespérer. » Les choses sont toujours au même point. Attendez. » Ces malheureux-là ne sentent pas que chaque jour d'attente est un siècle de torture. Vous là-bas, moi ici, le temps qui marche et me pousse en Afrique, si loin de vous tous.

Je suis allé à Noisy dimanche avec la famille Richard. La journée avait été charmante ; notre promenade dirigée sur Gournay s'était terminée par une navigation en bateau sur la Marne, de Gournay à Noisy. Nous nous sommes baignés dans une eau tiède délicieuse. Nous sommes rentrés à six heures avec un appétit de baigneurs et de promeneurs, et après un bon dîner et une bonne causerie dans le jardin jusqu'à neuf heures, tout le monde s'était couché, lorsqu'à dix heures et demie j'entends battre la générale. A moitié endormi, j'ai cru un instant que les Bédouins voulaient joindre ma tête aux cent vingt-cinq qu'ils viennent de couper près de Coléah et je m'apprêtais à y mettre obstacle, quand je suis retombé d'Afrique à Noisy. Je ne m'en suis pas moins levé et je suis sorti pour savoir la cause qui réveillait les tranquilles citoyens. On criait dans la rue : *Le feu est à Villiers.* Allons donc à Villiers. J'appelle Richard père et fils et nous voilà partis tous au galop, tirant la pompe, portant les seaux jusque sur le théâtre de l'incendie. De l'avoine brûlait encore en gerbe, dans un vaste grenier et sous un hangar de la première maison à droite en entrant dans Villiers. Il y avait beaucoup de désordre. J'ai pris la direction de la manœuvre des pompes. J'ai crié, couru, fatigué, mon petit monde pompait ferme. A minuit et demi on était maître du feu, il n'y avait plus de danger. Nous étions harassés, mouillés, trempés autant de sueur que d'eau. J'ai donné le signal de la retraite et nous sommes rentrés à Noisy en courant, car la nuit était froide et il fallait conserver notre état de transpiration. A une heure nous étions au port, mais dans quel état ! Chacun a changé comme il a pu. Moi, je ne pouvais plus parler et je conserve encore aujourd'hui les restes glorieux de mon extinction de voix. Madame Richard a eu la superbe idée de nous faire du vin chaud et tout le monde s'en est parfaitement trouvé. Le lendemain, nous avons eu des complimenté et des remercîments. C'est bien dommage que la moitié du village n'ait pas brûlé, nous aurions eu des médailles !

Heureux mortels que vous êtes tous ! Vous vous amusez, vous vous promenez, vous êtes ensemble, et moi qui ai attendu quatre ans ce bonheur-là, qui ai fait quatre cents lieues pour le trouver, pour en jouir, je suis ici tout seul. J'ai quelquefois envie de laisser tout là et de partir pour Taste, et vraiment je le ferai, je le ferai comme il n'y a qu'un Dieu. Je leur donne encore une semaine et après cela ma foi tant pis, arrive que pourra ! Moi je n'y tiens plus, je m'en irai.

Pour ramener un peu de calme dans mon esprit, embrasse ma mère, mon frère et mes enfants. Je mets ma lettre dans celle de M. de Forcade. Je suis établi chez lui depuis hier et nous faisons ensemble de la politique à faire trembler l'univers, mais nous ne sommes pas d'accord.

AU MÊME.

Paris, le 27 août 1840.

Enfin ! enfin ! enfin ! frère, je suis nommé, nommé par ordonnance du 25, et comme il est écrit que je ne goûterai jamais un bonheur sans mélange, je ne retourne pas en Afrique, mais je suis envoyé à Metz, au 18e léger. J'ai pesté d'abord, puis j'ai réfléchi, puis j'ai été causer avec ce bon Pontonnier qui hier m'avait envoyé une ordonnance à cheval, puis j'ai dormi là-dessus, et comme tu le sais, la nuit porte conseil, puis enfin je suis allé ce matin au ministère de la guerre où j'ai vu MM. Mahéraut et Maillard, les colonels Bourjade et de Guise ; et si quelque chose m'a plus flatté encore que ma nomination, ce sont les marques d'intérêt, d'estime, d'amitié véritable dont j'ai été comblé partout. C'était à qui m'enivrerait de choses flatteuses, j'ai presque eu un mouvement d'orgueil ; c'est passé.

En allant au ministère, mon intention était presque de me plaindre et de demander comme un droit mon envoi en Afrique. Mahéraut est le premier que j'aie vu, il a abordé la question avant moi : « Vous voulez » aller en Afrique, avez-vous bien réfléchi ? Je ferai » ce que vous voudrez. Une place est vacante au 58e » de ligne, il n'est pas certain qu'il fasse l'expédition » d'Oran. Vous êtes dans un bon régiment sur la » frontière. S'il y a guerre en Europe, vous êtes bien » placé, et que de regrets n'aurez-vous pas alors » d'aller en Afrique ! S'il n'y a pas guerre, reposez- » vous, rétablissez votre santé, jouissez de votre » congé et au printemps nous vous renverrons en » Afrique, et vous aurez eu le temps de choisir un » régiment. » Chez M. Maillard, mêmes discours ; même opinion de la part de MM. Bourjade et de Guise. En effet, il serait cruel d'aller en Afrique rattraper la fièvre, rester les bras croisés et de voir le 18e léger marcher à l'ennemi sur le Rhin. D'une année je n'ai rien à espérer en Afrique, voyons venir les événements, nous agirons en conséquence. Je suis bien vu, bien placé au ministère : voilà un fait. Je ne serai nulle part obscur et ignoré, mes œuvres sont là.

Maintenant, frère, j'ai hâte, j'ai soif d'être près de vous. Quel bonheur, passer ensemble six semaines sans souci, sans inquiétude ! Je règle mes affaires et je pars ; il faut que j'obtienne du général Pajol l'autorisation de passer à Taste le reste de mon congé et ma prolongation.

M. de Forcade prétend qu'on est à la paix et que personne ne veut plus la guerre. Moi je ne dis pas cela et j'attends. J'ai un bon bataillon à conduire, nous en ferons quelque chose.....

AU MÊME.

Paris, le 26 septembre 1840.

Je suis arrivé, cher frère, plus fatigué que je ne puis te le dire. Tu nous as vus six encaqués dans la boîte, mais c'étaient six mâles et je me gênais peu ; mes coudes et mes pieds me servaient de municipal ; mais à Angoulême, mon voisin du milieu a quitté, et sa place a été prise par une jeune femme à qui j'ai cédé la mienne et j'ai fini mon voyage au milieu, raide comme un pieu et brisé sur toutes les coutures. Je suis arrivé à l'état de momie. Il était trois heures quand nous arrivions dans la cour de Laffitte et Caillard chargés de toutes mes malédictions pendant la route.

J'ai dîné chez M. de Forcade qui ne m'attendait nullement. Il ne comptait sur moi que samedi ou dimanche. J'ai remis toutes les lettres, nous avons beaucoup et longuement causé de vous tous et nous nous sommes retrouvés avec un véritable plaisir.

Notre beau-père est toujours à la paix quand même. A Paris on attend les événements avec anxiété. Les fortifications marchent, elles sont poussées avec vigueur. On annonce un voyage du Prince qui irait visiter les places fortes du nord.

J'ai trouvé chez M. de Forcade une audience du ministre pour aujourd'hui samedi à dix heures et demie, je ne fermerai ma lettre qu'après mon audience afin de t'en rendre compte.

Hier, j'ai dîné chez le général Pajol. Son fils, capitaine d'état-major, est un de mes amis ; il m'a rencontré à la division où j'allais faire viser ma feuille de route. Il m'a conduit chez son père qui m'a invité à dîner. Le général croit à la guerre, mais pas avant le printemps. L'Italie se remue, la Pologne gronde. Le soir, je suis allé avec Pajol voir *Polyeucte et Japhet*. Rachel est au-dessus de tout ce que tu m'avais annoncé. Elle a dit le : *Je crois.....* à envoyer toute la salle à confesse en sortant. Tous les rires que Japhet m'a arrachés n'ont pu ôter le mal de tête que m'avaient donné les larmes que Rachel avait fait couler sur mes pauvres moustaches. J'ai pleuré comme dans notre bon temps. Rachel enterre tout ce que nous avons vu de tragique, Raucourt, Duchesnois, Georges.

27 septembre 1840.

J'ai vu le ministre : quelle manière de recevoir un officier supérieur qui a rendu quelques services ! Il m'a dit que j'avais mérité mon grade..... Bel effort ! Il m'a demandé des nouvelles de ma blessure et quelques détails insignifiants sur la légion étrangère. Après cinq minutes je me suis retiré.

On est partout à la guerre ; il n'y a, je crois, en France que notre beau-père de réellement pacifique.

AU MÊME.

Metz, le 1er octobre 1840.

Je suis arrivé à Metz, cher frère, transi de froid. J'ai fait toute la route de Paris ici seul dans le coupé. Mon pauvre caban africain ne m'a pas fait oublier que nous passions au nord.

J'ai été reçu au 18e à bras ouverts. Mes deux collègues et le major Folly m'ont mené chez le colonel. Le corps d'officiers de mon bataillon me sera présenté demain. D'après ce que j'ai vu, ce régiment est superbe.

J'ai été faire ma visite au général Achard. Sais-tu

qui j'ai trouvé son aide de camp? Lombard, que j'ai remplacé auprès du général Bugeaud à Blaye. Nous nous sommes fait mille amitiés. Il y a encore ici un Blayais, c'est le lieutenant-colonel Bellencontre qui commandait l'artillerie de Blaye comme chef de bataillon : c'était mon maître d'échecs, nous nous retrouverons ici. J'ai retrouvé, comme capitaine de place, un officier de l'armée d'Afrique. Enfin, je suis en pays de connaissance.

Le colonel, M. Thierry, me plaît beaucoup. C'est un vrai type militaire, homme de quarante-cinq à quarante-huit ans, droit, vert; quoique louche, le regard franc, tenue superbe, se mêlant de tout dans son régiment, en homme qui s'y connaît.

Et toi, frère, que fais-tu là-bas? Si vous avez au midi notre exécrable temps du nord, adieu paniers, vendanges sont faites. Je pense bien souvent à vous....

AU MÊME.

Metz, le 10 octobre 1840.

Si l'on était heureux par l'amour-propre, je le serais beaucoup. Les quelques Africains répandus dans Metz ont parlé de moi, et je suis pour le moment à la mode. C'est un beau grade que celui de chef de bataillon? Je m'aperçois aussi qu'il est bon que tout le monde sache qu'on l'a gagné.

T'ai-je dit, frère, que j'avais un logement convenable? J'y ai ajouté un piano, c'est ma distraction. Voici jusqu'ici la vie que j'ai menée : Tous les jours je suis levé à sept heures du matin. Je muse chez moi et je fais ma barbe. A huit heures et demie je sors et je vais à la caserne. Je vois les cuisines ou les chambres, j'examine l'instruction donnée aux recrues. Je fais le rapport, je donne les ordres. Tout cela me mène à neuf heures et demie. Je vais déjeûner : le major, le commandant Legris et moi, nous déjeûnons ensemble. Nous lisons les journaux. A onze heures et demie, si je suis de semaine, je fais faire l'appel et j'assiste à la parade. A une heure et demie je monte à cheval tous les jours pour aller à la manœuvre. Nous y restons jusqu'à quatre heures et demie. A cinq heures nous dînons, et tous les soirs, à six heures et demie, je suis au coin de mon feu à lire ou à travailler, ou à écrire, ou à penser à vous. Je suis allé deux fois chez le général Achard faire sa partie de whist, que l'on m'a jugé de force à faire, et une fois au spectacle : je l'ai trouvé si mauvais que je n'ai pas voulu m'abonner.

Ici tout est à la guerre. On répare les fortifications de la place, on pousse l'instruction des recrues, on manœuvre à force, on forme de nouveaux régiments. On construit des baraques et nous attendons quinze mille hommes pour former un camp. Encore camper!

les camps me poursuivent partout, je ne puis pas y échapper.

Ainsi vous vendangez, ainsi vous vous amusez, vous êtes bien heureux, bien portants. Le ciel en soit béni! Mes enfants prennent des forces, pensent à moi, m'aiment un peu. Tout est pour le mieux.....

AU MÊME.

Metz, le 19 octobre 1840.

Nous sommes ici sous l'impression douloureuse du nouvel attentat qui a menacé les jours du roi. Il n'y a pas d'épithètes pour qualifier de tels crimes. Ils deviennent plus horribles encore en présence des circonstances qui nous entourent, des événements qui nous menacent. Nous devenons une sotte nation, c'est à douter que nous puissions avoir un lendemain. Quelle foi donner à un gouvernement, quand des insensés enrégimentés, organisés en sectes, en bandes d'assassins ne veulent que la destruction, le pillage et l'anarchie? L'armée a poussé un cri d'indignation. Metz a aussi ses braillards. On y vocifère *la Marseillaise* encore plus faux que partout ailleurs. On y fait des offres patriotiques, parce qu'on est bien sûr que le gouvernement les refusera. Je donnerais de grand cœur quelque chose pour voir une trentaine de mille de Prussiens à une lieue d'ici, et compter les enrôlés volontaires. Du reste, cela n'empêche pas les événements de marcher et, je persiste à l'espérer, de marcher vers la guerre. Pour former les nouveaux régiments, on désorganise un peu les anciens. Nous perdons pour les chasseurs à pied et le 22ᵉ léger environ quatre cent cinquante hommes forts et instruits, et nous recevons cinq cents conscrits de la classe de 1834. Il faut faire bien vite des soldats de tout cela. Nous avons, en outre, des essais à faire pour les fusils à percussion, avec quatre différents systèmes de capsules. Je suis de cette commission qui m'occupe beaucoup.

Au milieu de toutes mes occupations, ma santé a un peu gagné. J'ai beaucoup meilleure mine, j'ai repris mon air jeune qui, avec ma grosse épaulette, me fait un peu regarder. Cela m'amuse.

Je viens de recevoir une longue lettre de mon beau-père, toujours à la paix quand même. Paris est consterné du nouvel attentat. M. de Forcade dit fort judicieusement, qu'une pareille atrocité nous fait plus de mal, dans les circonstances où nous sommes, que la perte d'une bataille. Sa lettre est, du reste, bonne comme lui, il me donne de vos nouvelles et je me réjouis de vous savoir tous en aussi bon état que les vendanges.

AU MÊME.

Metz, le 29 octobre 1840.

Voici une épître, monsieur mon frère chéri, qui va vous attendre chez vous et vous donner l'accolade fraternelle, à votre retour au foyer domestique.. Soyez-y le bien venu. Allons, réinstalle-toi, défais tes paquets, prends tes pantoufles et va retrouver ton fauteuil et ton tapis confortable. Sans faire injure aux plaisirs de Taste, que je respecte et que j'apprécie, je suis persuadé que tu auras revu ton chez-toi avec une manière de satisfaction. N'est-ce pas, c'est bon de retrouver tous ces meubles, toutes ces choses que l'on connaît, que l'on aime, auxquelles on est lié par l'habitude. Dans chaque objet il y a un souvenir. Le maître n'était pas là, tout était triste, abandonné, poussiéreux ; il arrive, il reprend sa place, et il ramène avec lui la vie et la gaîté. Moi, je te suis par derrière dans ta reprise de possession et je jouis, avec toi, de tous ces sentiments, parce que je les comprends. Malheureusement, je n'ai jamais eu un chez-moi auquel je pusse tenir beaucoup et faire fête, après une absence, comme à un ami qu'on retrouve. Enfin, frère, nous voilà rapprochés, nous ne sommes plus qu'à vingt-deux heures de distance. Laisse-moi m'en réjouir.

Je suis on ne peut mieux dans la famille de mon

colonel, et c'est à mon anglais que je dois cela.
Mlle Thierry a beaucoup de goût pour cette langue
et avait commencé à l'apprendre. On a parlé de regrets de ne pouvoir continuer les leçons, je me suis
offert. J'ai mis à la disposition de ces dames toutes
mes connaissances en fait d'anglais. Nous lisons, traduisons, parlons. Je suis satisfait de mon élève qui,
je crois, est contente de moi, et le père et la mère ne
savent comment me témoigner leur gratitude. Je
suis dans cette maison sur un pied tout fraternel. Je
pioche l'anglais que j'allais oublier, et je prends une
bonne position, parce que j'apporte dans mes nouvelles relations beaucoup de réserve, beaucoup de
retenue et tout ce que j'ai de tact.

Passons à une autre maison où je suis aussi parfaitement vu et accueilli, je veux parler de celle du
général Achard. Le général m'a pris en affection. Je
fais son whist ; ils jouent un peu cher, mais je puis
défendre mon argent. Je joue mieux qu'eux et je ne
gronde pas comme eux. Le colonel de Guise avait raison de me le dire : « Voulez-vous être bien avec le gé-
» néral, faites son whist. » Il m'a déjà donné plusieurs
preuves de confiance, et j'ai obtenu de lui quelque
chose qu'il avait refusé au colonel. C'était au sujet
des détachements dans les villages. Le régiment devait partir en entier ; il n'y aura qu'un bataillon.
Voilà pour le général, maintenant Mme Achard.
Mme Achard a été la femme la plus jolie, la plus spirituelle et la plus séduisante possible. Il lui reste
quelque chose de tout cela, quoiqu'elle soit à la tête

de près d'un demi-siècle, s'il n'y a pas un peu plus ; mais avec le secours de l'art, femme de goût et d'esprit qu'elle est, elle s'arrange de manière à paraître avantageusement flotter entre trente-huit et quarante-cinq. Elle aime à conter, je l'écoute sans jamais l'interrompre que par des mots, des regards ou des sourires, qui prouvent que je comprends et que je goûte. Cela lui a plu : mes attentions, mes hommages d'homme du monde ont paru lui convenir.

Aurons-nous, n'aurons-nous pas la guerre? C'est toujours la même question. Je ne sais même pas si le nouveau ministère y répondra. La France attend l'ouverture des chambres avec anxiété. Gare aux coups de fusil dans les rues de Paris ! Défile-toi le mieux possible et ne va pas te jeter où tu n'auras que faire. Toutes ces idées-là me tourmentent beaucoup. Adieu, cher frère, malgré notre espèce de voisinage, ne me laisse pas longtemps sans lettres. Par le temps qui court, à deux lieues de distance, on peut être fort inquiet des gens que l'on aime. Il pleut des Fieschi, des Alibaud, des Darmès et autres reptiles semblables, et il y a des coups de fusil dans l'air. Je t'aime et t'embrasse.

A MADAME DE FORCADE.

Metz, le 8 novembre 1840.

J'ai reçu ta lettre, ma chère et honorée mère, et je t'avoue que j'ai été fort surpris de la voir datée de Taste. Ai-je donc rêvé que tu devais revenir en famille? Mon frère m'a appris son arrivée à Paris. Le voyage avait été heureux et gai.

Il me faudra retourner en Afrique, bonne mère, plus de guerre. Il faut que le gouvernement soit bien aveugle pour ne pas voir qu'avec la marche qu'il suit, il se perd infailliblement. La paix qu'il achète à tout prix le renversera plus vite qu'une guerre, quelque malheureuse qu'elle eût été. Tu liras le discours de la couronne. C'est reculer pour mieux sauter. Ton mari aura beau jeu pour me crier qu'il a eu raison et que nous resterons en paix. Patience, patience !

J'ai employé tous les moyens de plaire que j'ai reçus de vous, ma chère mère, pour me faire bien venir à Metz, et j'ai assez bien réussi. Je vais familièrement chez le général Achard, dont la femme, beauté célèbre de la fin de l'Empire, a conservé toute la grâce d'une femme du monde accomplie. Elle est pleine de tact et d'esprit, et, ce qui est mieux, excellente femme. Je passe dans cette maison beaucoup de mes soirées. La famille de mon colonel est aussi fort aimable. Ce sont des patriarches sans façon et pleins de bonté; je les aime beaucoup.

Tes petits enfants vont reprendre leurs travaux interrompus, et les premiers moments seront durs, car deux mois de campagne ont fait probablement tout oublier, ou à peu près. Rien ne se perd plus facilement et ne se reprend avec plus de peine que l'habitude du travail. Pour m'y remettre, je me donne des tâches que je remplis avec autant de rigidité que si la férule du maître était levée derrière moi. J'ai besoin de cela, car je suis paresseux avec délices, et flâneur donc! Je flâne chez moi des heures de suite sans m'en apercevoir. Il faut dire que je m'y plais, parce que je me suis fait un gentil petit intérieur, où il ne manque que mes frères. J'espère bien qu'ils viendront me voir.

Adieu, mère chérie, tu dois avoir maintenant des loisirs et j'en réclame quelques-uns.

A M. LEROY DE SAINT-ARNAUD, AVOCAT A PARIS,

Metz, le 16 novembre 1840.

Quels détails horribles je reçois sur mon pauvre ancien bataillon de la légion étrangère! A quelque chose malheur est bon; si je n'avais pas été blessé, j'aurais été à Milianah avec mon bataillon, et sais-tu comment on en est sorti ? D'un bataillon de huit cents hommes, cent hommes sont revenus. Sept officiers ont été enterrés à Milianah. Dix sont revenus à dos de mulets et attendent aujourd'hui à l'hôpital du Dey que la mort les délivre de leurs souffrances. Trois seulement sont arrivés à Cherchell, où est à présent le bataillon, et ils sont dévorés par une fièvre intermittente continue. Dans les conditions de santé où j'étais, j'y serais infailliblement resté. Frère, je n'ai plus le droit de me plaindre. Ma santé devient meilleure, mes maux d'estomac s'éloignent.

Nous sommes toujours sur le qui-vive ici. Resterons-nous à Metz? Serons-nous détachés, irons-nous sous les baraques? Moi je suis presque sûr de passer l'hiver ici. Ce n'est pas à mon bataillon à marcher.

Tu me parles peu de mes enfants, donc ils sont bien ; comment va le piano pour Adolphe, la lecture pour Louise? Les travaux communs ont-ils repris avec le petit Cœuret de Saint-Georges? Mes compliments au père et à la mère. Ne m'oublie pas auprès de tous nos amis.

AU MÊME.

Metz, le 22 novembre 1840.

Mercredi dernier, à l'exercice à feu, mon cheval s'est inquiété plus que de coutume. Il encense beaucoup et en encensant il a fait passer les deux rênes du même côté. Il dansait ferme et je n'étais plus maître de lui. J'ai voulu remettre les rênes à leur place, et en me baissant j'ai reçu de suite trois coups de tête vigoureux. Mon cheval se mâtait, il avait sa bride d'uniforme et la têtière m'a frappé à la tête et sous l'œil. J'ai été couvert de sang; cependant je n'ai pas perdu ma présence d'esprit, ni le souvenir de mes talents gymnastiques, et comme mon cheval allait droit à la Moselle, j'ai sauté à terre. Si mon épée ne s'était pas embarrassée dans mes jambes, je serais tombé comme les chats sur mes pieds. Ma chute a été fort légère, je me suis relevé de suite et mon cheval a galopé dans la plaine. On me l'a ramené, et malgré mes atouts, je l'ai remonté, lui ai administré une sévère correction, et suis rentré chez moi où je suis depuis lors. J'ai été saigné, pansé et je vais fort bien. Dans cinq ou six jours il n'y paraîtra plus.

Mon œil se fatigue et les étoiles accompagnent ma plume. Je suis obligé de finir. Embrasse mon frère et mes enfants.

AU MÊME.

Metz, le 12 décembre 1840.

Il y a bien des jours que je n'ai causé avec toi, cher frère, je m'en suis dédommagé en pensant à vous tous à chaque instant. Nous avons eu une veine d'occupations ; un demi-bataillon détaché à Longwy, quatre cents conscrits qui nous sont arrivés en trois paquets, un changement de casernement, enfin mille misères de notre métier, qui prennent le temps sans le remplir.

Sais-tu, frère, que peu s'en est fallu que je n'allasse t'embrasser à Paris ? Si, comme les journaux l'avaient annoncé, toutes les divisions, tous les régiments de l'armée avaient été représentés à la cérémonie de la translation des cendres du grand homme, je passais huit jours et plus peut-être avec toi. Le général Achard avait eu la bonté de me dire qu'il me prenait dans sa voiture. J'aurais fait un voyage à bon compte et bien à mon aise. Je n'ai jamais compté sur ce plaisir. Trop de considérations devaient empêcher le gouvernement de priver en même temps les divisions de leurs chefs et les régiments de leurs colonels. Nous restons et je le regrette. Quelle belle occasion manquée ! Quelle cérémonie admirable tu vas voir ! Si elle est ce que l'on annonce, on n'aura vu cela qu'une fois au monde. Je me réjouis de penser que mes enfants et toi serez par là dans quelque coin.

Pendant que vous jouirez de ce spectacle, je serai au conseil de guerre. Nous avons séance le 15, je penserai plus à vous qu'aux pauvres diables qu'il me faudra juger ; mais, en mémoire de l'Empereur réintégré dans sa patrie, je me promets d'être indulgent.

Nous avons eu un concert monstre au bénéfice des

inondés. Encore un impôt qui a porté sur notre bourse et nos oreilles. Les soirées et les bals commencent. Cette semaine, j'ai deux bals et un grand dîner. On nous menace d'une grande gaîté cet hiver à Metz.

AU MÊME.

Metz, le 30 décembre 1840.

Bonjour, frère chéri, bonne année. Hâtons-nous d'entrer dans 41. Voilà encore une année finie. Elle n'a pas été mauvaise, puisque selon nos désirs elle m'a fait officier supérieur et m'a mis dans une route où je compte marcher ferme et droit, et jusqu'à présent cela ne va pas mal.

Je suis toujours de mieux en mieux dans la maison du général. C'est un excellent homme. Je lui disais dernièrement qu'au printemps je voulais aller en Afrique chercher mes épaulettes de lieutenant-colonel. Il m'a dit : « Non, restez au 18e, vous irez en » Afrique chercher un régiment. Vous serez tout aus- » sitôt lieutenant-colonel en France. » En attendant, on recommence à causer guerre et j'y crois davantage cette fois, parce que l'on est moins échauffé et beaucoup plus sérieux en en parlant. On arme ferme en Allemagne et très-près de nous. Est-ce que nos voisins auraient l'idée de venir nous rendre visite ?

AU MÊME.

Metz, le 3 janvier 1841.

Eh bien ! frère, voilà le général Bugeaud nommé gouverneur de l'Algérie. Aussitôt que j'ai appris la nouvelle, je lui ai écrit pour le féliciter de sa nomination. Je lui parle de mon dévoûment, qu'il connaît, et je mets à sa disposition ce que mon séjour en Afrique a pu me donner d'expérience de la guerre et de connaissance du pays, de ses habitants et de son langage.

Si, de ton côté, tu le juges convenable, vois le général ou écris-lui. Il va être accablé de demandes et de sollicitations de toute espèce. Mon grade rend plus difficile une position quelconque auprès de sa personne. En tout cas, nous restons dans les mêmes intentions : s'il n'y a rien de neuf au printemps, nous solliciterons notre changement pour l'Afrique.

J'ai toujours des invitations à n'en plus finir. Le colonel de Sainte-Aldegonde dont la femme est dame d'honneur de la reine, et qui commande ici le 22ᵉ léger qu'on vient de former, m'a pris dans une belle amitié. Il a une grande fortune et reçoit beaucoup et bien, mais il est difficile d'être admis chez lui. Il y a un dîner monstre dimanche prochain et je suis invité. Il est venu me voir quand j'étais malade et est vraiment excellent pour moi. Je dîne demain chez le lieutenant général et jeudi chez le préfet. Dans ma disposition d'esprit, tout cela m'amuse peu.

AU MÊME.

Metz, le 7 janvier 1841.

La réponse du général Bugeaud ne s'est pas fait attendre, elle est fort affectueuse. Il m'a demandé au ministre; mais on ne veut pas m'ôter du 18e et je ne pourrai aller en Afrique que par une permutation légale. Me voilà tout aussi avancé qu'auparavant.

Voici maintenant une autre affaire. Le duc de Nemours qui, comme tu sais, est à Lunéville, donne un grand bal le 16 et a lancé des invitations jusqu'à Strasbourg et à Metz. Je suis invité personnellement. Il paraît que le Prince tient à réunir autour de lui surtout les officiers qui ont servi quelque part sous ses ordres et, en première ligne, les Africains. Le général Achard m'a remis hier une double invitation, celle du bal et celle du grand déjeûner du même jour. Si je n'étais aussi souffrant, j'aurais accepté avec empressement. Je suis déjà connu du duc de Nemours, je lui aurais parlé de l'Afrique et de mon désir d'y retourner.

AU MÊME.

Metz, le 13 janvier 1841.

Décidément je n'irai pas au bal de Lunéville. Je serais certes inaperçu au milieu de la foule, et le Prince se soucie peu que je sois là ou non. Je continuerai à me soigner, je suis au lit depuis hier avec la fièvre, des vomissements et de légers crachements de sang que j'attribue aux efforts que je fais pour tousser sans cesse.

AU MÊME.

Metz, le 11 février 1841.

Nous pestions chacun de notre côté, cher frère, et nos bénédictions mutuelles n'étaient, à ce qu'il paraît, interrompues que par d'aimables accès de toux, de ces accès qui font venir la sueur au front et la larme à l'œil. Moi j'en suis toujours là avec accompagnement de crachements de sang et de fièvre. J'ai été on ne peut mieux soigné, c'était à qui m'enverrait des remèdes de couvent et de bonnes choses. Mme Thierry, Mme Achard m'ont fait de la gelée de coing, car je suis à ce régime. Les bonnes visites me fatiguaient.

Malgré tout cela, frère, je t'aurais écrit si je n'avais chaque jour attendu, espéré une lettre de toi, qui me parlât du résultat de l'entrevue que je présumais que tu avais eue avec le général Bugeaud. Tout malade que je suis, tout inquiet que je ne puis m'empêcher d'être pour ma santé à l'avenir, je n'en désire pas moins ardemment retourner en Afrique le plus tôt possible. Il vaut mieux pour mes enfants qu'ils soient orphelins d'un colonel que d'un chef de bataillon.

Le colonel Thierry me dit toujours : « Vous avez » tort de penser à l'Afrique. Restez, nous aurons » quelque chose en Europe. » Je ne partage pas son opinion. Je n'ai pas le temps d'attendre quatre ans mes épaulettes de lieutenant-colonel. Ni mon estomac, ni ma poitrine, ni mes entrailles, ne veulent se régler sur ce délai.

AU MÊME.

Metz, le 24 février 1841.

J'ai si souvent été traité favorablement par le sort qu'il y aurait de ma part ingratitude à me plaindre, d'autant plus que je n'ai presque jamais eu à lutter que contre les tempêtes que j'avais soulevées moi-même, juste retour des choses d'ici-bas. Mais tu avoueras, frère chéri, que si nous finissons par obtenir ce que nous désirons, nous le payons par bien des incertitudes, des ennuis, des espérances déçues et reconstruites, et une foule de misères humaines, qui, réunies, forment une bien insupportable masse. Tu liras la lettre ci-jointe du général Bugeaud, et tu verras que les bureaux ont renoncé à s'occuper de moi. Je nage donc dans l'océan des incertitudes, mais le positif est que je vois avec douleur s'échapper cette brillante campagne.

Nous ne pouvons tenir dans cette situation fausse : il faut savoir si je resterai au 18ᵉ, ou si j'ai encore l'espoir d'aller prochainement en Afrique. Tout cela, frère, me préoccupe, me fatigue, me contrarie, et ma gastralgie, qui profite de toutes les fentes que lui offre mon moral, se glisse et me travaille. Depuis la réception de cette lettre, je souffre le martyre. En te quittant, je vais aller me jeter dans un bain de potasse, bien que le froid, après cinq jours de printemps, nous ait repris comme en novembre.

Voilà le carnaval enterré. Dieu le bénisse ! Je n'en suis pas fâché, je vais reprendre ma vie paisible, et j'en ai besoin. Nous avons eu hier, mardi gras, le matin, un bal d'enfants costumé avec parades chez le préfet, et le soir, bal au profit des pauvres à la mairie. Pour compléter mes plaisirs, j'ai eu le même jour séance du conseil de guerre jusqu'à trois heures, et dîner chez le général. A minuit, j'entrais dans mon lit, que je saluais d'un *ouf!* si profond, qu'il aurait pu servir de malédictions à tous les carnavals de France

---

AU MÊME.

Metz, le 28 mars 1841.

Vivat! frère, j'éprouve une joie indicible. Me voilà aux zouaves, au milieu de mes amis, et à la tête des premiers soldats du monde. Je vais écrire au général Bugeaud, à mon nouveau colonel Cavaignac, à Eynard. Je vais enfin m'annoncer de nouveau en Afrique, où je serai bien accueilli. Je serai le 3 à Paris. Qu'il me tarde de vous embrasser tous! J'ai tant de joie que j'en perds la tête. Cependant on ne quitte pas impunément un régiment où on était aimé et bien vu de tous. Tu serais heureux de voir les regrets dont on me donne les témoignages. Mon pauvre colonel est parfait. Aujourd'hui je suis traité par les officiers de mon bataillon, demain par mon colonel, mercredi par le général.

Ma lettre de service n'est pas arrivée; on l'attend ce soir. J'ai tant d'agitation, frère, tant d'émotions, que j'en suis souffrant. Aussi me reposerai-je avec bonheur au milieu de vous tous. Embrasse tout mon petit monde, ma mère, mon frère. Adieu, à samedi.

AU MÊME.

Toulon, le 11 avril 1841.

J'ai fait un voyage bien triste, cher frère. Au moment d'une si longue séparation, je ne t'ai, ni assez embrassé, ni assez dit combien je t'aime. Écris-moi souvent et longuement, je ne te laisserai jamais quinze jours sans nouvelles, à moins que je ne sois en expédition. Alors, comme je l'ai toujours fait, je saisirai toutes les occasions d'écrire.

Nous sommes arrivés à Marseille en soixante-douze heures. Pendant la route, le colonel Randon et moi avons eu les relations les plus agréables. Elles continuent ici et dureront, je l'espère. C'est un homme fort bien sous tous les rapports.

De Paris à Marseille, nous avons eu du chaud et du froid, de la boue et de la poussière, de la neige à Saint-Étienne et du soleil en Provence. Notre premier soin, en arrivant à Marseille, avait été d'aller retenir des places pour Toulon. Croirais-tu que dans les dix voitures qui partent tous les jours de Marseille à Toulon, il n'y avait pas une seule place ni pour samedi ni pour dimanche? Le temps nous pressait, il fallait arriver et nous faire inscrire assez tôt pour partir avec le courrier. Force nous a été, au colonel Randon et à moi, de louer une voiture et de partir en poste. Les fêtes de Pâques mettent la population en l'air, et de Marseille à Toulon c'est un Longchamps. Nous sommes arrivés samedi à cinq heures à Toulon et de suite nous avons couru chez l'intendant. Il était temps : nous avons pris les deux dernières places d'officiers supérieurs.

J'ai trouvé ici une foule d'officiers qui, comme moi, s'embarquent pour l'Afrique. Il y en a tant que, ne pouvant les caser tous sur un bateau à vapeur, on les embarque jeudi sur la corvette de charge *l'Oise*. C'est un monde que ce Toulon : on s'y coudoie, on s'y pousse dans les rues. Les hôtels sont comble. Je suis logé au quatrième dans une mauvaise petite chambre, et encore suis-je heureux de l'avoir trouvée.

Nous nous embarquons mardi matin sur *le Sphinx*. Le mistral souffle avec violence et nous promet une traversée pénible.

Adieu, frère, je t'écrirai aussitôt que j'aurai pris langue à Alger et vu le général. Embrasse bien ma bonne mère, mon frère, mes enfants chéris, que j'ai trouvés plus gentils, plus aimables que jamais et que je n'ai pas osé non plus assez embrasser de peur d'être bête, et je le regrette maintenant. La première fois, nous pleurerons tous, mais nous nous embrasserons bien.

GUERRE D'AFRIQUE.

(1841-1842.)

1841. — Le général Bugeaud, gouverneur de l'Algérie. — Les Zouaves. — Ravitaillements de Médéah et de Milianah. — Prise de Tékédempt et de Mascara. — Mostaganem, Oran, Blidah.
1842. — Alger. — Expédition chez les Beni-Menasser et sur le Chélif. — Soumission des tribus.

A M. LEROY DE SAINT-ARNAUD, AVOCAT A PARIS.

Alger, le 19 avril 1841.

Cher frère, après une traversée horrible jusqu'à Mahon et superbe jusqu'à Alger, nous avons débarqué le 16 à cinq heures du soir. A six heures, j'étais assis à table à côté du gouverneur général de l'Algérie. Le général Bugeaud m'a reçu comme un fils. « Enfin, vous voilà, soyez le bien venu, ma maison, » ma table, sont les vôtres tant que vous serez à » Alger, etc., etc. »

L'expédition pour le ravitaillement de Milianah devait partir le 21. C'est la première chose que j'aie apprise en arrivant. Juge de ma joie, le général me dit de suite : « Vous partirez avec moi, vos zouaves » attendent à Blidah le passage de l'armée pour » prendre l'avant-garde, vous les rejoindrez là. » Les pluies sont arrivées et l'expédition est retardée de quelques jours. L'armée se remettra en marche samedi ou dimanche. On s'attend à trouver Abd-el-Kader en force sur la route de Milianah. Il est déterminé à livrer bataille. Il a cinq bataillons réguliers, trois mille Kabyles et cinq à six mille cavaliers.

Donc je déjeune et dîne tous les jours avec le gouverneur. J'ai repris mon train-train, ma familiarité de Blaye, et il me témoigne tant d'amitié, tant de confiance, qu'il a fait de moi un homme d'importance, ce qui ne m'éblouit nullement. Samedi dernier, grand dîner de quarante couverts, splendidement servi. Les Princes y étaient, tous les généraux et les chefs de corps. Le duc de Nemours est venu à moi, m'a appelé par mon nom, m'a dit des choses aimables et flatteuses. Le gouverneur m'a présenté au duc d'Aumale, qui a bien voulu me dire qu'il me connaissait par ses frères et qu'il se souvenait de moi dans la campagne de Médéah. J'ai été les voir le lendemain dimanche. Même politesse affectueuse.

J'ai trouvé Morris à Alger, c'est la première personne que j'aie rencontrée en débarquant. Il sera colonel dans un an, il va organiser les spahis de

Bone. Je lui ai raconté notre dîner du lycée[1], il se rappelle fort bien nos anciens camarades.

Quand tu recevras cette lettre, nous serons sur la route de Milianah. Ne t'inquiète pas de mon silence, il sera forcé. Je t'écrirai toutes les fois que je le pourrai. Après cela, comptons sur mon étoile. Sois tranquille, j'arriverai, frère, et je vous donnerai encore quelques bons moments de cette douce satisfaction qui vient du cœur.

AU MÊME.

Blidah, le 23 avril 1841.

Tu dois déjà juger, cher frère, au petit format que j'emploie que j'ai peu de temps à te donner. C'est une rude chose qu'une installation dans un nouveau corps, à la veille d'un départ pour une sérieuse expédition. Je ne dors pas cinq heures par nuit.

Je suis arrivé hier à Blidah, amenant sans encombre mon détachement. J'ai été reçu d'une manière cordiale par mon colonel M. Cavaignac. Tous les officiers de zouaves ont paru charmés de me voir au milieu d'eux, et moi je suis heureux et fier de les comman-

[1] Le banquet annuel des anciens-élèves du lycée Napoléon.

der. Quels hommes, frère, quels soldats, quels officiers, quel esprit de corps! Que ne ferait-on pas avec de pareils éléments! Les zouaves, c'est la garde impériale de l'Afrique, la vieille garde.

Toute l'armée est réunie à Blidah depuis hier. Quel encombrement, que d'hommes, que de chevaux, que d'épaulettes et de broderies! Le général est désespéré du temps qui mouille son énorme convoi, gâte les chemins et retarde le ravitaillement de Milianah où souffrent tant de braves qui nous attendent. J'ai dîné avec lui hier et c'était un touchant spectacle que la vue du désespoir de ce vieillard vénérable dont les yeux se mouillaient de larmes; et cependant quelle énergie, quelle vigueur! Nous ferons de bonnes choses. Le général a de grands projets; il veut joindre les Arabes, les combattre et les poursuivre partout où cela sera possible. Nous resterons vingt jours en route. Après cette expédition, il partira pour Oran. Les zouaves seront-ils de la fête? je n'ose l'espérer, on ne peut pas être partout.

AU MÊME.

Médéah, le 29 avril 1841.

Nous voici en campagne, cher frère; le 27, nous avons quitté Blidah et bivouaqué sur la Chiffa; le 28, nous passions le col sur trois colonnes, et la nôtre composée des zouaves et d'un bataillon du 26°, sous les ordres du général Baraguay-d'Hilliers, avait mission de prendre par les crêtes pour tourner les positions des Arabes et les redoutes dans le cas où ils auraient voulu les défendre. Partis de la Chiffa à deux heures du matin, après des fatigues excessives et peu de combats, nous étions à deux heures de l'après-midi à notre bivouac sur les crêtes sud du col, charmant bivouac, l'eau et le bois sous la main. Le gouverneur est venu m'y trouver deux fois pour me donner des ordres. Le lendemain, nous sommes partis, formant l'extrême avant-garde, et nous avons été nous emparer du fameux bois des Oliviers, où nous avons bivouaqué. C'est encore une situation fort pittoresque ; avec des bivouacs semblables, je voudrais faire campagne toute ma vie. Enfin, l'armée a quitté les Oliviers pour se diriger sur Médéah avec un énorme convoi.

En descendant des montagnes nous avons aperçu toute la cavalerie d'Abd-el-Kader. Ses cavaliers rouges en grand nombre nous ont fait penser qu'il était là lui-même. Ces quatre mille Arabes à cheval formaient un imposant coup d'œil. Les réguliers ne sont pas encore arrivés. Nous avons jeté le convoi à Médéah sans combat. Je suis allé voir ce trou qui a coûté la vie à tant de braves, et qui en dévorera tant encore ; il n'y a de remarquable qu'un aqueduc à deux rangs assez bien conservé. Médéah est sur la hauteur ; c'est noir et sombre, on dirait un vieux tombeau au milieu d'un jardin anglais, car les environs sont admirables. Il y a beaucoup de vignes, que les Français ont mises en bon état. La pauvre garnison était toute joyeuse de nous voir, et bien des fronts se sont rembrunis en entendant le signal du départ. Nous retournons bivouaquer au bois des Oliviers, pour y reprendre un second convoi monstre destiné à Milianah.

A notre retour, les Arabes nous ont attaqués. Le gouverneur a pris de suite de bonnes dispositions, mais l'ennemi n'a pas voulu tenir devant nous, et, comme d'ordinaire, il s'est rué sur l'arrière-garde; il y a trouvé les zouaves, nous nous sommes battus pendant quatre heures d'une manière fort ennuyeuse, leur donnant une poussée quand ils avançaient trop. Nous n'avons eu qu'un zouave tué et quatre blessés. L'armée était au bivouac depuis plus de trois heures quand nous y sommes arrivés. Demain, on va chercher le convoi au col, et après-demain nous partons pour Milianah. C'est dans cette route, frère, que nous aurons de la besogne. Le gouverneur évitera toute action sérieuse jusqu'à ce qu'il ait ravitaillé la place, et qu'il se soit débarrassé de tous ses *impedimenta*. Mais une fois libre, il tombera sur l'ennemi et ne le lâchera pas qu'il ne l'ait détruit ou au moins désorganisé. Il nous faut deux ou trois jours pour aller à Milianah, ensuite nous tiendrons la campagne et nous manœuvrerons pendant six ou huit jours. Le plan du gouverneur paraît sage et bien conçu; il est d'une activité extraordinaire, il voit tout par lui-même et est partout.

Je suis très-curieux de voir Milianah : je ne devrais pas être si pressé, j'ai le temps de me promener sur cette route, et je ravitaillerai plus d'une fois et Médéah et Milianah.

J'ai mal commencé la campagne, car en sortant de Blidah, au moment où nous manœuvrions pour former un immense carré, afin de recevoir notre drapeau et d'entendre le discours du gouverneur, mon cheval a disparu dans un grand trou caché par les hautes herbes; il a fait un demi-tour, et je suis tombé dessous lui. Si le trou eût été plus large j'étais écrasé. Heureusement les bords ont un peu soutenu le cheval, et j'en ai été quitte pour une forte secousse et quelques contusions. Mes zouaves sont accourus me dégager, et je suis remonté à cheval sur-le-champ. C'est de l'étoile, ou je ne m'y connais pas. Me vois-tu à l'hôpital avec une jambe ou un bras cassé par suite d'une chûte au moment d'entrer en campagne! Heureusement je suis là, je me porte bien, je suis dispos, je pense à vous tous cent fois le jour, et il me tarde de vous donner de mes nouvelles par un beau bulletin.

Je suis avec le colonel Cavaignac dans de bons termes. C'est un homme droit et consciencieux, mais très-susceptible et très-impressionnable. Je connais ses deux faibles, je les ménagerai, et nous serons toujours parfaitement ensemble...

AU MÊME.

Blidah, le 9 mai 1841.

Voici, frère, une bonne et glorieuse campagne terminée. Je suis sain et sauf, et mon bonheur habituel m'accompagne.

Tu m'as laissé sur la route de Milianah. Le 2 mai nous y étions vers trois heures. L'ennemi s'est montré avec plus de forces que je n'en avais encore vu en Afrique : trois bataillons réguliers, plus de six mille Kabyles et huit mille cavaliers ; infanterie sur la montagne, cavalerie dans la plaine. Tout cela a attaqué avec fureur vers cinq heures du soir. Un plateau était occupé par une compagnie de zouaves, qui sont attaqués par plus de huit cents Kabyles. J'y suis envoyé avec deux compagnies de mon bataillon, et j'arrive sur la crête au moment où, montant par le revers opposé, les Arabes ont fait reculer les zouaves, qu'ils écrasent de leur feu et de leur nombre. Il fallait faire ma réputation au corps, frère, et je n'y ai pas manqué. Le terrain ne souffrait pas de cheval, je me jette en bas du mien, que je laisse au milieu des balles, et le sabre à la main je m'élance, à la tête de mes deux compagnies. Le feu m'entourait de trois côtés : à droite les Kabyles, tirant des crêtes voisines et montant déjà sur mon plateau ; en avant les Kabyles, si près de nous, qu'ils jetaient des pierres pour faire lever la tête aux zouaves et tirer dessus à découvert ; à gauche les cavaliers de la plaine, faisant un feu d'enfer. Eh bien! malgré tout cela, j'ai chassé les Kabyles, je les ai poursuivis jusqu'en bas en sautant de rocher en rocher, et j'ai maintenu la possession du plateau à mes zouaves. Malheureusement ce petit fait d'armes, passé dans un coin du tableau, a été éclipsé par la bataille du lendemain 3.

Dès la pointe du jour, nous avons été attaqués sur toute la ligne avec un rare acharnement. Le général Bugeaud a parfaitement compris la position ; il nous a fait masquer dans les bois et derrière des accidents de terrain, puis il a engagé des tirailleurs partout, avec ordre de simuler une retraite après une demi-heure de combat. Alors, si tu avais vu cette nuée de Kabyles s'élancer à notre poursuite avec des cris de victoire, tu aurais été effrayé. Les balles tombaient comme la grêle. Les Arabes étaient à trente pas de nos tirailleurs. Soudain un coup de canon parti du centre, répété par Milianah, change tout à fait l'aspect des choses. Toute l'armée s'élance en trois colonnes, la charge bat et sonne partout. On court, on se précipite ; les ravins, les rochers, une rivière, petite mais encaissée, rien ne nous arrête. On franchit ces ondulations de montagnes, et l'ennemi surpris, effrayé, fuit partout, mais pas assez vite pour échapper à notre fer et à notre feu. C'était une boucherie, et cependant l'affaire était manquée, une colonne était partie trop tôt à gauche, et la cavalerie n'avait pas donné franchement. Si les ordres du général eussent été bien exécutés, nous aurions tué deux mille hommes et fait mille prisonniers. Au lieu de cela, nous n'en avons tué qu'environ cinq cents et fait quelques prisonniers insignifiants, mais le résultat moral est immense. Les Arabes sont terrifiés. Cette masse de Kabyles, dont beaucoup venaient de Tékédempt, a disparu comme la poussière. Ce pays, où chaque pas coûte du sang, nous l'avons ensuite parcouru presque sans combat. Nous avons été plus loin qu'aucune armée française, nous avons descendu la plaine jusqu'au pont construit sur le Chélif par les Turcs sous la direction des Espagnols. Nous sommes revenus par des montagnes inaccessibles, où cent Kabyles embusqués auraient pu nous décimer; nous n'avons pas eu cent coups de fusil. Nous avons eu seulement le 5, sur le Chélif, une assez belle affaire contre trois corps de cavalerie. Nous avons pris des troupeaux, brûlé tout ce qui s'est trouvé sous nos pas.

En résumé, cette campagne, où l'armée n'a pas eu quatre-vingts hommes hors de combat, est cependant remarquable. Le général Bugeaud s'y est parfaitement placé; il s'est montré capitaine expérimenté et habile. On voit, on saisit des pensées militaires. Il se bat quand il veut, il cherche, il poursuit l'ennemi, l'inquiète et se fait craindre. Son activité dévorante plaît au soldat, qui, bien nourri, pas trop fatigué, chante les louanges de son chef. Pour moi, il est toujours excellent. Dans la journée du 3, je me suis battu comme tout le monde, j'ai tué comme tout le monde. Le général m'a dit qu'il me dorerait ma croix.

Je vais, avec mon bataillon, faire la grande expédition d'Oran. Le premier bataillon reste pour opérer sur Médéah, Tazza et Boghar, et le colonel Cavaignac et moi, nous suivons le gouverneur à Oran. Comme on dévore la vie, frère! Je suis à Blidah depuis midi ; demain, à cinq heures du matin, nous partons pour Alger, où nous serons le soir, et il y a douze lieues. Le 12, nous montons sur le bateau à vapeur, le 14 nous sommes à Oran et le 17 nous partons pour Mascara. Nous resterons jusqu'à la fin de juin à nous battre dans la province d'Oran et à y ruiner toutes les villes, toutes les possessions de l'émir. Partout il trouvera l'armée française, la flamme à la main.

J'espère que je serai un Africain complet après cette campagne, car de l'est à l'ouest, je connaîtrai toutes nos possessions en Afrique....

AU MÊME.

Alger, le 14 mai 1841.

Encore quelques lignes, frère, et tu ne regretteras pas les décimes qu'elles te coûteront, car ton cœur battra encore de plaisir en apprenant que, pour la quatrième fois, je suis cité à l'ordre de l'armée. Comme à l'ordinaire, mes amis, mes connaissances de France, auront de mes nouvelles par le bulletin de l'armée d'Afrique, et mes enfants liront encore le nom de leur père, cité au milieu de ceux des bons diables qui se battent pour le pays.

Ce soir, à quatre heures, je serai embarqué sur *le Sphinx* avec la moitié de mon bataillon. L'autre moitié sera avec le colonel sur *le Cerbère*. Tout cela vogue de conserve avec un troisième vapeur qui porte le Prince, et après-demain nous débarquons à Mostaganem, d'où nous marchons d'abord sur Mascara jeter des vivres en masse. Tlemcen et Tékédempt auront leur tour. L'armée d'Alger marchera sur Boghar et nous verrons après la figure de l'émir.

Le 10 juillet toute l'armée sera rentrée dans son cantonnement pour se reposer et nous recommencerons en octobre.

A MADAME DE FORCADE.

Mostaganem, le 17 mai 1841.

Bonne chère mère, c'est à toi que j'écris bien vite ces quelques lignes, pour te donner de mes nouvelles. Tu les communiqueras à mon frère, pour qu'il ne perde pas ma piste.

Nous sommes débarqués hier à Mostaganem, après une heureuse traversée. J'ai aujourd'hui quelques petites douleurs dans les régions abdominales, mais cela tient à la contrariété que j'ai éprouvée de ne pas voir mes chevaux débarqués assez vite. Ce matin, ils le sont, et sains et saufs. Je respire plus tranquille et cela passera.

Toute l'armée est réunie sous Mostaganem, quatorze beaux bataillons d'infanterie et deux mille chevaux.

Les zouaves, destinés à faire continuellement l'avant-garde, sont dans la division de S. A. R. le duc de Nemours, brigade du général Garraube. Nous allons tenir la campagne environ six semaines. Abd-el-Kader rassemble ses forces entre Mascara et Tékédempt pour livrer bataille : il sera infailliblement battu.

J'ai fait d'assez bonne besogne dans la province d'Alger. J'espère continuer par ici, et Tékédempt et Mascara me seront aussi favorables que Médéah et Milianah. Tu vois, mère chérie, que si à Paris vous vous occupez de mes enfants, en Afrique je m'en occupe aussi d'une autre manière qui portera ses fruits.

C'est vraiment pitié que d'écrire si peu de si loin, mais si tu savais dans quel brouhaha je suis, au milieu d'un bivouac, dérangé à chaque minute pour donner des ordres. C'est à en perdre la tête. Adieu, mère chérie....

A M. LEROY DE SAINT-ARNAUD, AVOCAT A PARIS.

Tékédempt, le 25 mai 1841.

Il est écrit, frère, que tu auras de moi des lettres datées des points les plus reculés de nos possessions africaines, Constantine, Tékédempt, dans quelques jours Mascara. Pour supporter ce genre de vie, il faut beaucoup de moral et de courage, mais surtout une somme égale de force et de santé. Voilà mon côté faible. Cependant cela marche, je maigris, mais l'hiver me refera ; je blanchis, mais ça m'est égal. Ce qu'il y a de bon, c'est que le jour des coups de fusil nous sommes là, jeune, fort, ardent et levant la tête comme un cheval de course. Malheureusement l'article a manqué cette campagne. Les Arabes se gâtent, ils n'en veulent plus.

Nous voici à Tékédempt : entreprise audacieuse, bien et habilement conduite, qui fait honneur au chef. Il ne lui manquait qu'une victoire. Les Arabes la lui ont enlevée en refusant de combattre. Après huit jours de marche, dont trois dans des chemins affreux, après deux jours d'une pluie africaine, quelques petites escarmouches insignifiantes, où les zouaves seuls ont joué un petit rôle, nous voici à Tékédempt : position admirable, ville nouvelle bâtie à la hâte, mais comme on bâtit dans ce pays ; située en arrière d'un long défilé qui, défendu, nous eût coûté bien du monde. Plus de six cents maisons, tant en pierre qu'en bois, une grande maison carrée servant à l'émir de fort, de magasin, de prison, de monnaie, d'ateliers de toute espèce, une grande usine sur un ruisseau, voilà Tékédempt. Tout cela désert, abandonné, pas une âme ; à la porte de la maison du cadi, dans la grande rue, un chien et un chat morts et entre eux un billet ainsi conçu : « Voilà ce » que nous laissons pour vous recevoir : un chat pour » le fils de votre roi, un chien pour le gouverneur de » l'Algérie. » En arrivant, les Arabes occupaient encore les hauteurs en arrière de Tékédempt. C'est mon bataillon qui a été les chasser. Nous avons tiraillé assez vivement pendant deux heures. J'avais devant moi environ huit cents cavaliers qui chargeaient assez bien, mais je les ai chargés à mon tour et ils ont disparu. Je n'ai eu qu'un zouave tué raide et quatre blessés. Maintenant l'ennemi s'est retiré, les maisons en bois brûlent, on détruit celles en en pierre, l'usine est rasée et le fort saute en l'air ; ville mort-née, jeunes ruines qui prouveront à l'émir que partout notre puissance peut l'atteindre et que ce que nous voulons détruire sera détruit. Un vieux Turc, prisonnier de l'émir, est parvenu à s'échapper et est venu se rendre à moi. Je l'ai fait conduire au gouverneur. Il y avait cinq jours que Tékédempt était évacué. Abd-el-Kader y était encore la veille. Il n'y avait dans le fort que huit prisonniers français, un zouave, quatre soldats de la légion. Ils avaient écrit leurs noms sur le mur et ajouté : « Nous

» vous attendons. » Nous aurions été bien heureux de les délivrer. L'émir les a emmenés plus loin avec la population de sa ville détruite.

Demain nous nous remettons en route pour Mascara. Nous avons quatre ou cinq journées de marche. Dans ce pays il est difficile de rien préciser. Cela dépend de la difficulté du terrain et des obstacles que nous susciteront les Arabes. Je ne sais si c'est parce que je la connais mieux, mais malgré ses montagnes raides et arides, j'aime mieux faire la guerre dans la province d'Alger. Le pays ici est beau et plus plat, mais l'eau et le bois manquent et c'est capital. Nos bivouacs, c'est notre repos, notre maison, et jamais ici ils ne sont complets. Un mauvais bivouac est plus fatigant que la plus fatigante journée. Coucher sur des pierres ou des rochers et sur un terrain en dos d'âne, sans feu, sans eau, c'est un supplice. Parle-moi d'une bonne surface plane de terre molle ou de blé, ou d'herbe, des arbres en masse, de l'eau claire et abondante. Alors le soldat chante, la gaîté brille, on n'est plus fatigué. Les bons bivouacs sont rares, et c'est un grand point dans la vie militaire en Afrique.

Adieu, frère, je continuerai ma lettre à Mascara, et tout cela partira de Mostaganem où nous serons vers le 5 juin....

AU MÊME.

Mascara, le 31 mai 1841.

Encore une de prise, frère : conquête plus importante que Tékédempt, véritable siége de l'influence d'Abd-el-Kader, sa ville à lui, de naissance et de prédilection. Si, comme Tékédempt, il l'a fait abandonner, il s'est bien gardé, du moins, de la faire brûler. On a enlevé tout ce qu'on a pu, jusqu'aux portes des maisons, mais la ville reste intacte avec sa belle mosquée; du reste, ville arabe ressemblant à Cherchell, à Bone, à Mostaganem, à toutes les autres, mais grande, mais bien située, et entourée de jardins admirables, arbres fruitiers de toute espèce, légumes, etc. Mais tout cela saccagé. Reprenons de plus haut.

Nous avons été suivis, pendant notre route, par trois corps de cavalerie d'environ six ou huit mille hommes. C'était l'émir et ses kalifats. D'abord, en partant de Tékédempt, on avait tendu une petite embuscade à la façon romaine. Le général a fait cacher un bataillon du 41ᵉ dans les ruines de la ville et le bataillon de zouaves dans celles du fort. On était sûr que les Arabes s'empresseraient de venir regarder ce qui s'était passé chez eux. Cela n'a pas manqué : environ deux cents des plus hardis se sont approchés, on est sorti de toutes parts et on les a fusillés. Une vingtaine sont restés sur le carreau. L'affaire eût été magnifique si, au lieu de deux cents, deux mille étaient venus, mais ils sont trop fins.

Le troisième jour de notre marche, nous avons espéré que l'ennemi allait accepter la bataille. Il y avait devant nous et à notre gauche de grandes masses de cavalerie. Nous avons marché à l'ennemi en éventail sur trois colonnes. Malheureusement il n'a pas tenu, nous l'avons poursuivi deux lieues. Nous n'avons plus revu les Arabes que devant Mascara. Les hauteurs qui entourent cette ville en étaient blanches. Ils ont commencé à nous fusiller de suite, sans hésitation et avec un ordre remarquable. Nous avons marché sur eux, comme le 28, ils n'ont pas tenu. Nous étions encore en avant, et seuls nous avons échangé quelques coups de fusil avec eux, pure musique. L'entrain, l'élan des troupes étaient admirables : nous les aurions écrasés. Nous voyons positivement que l'émir ne veut pas de bataille. Il garde ses réguliers pour maintenir encore les tribus. Une défaite le perdrait, car partout on est las de la guerre. Les tribus se consultent pour l'abandonner. Les Flittas, tribu nombreuse et guerrière, nous ont fait dire que si nous occupions Mascara définitivement, ils se soumettraient. Cette défection en entraînera infailliblement d'autres. Le général Bugeaud a vraiment une étoile. Mascara sera occupé par six mille hommes. On en fera le centre des opérations de la province d'Oran ; ce sera la Constantine de l'Ouest. Mascara, Mostaganem, Oran, ces trois points d'un vaste triangle entraînent la soumission du pays. Les Arabes le sentent, et c'est ce qui les a rendus si mous, cette campagne. L'émir doit avoir une tête bien forte pour résister à tant de coups. En même temps on lui détruit Boghar, Tékédempt et on occupe Mascara.

Demain, 1er juin, nous repartons pour Mostaganem chercher un convoi monstre, que nous ramènerons à Mascara. Ce voyage, ce ravitaillement, nous le ferons trois fois. C'est un peu dur, il y a quatre jours de route ; chaque tournée, avec les séjours, nous prendra donc dix ou onze jours. Nous ne repartirons pour Alger qu'en juillet. Je reverrai ma province d'Alger et mon Blidah avec une certaine satisfaction. Je suis en loques, mes pauvres chevaux sont sur les dents, un surtout, qui est légèrement blessé. Je ne sais pas ce que la division Baraguey-d'Hilliers aura fait dans la province d'Alger, mais il est difficile qu'elle se soit moins battue que nous. Nous sommes impatients de savoir des nouvelles de nos camarades, comme eux sont désireux d'en avoir des nôtres. Ils doivent être rentrés dans leurs cantonnements, et nous, nous avons encore un grand mois de courses à faire par une chaleur de trente degrés au moins. Dans quatre jours nous serons revenus à notre point de départ, après dix-huit jours d'une expédition qui, si elle n'a pas été féconde en combats, le sera du moins en résultats positifs. Le général Bugeaud a déployé beaucoup d'habileté et une activité remarquable. Il est très-aimé du soldat et possède toute sa confiance. Quelquefois, un peu de brusquerie le fait moins bien venir des gros officiers ; les autres l'apprécient. Tout compte fait, s'il ne gagne rien autre chose, il aura toujours conquis en Afrique une réputation méritée de général, qui lui assure le commandement de toute armée pour une guerre sérieuse. Cet homme est né soldat, il a un coup d'œil, une audace, une habileté incontestables.

Les privations ont commencé ; nous n'avons plus ni pain ni vin. Nous mangeons du biscuit et buvons de mauvaise eau. Aussi mes maux d'estomac et mes douleurs se sont fait sentir. J'ai recommencé à vivre de café, j'en bois plus d'un demi-litre par jour.

Si jamais tu rencontres de par le monde un député, nommé M. de Corcelles, tu pourras lui parler de moi et de la campagne. Il l'a faite en amateur, avec courage et tenue. C'est un homme de sens et d'esprit, ami intime de Cavaignac. A propos du colonel, je l'ai étudié. Au milieu de ses brillantes et excellentes qualités, j'ai reconnu et sondé ses défauts et j'évite de les heurter. Je jouis de ses qualités, qui sont nombreuses. C'est un homme d'une haute capacité et qui ira loin.

J'ai couché hier avec un gros caméléon. Le pauvre animal avait froid et s'était blotti sous ma couverture. Il m'a légèrement ému quand je l'ai trouvé là. Adieu, cher frère, nous allons regagner notre bivouac de Mostaganem....

AU MÊME.

Mostaganem, les 4 et 6 juin 1841.

Nous avons quitté Mascara, ses deux mosquées, sa triste prison, où nos pauvres camarades avaient laissé leur trace. Les Arabes nous ont attaqués à quelques lieues de Mascara, dans un défilé d'une grande difficulté. L'affaire, toute d'arrière-garde, a été chaude pendant quelques moments. Nous avons eu soixante-douze blessés et trois tués. L'ennemi a perdu environ trois cents hommes. Depuis lors, nous ne l'avons plus revu et nous sommes arrivés à Mostaganem sans brûler une amorce....

Nous avons appris que la colonne qui a opéré dans la province d'Alger a eu les mêmes chances que nous. Point de combats, moins encore que nous. Elle a détruit Boghar et Tazza. Cette dernière ville avait de l'importance.

Nous allons nous reposer quatre ou cinq jours et puis recommencer.

Pendant vingt jours, nous allons patrouiller sous un ciel si brûlant qu'on ne peut le regarder, bivouaquer sans bois sur des pierres, enfin jouir de toutes les misères de la guerre, sans en avoir les compensations, une belle et bonne victoire.

Nous aurons bien des difficultés à vaincre pour le transport des vivres et des munitions. Le général s'ingénie, se remue en tout sens et il met sur la bonne volonté et le patriotisme des officiers un impôt qui tue leur bourse et leurs chevaux. Il leur fait porter pour dix jours de vivres et six paquets de cartouches qui devront être versés à l'artillerie à Mascara. Cette mesure fait crier, bien qu'on en sente la nécessité. La faute en est au gouvernement qui ne donne pas les moyens de transport, sans lesquels la guerre est impossible ici où il faut tout porter avec soi, jusqu'à l'eau, jusqu'au bois....

AU MÊME.

Mascara, le 12 juin 1841.

Me voici encore sous les murs de Mascara, frère ; notre course a été intéressante, nous avons traversé un pays beau, curieux, admirablement accidenté. Nos longues vues nous ont introduits dans deux petites villes pittoresquement situées et que nous avons laissées à une demi-lieue sur notre gauche. Notre immense convoi s'opposant à toute entreprise, nous avons remis au retour le soin de brûler Calar et Dabbah. Ce sera dommage. A l'exception de quelques coups de fusil sans importance, nous n'avons point été inquiétés par les Arabes.

Cette campagne aura de grands résultats politiques

pour la question africaine. Le général Bugeaud suit son but avec une persévérance aussi louable qu'habile. Passionné pour la guerre et les combats, il préfère aux bulletins qu'il pourrait rechercher, la poursuite d'un but utile au pays. Cet homme est admirable, frère ; on ne le connaît pas, on ne lui rend pas justice. Il a vraiment du génie. Je le suis, je l'examine sans passion, et chaque jour je lui découvre de nouvelles qualités, mais il a bien les défauts de ses qualités. Franc et loyal à l'excès, il tourne quelquefois à la brusquerie. D'une activité inconcevable, il devient minutieux. Agriculteur pendant quinze ans, vivant dans un frottement continuel avec la classe peu élevée de la société, il n'a pas toute la dignité, toute la tenue désirables. Mais quelle conscience, quelle probité, quelle délicatesse de sentiments, quelle abnégation personnelle ! Et on l'entoure de difficultés ! De petites coteries lui suscitent des embarras et des ennuis, la presse l'assassine à coups d'épingle. Je voudrais être en France et crier cela sur les toits. Mon opinion est dégagée de tout esprit d'égoïsme, tu dois le penser. Je suis dévoué à cet homme parce que je vois qu'il m'aime et qu'il est bon pour moi. Ce qu'il fera pour moi, je n'en sais rien. Lui, comme tout autre, sera obligé de me récompenser si je le mérite, et je fais tout pour cela.

Mascara, ainsi que je te l'ai déjà dit, a dû être une ville belle et importante. Brûlée en partie et saccagée par le maréchal Clauzel en 1835, elle n'a pas été réparée ni rebâtie ; les Arabes ne réparent rien. Dans quelques mois elle sera habitable ; en attendant nos troupes sont mal et souffrent beaucoup. On a fait de la grande mosquée un hôpital qui sera humide, mais il n'y avait pas de choix. Pendant notre absence, les Arabes ne se sont pas montrés devant Mascara. Il paraît que le 1ᵉʳ juin, ils avaient perdu beaucoup de monde. Des murailles de Mascara on a vu le soir les Arabes défiler emportant leurs morts et leurs blessés. Ils ont eu plus de deux cents tués et quatre à cinq cents blessés. C'est beaucoup en Afrique ; quelques déserteurs nous ont confirmé le fait. Les Hachem ont signifié à Abd-el-Kader qu'il fallait qu'il les défendît ou qu'ils se soumettraient à nous. L'émir est embarrassé. Nous ne savons s'il livrera bataille ou s'il continuera son système de contenir les tribus avec ses réguliers sans rien risquer. S'il se bat, il est perdu. Maintenant nous allons courir la plaine des Ghris pour faire la moisson à la place des Arabes et rentrer les grains. Dans huit jours, nous reviendrons à Mascara, comme la fourmi, porter notre tribut.

Voilà, frère, des détails qui n'ont pas grand intérêt, mais à l'aide desquels tu pourras me suivre comme je te suis quai de la Tournelle, à la Madeleine, dans la salle des Pas-Perdus et à Noisy lorsque, comme hier, je mange un abricot ou une amande. Ah ! que je voudrais être sur les bords de la Marne avec toi et notre grand frère !...

AU MÊME.

Bivouac de Sidikalef, le 23 juin 1841.

Nous ne sommes plus soldats, frère, nous sommes moissonneurs. La faucille a remplacé le fusil. Les Arabes aux abois ne veulent plus se battre. Nous les avons poursuivis jusqu'à neuf lieues du grand désert. Alors, pour ne pas perdre notre temps, nous nous sommes mis à faire la moisson pour eux. Nous sommes revenus nous établir autour de Mascara dans l'immense plaine des Ghris, et là, l'armée tout entière fauche les orges, les vanne, les met en sac, et on approvisionne ainsi Mascara. Cette idée toute agronomique du général a d'abord fait rire, mais quand on a vu les résultats on n'a plus ri. Tout le monde a travaillé de cœur et nos soldats, payés pour leur travail, abattent les grains au lieu des Arabes. Tout cela, frère, est très-beau et commence la solution d'un grand problème qui fera honneur au général et profitera à la France.

Je croyais rentrer avec le gouverneur dans quelques jours; il en est autrement. Le général Lamoricière a déclaré au gouverneur que le bataillon des zouaves lui était indispensable encore, et pour servir de modèle et d'exemple à l'armée d'Oran, et pour porter un coup décisif dans l'occasion.... Le colonel Cavaignac prend un congé et me laisse seul commandant des zouaves, ce qui me met en évidence et dans une position superbe. Je ferai dans cette position tout le bien possible à mes officiers et je serai placé pour cela, car le général Bugeaud est toujours parfait pour moi. Mon Dieu, de la santé ! je ne demande que cela. Il y a des jours où je suis très-bien, mais il y en a d'autres où je me soutiens à peine. Mon estomac, mon ventre me brûlent. C'est avoir entrepris trop tôt de trop grandes fatigues. Il faut être de fer et d'or pour une semblable vie. J'aurai bien de la peine à m'y soumettre longtemps encore. Nous verrons ce que le destin me réserve. Cependant je suis attaché à l'étoile du général Bugeaud qui ne peut manquer de briller longtemps. Il est encore ici pour trois ans. Il en sortira maréchal de France et moi colonel. Ma foi, alors je deviens poltron comme la lune et je vais me reposer et fainéantiser dans quelque garnison,... à moins que le diable ne me fasse encore entendre le canon quelque part. Oh! alors je me rengage et cours après le généralat. Et toi, cher frère, que fais-tu? Tu plaides, tu travailles, tu surveilles les enfants qui te désennuient. Moi, je n'ai que votre souvenir pour me soutenir. Si j'étais seul, j'irais bien vite croupir dans un bataillon en France. Il n'y a pas de cheval de fiacre sur place à Paris qui ne soit un chanoine auprès de moi. Quel corps que ces zouaves, toujours employé, toujours en avant, le jour, la nuit, au feu comme au travail ! Nous fournissions cent sacs au gouverneur quand d'autres bataillons en apportaient vingt-cinq ou trente. Mais quel mal je me suis donné, toujours à cheval, courant d'un atelier à l'autre, excitant, encourageant mes hommes, allant seul au loin reconnaître les meilleurs champs pour les y placer, moi qui ne pouvais pas supporter de faire la moisson ! C'est très-comique de voir huit mille moissonneurs sur une étendue de deux lieues, vous débarbouiller des champs à perte de vue. Et pour le blé ce sera bien autre chose ! Il y a dans cette plaine des champs de blé de trois lieues, et le blé a quatre pieds et demi de hauteur et souvent cinq pieds.

Embrasse le petit peuple et recommande-lui d'être sage. Quand j'aurai ma croix en or, j'enverrai à mon fils ma croix d'argent, ma croix de Constantine, qui lui rappellera qu'il faut qu'il gagne un jour la sienne au même prix. Louise aura la petite que tu m'as donnée. Adieu.....

AU MÊME.

Mostaganem, le 27 juin 1841.

J'arrive, frère, il y a quelques heures que je jouis de la poussière de Mostaganem. Je trouve ici quatorze lettres, trois de Metz, trois de Cherchell. Ce sont des félicitations et des demandes d'appui auprès du général Bugeaud, comme si je protégeais quelqu'un, moi qui ne puis même pas me protéger contre la fièvre. Enfin, mon pain, mon trésor, trois lettres de vous: une de ma mère, frère et beau-père, trinité fort chère, qui m'a causé un vif plaisir, deux de toi que j'ai relues dix fois. Ton œil m'inquiétait et l'opération faite ne me rassure nullement. Ménage-toi et ouvre l'œil, comme on dit. Si je ne l'avais pas ouvert hier, je ne t'écrirais pas aujourd'hui.

Depuis notre départ de Mascara, nous avons eu deux journées horribles, sinon de dangers, du moins de fatigues. Le 25, mon bataillon a été, par des chemins que rien ne peut décrire, dans des ravins, où l'homme descend, à quatre pattes, chercher des troupeaux que nous n'avons pas pris, des hommes que nous avons tués quand ils ne se sont pas sauvés, des femmes et des enfants que je laissais échapper le plus possible, parce que je n'aime pas cette marchandise.

Mais hier 26, autre scène plus militaire quoique avec son côté comique, puisque le drame prémédité a échoué. J'étais d'extrême arrière-garde et suivi depuis quatre heures par les Arabes qui me fusillaient de leur mieux. On voyait des groupes de cavaliers d'environ deux mille chevaux. Deux cents cavaliers et une centaine de Kabyles me suivaient de très-près. Je les maintenais, je leur tuais le plus de monde possible, je leur tendais de petits pièges numides qui les arrêtaient pour un temps; enfin, à une halte, je leur envoie deux coups d'obusiers assez bien dirigés et ils s'arrêtent. Le feu cesse, je crois en être débarrassé. Nous entrons dans un maquis épais où à dix pas l'un de l'autre on est aussi isolé que dans le désert. Nos Douairs, environ une vingtaine, appelés comme cela arrive souvent par quelques-uns de leurs amis servant Abd-el-Kader, traversent mon arrière-garde, passent, repassent et mes zouaves s'accoutument à les voir ; pendant ce temps, j'employais mon arrière-garde à brûler les champs d'orge et de blé sur notre passage et la colonne marchait toujours et s'éloignait. Moi-même, je me trouvais parfois séparé de mes hommes par les maquis. L'ennemi, qui plongeait sur nous et voyait tout, comprend en un instant le parti qu'il peut tirer du passage de nos alliés arabes dans nos rangs. Même costume, même langage, aucun signe de distinction. Une vingtaine de Bédouins ennemis se glissent dans les maquis, nous parlent, nous demandent des renseignements oiseux, mais surtout si l'arrière-garde est loin. Deux cents cavaliers se préparent à passer un ravin sur notre droite et environ autant marchent sur nos derrières. A un signal, les vrais Numides, les dignes Carthaginois se jettent sur quelques hommes isolés. Trois sont désarmés, on ne les tue pas dans la crainte que les coups de fusil ne donnent l'éveil. Mais un traînard du 56⁰, ayant affaire à un Kabyle plus raide, reçoit un coup de feu dans la poitrine à vingt pas de moi. Je dresse l'oreille comme un chien de chasse et je vois un véritable Arabe ami accourir à moi, ventre à terre, en me criant : « Commandant, commandant, les Arabes » d'Abd-el-Kader en masse ! ils descendent, ils sont

» là, partout. » Heureusement, frère, les flanqueurs de gauche que j'avais fait appeler pour garnir ma droite que je trouvais en l'air arrivaient. Je leur fais faire un mouvement à droite et je les lance au pas de course. Moi, en deux bonds de mon cheval, je suis sur l'ennemi et j'arrive assez à temps pour recevoir à dix pas le coup de fusil du propre fusil du pauvre soldat du 56°. J'allais trop vite pour être atteint, je me suis levé sur mes étriers, j'ai frappé de toute ma force sur la tête emmaillottée du Punique. La lame a rebondi comme une balle, il a fait : oum ! et a pressé son cheval. J'ai enfoncé mon sabre dans ses guenilles, mais il m'échappait avec une bosse sur la tête et un trou dans ses chiffons. Je me suis retourné sur le ravin où mes hommes arrivaient à ma voix et j'ai arrêté l'ennemi par un feu soutenu. Mon adjudant-major, lancé au galop, m'amenait l'arrière-garde et nous chargions vivement l'ennemi. Au bout d'un quart d'heure, tout était dans l'ordre et je riais en pensant que le colonel Cavaignac et moi et toute l'arrière-garde, nous l'avions échappé belle. Le coup était bien monté, bien joué, et s'ils avaient eu autant d'audace que de ruse nous étions enlevés. Tu veux des détails, en voilà, frère, mais longs, incomplets et toute cette scène se filait avec une rapidité d'exécution qui ne se traduit pas. Nous nous demandions après : Mais, est-ce possible ?

Le colonel Cavaignac part ; je reste avec mon bataillon et je vais retourner à Mascara avec le général Lamoricière. Nous partons le 1ᵉʳ ou le 2 ; nous serons vingt jours absents. C'est bien long, je suis fatigué, souffrant, j'irai tant que je pourrai, et j'ai l'espoir que j'arriverai au bout. Me voilà chef de corps, grande responsabilité que je comprends et que j'envisage d'un œil froid et d'un cœur ferme. Ma tâche sera lourde et difficile, car on me sait aimé du gouverneur et on n'aime pas ici le gouverneur, on serait enchanté de pouvoir lui dire : Votre protégé n'est qu'un triste officier, mais nous serons là et les faits aussi.

Voici sur l'esprit arabe quelques détails curieux qui te plairont. Durant nos expéditions, le général a reçu d'eux plusieurs lettres, elles te donneront une idée de leurs sentiments.

« Quel est donc cet esprit qui peut pousser la
» France, qui se dit nation si puissante et si forte, à
» venir guerroyer chez nous? N'a-t-elle pas assez de
» son territoire? Quel tort nous fera ce qu'elle nous
» prendra comparé à ce qui nous reste? Elle marchera en avant, nous nous retirerons; mais elle
» sera forcée de se retirer, et nous reviendrons.

» Et toi, gouverneur d'Alger, quel mal nous fais-
» tu? Dans les combats tu perds autant de monde
» que nous. Les maladies déciment chaque année tes
» armées. Quelles compensations iras-tu offrir à ton
» roi, à ton pays, pour tes pertes immenses en
» hommes et en argent? Un peu de terre et des pierres
» de Mascara. Tu brûles, tu détruis nos moissons, tu
» coupes nos orges et nos blés et pilles nos silos. Mais
» qu'est-ce que la plaine des Ghris dont tu n'as pas

» dévasté un vingtième, quand il nous reste les mois-
» sons de..... (Ici il cite une trentaine de contrées),
» et outre cela les moissons du Maroc même. Le mal
» que tu as cru nous faire, c'est un verre d'eau tiré
» de la mer..... Nous nous battrons quand nous le
» jugerons convenable, tu sais que nous ne sommes
» pas des lâches. Nous opposer à toutes les forces
» que tu promènes derrière toi serait folie, mais nous
» les fatiguerons, nous les harcèlerons, nous les dé-
» truirons en détail ; notre climat fera le reste. Envoie
» un homme contre un homme, dix contre dix, cent
» contre cent, mille contre mille, et tu verras si nous
» reculerons. Vois-tu la vague se soulever quand
» l'oiseau l'effleure de son aile, c'est l'image de votre
» passage en Afrique, etc., etc. »

Qu'en dis-tu? Quelle raison, quel sens, quels sentiments justes et élevés! En deux mots, voilà leur politique, nous fatiguer, nous détruire en détail avec l'aide des maladies, et nous bloquer dans les villes de l'intérieur que nous occupons. Ne se battre que lorsque le terrain et le nombre leur offrent un immense avantage. Que faire avec de pareils hommes qui n'ont pas de besoin et dont la patrie est partout, dans un cercle immense, insaisissable? C'est le combat du lion contre le moucheron, et le plus sot des deux n'était pas l'insecte. Ouf! quelle belle page de politique! J'aimerais mieux te battre aux échecs ou au bilboquet.....

AU MÊME.

Au bivouac, sous Mascara, le 4 juillet 1841.

Vraiment, frère, je ne devrais peut-être pas t'écrire sous l'influence des sentiments qui me débordent aujourd'hui; mais j'ai sous les yeux, j'aurai toute ma vie sous les yeux le tableau déplorable qui m'a frappé; je ressentirai toujours le contre-coup des souffrances morales profondes que j'ai endurées.

Nous avons quitté Mostaganem le 2, et notre première journée, coupée en deux par une halte de plusieurs heures, qui ne repose pas parce qu'on est sous le soleil, sans eau, sans ombre, dans la poussière, a été des plus pénibles. Nous n'avions cependant que des plaines à traverser. Le bivouac n'a été établi que la nuit. Bien des hommes sont restés en arrière, bien des têtes ont été coupées. Mais le lendemain 3, nous avions quatre lieues de montagne, un soleil de plomb; mon bataillon avait été choisi pour faire l'extrême arrière-garde. L'ennemi nous suivait froidement et en petit nombre, grâce à Dieu. Au bout de deux heures, les traînards augmentaient, le terrain devenait difficile, plusieurs têtes avaient été coupées. Je dis au lieutenant-colonel Renaud, qui était avec moi à l'arrière-garde : « Si nous n'en finissons » pas avec les Arabes, nous aurons plus de deux cents » têtes coupées, il faut un mouvement offensif décidé. »

Ce fut son avis, nous partîmes aussitôt au galop avec vingt-cinq cavaliers, une compagnie de zouaves et nous chargeâmes les cavaliers qui nous suivaient en tiraillant. Ils ne tinrent pas, nous leur tuâmes deux hommes et deux chevaux, et ils ne reparurent plus que de très-loin, comme des bêtes féroces qui suivent leur proie et l'attendent avec calme et certitude. Cependant nous les avons trompés, mais que de peines, mais que d'efforts, de supplications, de menaces! Non, pour les épaulettes de général, je ne voudrais pas recommencer la vie que j'ai faite dix heures de suite le 2 juillet. A peine les coups de fusil avaient-ils cessé que les traînards ont abondé par vingtaines, par centaines de tous les corps, de tous les régiments. Ce malheureux bataillon de chasseurs à pied, qui débutait en Afrique, était à la débandade. Il était d'avant-garde, par conséquent à près de deux lieues de moi, et je ramassais ses hommes à l'arrière-garde. J'ai vu là, frère, tout ce que la faiblesse et la démoralisation ont de plus hideux. J'ai vu des masses d'hommes jeter leurs armes, leurs sacs, se coucher et attendre la mort, une mort certaine, infâme. A force d'exhortations, ils se levaient, marchaient cent pas et accablés de chaleur, de fatigues, affaiblis par la dyssenterie et la fièvre, ils retombaient encore et, pour échapper à mes investigations, allaient se coucher, en dehors de ma route, sous les buissons et dans les ravins. J'y allais, je les débarrassais de leurs fusils, de leurs sacs; je les faisais traîner par mes zouaves, j'en ai fait monter sur mon cheval jusqu'à ce que j'eusse sous la main les sous-officiers de cavalerie, seuls moyens de transport que nous ayons eus à l'arrière-garde.... J'en ai vu beaucoup me demander en pleurant de les tuer, pour ne pas mourir de la main des Arabes; j'en ai vu presser avec une volupté frénétique le canon de leur fusil, en cherchant à le placer dans leur bouche, et je n'ai jamais mieux compris le suicide. Eh bien, frère, pas un n'est resté en arrière, pas un ne s'est tué; beaucoup sont morts asphyxiés, mais ce n'est pas ma faute. Toujours le dernier de l'armée, je n'ai pas quitté un buisson, un ravin, avant de l'avoir fouillé, et ma récompense ne se faisait pas attendre, quand vingt minutes après, ces mêmes buissons, ces mêmes ravins étaient visités par les Arabes, qui venaient y chercher la proie que je leur avais arrachée.

Dans cette journée, que je n'oublierai jamais, j'ai compris la Macta, la Tafna et tous les désastres de l'Afrique. Mes zouaves si intrépides, si aguerris, si acclimatés, étaient eux-mêmes épuisés et plusieurs sont tombés sous de glorieux fardeaux. C'était un jour de dévouement et de force morale, c'est bien plus que le courage d'affronter les balles.... Le général Lamoricière m'a dit, que si mon bataillon n'avait pas été d'arrière-garde, il y aurait eu deux cents têtes coupées. Je lui ai répondu: « Bien plus, » mon général. » Aujourd'hui il fait un sirocco horrible: l'air est plus chaud que la bouche d'un four enflammé, la poussière tourbillonne par moments et le vent enlèverait les tentes; puis à cet ouragan succède un calme plat, mortel. Voilà le temps depuis hier. Eh bien, moi je t'écris et je ne m'arrête que pour essuyer la sueur qui ruisselle sur tout mon corps. Je souffre, certes, je souffre, mais je serre les dents de rage de voir souffrir autour de moi et je lève la tête.,,,

---

AU MÊME.

Au bivouac, sur Mascara, le 15 juillet 1841.

Je t'ai écrit sous Mascara, frère; cette fois-ci je t'écris sur Mascara. Nous changeons de bivouac ; en bas nous étions mal, en haut nous sommes moins mal. Mon bivouac est établi sous un gros caroubier qui prête son ombrage à mes chevaux comme à moi.

Ne crois pas que nous soyons restés oisifs, inactifs pendant les dix jours que j'ai passés sans t'écrire. Nous avons beaucoup moissonné et nous nous sommes pas mal battus. Les Arabes se sont ennuyés de voir leurs blés fauchés et enlevés, ils se sont réunis sous les ordres de l'émir et nous ont attaqués à l'arrière-garde, comme toujours. Les zouaves y étaient, il n'y a pas eu moyen de l'entamer. Nous avons fait une excursion à deux lieues sur Sidi-Daho, où nous sommes restés trois jours. Le 13, les Arabes nous ont attaqués sérieusement et nous avons eu une affaire qui aurait pu être belle, si elle avait été bien dirigée et si tous les corps avaient fait leur devoir. Le général Lamoricière est brave, capable, mais on ne saute pas de plein pied du commandement d'un régiment au commandement d'une armée, surtout dans un pays comme celui-ci. Sa responsabilité l'inquiète et le rend indécis. C'est ce qui est arrivé le 13 : il a commencé, après m'avoir fait prendre une position sous une grêle de balles, par faire tirer du canon sur l'ennemi et nous lancer après. Mais il fallait nous lancer avant ; le canon éloigne les Arabes. Quand on les charge, c'est pour les joindre. Nous avons couru plus de deux lieues, tiré plus de cinquante coups de canon et brûlé plusieurs milliers de cartouches et nous n'avons pas tué cinquante hommes, et quand nous sommes revenus vers notre bivouac de Sidi-Daho, les Arabes se sont retournés et nous ont accompagnés à coups de fusil....

Tu trouveras, ci-jointe, une pièce curieuse qui t'amusera, toi et tes amis. C'est une proclamation d'Abd-el-Kader, ornée de son cachet. Hier, j'occupais aux avant-postes une position sur une hauteur, près d'un marabout. Quelques Arabes, placés sur les hauteurs opposées, sont descendus dans la plaine et m'ont crié si j'avais le cœur de descendre chercher un papier qu'ils me montraient. Je suis descendu seul ; ils ont déposé le papier dans des palmiers nains et se sont retirés de quelques pas. J'ai ramassé trois chiffons semblables à celui que je t'envoie. Je les ai donnés au général, en lui demandant la permission d'en garder un. En voilà du style et du papier ! On croit reconnaître l'écriture d'un fourrier du 41ᵉ, déserteur et secrétaire d'Abd-el-Kader. L'homme, dit-on, c'est le style. Ici ce serait faux, l'émir vaut mieux que cela.

« Camp du Sultan, juillet 1841.

» Le sultan Abd-el-Kader informe les soldats français, que
» dans ses États ils seront bien reçus, qu'ils y jouiront d'une
» très-forte paye, d'une bonne nourriture et d'une entière liberté.
» Ils pourront être soldats ou civils, à leur volonté. »

Nous partons ce soir pour Mostaganem. Il était temps, l'armée est fatiguée, ennuyée... Que j'aurais besoin de repos, frère, de linge blanc, de pain frais, de bon vin et surtout de vos lettres, de vos nouvelles à tous que j'aime tant et auxquels je pense si bien, quand on me laisse le temps de penser.

AU MÊME.

Mostaganem, le 21 juillet 1841.

Nous avons quitté Mascara le 15, et depuis lors nous avons toujours été suivis par tout ce que l'émir a pu réunir de forces, même en appelant son frère de la province de Constantine. Dans notre retraite mon bataillon avait été choisi pour faire l'arrière-garde le jour, où la route, plus difficile, offrait plus d'avantages à l'ennemi. Quelle route! route d'enfer, ravins, précipices, défilés, passages par un, rien n'y manquait, et tout cela pendant six lieues, depuis quatre heures du matin jusqu'à quatre heures du soir. Mes zouaves se sont battus comme des lions, tenant de position en position, embusqués par moi dans des lieux que j'étudiais en avançant. Ils étaient en vue de toute l'armée qui défilait sur les hauteurs. Les Arabes nous ont chargés avec acharnement; il y a eu du pêle-mêle, des cadavres disputés, des combats homériques. Je me suis fourré partout où j'ai pu, tout en conservant mon commandement général, et je m'en suis tiré avec mon bonheur ordinaire : une balle dans ma capote et une autre qui, frappant le fer de mon cheval, est venu ricocher sous mon orteil droit et m'a fait une contusion assez forte, qui n'est plus rien. J'ai seulement gardé le pouce noir... J'ai fait bien du mal aux Arabes; je les faisais tirer à bout portant. Le 19 ils nous ont encore attaqués; j'étais toujours à l'arrière-garde. Il y a eu un seul moment sérieux : nous avions quinze cents cavaliers sur les bras et cinq cents Kabyles. Ils ont cherché à couper l'arrière-garde dans un bois très-fourré. Nous les avons dispersés à coup d'obusiers et à coup de fusil.

En arrivant j'ai dû faire mon rapport et des états de proposition pour mes officiers, récompenser mes zouaves, et leur adresser des compliments dans un bel ordre du jour, nommer quelques sergents, quelques caporaux, quelques soldats de première classe. Voilà comment on fait tuer les gens! Tu comprends bien que je ne demandais rien pour moi. En portant mon travail chez le général Garraube il m'a dit : « Commandant, vous avez oublié un mémoire de » proposition, c'est le vôtre. »

Me voici dans ce triste Mostaganem, sans savoir ni quand ni comment j'en sortirai. Il n'y a pas de bateaux, et les premiers qui viendront seront employés à l'évacuation des malades. Je serai peut-être obligé d'aller avec l'armée m'embarquer à Oran, et ce sont encore des marches, des fatigues qui achèvent mon pauvre bataillon. Vraiment c'est trop se servir des hommes, c'est les user et en abuser. Nous ne savons rien des projets du général Lamoricière. Nous avons dans le sac des vivres pour quatre jours, et nous sommes prêts à tout événement, à partir par terre, par mer, ou à rester....

AU MÊME.

Oran, le 2 août 1841.

Si jamais, cher frère, tu reçois de moi une lettre datée de Tlemcen, et il ne faut jurer de rien, tu pourras me donner pour un Africain complet, car il ne me manque plus que ce petit voyage. Me voilà à Oran.... Encore un pays nouveau de parcouru, et quel pays ! Nous avons été obligés d'aller de l'Arbah au Tlélat pour trouver un peu de mauvaise eau jaunâtre et dégoûtante. Au défilé de Muley-Ismaël (bois célèbre par la mort du colonel Oudinot, du colonel Maussion, par la défaite du général Trézel, qui partit de là poursuivant Abd-el-Kader, qui l'attirait à la Macta), les Arabes ne nous ont que faiblement attaqués : c'était de la véritable fantazzia... Nous avons marché toute la nuit afin d'éviter l'horrible plaine du Tlélat, four horrible qui vous asphyxie. A minuit nous nous reposions d'une journée de dix lieues au camp du Figuier. A quatre heures du matin, le 1er août, nous repartions, nous parcourions la plus grise, la plus inculte, la plus triste de toutes les plaines, pour tomber dans Oran à huit heures. Quelle différence avec les environs d'Alger, qui sont d'une beauté féerique ! Ce port sans bâtiments rend la vue de la mer vraiment triste. Cette ville, toute espagnole, ressemble à un grand bourg d'un pauvre département d'une pauvre partie de la France. Des guinguettes partout, pas de premier étage ; quelques maisons bâties par les Français, toujours dans le genre espagnol, sont assez bien. Du reste, pas de beaux magasins, pas de beaux établissements comme à Alger. Une seule chose rend original l'aspect d'Oran : la ville est coupée par un vaste ravin tout couvert de verdure, jardins fruitiers, jardins potagers.

La rue principale, s'appelant Napoléon à sa naissance, et Philippe à sa fin, probablement parce qu'elle descend toujours, traverse la ville. Une foule de ruelles montueuses et tortueuses coupent la rue; on peut rester dix ans à Oran et ne connaître que la rue Napoléon-Philippe. Cependant le château neuf, où habite le général gouverneur de la province, est beau à l'intérieur; mais les abords sont difficiles, mesquins, toujours à l'espagnol. Le goût de Lamoricière a arabisé le dedans, qui est vraiment curieux. Il y a Oran beaucoup de colons, c'est-à-dire de marchands et de spéculateurs en terrains et bâtisses; le colon vrai est encore plus rare qu'à Alger; pour mieux dire il n'y en a pas. La petite industrie est en partie entre les mains des Espagnols, les approvisionnements d'Oran venant surtout d'Espagne. Au total c'est une ville curieuse que je suis content d'avoir vue, mais où je ne voudrais pas habiter.

Voilà donc encore une expédition finie. C'est la quatrième depuis le 26 avril. J'ai couru quelques hasards, parcouru bien des pays, je me tâte, et je suis au complet. J'ai seulement gagné, ou plutôt regagné ma gastralgie, dont je souffre pas mal. Gagnerai-je autre chose? je n'en sais rien, mais j'ai la conscience d'avoir fait mon devoir. Dans cette dernière expédition, je commandais seul un corps sur lequel tout le monde a les yeux, et son étoile n'a point pâli. Je crois que j'ai gagné dans l'opinion de beaucoup, et je te le dirai franchement, j'ai grandi dans la mienne; j'ai senti, j'ai compris à mon aplomb que je pouvais faire plus, et aujourd'hui plus que jamais j'aborderais toute espèce de commandement avec confiance.

J'ai eu ce matin avec le général Lamoricière une longue et sérieuse conversation, confidentielle, mais destinée à être répétée par moi au gouverneur. Il paraît qu'à Alger on a médit de notre campagne, on a trouvé que nous n'avions pas fait assez. La calomnie a broché sur le tout et, comme c'est l'usage en Afrique, on s'est déchiré à belles dents. Le pays perd à tout cela. Les circonstances sont graves, la campagne d'automne sera sérieuse dans cette province. C'est là qu'on se battra. Lamoricière nous voudrait avec lui et il a raison. Ce n'est pas parce que je commande les zouaves, mais sans les zouaves je ne sais trop ce qui nous serait arrivé. Jamais je n'ai vu de plus triste armée et, je le dis du fond de mon âme, si en revenant de Mostaganem nous avions été attaqués comme nous l'avons été dans plusieurs circonstances en Afrique, par des masses de cavalerie et quelques milliers de Kabyles, dans ce moment il n'y aurait plus un seul zouave et l'armée d'Oran aurait été culbutée. Il est vrai qu'on était fatigué, mais toute la troupe de ligne, chefs et soldats, était démoralisée. J'avais tout prévu, frère, j'avais pesé la catastrophe, je l'attendais, j'y pensais et je n'ai pas été pour cela plus triste pendant la route; mais j'ai vu Oran avec satisfaction pour les autres comme pour moi, et surtout pour notre France. Tout ce que je t'écris là est le fond de ma pensée, garde-le pour toi ou pour ceux seulement qui nous comprennent et pensent avec nous.

Dans le moment où je t'écris, Abd-el-Kader rassemble toutes ses forces pour tenter un coup de main vigoureux sur Mascara. Une caravane partie de Fez lui a apporté à dos de mulets et de chameaux vingt pierriers, comme ceux dont on se sert pour armer les chaloupes, avec leurs affûts. Ils sont destinés à incendier nos meules de paille à Mascara et à affamer notre troupeau. Tout cela est réuni à Saïda, où nous n'avons pas voulu aller et où l'émir concentre aujourd'hui ses ressources. Il n'est plus question des soumissions dont on s'était flatté. L'émir se débat, se multiplie, agit, pousse, intrigue, et la guerre est plus menaçante que jamais.

Je me suis fait du général Garraube un ami chaud et franc. Il ne croyait pas à l'avenir de l'Algérie. Nous avons commencé par nous disputer; maintenant nous discutons, et tout en n'étant pas du même avis, nous nous sommes liés et il me fait toutes les prévenances imaginables. Il m'a offert sa maison, sa table pour tout le temps de mon séjour à Oran. J'ai refusé pour rester sur mon terrain maître et indépendant. Il connaît beaucoup notre tante la marquise de Laurière. Son caractère est franc et me plaît; il est fort brave de sa personne.

Dans l'après-midi, nous passons la revue d'adieu, et le soir je vais m'embarquer pour Alger d'où je t'écrirai quand j'aurai vu le gouverneur. Je ne resterai que peu de jours à Alger et j'irai rejoindre mon

Blidah où il faudra que je m'installe, que je me loue ou que je m'achète quelques meubles indispensables : un lit d'abord, une table et quelques chaises. J'espérais trouver des lettres à Oran ; pas du tout. Le directeur de la poste croyant que les zouaves étaient partis de Mostaganem pour retourner à Alger, y a tout renvoyé. Il y a un siècle que je n'ai eu de vos nouvelles. Comme je vais dévorer tout cela à Alger...

AU MÊME.

A bord *du Tartare,* le 4 août 1841.

Il est écrit, cher frère, que je ne retournerai jamais à Alger. J'arrive devant Mostaganem, je trouve le colonel Tampour, commandant supérieur de Mostaganem, dans l'enthousiasme d'un succès obtenu sur Abd-el-Kader, mais trop faible pour le continuer et avoir les résultats qu'il en attend. Il vient à bord, m'explique sa position, me demande de descendre avec mon bataillon et de marcher sur Abdel-Kader. Tu comprends que je ne pouvais ni ne voulais refuser, et au lieu d'aller me reposer à Alger, je vais encore me battre quelques jours sur le Chélif. Sois sans inquiétude, je ne regrette que la privation de tes lettres.

J'écris au gouverneur pour lui expliquer ma position. Je crois qu'il me saura gré de ma démarche.

J'ai monté la tête à mes officiers et à mes zouaves. Nous ferons encore, j'espère, de bonne besogne.

Je t'écrirai quand je serai à Alger, dans huit jours. Notre expédition ne durera pas plus. Embrasse tout le monde mille fois.

AU MÊME.

Alger, le 12 août 1841.

J'ai salué de nouveau la vieille Mauritanie, frère, et avec d'autant plus de plaisir qu'au train dont marchaient les choses, j'ai pu craindre de ne la revoir jamais. Tu m'as vu parti d'Oran pour Alger, tu m'as vu retenu devant Mostaganem par le colonel Tampour. A minuit, le 5, je suis débarqué avec mon bataillon dans la poussière de Mostaganem. A dix heures du matin est arrivé Lamoricière qui a approuvé en tout ma conduite. A trois heures de l'après-midi, six bataillons et quatre cents chevaux partaient pour le Chélif où nous étions bivouaqués à deux heures du matin. De quoi s'agissait-il pour tant de bruit ? Abd-el-Kader voulait punir par des impôts ou tout simplement décapiter les Arabes qui s'étaient compromis à ses yeux en venant au marché à Mostaganem. Ces Arabes appartenaient à diverses tribus.

Les tribus ont refusé de livrer les coupables et surtout la tribu des Medjer, qui est la moins hostile contre nous. L'émir a voulu diriger la tribu des Beni-Zerouel contre les récalcitrants. Les Beni-Zerouel ont refusé de se battre contre les Medjer. Au milieu de ce conflit, les Arabes compromis ont jugé prudent de venir se réfugier sous la protection française et ils ont demandé qu'on les aidât à passer le Chélif. L'émir était là avec trois cents chevaux et quelques Kabyles. Le 29, quelques Arabes sont arrivés sous Mostaganem avec leurs tentes, famille et troupeaux. Le 1ᵉʳ août un plus grand nombre a passé encore, et enfin, avec nous, le reste est arrivé et tout cela sous les yeux de l'émir qui pleurait de rage. C'est un pas fait, c'est un exemple qui peut être suivi, si on est adroit.

Le 7, je rentrais à Mostaganem et dans la journée j'embarquais mon bataillon à bord *du Fulton*, lorsqu'une voile ou plutôt une fumée s'est montrée à l'horizon. Bon, me suis-je dit, voici le gouverneur, je ne suis pas parti ; et j'ai courbé la tête avec la résignation militaire qui bien souvent frise le désespoir. C'était lui, en effet : une heure après il me faisait demander moi seul et le premier à son bord. Nous avons causé une demi-heure, je lui ai tout raconté et Lamoricière est arrivé ensuite. J'ai dîné avec eux et le conseil de guerre a décidé que les zouaves retourneraient de suite à Alger. J'ai été reconduit à bord *du Fulton* où mon bataillon m'attendait avec anxiété, et nous avons levé l'ancre. Le gouverneur reste quatre à cinq jours tant à Mostaganem qu'à Oran. Le 9, à huit heures du matin, je débarquais et entrais tambours en tête à Alger où j'ai été reçu comme partout.

Je suis à l'eau de Seltz et j'ai évité la crise que je redoutais après un peu de repos. Je mène une vie réglée et je continue à faire de l'exercice le plus que je puis pour me tenir en haleine. Mais les affaires de mon bataillon me débordent, car nous sommes en inspection générale et toute l'administration est chez nous en retard de près d'un an. Il a fallu rhabiller mes zouaves de la tête aux pieds. Ils étaient nus et déguenillés.

Nous attendons le gouverneur, je ne fermerai ma lettre qu'après son retour.... Nous commençons à nous dégoûter. Si le maréchal Soult reste longtemps au ministère, il ne conservera pas beaucoup de bons officiers en Afrique. Depuis quatre mois que nous nous battons, pas une des décorations, pas un des grades demandés par le général Bugeaud n'a été accordé. On veut dégoûter le gouverneur ; à sa place je mettrais le marché à la main au ministre, et j'enverrais copie de ma lettre à tous ses collègues. Quand on veut des hommes, il faut stimuler leur ambition et les récompenser....

Le général Bugeaud est arrivé hier soir et m'a fait demander. Nous avons causé, Eynard, lui et moi, véritable conciliabule confidentiel, jusqu'à minuit. De notre conférence il est résulté que le général est décidé à écrire au ministre pour se plaindre. Nous avons rédigé une lettre ferme et digne, dont copie a été adressée à M. Guizot. Faites-vous mouton, le loup vous mange. Le spectacle de ce vieillard profondément ulcéré et se demandant comment il a mérité tant d'injustice était vraiment touchant. Je ne m'attendais pas à cette marque de confiance de sa part, et j'en ai été aussi fier que touché. Si j'avais de la vanité, je pourrais te dire que je suis du conseil intime qui dirige les affaires algériennes. Rien de cela : on me sait du dévouement, de l'honneur ; quelque intelligence, on me consulte ; rien de plus simple...

AU MÊME.

Blidah, le 30 août 1841.

Je commençais à m'ennuyer de ne pas avoir à te lire, frère, quand ta lettre du 20 m'est arrivée. Me voici officier de la Légion d'honneur. Cette nomination me satisfait, je l'ai méritée, et on ne peut plus me donner autre chose que le grade de lieutenant-colonel. Je ferai ce qu'il faudra pour avancer le terme.

Tu as dû trouver à Taste un gros paquet qui a salué ton arrivée. Le jour où tu quittais Paris, moi je quittais Alger, et j'avais, avec deux bataillons, le commandement d'un convoi monstre que je conduisais à Blidah. J'ai bien crié après les charretiers civils pour les faire serrer. J'avais plus de deux cents voitures, cinq cents mulets; mon convoi tenait presque une lieue, mais j'ai fait doubler les voitures, marcher les mulets sur les flancs ou sur un grand front, et tout a été pour le mieux. Quelques Arabes ont montré le nez entre Bouffarick et Beni-Mered, mais ils ne nous ont pas fait le plaisir de nous attaquer.

Me voici donc à Blidah, dans une belle maison en ruines; cinquante orangers superbes dans une cour, des jasmins, une treille et de l'eau courante. C'est charmant, c'est pittoresque, mais j'ai dépensé 80 fr. en installation, et je n'ai ni portes, ni croisées, ni cheminées pour l'hiver. En revanche, j'ai une foule de rats, et dans un coin, sous mes orangers, un gros vautour et un singe appelé *Lafrance*, fort doux et fort amusant.

Nous ne sommes pas tout à fait tranquilles à Blidah. L'ennemi est autour de nous. Toute la journée on tire sur nos postes de la montagne, et quelquefois nous sortons pour nous montrer aux Arabes. C'est pour nous tenir en haleine....

AU MÊME.

Alger, le 18 septembre 1841.

C'est une belle chose que la confiance d'un chef, frère, c'est une belle chose que la diplomatie, mais ces deux belles choses-là ont aussi leur revers de médaille. Ainsi, à Blidah, j'ai pu, par les rapports qui m'arrivaient des Arabes, et par quelques renseignements, apprécier la situation du pays qui devient plus menaçante, et j'ai écrit au général Bugeaud. Sur ces entrefaites, je faisais une petite razzia, où je tuais quelques Arabes ; trois prisonniers me restaient entre les mains, et presque au même moment il nous arrivait de Tékédempt un espion muni d'assez bons renseignements. Le colonel qui commande à Blidah jugea que le gouverneur devait être renseigné de suite, et pensa qu'une conversation était préférable à une dépêche, et je reçus l'ordre de partir de suite pour Alger. Il était sept heures du soir ; à huit heures j'étais à cheval. J'ai traversé tout le pays jusqu'à Doueïra avec cent hommes. Là j'en ai pris trente tout frais qui m'ont escorté jusqu'à Dely-Ibrahim, et après avoir voyagé toute la nuit sans descendre de cheval, j'entrais à Alger à huit heures du matin, rompu et enterré sous trois pouces de poussière. A neuf heures le gouverneur avait ses dépêches, et nous causions tranquillement des affaires du pays. Sa présence est plus nécessaire à Oran qu'ici, et il part ce soir.

Nous allons entrer en campagne le 28 ou le 29. Toute l'armée expéditionnaire sera concentrée sous Blidah le 27. Nous serons sous les ordres du général Baraguey-d'Hilliers. Ce qui nous empêchera beaucoup d'agir comme il faudrait et comme nous le voudrions, ce sera notre immense convoi. Toute notre cavalerie sera à pied pour porter des sacs de farine et de riz ; nous traînerons d'énormes troupeaux. Quoi qu'on dise à Paris, la guerre d'Afrique est loin d'être facile à faire, et surtout à bien faire. Les Arabes ne se battent qu'où ils veulent et qu'après avoir longtemps choisi et étudié leur terrain. Il n'y a pas de manœuvre, de mouvement stratégique qui puisse les amener où l'on veut, et ils vous attendent là où vous êtes toujours obligés de passer....

AU MÊME.

Blidah, le 25 septembre 1841.

Je suis revenu à Blidah, cher frère, après huit jours passés dans l'intimité de la famille Bugeaud. Je suis rentré dans ma maison, j'ai touché la main à *Lafrance* et reçu les caresses de mon cheval *Diamant*. J'ai revu mes zouaves avec des entrailles paternelles ; mais, hélas, frère, mes pauvres zouaves, la fièvre les dispute au plomb ! Ils entrent à l'hôpital par vingtaine tous les jours. Je comptais emmener au col. huit cents baïonnettes, à peine si j'en aurai quatre cents. Je vais les visiter à l'hôpital et j'en sors sans respiration, tant j'ai le cœur serré. J'aimerais mieux les voir frapper noblement par la balle des Bédouins. Cette année est terrible. Bouffarick,

Blidah, tous les lieux sont pestilentiels. Moi, je me tiens, je résiste, parce que j'ai la tête bourrelée d'affaires et d'occupations, et que je n'ai pas le temps de penser à ce que je ressens de malaises avant-coureurs. Je ne puis pas être malade, car malade ou non, il faut que je marche et que je sois le 27 au col.

Pendant que le gouvernement a la faiblesse de laisser attaquer, calomnier, déchirer pièce à pièce le gouverneur qu'il a donné à l'Afrique, l'armée d'Afrique répond par des succès et des résultats tellement positifs qu'il est probable qu'au printemps tout sera fini par ici, et c'est le général Bugeaud qui aura tout fait. Nous avons les meilleures nouvelles de la province d'Oran. Soixante-dix réguliers à cheval se sont rendus à Mostaganem. Les kalifats, les cheiks des tribus, ont fait dire au gouverneur : « Partez pour Mascara et vous y serez suivi par » trois mille cavaliers des tribus. » Les Bordja, les Flittas, les Medjer, les Beni-Ahram veulent se soumettre. Miloud-Ben-Aratch s'est battu contre les tribus qui ont refusé l'impôt. Enfin, Abd-el-Kader lui-même fait faire des outres pour passer dans le désert. Tout ceci est officiel.

Nous allons voir, nous, ce que nous trouverons entre Médéah et Milianah. Les uns croient à de la résistance et parlent de trois bataillons réguliers ; les autres, et je penche pour eux, s'attendent à une insipide et fatigante promenade. Nous sommes prêts à tout... En attendant, vous êtes tous ensemble à Taste, et j'aimerais mieux y être avec vous que d'aller me fusiller au col ou au bois des Oliviers, ou au Gontas....

26 septembre 1841.

Encore quelques lignes pour te faire part d'un nouvel incident. Mon colonel Cavaignac est arrivé à Alger et, comme je l'avais présumé, il choisit la province d'Oran et me laisse le commandement dans la province d'Alger. C'est à merveille, mais en son lieu et place il m'adresse son frère, le fameux républicain, homme de très-bonnes manières, que je loge, que je présente, que je fête et qui me convient, à un seul point près, ses opinions politiques....

AU MÊME.

Blidah, le 14 octobre 1841.

Je commence, frère, une intéressante lettre sur une grande feuille de papier, sans savoir si je la remplirai. La matière ne manquera certes pas, mais le temps et surtout la force, car je tombe de fatigue et de sommeil. Ah! mon pauvre frère chéri, si tu veilles sur mes enfants, si tu me remplaces auprès d'eux, il faut bien aussi que tu aies ta compensation et que ton cœur bondisse, comme le mien, de joie et de fierté au récit de mes succès où tu es pour bonne part, ami, car je n'ai jamais donné deux coups de sabre aux Bédouins, sans qu'il y en ait eu un à ton intention et l'autre dans la pensée de mes enfants. Arrivons au fait.

Le 8 octobre, de glorieuse mémoire, nous sommes arrivés au fameux défilé de Chaab-el-Keta. Quinze cents Kabyles, soutenus par un bataillon de réguliers et une masse de cavaliers, nous ont attaqués avec acharnement. Le général Bedeau commandait l'arrière-garde ; je lui fis observer que si nous ne chargions pas l'ennemi, j'allais en descendant perdre le tiers de mon bataillon. Le général fit masser mon bataillon dans un fond avec le 10e bataillon de chasseurs à pied, et, pendant qu'on allait chercher les gendarmes maures, laissa se grouper et s'amonceler les Kabyles derrière un accident de terrain prononcé. A un signal donné, les gendarmes maures, au nombre de quatre-vingts cavaliers, mon bataillon tout entier et deux compagnies de chasseurs, s'élancent au pas de course sur l'ennemi qui, surpris, épouvanté, ne cherche qu'à fuir et tombe sous nos baïonnettes. En une demi-heure, deux cents cadavres sont restés sur le champ de bataille et plus de quatre cents blessés ont été emmenés par les cavaliers, et sont allés mourir dans leurs tribus. Mes zouaves revenaient la baïonnette ensanglantée, et chargés d'armes et de dépouilles. J'ai été tiré, à trois pas, par un Kabyle ; sa balle m'a enlevé un morceau de chair du doigt du milieu et a brisé mon pistolet dans ma main. Le

pauvre homme est allé là-haut déplorer sa maladresse. J'ai son burnous et son haïk terriblement ensanglantés. Je t'envoie, ci-joint, une pièce assez curieuse que j'ai trouvée sur le Kabyle, qui, à ce qu'il paraît, est un chef. Le cachet est celui de Sidi-Embareck. La traduction est celle-ci : Sidi-Embareck à Sélim-Si : « Que Dieu te donne la force et la sa-
» gesse, et ensuite le présent est pour te dire que le
» chrétien est sorti. Tu rassembleras le plus de Ka-
» byles possible à l'Oued-Rayas et tu ne tueras le
» chrétien que quand je t'en donnerai l'ordre. »
L'ordre a été donné et c'est lui qui a été occis. Ainsi va le monde.

Maintenant, frère, mettant de côté les éloges que j'ai reçus, les poignées de mains et tout le clinquant habituel en pareille circonstance, le positif est ceci... L'ennemi a été abattu, démoralisé, dégoûté. Il nous a toujours suivis, mais de loin et sans oser attaquer. Les Kabyles se sont dispersés. Les cavaliers seuls tiennent la campagne avec les réguliers, qui ont eu la lâcheté de laisser massacrer les Kabyles sous leurs yeux sans les défendre.

Après avoir ravitaillé Milianah, nous sommes revenus en prenant le col à revers. Le mauvais temps s'est déclaré. La pluie, tombant par torrents, a rendu les chemins impraticables. L'armée a descendu péniblement le col, heureusement sans coups de fusil. Nous sommes rentrés dans nos cantonnements, où nous prendrons, pendant dix ou quinze jours, un repos dont tout le monde sentait le besoin.

Les fatigues, les fièvres, ont donné sur mon bataillon. Mes officiers tombent malades; je n'ai plus que quatre cents baïonnettes, et malgré cela tout marche et tout marchera, parce que je le veux. Adieu, frère, je tombe de sommeil.

AU MÊME.

Blidah, le 16 octobre 1841.

Notre affaire du 8, à Chaab-el-Keta, a du retentissement et me fait un bien inconcevable. Les zouaves, toujours les zouaves, et par conséquent leur chef! C'est moi qui ai donné l'idée du retour offensif, moi qui l'ai demandé avec instance au général Bedeau. S'il n'avait pas eu lieu, j'avais, en descendant, la moitié de mon bataillon hors de combat peut-être. Quinze cents coups de fusil m'arrivaient à bonne portée sans pouvoir répondre. C'était pour moi une affaire capitale, mon bataillon couvrait l'armée. Mon étoile m'a servi, nous avons réussi. C'est bien, mais si nous avions trouvé plus de résistance, si nous avions été ramenés, nous y restions tous; car, il faut le dire, nous n'avions guère plus de quatre cents baïonnettes et quatre-vingts chevaux, contre deux mille hommes embusqués et protégés par le terrain, et derrière ces deux mille hommes, mille chevaux et cinq cents réguliers, qui nous auraient fort embarrassés s'ils avaient manœuvré. Tel était notre élan, que s'ils avaient passé le ravin, je n'hésitais pas à les attaquer. Aujourd'hui tout est pour le mieux : on me félicite, on m'embrasse, on me serre la main gauche, car la droite est blessée et ne remue que dans les grandes occasions, comme pour t'écrire, par exemple. Au fait, ce n'est qu'une misère dont on ne retrouvera plus la trace dans quelques jours. Comme tu m'aurais embrassé, le 8, quand j'ai ramené à ma position mon bataillon couvert de sang et des dépouilles de l'ennemi, ma pauvre main ensanglantée, mon pistolet brisé, et la lame de mon sabre rouge jusqu'à la moitié. Ce sont de bons moments, frère : on ne les oublie jamais, et ils font oublier bien des peines, bien des tourments.

AU MÊME.

Blidah, le 22 octobre 1841.

Commençons, frère, par le mauvais : nous arriverons ensuite au bon, s'il est possible. Je relève d'une maladie aussi courte que violente, et je suis entré dans une convalescence qui sera trop brusquée, car nous repartons demain pour faire à Médéah un quadruple ravitaillement. Le lendemain de mon arrivée, après t'avoir écrit, j'ai été pris par une fièvre chaude. On m'a saigné deux fois, et tombé d'abord bien bas, et tout à fait à plat, je me suis, comme à l'ordinaire, relevé comme un champignon. N'importe, de pareilles secousses sont terribles, c'est un triste jeu, et l'avenir m'effraye. Tu vois comme on nous use dans ce pays; on nous laisse à peine le temps de respirer. Cette expédition durera encore quinze jours, et il paraît que, malgré l'hiver, nous ferons encore des courses. Ni gens, ni bêtes n'y tiendront, c'est impossible.

Avant-hier, le colonel Cavaignac et son frère sont revenus à Blidah. Ils étaient allés dans la province d'Oran, mais la mer, qui ne reçoit d'ordres de personne, les a retenus huit jours dans les vagues pour aller à Mostaganem. Ils ont trouvé l'armée partie depuis trois jours, alors ils ont continué jusqu'à Oran et sont revenus à Alger et enfin à Blidah. Je le regrette d'un côté, parce que je ne suis plus chef; de l'autre j'en suis bien aise, car ma santé me fait trembler, et les affaires me tuaient. Cavaignac est enchanté de l'affaire du 8, dont on parlait beaucoup à Alger. Son frère fera l'expédition avec nous; je n'en suis pas fâché, il cause bien.

Cette courte, mais douloureuse crise, m'a laissé une tristesse, un dégoût, un ennui que je ne puis exprimer. Mes nerfs ont été violemment irrités, et je suis probablement encore en leur pouvoir. Quel coffre de fer il faut que j'aie pour résister à tant de secousses! Quelle force, et j'ai tant usé de la vie!

Que d'émotions, que de cordes brisées et mal rattachées, quel tourbillon de sensations, que de peines, que de plaisirs! C'est certainement pour cela que je crains si peu la mort, et c'est encore parce que je ne la crains pas qu'elle ne veut pas de moi. Oh! que j'aurais besoin de quelques bons mois de repos avec toi, dans ton cabinet, sans bouger, sans sortir! Des livres, du feu, des échecs et un bilboquet pour ton instruction....

AU MÊME.

Blidah, le 28 octobre 1841.

Mes forces ont trahi mon courage, mon bon frère, et malgré ma résolution, j'ai été obligé de rentrer hier à Blidah avec un convoi. L'armée continue ses fatigants ravitaillements; elle en fera encore deux si le temps, devenu horrible, le permet. Pour moi, parti bien faible le 23, je me suis traîné au col, du col aux Oliviers, des Oliviers à Médéah, de Médéah au col, et du col à Mouzaïa, toujours accompagné de la fièvre, et gelé par une pluie glaciale et un vent de l'autre monde. Je sentais la vie me quitter, j'ai dû céder. Je suis donc réinstallé dans ma maison de Blidah, établi au coin de mon feu, et sentant mes forces revenir. J'ai dormi quatorze heures; si la fièvre manque, je suis encore une fois hors d'affaire.

J'aime bien mes zouaves, ce sont de braves soldats, mais il faut être plus que de fer pour supporter la vie qu'on mène avec eux. On gagne là, cent fois, son grade, tu ne t'en fais pas d'idée. Toujours les zouaves en avant. Faut-il prendre le col la nuit, les zouaves; on craint pour l'arrière-garde, les zouaves à l'arrière-garde; on craint pour le flanc gauche, les zouaves sur le flanc gauche. Un bataillon est-il engagé, vite les zouaves; sacs à terre, et au pas de course courez le soutenir. On fait une lieue, on se bat, et on refait une autre lieue pour venir reprendre ses sacs. L'armée est établie au bivouac depuis trois heures; tout le monde a dormi et mangé la soupe, les zouaves arrivent, et pour se lever le lendemain deux heures avant les autres. Voilà sept mois que je mène cette vie.

Toi, pauvre ami, tu te mouilles aussi, tu te crottes, tu vendanges, tu profites de tes vacances de Taste pour faire le plus d'exercice possible, et malgré tout tu engraisses. Quarante ans, voilà la cause! *Inde mali labes.* Tu te plains de tes quarante ans; que dirai-je donc, moi, qui en ai trois de plus. Tu ne te trouves plus jeune; tu cherches tes forces émoussées. Et cependant, quelle différence entre nos deux existences! Quelle agitation continuelle d'un côté; pendant que tu cheminais avec calme; quelles émotions diverses; que de peines, de soucis, d'angoisses et de plaisirs; de joies et de désespoir! Quant aux soucis, tu en as eu ta bonne part, ta grande part même; car aux tiens sont venus se joindre les miens, dont tu as souffert, que tu as partagés et bien souvent détournés à ton propre détriment. Je pèse nos deux existences, et arrivés où nous en sommes, je calcule que tu as autant souffert que moi, et que plus robuste, plus insouciant, j'ai dû mieux supporter nos tristes épreuves. Par quelle maladie mon pauvre corps n'a-t-il pas passé depuis cinq ans! Eh bien! je reste quinze heures à cheval, sur vingt-quatre, sans fatigue. Le bivouac ne m'éprouve pas; je me sens la même force, mais moins d'agilité, le même élan, la même ardeur qu'aux jours heureux de mes vingt-cinq printemps. Où je sens l'âge arriver, c'est au calme habituel de ma tête, qui ne reprend son feu que lorsque l'occasion l'exige. C'est encore à l'aspect d'une jolie femme. Autrefois, je n'en voyais pas sans désirer lui faire la cour. Aujourd'hui, c'est un beau tableau que j'admire, mais sans nul désir d'en devenir le possesseur, et cependant je sens que si je redevenais amoureux, je le serais avec la même passion, la même frénésie, la même jalousie qu'autrefois, en un mot comme un niais, mais il n'y a pas de danger.

Tu auras été longtemps sans recevoir de mes lettres, frère, et tu en auras trouvé un paquet à Paris. C'est une mauvaise manière de recevoir des nouvelles. Le plaisir du moment ne paye pas les longues inquiétudes passées, les incertitudes, les conjectures et tout le travail d'une imagination qui attend, craint, espère. Ainsi tu ne te seras pas affligé de mes maux, réjoui de mes succès. Tout cela t'arrivera à la fois et tu seras obligé de faire un calcul pour classer les événements, les peser et voir si le résultat est bon...

Je vois par ta lettre que nos enfants se sont amusés à Taste, malgré le mauvais temps. Pour les enfants, la pluie a ses plaisirs comme le soleil. Te rappelles-tu les superbes bouillies de boue que nous faisions rue des Postes[1], et on n'avait pas soin de nous mettre des sabots et de nous donner des parapluies de paille. Cependant nous sommes là et nous avons quarante ans, et il y en a trente-deux environ que nous faisions des puits et des rigoles. Après nous, viennent nos enfants qui font comme nous. Aujourd'hui, ils sont entassés dans la caisse d'une diligence, se roulant, criant, dormant et mangeant comme des ogres. Je voudrais bien être au bout de la table d'hôte que vous dévasterez à Poitiers ou à Tours. Quand tu recevras cette lettre, chacun aura repris ses petites habitudes de travail et d'étude. En avant le latin, le français et le piano ! Ne négligeons pas la musique, c'est une ressource immense pour l'avenir. C'est plus qu'une ressource : un piano, c'est un ami auquel on conte ses peines et ses joies et qui répond par une consolation ou un sourire. J'oublie ici ce que je savais et j'en suis désolé. Est-ce que tu n'as pas l'intention de demander bientôt une bourse pour mon fils? Un fils au collége ! il faut absolument

---

[1] Le Maréchal, après avoir perdu, à l'âge de 5 ans, son père, ancien préfet de l'Aude, vint habiter avec sa mère un hôtel avec jardin, situé rue des Postes. Cet hôtel, qui appartenait à M. Papillon de la Tapy, grand-père maternel du Maréchal, a été abattu en 1808 pour le percement de la rue d'Ulm.

être colonel. Jamais notre père ni nos oncles ne sont venus nous voir au collége, nous! Des femmes, de faibles femmes[1]. Nous n'en sommes pas plus mous pour cela.

Ma blessure à la main ne laissera pas de trace; j'ai le doigt raide et la main maladroite, mais cela diminue tous les jours. J'ai encore eu là bien du bonheur. Conçoit-on un niais qui me manque à quatre pas. S'il m'avait logé sa balle dans le bras ou quelque part, il me faisait lieutenant-colonel d'emblée. Maladroit, va! En attendant, je me réchauffe dans son burnous qui est bien fort et bien bon. Tu l'emporteras quand tu viendras en Afrique, ou je te le laisserai quand j'irai en France.....

AU MÊME.

Blidah, le 18 novembre 1841.

J'ai un immense besoin d'un repos complet et je suis bien loin d'en jouir. Aussi je ne reprends ni force, ni appétit, ni sommeil. Mon colonel est toujours à Alger et je suis dans tous les ennuis d'un commandement difficile.

Les Arabes indigènes, que j'ai enrôlés à Milianah

---

[1] La mère et la grand' mère du Maréchal, qui l'ont élevé après la mort de son père.

et à Médéah, me causent toutes sortes d'embarras. Rixes, batailles, vols, nous avons de tout. Le commandant supérieur ici a fait la faute d'ériger les Juifs en milice, de leur donner des armes et de leur faire monter la garde. C'est bien peu connaître ce pays où les Juifs sont méprisés de toutes les races. Vouloir leur donner de l'autorité, c'était provoquer des rixes. C'est ce qui est arrivé. Mes zouaves les ont bousculés et battus. J'ai fait distribuer environ trois cents coups de bâton comme un vrai pacha ; j'ai meublé les prisons ; quelques-uns passeront au conseil de guerre ; les patrouilles sillonnent les rues, et avec tout cela je ne suis que médiocrement tranquille. Je suis esclave de l'ordre et je ne comprends pas mon métier sans discipline.

Il y a à Alger des généraux qui se jalousent, et le malheureux gouverneur desservi par ses ennemis, mal servi par ses amis, y mourra à la peine. Bedeau seul, homme de vrai mérite, s'efface tant qu'il peut, ne médit de personne, juge tout le monde et gémit. Il n'aime pas le gouverneur, mais il exécute avec conscience les ordres qu'il reçoit.

AU MÊME.

Alger, le 27 novembre 1841.

Cher frère, je suis depuis hier à Alger et dans la plus triste position, car ma santé dépérit de jour en jour. Mon bataillon a quitté Blidah le 25 pour aller tenir garnison à Coléah. Moi, par ordre du gouverneur, je suis venu essayer de me rétablir à Alger.

J'ai fait noblement mes adieux à Blidah, par une belle razzia que, malgré ma fièvre, j'ai dirigée avec succès. J'ai bien souffert cette nuit-là, je suis rentré à Blidah à moitié mort, mais les compliments m'ont rendu la vie. Parti de Blidah à onze heures du soir avec quatre cents zouaves, cent soixante-dix chasseurs à pied et quatre-vingts indigènes, j'étais à la pointe du jour en vue des villages que je devais raser. Sans les indigènes qui, malgré ma défense, ont voulu faire feu, j'aurais fait cinq cents prisonniers et pris mille têtes de bétail. Malgré cette faute, j'ai tué une quinzaine de Bédouins, fait cent sept prisonniers et pris cent bœufs, quatre cents chèvres et moutons. Mes zouaves étaient surchargés de butin de toute espèce. A midi, j'étais rentré à Blidah où toute la population battait des mains. Le général Changarnier, qui m'avait ordonné la razzia, était très-satisfait.

A mon arrivée ici, le gouverneur m'a complimenté de la manière la plus gracieuse en me disant : « Bravo, mon ami, du courage, nous changerons » bientôt d'épaulettes. » Me voici donc à Alger où je m'ennuie comme partout, car je souffre et je vis renfermé dans ma coque. Je vais de mon lit à ma table pour écrire et de là chez le gouverneur.

Il se passe entre mon colonel et le gouverneur quelque chose de très-fâcheux. Tu connais l'antipa-

thie du général Bugeaud pour le républicanisme.
Cavaignac a dit hautement que ses principes étaient
les mêmes que ceux de son frère, et qu'ils différaient
seulement en un point, c'est que Godefroy jugeait le
renversement immédiatement possible, et que lui,
Eugène, ne pensait pas que le moment fût venu. Il
se considère d'avance comme le futur général de la
République, le sauveur de la France, de l'armée.
Inde iræ. Cette situation ne peut que s'aggraver
parce qu'elle s'alimentera de mille taquineries et de
toute la raideur du républicain vis-à-vis la raideur
du conservateur.

Le général s'est promis de ne plus rien faire de ce
que lui demanderait le colonel, et s'il le fatigue trop,
de le renvoyer en France. Ainsi, le colonel paraît vouloir que j'aille à Oran. Le général dit « : Votre santé ne
» vous permet pas un déplacement, vous resterez ici. »
Moi, je n'ai rien à répondre ; j'attends, mais tout cela
est déplorable. Bataille de taureaux, les grenouilles
sont écrasées.....

AU MÊME.

Alger, le 1ᵉʳ janvier 1842.

Le gouverneur est un peu malade, depuis quelques
jours, d'un gros rhume qui le tient au lit. Je travaille

avec lui dans sa chambre à coucher. Quel travailleur que cet homme et quelle facilité! Son style est peu élevé, mais clair et rempli de sens et de jugement.

J'ai fait mes libéralités à toute la famille. Tu connais mon goût ; j'offrais de charmantes bagatelles : trois écrans de Tunis bordés en plumes d'autruche, vrai souvenir africain, un joli portefeuille-pupitre à Charles. Le père Bugeaud jouissait du contentement des siens ; mais il ne m'a pas épargné la morale paternelle. Nous avions raison tous les deux.

Il me semble que je te vois aujourd'hui dans ton Paris, froid et boueux comme notre Alger à présent, courir avec ton trio de gamins. Grande réunion chez bonne maman ; vous y serez dans trois heures. Quand vous arriverez au dessert ce soir, vous boirez à ma santé qui a besoin d'être encouragée ; moi, je penserai à la vôtre à tous. Adieu, frère. J'aimerais mieux être quai de la Tournelle ou à la Madeleine, que dans mon grand salon où il gèle et où il pleut. Oh! Paris, Paris !...

AU MÊME.

Alger, le 5 janvier 1842.

Je t'écris, frère, du cabinet du gouverneur où je suis entouré des rapports les plus brillants qui nous arrivent d'Oran. Tu sauras les nouvelles en même temps que le gouvernement et tu pourras les répandre. Toutes les tribus entre l'Abrah et le Chélif sont rendues, excepté celle de Sidi-Daho ; où nous nous sommes battus en juillet ; tu retrouveras ces détails dans mes lettres. C'est une tribu peu importante, qui ne peut pas tenir. Abd-el-Kader est dans Tlemcen avec quatre à cinq cents cavaliers et deux cents fantassins. Un bataillon entier de réguliers s'est séparé, chacun pour son compte. Le colonel Tampour et le brave, l'admirable général Moustapha partis d'Oran sur la route de Tlemcen malgré la pluie, la neige, la grêle, ont fait rentrer une foule de tribus. Il y a eu une entrevue entre Moustapha et Ouled-Sidi-Chirg, l'adversaire d'Abd-el-Kader, le drapeau opposé au sien. Marabout vénéré, guerrier influent, Sidi-Chirg commande à plus de mille cavaliers et toutes les tribus se soumettent à lui. Grâce à nous, il est aujourd'hui plus fort que l'émir. Le gouverneur ne veut cependant pas le laisser devenir trop fort. L'entrevue a été solennelle et touchante. Les deux vieillards sont descendus de cheval dans la neige et se sont embrassés. Douze cents Arabes armés, dont plus de deux cents chefs, étaient là silencieux et rangés en demi-cercle sur le haut d'une montagne, de laquelle on apercevait Tlemcen à cinq ou six lieues. Quatre Français, frère, quatre, et dans ce chiffre est l'histoire future de l'Afrique, assistaient à ce spectacle imposant : le colonel Tampour et trois officiers qui l'avaient suivi. Le camp français était à plus de quatre lieues en arrière. Tout cela est caractéristique. C'est la domination de l'émir qui s'écroule.

Le gouverneur calme, froid au milieu de tous ces succès préparés par lui, cherche à en tirer un parti prompt et avantageux pour la France. Il part pour Oran dans huit jours. Le suivrai-je? rien n'est décidé à ce sujet. Il n'y aura que des négociations et des marches, pas de combats. Hélas, il n'y en a plus par là de possible. Je le disais au général ce matin : « Vous me gâtez mon Afrique. »

Adieu, frère, le gouverneur sera certainement maréchal. Moi j'espère être lieutenant-colonel, mais ce qu'il y a de plus certain que tout au monde, c'est que je t'aime bien.

AU MÊME.

Alger, le 29 janvier 1842.

Cher frère, j'ai été forcé de reprendre depuis hier le vin de quinquina, effrayé que j'étais de quelques pesanteurs sur les yeux, de quelques douleurs dans les articulations; j'ai si peur de retomber malade! Somme toute, je ne suis pas dans mon état normal, mais je ne suis ni si jaune, ni si pâle, ni si faible.

Tu dois connaître les bruits qui circulent en France et nous arrivent ici au sujet du gouverneur. On parle pour le mois de mars de la vice-royauté du duc de Nemours. C'est donc le rappel du général Bugeaud qui ne doit pas occuper la deuxième place là où il a rempli la première avec quelque gloire. Ainsi un homme aura consacré ses veilles, usé sa vie au succès d'une grande entreprise, et quand ce succès obtenu par lui seul n'est plus un problème, on lui en retirerait le fruit et la récompense. On n'osera pas le destituer en face de l'opinion publique, mais on l'engagera à venir prendre sa place à la Chambre, on comptera sur le caractère emporté de l'homme pour faire le reste. J'ai écrit aujourd'hui au gouverneur et je lui transmets l'opinion de tous ceux qui ont le cœur droit et qui lui sont vraiment dévoués. Il faut qu'il reste en Afrique, qu'il attende qu'on le rappelle, qu'on le destitue même et qu'en attendant il réponde à toutes les injonctions du ministère par de nouvelles expéditions, par de nouveaux succès et des résultats. Il doit être aujourd'hui à Tlemcen ; j'ai dit à Mme Bugeaud ce que j'écrivais au général : elle m'a approuvé, elle lui écrit dans le même sens.

Le général de Rumigny est toujours à Alger où il fait l'intérim en l'absence du gouverneur. Depuis deux jours, le temps s'est mis au froid, mais un froid tel que je n'en ai jamais peut-être souffert autant en Europe, pas même en Angleterre en 1829. Il n'y a plus d'Afrique, je vais demander un régiment pour aller au Sénégal. Je t'écris, fourré dans ma cheminée et enveloppé de mon burnous par-dessus ma robe de chambre. Je rôtis d'un côté et je gèle de l'autre, absolument comme à Taste, l'hiver, dans la salle à manger.

Le carnaval est bien triste ici pour moi et pour tout Alger. Quelques maisons reçoivent, mais peu. En l'absence du général, Mme Bugeaud a interrompu ses mercredis. Le jeudi je vais chez le comte Guyot, directeur de l'Intérieur, ton ancien condisciple à *Henri IV :* on y fait de la musique et on danse au piano ; le vendredi, chez M. Tulin, consul anglais, même répétition ; le dimanche, chez le général de Bar, on joue le vingt-un, quelquefois le whist quand il y a quatre joueurs. Les autres jours je me couche à neuf heures. Je ne me lève ordinairement qu'à neuf heures et demie. Je vais déjeuner à dix, à midi je suis rentré et je ne bouge pas de chez moi jusqu'à six heures. Je lis ou j'écris. Quand il fait très-beau, je monte à cheval de deux heures à cinq, plutôt pour mes chevaux que pour moi.

Je n'en reviens pas, quand je pense que, dans un an, mon fils sera au collége et ma fille à Saint-Denis. Comme cela nous pousse, frère ! Demain nous serons vieux, mais aussi nous avons une vieille amitié dans des cœurs jeunes encore. Que je sois lieutenant-colonel et je serai encore plus jeune que la grande majorité de mes collègues....

A MADAME DE FORCADE.

Alger, le 10 février 1842.

Bonne mère, j'arrive de Blidah où j'ai conduit un convoi. J'ai voulu essayer mes forces et l'essai n'a pas été très-heureux, car je rentre très-fatigué après quatre jours d'absence. Ma triste santé tarde bien à se décider pour le bon côté. A mon retour, je trouve ta double lettre et je lui ai dû d'oublier pour un temps et mon mal de tête et mes douleurs et toutes mes misères.

J'ai communiqué à Mme Bugeaud le passage de ta lettre qui la concernait. Elle y a été fort sensible et me charge de t'en remercier et de te faire ses compliments. C'est vraiment une femme à part que Mme Bugeaud. Plus on la connaît, plus on la vénère. Le gouverneur est toujours dans la province d'Oran ; il ne sera pas de retour à Alger avant le 20. S'il ne ramène pas mon bataillon qui est à Mostaganem, je serai obligé d'aller le chercher. Cela ne m'amuse guère....

Mon frère prépare l'admission de Louise à Saint-Denis. Il a raison : plus tôt elle y entrera, plus tôt elle en sortira, et si ses études sont terminées à seize ans, je la verrai à cet âge sous ta sauvegarde avec autant de joie que de sécurité.

J'écrirai à mon frère le clerc d'avoué aussitôt que

j'aurai un moment de lucide et de dispos. D'ailleurs il court les bals ; il aura ma lettre pour faire son carême et aider à sa pénitence....

A M. LEROY DE SAINT-ARNAUD, AVOCAT A PARIS.

Alger, le 25 février 1842.

Je voulais, frère, t'écrire une longue lettre, et j'attendais, pour avoir quelque chose de nouveau à te dire, le retour du gouverneur : c'est précisément ce retour qui fait que tu n'auras que quelques lignes. J'ai là, devant moi, une trentaine de lettres à répondre pour le général. Il est arrivé hier à cinq heures du soir. Sa réception a été belle et a dû le satisfaire : il la méritait, car il a fait beaucoup.

Il a détruit le fort de Sebdou, dernière place de deuxième ligne de l'émir. Il y a trouvé quinze pièces de canon fondues à Tlemcen et en bon état. Sept figurent sur affût sur la place du Gouvernement ; les autres, moins bonnes, sont à Mostaganem. Tout l'ouest de la province d'Oran est soumis. Les Beni-Amer, grande tribu, ont fait leur soumission ainsi que les Flittas. Les Hachem parlementent. Abd-el-Kader a été poussé jusque dans le Maroc. Le gouverneur a écrit à l'empereur de Maroc pour lui dire que s'il recevait l'émir et lui donnait le plus léger secours, il entrerait chez lui les armes à la main. L'empereur a répondu en intimant à l'émir l'ordre de quitter le Maroc. Le pauvre homme, bien grand, je t'assure, bien ferme dans l'infortune, emploie toutes les ressources de son esprit et de son influence pour tenir quelques cavaliers rassemblés, effrayer encore les tribus et ressaisir quelques lambeaux de son pouvoir qui tombe. C'est un grand homme, je le préfère à Jugurtha et à Syphax.

Le général m'a retrouvé chez lui comme il m'avait laissé et son accueil a été paternel. Comme je voulais me retirer par discrétion et le laisser avec sa femme et ses enfants, il m'a dit : « Restez, vous êtes de la famille. » A peine débarrassé des félicitations officielles, il m'a appelé à part et nous avons causé tête à tête du passé pendant son absence et de l'avenir. Il est si bon et si loyal qu'il ne suppose le mal nulle part. Il voit tout de haut ; eh ! mon Dieu, c'est quelquefois si bas qu'il faut chercher le vrai. C'est peu honorable pour l'humanité, mais c'est bien souvent exact...

AU MÊME.

Alger, le 14 mars 1842.

Les négociations avec Sidi-Embarek et Ben-Salem ont avorté. Ils veulent des conditions, nous voulons des soumissions. *Væ victis!* Nous allons donc faire encore une campagne et nous aurons des coups de fusil, car nous irons chercher les Beni-Menasser dans leurs montagnes où ils ne nous ont jamais vus. Le gouverneur compte sur des actions vigoureuses et moi aussi. Ce sera probablement le bouquet. Il m'a dit qu'il fallait nous tenir prêts vers le 24 ou le 25 de ce mois. Encore une correspondance interrompue... Quand tu recevras cette lettre; nous serons bien près de combattre les Kabyles dans leurs nids d'aigle. Souhaite-moi bonne chance et porte-toi bien.

Adieu, frère, embrasse tout le monde, mère, frère, enfants, amis...

AU MÊME.

Au bivouac de la Zaouïa de Berkani, le 5 avril 1842.

C'est une belle chose que la guerre, cher frère, mais seulement quand on se bat et quand il fait beau. Mais lorsqu'on n'a que des marches pénibles à faire à travers des forêts presque vierges et des montagnes à pics et des ravins sans fond, c'est un triste métier que le nôtre.

Nous sommes partis le 1er avec un temps superbe. Mon Dieu, nous le payons bien cher; depuis ce jour nous sommes traversés, inondés, débordés. A peine entrés chez les Beni-Menad et chez les Beni Menasser, le déluge a commencé. Mahomet est évidemment de semaine. Nous sommes dans le centre des montagnes, entre Milianah et Cherchell. Nous tirons peu de coups de fusil, nous brûlons tous les douairs, tous les villages, toutes les cahutes. L'ennemi fuit partout en emmenant ses troupeaux. Nous ne trouvons rien que de la boue, des chemins atroces et des fatigues indescriptibles. Hier, j'ai poursuivi au moins une heure, avec mon bataillon, cent cinquante Kabyles qui m'ont échappé. Eh bien! en revenant de sang-froid par le même chemin, si chemin on peut dire, je me demandais comment des hommes, et à plus forte raison des chevaux, avaient pu passer par là, et ils avaient passé, et mon excellent cheval, sans être guidé, par instinct, franchissait tout comme un chevreuil. Au retour, nous avons mis trois heures à parcourir la distance franchie en une heure avec l'excitation de la poursuite.

Le général Bugeaud est triste et de mauvaise humeur. L'armée est dans un affreux bivouac, à neuf cents toises au-dessus du niveau de la mer et les zouaves sont encore cent toises plus haut. Il pleut à verse, et on reste parce que le terrain est si détrempé, que le convoi, mulets, ânes et bœufs, ne pourraient pas descendre dans la plaine. Juge, frère, de tous les embarras d'une armée d'Afrique par les simples bagages d'un simple chef de bataillon de zouaves : mes deux chevaux de bataille, l'un dans mes jambes, celui qui est en main portant le fourrage, mon troisième cheval portant mes cantines et ma tente, et un gros mulet portant la charge énorme de toute l'orge nécessaire à la nourriture de quatre bêtes pendant dix jours. Un cheval sans vigueur, dans ce pays, c'est plus grave que partout ailleurs; car ici, soit devant l'ennemi, soit dans les chemins et dans les montagnes, votre vie est dans les jambes et dans la vigueur de votre cheval. Mais que de soucis traîne une pareille suite, car il faut trois hommes pour ces quatre bêtes.

Comme je grelotte et que je suis trempé, et que le temps est noir et triste, rien ne me porte à voir les choses en beau et à rêver couleur de rose. Aussi chaque nuit je me réveille en sursaut, à la suite d'un vilain songe qui m'annonce toujours que je ne suis pas lieutenant-colonel. Nous verrons si on doit croire aux songes. Tout est aujourd'hui réglé, et à mon retour à Blidah, je connaîtrai mon sort.....

Pauvres zouaves, si beaux, si propres, dans quel état la pluie et la boue les ont mis! et nos fusils si brillants, ils sont rouges comme des barres de fer. Nous changeons de camp.....

Au bivouac, sous Cherchell, le 7 avril 1842.

Nous avons quitté notre lit de boue, et, à travers des montagnes, en suivant des sentiers où les chèvres tombent, toujours avec la pluie, la grêle et la neige, nous sommes arrivés à une lieue de Cherchell. L'armée se reposera là trois jours. Les hommes sont en guenilles, les souliers sont restés dans la boue, les pantalons et les vestes aux ronces et aux rochers. Du reste le pays des Beni-Menasser est superbe et l'un des plus riches que j'aie vus en Afrique. Les villages et les habitations sont très-rapprochés. Nous avons tout brûlé, tout détruit. Oh! la guerre, la guerre! Que de femmes et d'enfants, réfugiés dans les neiges de l'Atlas, y sont morts de froid et de misère! Nous n'avons pas eu à combattre à l'arrière-garde plus de deux cents Kabyles. Il n'y a pas dans l'armée cinq tués et quarante blessés, mais l'ambulance est pleine de fiévreux et de malades que nous laisserons à Cherchell.

Retournerons-nous chercher les Beni-Menasser, ou reviendrons-nous à Blidah par les Chenouans? je l'ignore. Nous pourrons nous ravitailler à Cherchell et tenir, par conséquent, la campagne plus longtemps que ce n'était résolu d'abord. C'est assez la manière du général qui a écrit à Alger pour qu'on apporte de suite à Cherchell, par mer, du fourrage et du vin pour les troupes. Ma santé n'est pas mauvaise et j'en suis ravi. Je dors bien; en route, quand je ne me bats pas, je pense à mes deux épaulettes que j'ai ou que je n'ai pas. Je n'ai pas quitté mon caban depuis mon départ pour Blidah. Que de pluie j'ai reçue depuis le 24 mars! C'est à noyer une nation.

AU MÊME.

Cherchell, le 13 avril 1842.

Tu es heureux depuis plus longtemps que moi, cher frère, parce qu'il n'y a que cinq minutes que je sais que je suis lieutenant-colonel au 53e. Oh! j'aurais attendu volontiers trois mois pour être aux zouaves. Mes pauvres zouaves, je les pleure, en vérité je les pleure. Mais ma nomination est relevée par une promptitude si flatteuse, si honorable, si extraordinaire, que je ne puis qu'en être fier.

Je n'ai aujourd'hui que le temps de t'écrire quatre lignes, car le gouverneur s'embarque dans une heure pour Alger, d'ou il partira pour Oran. Nous avons couru trois jours à travers les montagnes des Beni-Menasser, brûlant tout sans voir un Arabe. C'est le général Changarnier qui nous ramène et qui commandera tous les ravitaillements en l'absence du gouverneur. Je t'écrirai tout cela d'Alger.

AU MÊME.

Alger, le 17 avril 1842.

Causons, frère, causons; les premiers moments d'enivrement sont, sinon tout à fait passés, du moins calmés. C'est une belle chose qu'une promotion à un beau grade, surtout quand elle est méritée. On ne rencontre presque pas d'envieux et on reçoit des compliments à peu près sincères. Il y a après cela le beau côté, la catégorie des vrais amis, des chaudes et cordiales félicitations et les demi-mots des soldats qui vont droit au cœur. Me voilà donc lieutenant-colonel installé du 53ᵉ de ligne, régiment bien tenu mais obscur, et auquel j'ai la prétention de donner un peu d'éclat, si nous avons à combattre. Mon colonel, M. Smidt, est un homme froid, un homme d'ordre et de discipline, légèrement atteint de *prussianisme* Tout le 53ᵉ a applaudi à ma nomination. A tous les officiers je tiens le même langage, je veux en faire des zouaves. Il faut que notre numéro brille et il brillera ou j'y resterai. Ils sont prévenus.

Je retourne à Blidah le 24. Mon régiment y tient garnison. Un seul bataillon fera les ravitaillements de Médéah et de Milianah. Le colonel veut y aller, je resterai à Blidah. J'attendrai la grande expédition, la jonction sur le Chélif des armées d'Alger et d'Oran. Voici mon projet : je reste à mon poste jusqu'après la grande expédition du printemps, et, au commencement de juillet ou même fin juin, suivant les circonstances, je demande un congé de six mois. Six mois, frère, entends-tu? Quel bonheur, quelle joie ! Six mois ensemble. En avant les jeux, la franche gaieté, les parties d'échecs et les bonnes causeries. Après cela je reviens prendre le collier de misère et je travaille à avoir un régiment. Cela te va-t-il? Voilà déjà les lettres de félicitations qui pleuvent. J'en ai pour des sommes...... Mon colonel du 18ᵉ, M. Thierry, est en ce moment à Paris, où il vient de faire voir au ministre qu'il est assez vert pour faire un bon maréchal de camp. Il m'a écrit une lettre charmante.....

Nous venons d'avoir un fait d'armes magnifique. Vingt-deux petits fantassins du 26ᵉ, commandés par un sergent Blandan, ont résisté à trois cent quarante cavaliers arabes, dont cent réguliers : dix-sept sont morts ; cinq sont restés, aussi grands que les Spartiates de Léonidas. Morris est venu de Bouffarick à leur secours avec trente-cinq chevaux et soixante-cinq fantassins. La scène se passait entre Beni-Mered et Bouffarick. Le gouverneur a fait un ordre superbe. C'était le 11 avril. Le 16, je passais sur la même route, à cinq heures et demie du soir, avec dix cavaliers et vingt-cinq hommes du 53ᵉ. On me disait que c'était imprudent. C'est possible, mais j'ai passé. J'ai vu quelques Arabes, ils n'ont pas osé nous attaquer.

En juillet, nous serons réunis, frère, et je suis heureux de cette pensée qui m'aide à continuer ma tâche avec résignation, car j'ai bien besoin de repos et de soins.

AU MÊME.

Blidah, le 12 mai 1842.

Aujourd'hui, 12 mai, cher frère, je t'écris au coin de mon feu. La pluie tombe fine, épaisse et sans interruption, et notre pauvre armée est à Médéah avec des chameaux. Quel temps ils auront eu au col, au Nador, puisque dans la plaine nous sommes ainsi traités !

Il court ici des nouvelles qui me paraissent assez certaines. On dit le colonel Foy, aide de camp du ministre de la guerre, arrivé à Alger, porteur du bâton de maréchal pour le gouverneur. Il serait de suite reparti pour le joindre à Oran et aurait laissé tomber quelques bruits qui nous annonceraient la promotion au grade de maréchal de camp du colonel Gentil du 24°. Telle serait la petite part de l'armée d'Afrique. Le colonel Thierry du 18° léger, mon ancien régiment, est nommé général, et je m'en réjouis de cœur. Je lui ai écrit dernièrement pour le féliciter à l'avance. C'est un excellent choix.

Le 14 mai.

L'armée est rentrée aujourd'hui. Elle a ravitaillé Médéah, passé et repassé le col sans voir un seul Arabe. Décidément il n'y a plus de guerre, mais de longues et fatigantes promenades. Cependant un fait bien curieux encore, bien caractéristique, vient de se passer. Abd-el-Kader nous a renvoyé sans condition, sans échange, tous nos prisonniers. Il leur a dit : « Je n'ai plus de quoi vous nourrir, je ne veux » pas vous tuer, je vous renvoie. » Le trait est beau pour un barbare. Ces malheureux sont arrivés aujourd'hui à Blidah dans un état de misère et de souffrance faciles à comprendre. A leur tête était le jeune lieutenant d'état-major Mirandole pris à Mascara. Il est enthousiasmé de l'émir, et, généralement, tous les prisonniers qui l'ont approché sont de même. Il est vrai de dire que ces pauvres gens sont presque tous atteints d'une surexcitation remarquable au cerveau. Un adjudant de mon régiment, enlevé il y a six semaines, nous est revenu, puis des hommes, des femmes qu'on croyait perdus, mais dans quel état, grand Dieu ! Sidi-Embareck, quand les prisonniers sont passés chez lui, voulait les faire décapiter. Il les a retenus et a demandé de nouvelles instructions à l'émir qui a réitéré l'ordre de renvoyer les prisonniers à Blidah...

Le 16 mai.

Encore une ligne, le courrier part. L'expédition se met en marche après-demain. Je commande le 53ᵉ, le colonel Smidt étant à la tête d'une colonne. J'aurai l'arrière-garde pendant toute l'expédition.

AU MÊME.

Blidah, le 20 mai 1842.

Cher frère, je prépare ma lettre qui ne partira que comme moi le 22. Nous marcherons dans deux directions différentes : elle vers Paris, moi vers l'ouest sur le Chélif, où les deux armées seront réunies le 28. Nous battrons le pays à la recherche de l'ennemi, qui se sauve toujours.

La revue du départ était magnifique, onze beaux bataillons, belle cavalerie, belle artillerie, trains, ambulance, tout était vraiment remarquable. Le général Changarnier était fier d'un si beau commandement, il en était ému et son émotion perçait dans les quelques phrases fort convenables qu'il nous a adressées. On a un peu manœuvré et pas trop mal. Les Bédouins nous regardaient dans la montagne.

Nous avons aujourd'hui à notre pension un grand dîner : le général Changarnier, l'intendant Appert, le colonel Korte des chasseurs à cheval et Chasseloup, le nouveau lieutenant-colonel des zouaves. A propos des zouaves, j'ai eu avec le colonel Cavaignac, au sujet du gouverneur, une discussion assez vive. Il a pu voir que le lieutenant-colonel du 53⁰ n'était plus le chef de bataillon des zouaves lié sans cesse par la subordination et la discipline, autant que par les convenances. Jamais, devant moi, personne, sans me trouver prêt à répondre, ne fera sur le gouverneur des critiques qu'il est loin de mériter.

AU MÊME.

Au bivouac, sous Milianah, le 26 mai 1842.

Me voici encore bivouaquant sous Milianah, frère; l'Afrique a perdu sa poésie : les coups de fusil et les combats.

Nous sommes partis de Blidah le 22, et nous sommes arrivés ici sans voir un Arabe. Mais si nous n'avons pas eu d'ennemis à combattre, nous avons été cruellement battus par le temps. Pendant un orage, l'armée s'est arrêtée d'un seul mouvement pour tourner le dos ; bêtes et gens ont fait la même manœuvre.

Demain matin nous partons pour aller traverser le pont sur le Chélif et entrer dans la province d'Oran. Du 28 au 30, nous ferons jonction avec le gouverneur. Je te rendrai compte de ce curieux événement et des opérations qui suivront. Quand je me rappelle ces montagnes, blanches d'Arabes en 1840 et 1841, et que je les vois si vertes et si désertes, je regrette mon passé. Allons-nous ne plus être que des conducteurs de chameaux, de mulets, d'ânes et des protecteurs de convois?....

Je me suis expliqué avec mon colonel au sujet du congé. Hélas! il est obligé d'aller lui-même en France pour affaires : il a perdu sa femme en décembre dernier. Je ne pourrai donc quitter le régiment avant le 1ᵉʳ novembre. J'aime mon métier et c'est ce sentiment qui me fait prendre mon parti plus philosophiquement. Je vais faire, pendant l'absence du colonel Smidt, mon apprentissage de chef de corps véritable et je vais m'y donner tout entier. Si tu savais que de choses il y a à faire au 53ᵉ! Si je le commande quatre mois, je veux qu'il change de face; cela dépendra des pouvoirs que le colonel Smidt me laissera en partant.

Malgré tout, c'est triste de ne pas t'embrasser dans un mois comme j'y comptais. Quel déboire pour mes pauvres enfants! Il est encore plus grand pour le père. Voilà notre métier : plus on avance, plus on monte, plus on est esclave, car il faut toujours payer d'exemple, et plus la position est élevée, plus vous avez d'yeux qui vous regardent et de gens qui attendent de vous le signal.

AU MÊME.

Plaine du Chélif, bivouac sur l'Oued-Rouina, le 30 mai 1842.

Ce matin, frère, a eu lieu la jonction des deux armées : admirable spectacle qui fera époque dans les fastes africains! Deux belles armées, cuivrées, aguerries, se donnant la main fraternellement au milieu de l'Afrique, l'une partie de Mostaganem le 14, l'autre de Blidah le 22 mai, rasant, brûlant, chassant tout devant elles. Pour que la jonction fût réellement grande, il eût fallu trente mille Arabes en présence.

J'ai revu le gouverneur, j'ai retrouvé dans l'armée d'Oran bien des camarades de l'année dernière. Il y a eu bien des embrassades, bien de cordiales poignées de main. Les deux armées sont maintenant bivouaquées sur les deux rives de l'Oued-Rouina, affluent du Chélif.

Je t'ai écrit le 26 de Milianah. Je reprends les événements à partir de ce moment. Le 26, dans la nuit, toute la cavalerie est partie avec mille hommes d'infanterie pour aller, de l'autre côté du Chélif, surprendre cinq à six cents cavaliers arabes que nous supposions commandés par Abd-el-Kader. La nuit était noire, le pays difficile : nous nous sommes tous perdus et pour mon compte, sans savoir où j'étais, je suis tombé dans un gros de cavaliers arabes. J'ai de suite chargé au hasard, c'était un pêle-mêle horrible. Je frappais, je criais; enfin les Arabes ont fui dans toutes les directions. Je n'ai pu me reconnaître qu'au jour, tout mon monde était présent. Trois cadavres arabes nous étaient restés. Mais mon beau cheval que je montais avait reçu sur la fesse un coup de yatagan pénétrant de trois pouces. Je suis au désespoir, cependant je le sauverai; mais je n'ai plus qu'un cheval à monter et l'expédition commence. Pour en revenir à l'affaire de nuit, les zouaves se sont perdus et ont dépassé l'ennemi de plus de deux lieues, le 24ᵉ s'est perdu. On ne s'est retrouvé que vers dix heures du matin, parce qu'on a fait tirer le canon. La cavalerie avait joint et tué quelques cavaliers et pris une quinzaine de chevaux. Les Arabes avaient allumé des feux là où ils n'étaient pas, c'est ce qui nous a trompés. Moi, je m'étais jeté à droite par instinct ou par hasard. Si la cavalerie m'avait suivi, nous faisions un beau coup. En somme, l'effet moral était produit et l'Arabe en fuite ne savait plus où donner de la tête. Malheureusement six chasseurs à cheval et un maréchal des logis se sont perdus et n'ont pas reparu. C'est payer trop cher un succès manqué. Mieux guidés et avec une nuit moins noire, nous prenions toute la cavalerie ennemie. Depuis, nous avons fait quelques razzias dans la montagne, mais les Arabes vont se cacher dans des trous inaccessibles.....

AU MÊME.

Au bivouac, dans les montagnes des Beni-Menasser,
le 5 juin 1842.

Le 1ᵉʳ juin a eu lieu la séparation des deux armées, cher frère. Le gouverneur, toujours avec l'armée d'Oran, est allé se jeter dans le sud chez les Beni-Zoug-

Zoug. Nous autres, avec Changarnier, nous avons tourné le Zaccar derrière Milianah, et nous sommes chez les Beni-Menasser dans les montagnes les plus impraticables. La Suisse n'est rien : depuis quatre jours l'armée marche un par un, bêtes, gens et bestiaux, chaque homme tirant son cheval par la figure. L'avant-garde part à quatre heures du matin et l'arrière-garde arrive au bivouac à six heures du soir, et tout cela pour faire deux ou trois lieues. On ravage, on brûle, on pille, on détruit les moissons et les arbres. Des combats peu ou pas, quelques centaines de misérables tiraillant avec l'arrière-garde, blessant quelques hommes, coupant la tête aux traînards et aux maraudeurs qui s'aventurent seuls et trop loin. Les provisions diminuent, nous commençons à sentir toute espèce de privations. Nous étions hier à une journée de Cherchell dont nous apercevions les blockhaus. Tout le monde eût été enchanté d'aller se ravitailler un peu. Il faut se résigner et continuer notre ennuyeuse et fatigante course. Demain nous rentrerons dans la plaine de la Mitidja, et la nouvelle jonction des deux armées aura lieu au col de Mouzaïa. Là on se séparera et pour le bouquet on ravagera les Mouzaïa, les Soumata et toutes les tribus entre Médéah et Blidah. Le gouverneur reprendra avec nous la route d'Alger ou plutôt celle de Blidah, où je crois que l'armée restera concentrée jusqu'à une nouvelle expédition dans l'est.....

AU MÊME.

Blidah, le 10 juin 1842.

Le 8, arrivé au bivouac de l'Oued-Ger, j'ai reçu l'ordre du général Changarnier de partir à midi avec un bataillon du 53º, et d'aller au col pour y attendre le gouverneur et l'escorter où il jugerait convenable d'aller, soit au camp, soit à Blidah. Je suis parti et, à cinq heures du soir, j'étais établi à moitié chemin du col sur le plateau du Déjeuner. Là j'ai pris toutes mes dispositions, et dans la nuit, à deux heures et demie, je suis reparti pour grimper là-haut. J'y étais à cinq heures sans un coup de fusil. Voici, frère, où en sont les choses en 1842 : monter au col avec six cents hommes sans un coup de fusil. En 1840, douze mille hommes y ont été arrêtés plusieurs heures et beaucoup ne l'ont pas redescendu. Les Mouzaïa, les Soumata, la plus grande partie des Hadjoutes, ont fait leur soumission et envoyé le cheval de *l'Aman.* Les Beni-Sala négocient. Les Chenouans seront entraînés par les autres. Les Beni-Menasser, ruinés par notre course à travers leurs pays, ne peuvent plus tenir. Tel est l'état du pays. Ces soumissions des tribus des montagnes qui entourent la Mitidja la rendent plus sure et plus tranquille que l'obstacle continu.

Revenons au col. A six heures, le gouverneur a paru. En causant longuement avec lui, pendant la descente du col et la route, j'ai obtenu pour mon régiment et pour mes amis, tout ce que je lui ai demandé. Souvent je m'étonne de mon influence sur le gouverneur, de sa confiance en moi. Qu'il soit tranquille, je n'en abuserai jamais et je ne m'en sers que pour lui indiquer le bien à faire, le mérite à récompenser et pour lui attirer des partisans. Si nous étions à Rome, je pourrais dire que ma clientèle s'augmente chaque jour.

Toute l'armée arrive aujourd'hui sous Blidah, où se trouvent actuellement réunies les deux divisions d'Alger et d'Oran. Voici où nous en sommes politiquement et militairement : deux belles et bonnes armées, formant près de vingt mille hommes, sous Blidah, prêtes à s'élancer partout, le pays fatigué, abîmé, détruit, les habitants mourant de faim ou se soumettant. Pendant que j'étais au col, j'ai nourri plus de vingt malheureux Mouzaïa venant me demander du pain ou des coups de fusil, et cependant les sentiers qu'on traverse sont des mers de céréales. Où vont se cacher les populations qui les ont semées ?

J'ai trouvé tes deux lettres des 15 et 25 mai ; elles m'ont rafraîchi, désaltéré, et je me suis endormi en les tenant toutes deux dans mes mains. Adieu, frère.....

GUERRE D'AFRIQUE

(1842-1843.)

Commandement supérieur de Milianah.

A M. LEROY DE SAINT-ARNAUD, AVOCAT A PARIS.

Blidah, le 15 juin 1842.

Faire des projets quand on est soldat et qu'on est en Afrique, c'est une double folie, cher frère, et tu vas en avoir une preuve nouvelle. Je voulais d'abord aller en congé ce mois-ci, le désir du colonel Smidt m'avait fait renvoyer mon projet au mois de novembre. L'espoir de te posséder ici me faisait prendre patience; je bâtissais des châteaux en Espagne sur le plaisir que j'aurais à te faire Africain comme moi. Morris, qui était hier avec moi, s'en réjouissait aussi, et voilà que tout est bouleversé. Un nouvel avenir s'ouvre devant moi, et je m'y jette tête baissée, le cœur haut, la volonté ferme, car il y a des dangers à courir, quelque gloire à acquérir et une grande responsabilité à supporter dignement. En un mot, le gouverneur général m'offre le commandement supérieur de Milianah, avec trois bataillons sous mes ordres, soixante cavaliers, artillerie, génie, etc., enfin une petite brigade complète et organisée. J'ai accepté avec reconnaissance. Mon commandement est superbe, c'est le plus beau peut-être qu'ait eu officier de mon grade. Mes pouvoirs sont illimités, c'est un poste de confiance. J'aurai des fonds secrets pour les espions et les guides, etc., etc., 150 fr. par mois de frais de représentation, somme bien insuffisante pour un chef de corps qui a tant de personnel sous ses ordres. Il n'y a rien à Milianah, j'emporte du vin, du sucre, du café, des pommes de terre, des bougies, des poules, trois cents œufs dans du son ; enfin, pour te donner une idée plus complète de ma position, douze mulets me sont prêtés par l'administration pour mes bagages seuls.

Tout cela, frère, c'est le beau côté de la médaille. Retournons-la : de bien rares nouvelles de France pendant mon exil, quoique les communications soient devenues plus faciles par la soumission des Soumata, Mouzaïa et Beni-Sala..... Je ne me dissimule pas que la tâche est rude, car dans ce Milianah qui tombe en ruines, tout est à faire, tout est à créer : il faut être à la fois administrateur et guerrier. Il faut travailler et je travaillerai jour et nuit. Me voilà écrivassier : je serai obligé de tout inscrire et de tout régler, d'avoir des registres de correspondance et de comptabilité, et des mains de papier et des paquets de plumes... Je penserai bien à vous tous, cela me donnera du courage, si j'en manquais.

AU MÊME.

Milianah, le 27 juin 1842.

Il y a cinq jours que je suis dans Milianah, frère, et je n'ai encore eu le temps, ni de manger, ni de dormir, ni de penser. Je voulais faire un journal pour toi, et je prends sur mes nuits le moment de faire celui qu'exige ma position si difficile et si délicate. Ce n'est plus Milianah bloquée, Milianah armée, tonnante et déserte, avec ses mille Français; c'est Milianah reprenant sa position politique en Afrique, voulant secouer la tête et sortir de terre, et dans la secousse achevant de faire crouler ce qui lui reste de maisons; c'est plus de deux mille hommes de garnison à commander, des ordres à donner partout, au génie qui bâtit, à l'hôpital qui guérit ou qui tue, au comptable qui nourrit ou ne nourrit pas. C'est une population qui déborde, rentre chez elle, cherche sa maison, la trouve en ruines ou occupée par moi ou un autre, un soldat ou un officier, ne dit pas un mot, s'assied à la porte s'il y en a une, et meurt de faim, si je ne lui fais pas donner de pain. Ce sont des chefs qui viennent se soumettre, qui me parlent, m'interrogent de l'œil et de la voix, et auxquels je ne puis répondre que par un interprète qui souvent me fait dire des bêtises quand j'ai dit de bonnes choses, et de ces interprètes j'en ai deux, un ne suffisant pas. Et un casernement à installer : deux mille hommes à loger à l'abri du vent et de la pluie là où mille hommes étaient mal, loger quatre-vingts officiers là où vingt se plaignaient de ne pouvoir rester. Eh bien ! tout cela est fait ou se fera, tout se déroule avec ordre et à vue d'œil, mais je ne repose pas un instant dans le jour. Je suis partout, je vois tout et avec quarante-sept degrés centigrades de chaleur. Enfin, aujourd'hui 27, m'arrive une dépêche du gouverneur qui me prescrit des choses que j'ai faites. Pour réponse je lui envoie copie de mon journal. Voilà six heures de suite que j'écris sans bouger de mon bureau, mais je suis heureux parce que je crois qu'il sera content, et il n'est pas au bout, car je lui ferai quelque chose de son Milianah. A présent je suis sur les épines, car j'attends d'instant en instant la réponse à une négociation qui amènerait Berkani entre mes mains. Ce serait un coup de maître, après cinq jours de commandement. Ma tête est un moulin à projets qui constamment fonctionne, et la nuit je me lève pour jeter sur le papier les idées que je crois bonnes, quoiqu'elles me tiennent éveillé. Aujourd'hui, je n'ai que le temps de te dire que je me porte comme un homme qui ne se sent pas vivre, tant sa vie court avec rapidité.

AU MÊME.

Milianah, le 29 juin 1842.

Encore une petite lettre qui te fera prendre patience en attendant la grande. Aujourd'hui m'arrive un petit convoi, il repart demain du Marabout où il est campé, à une lieue et demie de Milianah. On ne campe jamais sous Milianah, qui est sur un rocher. Il faut une heure et demie pour monter du Marabout à Milianah. Il y a des gens qui sont venus dix fois camper au Marabout et qui ne sont jamais montés à Milianah.

Berkani m'a répondu : j'envoie aujourd'hui sa lettre au gouverneur. Il me dit que vieux, malade, fatigué, il ne peut monter à cheval et que sans cela il serait venu chez moi; que son cousin, jeune et capable de faire la guerre, a été se rendre au gouverneur et que c'est comme s'il y était allé lui-même. Il est soumis, etc., etc. J'aurais bien voulu l'avoir ici et l'envoyer au gouverneur. Ma négociation n'est pas moins bonne, et je crois qu'elle satisfera.

Adieu, on est derrière nous pour des ordres et des signatures.....

AU MÊME.

Milianah, le 1ᵉʳ juillet 1842.

Connais-tu quelque chose au monde de plus bizarre que notre destinée, cher frère? Sais-tu qu'il me faut de la philosophie pour ne pas me laisser aller à bien des chagrins, à bien des regrets, quand je pense qu'aujourd'hui même, j'aurais pu être près de toi, près de ma mère, près de mes enfants, de tout ce que j'aime, et que, pour obéir aux lois quelquefois bien dures de notre métier, aux exigences de l'avenir, je me vois à Milianah. Je ne pense pas que tu voies jamais Milianah, mais quand je te le décrirais mille fois, je ne t'en donnerais pas l'idée. Le portrait ne peut être ressemblant, rien ne ressemble à Milianah. Quand on est dans la plaine du Chélif, et qu'on regarde au nord-ouest, on aperçoit par une percée entre les montagnes, au pied d'une montagne plus haute encore, le Zaccar, un plateau élevé au-dessus des ravins. On distingue à peine des minarets, une enceinte irrégulière, quelques masures sombres recouvertes en tuiles, quelques redoutes à droite et à gauche : c'est Milianah. On monte en suivant le cours d'un ruisseau rapide, on monte pendant plus d'une grande heure à travers un chemin raboteux, rocailleux et coupé heureusement à la moitié par un autre petit plateau planté de vignes et d'arbres que la nature semble avoir mis là pour qu'on se repose, et on arrive enfin dans Milianah par la porte du Zaccar ou celle du Chélif au choix. Là, l'œil ne se repose nulle part ; ruines et toujours ruines qui s'augmentent chaque jour, car les maisons à moitié tombées achèvent de s'affaisser, et quand, la nuit, je suis réveillé par un bruit sourd et sinistre, mon pauvre cœur répond par un battement bien triste : c'est une de mes maisons qui s'écroule, c'est une difficulté de plus qui s'élève. Voilà où je suis pour être colonel quelques mois plus tôt qui peuvent peser beaucoup dans ma carrière.

J'ai accepté une tâche difficile, je joue un jeu à perdre une réputation honorablement acquise si je ne réussis pas. Mais j'ai trop d'ardeur, trop de volonté ferme et de persévérance pour ne pas réussir. Alors je prends ma place parmi les officiers vraiment distingués et propres à tout, car jugé comme soldat et militaire, je le serai comme organisateur et administrateur. En voyant ce que j'ai à faire, mes bras descendent lentement le long de mon corps, et je n'ose plus ni respirer, ni penser. Cependant juge de ce que j'ai fait depuis dix jours. Dans une ville où huit cents hommes et vingt officiers se logeaient avec peine, j'ai placé deux mille quatre cents hommes et cent cinquante chevaux, de l'artillerie, et je n'ai employé ni une tente ni un gourbis en feuillage. Cinq cents hommes de corvée déblayaient les maisons, les maçons rétablissaient les moins ruinées : une activité dévorante, communiquée électriquement, relevait tout

cela. Le gouverneur m'écrivait : « Je vous envoie des
» tentes, établissez des gourbis. » J'ai répondu : « Je
» n'ai besoin ni de tentes ni de gourbis; tout le monde
» est logé. »

Les Arabes rentrent en masse dans Milianah. Je
leur ai nommé un hackem, un muphti, un cadi, des
chaouchs. J'ai rendu une mosquée à leur culte. Il y
a quelques jours, Milianah ne retentissait que de
coups de fusil; aujourd'hui, du haut du minaret, la
voix du muezzin annonce l'heure de la prière. C'est
un songe.

Mon marché se garnit et devient nombreux. J'aurai assez de bœufs, assez d'orge, assez de blé pour
ne rien tirer d'Alger, et juge ce que le gouvernement y gagne sur un seul objet. L'orge, rendue dans
le magasin de Milianah, revenait à l'État à 25 francs
le quintal métrique. Je la paye ici 14 francs, et j'épargne de plus et les frais des convois et la santé des
soldats qui les escortaient. Je fais construire un four
à chaux, une caserne qui, dans quatre mois, recevra
quatre cents hommes. Des latrines publiques, à portée des soldats, se creusent dans des coins écartés.

Une commission municipale est établie sous la présidence du commandant de place, et bien entendu
sous ma direction et mes ordres. J'impose des patentes légères aux marchands de toute espèce, je les
ai fait se taxer eux-mêmes. Je ne voulais que 2 francs
par mois, il se sont imposés à 5 francs. Un droit
d'octroi sera perçu, 1 sol par douzaine d'œufs, 1 sol
par poule, 1 franc par cheval ou bœuf vendu, 5 sols

par mouton ou chèvre. Tout cela me donnera pour la ville un revenu important avec lequel je ferai éclairer, construire des fontaines. Les eaux de Milianah sont renommées. Tout cela s'exécutera peu à peu. Les soldats, les officiers manquent de vin et de pain blanc. Dans un mois, il y en aura à Milianah. Quand j'aurai établi la route de Milianah à Cherchell, notre position deviendra encore meilleure.

J'ai déjà reçu trois lettres du gouverneur : il n'avait pas encore reçu les miennes. Je suis impatient de savoir s'il est content. Tout se soumet : dans l'ouest c'est fini, dans l'est le branle est donné. On ne peut lui refuser maintenant son bâton de maréchal, il l'a bien gagné. Nous voilà en paix, et je vais avoir plus de travail que pendant la guerre. Quelle position que la mienne ! Que de bien on peut y faire et j'en ferai, mais quelle ruine ! Je suis à découvert de plus de trois cents rations que j'ai fait donner à des malheureux, mourant de faim, qui venaient se réfugier à Milianah ; j'ai distribué de l'argent ; ma maison et ma table sont ouvertes. Tout cela se régularisera, je l'espère ; mais, en attendant, nous sommes au 1er juillet, et mes appointements de juillet sont dévorés. J'ai 150 francs de frais de représentation et il en faudrait 500. Pendant que je t'écris, j'ai derrière moi, accroupis sur mon tapis et buvant mon café, dix Arabes, grands du pays, dont l'odeur ne peut se comparer à aucune odeur supportable, et qui m'ont présenté un chef de réguliers d'Abd-el-Kader qui vient se rendre. Le pauvre diable était riche, avait des chevaux, des femmes, des terres ; aujourd'hui il n'a plus rien, et il sera bien heureux si je consens à le nommer maréchal des logis dans les spahis indigènes. Il m'a demandé deux jours de réflexion, et je les lui ai accordés avec deux pains qui lui ont fait venir les larmes aux yeux. Oh ! la guerre, la guerre ! Mon interprète est là debout qui leur traduit ou plutôt s'efforce de leur traduire ce que je sens. Mais il est inintelligent, il rend mal mes pensées. C'est une chose importante qu'un bon interprète. Mon Dieu, que je voudrais pouvoir m'en passer ; mais je n'ai pas même le temps de parler arabe.

T'ai-je parlé du théâtre de Milianah ? Ce sont les sous-officiers de la garnison qui jouent. Je favorise l'établissement de toutes mes forces. C'est une distraction pour les soldats ; ils n'ont ici ni vin ni femmes. Il y a aussi un cercle où l'on peut lire quelques ouvrages donnés par l'Etat et laissés par les officiers qui ont passé à Milianah. Le choix n'est pas merveilleux. Le gouverneur m'a envoyé les journaux jusqu'au 22 juin, je me suis empressé de les adresser au cercle pour occuper les officiers.

Voilà une lettre, cher frère, qui va faire jaser les enfants. Milianah, Milianah ! est-ce plus grand que Noisy ? Oui, et c'est beaucoup plus haut, et l'on mettrait la butte Montmartre sur la butte Chaumont et le mont Valérien par-dessus, qu'on ne serait pas au tiers du chemin. Adieu, cher frère, embrasse mille fois ma mère, mon frère, mes enfants, et écrivez-moi tous des volumes....

AU MÊME.

Milianah, le 4 juillet 1842.

Encore un petit moment de libre, frère ; à nous deux ! Cette douce distraction, je l'ai bien gagnée. Depuis ce matin sept heures, ma chambre ne désemplit pas. J'ai d'abord été pris au saut du lit, à cinq heures, par un envoyé du général Changarnier qui est, avec sa colonne, dans le désert de Tittery. Il paraît que cette colonne est devenue tellement lourde par le butin énorme et les troupeaux immenses qu'on a pris sur les tribus du sud qui n'étaient pas soumises, qu'elle peut à peine faire plus de deux ou trois lieues par jour. Le général a poursuivi Sidi-Embareck de si près, que d'un mamelon les Français ont pu voir la poussière de son cheval qui l'emportait dans le désert. J'ai répondu au général et lui ai envoyé les dépêches du gouverneur et ses lettres particulières. A peine ma dépêche partie, est entré mon interprète suivi d'une douzaine d'Arabes, en tête desquels marchaient le caïd et l'agha. C'était la tribu des Hachem qui venait faire sa soumission. Voici la troisième tribu importante qui se soumet à moi. Ils se sont accroupis sur mon tapis : j'ai fait apporter le café et les négociations ont commencé. J'ai bien établi les intérêts politiques et commerciaux de chacun, vanté mon marché et les avantages que

les Arabes y trouvent, donné des éloges à la foi
arabe à laquelle je ne crois pas du tout, et à la grandeur et à la générosité française auxquelles je voudrais croire davantage ; enfin, après une heure,
exténué de chaleur et de fatigue, j'ai congédié mes
Arabes fort satisfaits de moi et de ma nation.

J'allais sortir pour visiter mes travaux, quand j'ai
été arrêté par le comptable de l'hôpital, qui se
plaint des chefs du service de santé, et par les chefs
du service qui se plaignent du comptable de l'hôpital. Ceci était plus grave, et quoiqu'on parlât la
même langue, on ne s'entendait pas davantage, peut-être un peu moins. Alors je me suis fâché, et j'ai
déclaré que si, dans l'hôpital, on s'amusait au lieu de
faire son service et de s'occuper de la santé des
malades et de leur bien-être, à faire de la taquinerie
et de la susceptibilité, je demanderais le renvoi de
tout le monde à Alger et que je renouvellerais le personnel entier de l'hôpital. On a promis de mieux
faire, mais je suis sûr que les Français sont sortis
beaucoup moins satisfaits que les Arabes.

Enfin, j'ai pu courir pendant une heure pour
chercher, dans des ruines, une maison qu'on pût
arranger pour le sous-intendant et le payeur que
j'attends. J'ai trouvé à peu près l'affaire : demain les
ouvriers seront dedans. A onze heures je suis rentré
chez moi, j'ai mangé un morceau à la hâte et j'ai
été obligé d'avaler mon café en double pour donner
audience au caïd des Beni-Menasser, qui est venu
me parler des intrigues qu'ourdit déjà l'ancien caïd

Malek. On m'a apporté une de ses lettres que j'enverrai au gouverneur, et en attendant j'ai écrit moi-même à cette tribu de se tenir tranquille, de se rappeler la foi jurée ; que si elle y manquait jamais, elle m'obligerait à la punir d'une manière exemplaire. Cinq ou six chefs du pays étaient là. Le café a encore coulé avec les phrases de menaces ou d'encouragements, et on est parti. Alors j'ai parcouru mes situations et de troupe, et de magasin, et d'hôpital. J'ai vu mes rapports de la nuit et j'ai envoyé huit jours aux arrêts trois officiers du 24e et du 3e bataillon de chasseurs, qui avaient fait du bruit hier soir, à onze heures, dans un café maure. J'ai envoyé chercher le capitaine du génie pour lui donner l'ordre de pousser avec activité un bassin que j'ai fait construire en dehors de la porte du Chélif. Ce bassin aura un mètre quarante de profondeur; huit mètres de longueur sur cinq de largeur, et la troupe pourra s'y baigner. Voilà une bonne chose pour Milianah.

Maintenant, ô mon frère, je me repose en t'écrivant. C'est le temps de ma sieste que je prends pour cela. A quatre heures et demie je vais me raser et m'habiller. Cela fait, il sera cinq heures, je me remettrai à voir tous mes travaux, ma caserne, mon four à chaux, les réparations de tout genre que je fais faire. J'irai ensuite voir dans mes magasins la quantité d'orge, de blé et de bois qui y est entrée. Je saurai combien on a acheté de bœufs, et tout cela fait, je jouirai un peu de l'air frais jusqu'à sept heures. Alors je rentrerai chez moi dîner. Aujourd'hui j'ai des invités : le chef de bataillon du 24ᵉ, celui du 3ᵉ de chasseurs et le médecin en chef de l'hôpital. Ce soir on vient faire chez moi un whist ou un écarté à dix sols. Veux-tu savoir mon dîner ? Ecoute et humilie-toi devant le génie inventif de l'Afrique, et ma bonne étoile qui m'a donné pour 25 francs par mois un cuisinier qui, dit-il, a été six ans à Paris au *Banquet d'Anacréon*. Soupe et bouilli. Deux entrées : salmis de perdreaux et gibelotte de lapin (gibier apporté par les Arabes, mes sujets). Rôti : un poulet, une salade. Deux entremets : des petits pois et un macaroni, quatre pots de crème. Dessert : amandes fraîches, figues, abricots et marmelade. Chacun sa demi-bouteille de vin et pain à discrétion. Du café et du bon café, et on va se coucher content.

Tout est encore fort cher à Milianah, mais j'espère ramener les denrées à un prix raisonnable. Une poule coûte 2 francs ; j'en ai douze et un coq. Elles ne me donnent que deux œufs par jour. Un œuf sur le marché coûte 3 sols. Les poules sont devenues rares ; les razzias en ont tant détruit ! Les fruits sont mauvais ; le pain que nous mangeons n'est pas blanc, c'est presque du pain de munition. Je n'aurai un boulanger établi à Milianah que dans quelque temps. Il faut nous rationner pour le vin. Je n'en ai emporté de Blidah que trois cents litres et en route la chaleur en a fait couler le quart. Les Juifs vendent ici 2 francs la bouteille le vin ordinaire qui coûte

8 sols à Blidah. Les transports sont si difficiles et si chers! Cependant, je veux que dans un mois le vin ordinaire ne coûte ici que 15 sols la bouteille. Ce sera une grande chose pour le soldat qui gagne ici quelqu'argent à travailler pour le génie et qui ne peut le dépenser qu'en eau-de-vie mauvaise et en jouant aux quilles ou au loto, que je finirai par interdire. Notre théâtre marche. On a joué hier soir, dimanche, *le Cuisinier de Buffon* et *la Tirelire*. Il faut entendre les éclats de rire des soldats. Je n'en finirais pas si je te racontais tout ce qui se fait et ne se fait pas dans Milianah. On m'arrange un grand jardin potager entouré d'eau de chaque côté et avec un saule pleureur magnifique, sous lequel je ferai faire une tonnelle pour aller penser à vous. On vient me déranger, à demain.

Les 6 et 8 juillet 1842.

J'ai reçu du gouverneur une lettre de compliments et de recommandations de six pages. Tout marche et il est content. J'ai répondu cette nuit; à trois heures j'écrivais encore. J'ai soumis mon plan d'opérations pour la reconnaissance de la route de Milianah à Cherchell. S'il est approuvé, je ferai cette opération du 22 au 30, parce qu'alors la lune sera pleine et j'en profiterai....

Hier est arrivé à Milianah le fameux Sidi-Caddour-el-Berkani, nommé par le gouverneur agha des Beni-Menasser. Il a voulu prendre un ton qui ne m'a pas convenu. Je l'ai remis à sa place comme il faut. C'est un mauvais choix qu'a fait le gouverneur ou plutôt le bureau arabe.

La colonne du général Changarnier arrive aujourd'hui, je la distingue dans la plaine du Chélif. Dans quelques instants je n'aurai pas une minute à moi et ne saurai à qui répondre. Je me hâte donc de fermer ma lettre. Le général revient avec la razzia la plus monstrueuse dont on puisse avoir idée : quatre mille bœufs, vingt mille moutons, douze cents chameaux, quatre cents chevaux, trois mille prisonniers et un butin énorme. Tout se débande, tout se soumet.....

AU MÊME.

Milianah, le 11 juillet 1842.

Demain commence pour moi une ère nouvelle dans ma carrière militaire, demain je suis vraiment chef, général ; car je commande une colonne de mille hommes d'infanterie, deux pièces de canon, cinquante hommes de génie et cent vingt chevaux du 1er chasseurs à cheval ; j'ai une ambulance, un service de subsistances, enfin une petite armée complète et bien organisée et de plus cinq cents cavaliers arabes qui m'accompagnent. Je serai absent de Milianah sept jours. Je vais faire une pointe dans le sud-ouest, plus haut que l'Oued-Rouina supérieur, et déterminer la soumission des tribus qui hésitent encore, ou contraindre celles qui refusent. Je pars demain matin 12, à quatre heures, avec ma petite armée.... Bou-Zian, agha des Djendeh, qui était si acharné contre nous, marchera avec moi ainsi que le cheik des Atafs et bien des brigands qui nous ont tué des camarades. Aujourd'hui, je les commande et ils sont prêts, au moindre ordre, à se jeter sur leurs compatriotes.

AU MÊME.

Au bivouac, sur l'Oued-Rouina supérieur, le 14 juillet 1842.

Je suis, cher frère, dans le plein exercice de mes fonctions de général en chef. Je commande une petite armée aussi légère, aussi mobile que bonne et solide, et cela me fait vraiment regretter de n'avoir probablement à l'employer que pour soutenir et appuyer des négociations politiques. J'ai espéré cette nuit avoir à combattre des tribus récalcitrantes. Deux hésitaient, l'une est arrivée cette nuit ; j'attends l'autre, les Beni-Boudouan, dans une heure. Ces Beni-Boudoaun sont puissants ; c'est une soumission importante. Ils habitent une espèce de gros bourg sans enceinte de muraille, mais considérable. S'ils ne s'étaient pas rendus, j'allais détruire la bourgade.

Les Bou-Rached se sont soumis hier, demain j'aurai les Beni-Rached. *Bou* veut dire père et *beni* fils. Tu vois que j'ai le père et le fils. Si tu sais où est le saint-esprit, envoie-le moi, j'en ai souvent besoin et ses inspirations ne seraient pas de trop pour opposer à la foi punique dont je me méfie sans cesse..... Mon goum de cavaliers arabes s'augmente tous les jours. Il part devant moi, m'éclaire et vient me dire : « Ici sont les amis, là les ennemis. » Rien ne ressemble à un ami comme un ennemi. Quand je suis à cheval, tous ces chefs arabes et leur suite viennent me saluer, me baiser la main ; et tel est mon pouvoir, que si je disais à l'un de couper la tête à l'autre, je pourrais en peu de minutes diminuer ma cavalerie indigène de moitié. Du reste, je parcours un pays neuf pour nous et superbe. Je suis dans la province d'Oran, marchant dans la direction sud-ouest ; j'ai près de moi le désert d'Angad et je suis à trois journées de Tékédempt. La chaleur est accablante, mais j'ai pris une manière de voyager qui fatigue peu le soldat. Je pars à quatre heures du matin, je marche jusqu'à huit ou neuf heures au plus, et j'arrive dans un lieu ombragé autant que possible et arrosé de ruisseaux ou au moins ayant une fontaine. On déjeune, on fait la sieste, on se repose jusqu'à trois heures. Je repars alors et je marche jusqu'à six ou sept heures, puis je bivouaque. Voici mon ordre de marche : le goum en tête, me précédant de deux ou trois cents mètres, ensuite un escadron de cavalerie que je mets quelquefois sur un des flancs de ma colonne, selon le terrain, mes sapeurs du génie, un bataillon d'infanterie, l'artillerie, l'ambulance, le train, les bagages, un bataillon d'infanterie, le troupeau, un bataillon d'infanterie, les cacolets, le peloton d'arrière-garde. Moi, je marche quelquefois en tête de la colonne française, quelquefois devant mes sapeurs, quelquefois sur les flancs. Je change souvent de place pour veiller à tout et voir tout. J'ai pour aide de camp et en même temps pour chef d'état-major un lieutenant de chasseurs à cheval fort intelligent, qui a été officier d'ordonnance des généraux Rulhières et Baraguey-d'Hilliers.

Allons, frère, voilà des Arabes nouveaux qui demandent à m'être présentés, je te quitte pour leur faire les phrases habituelles : « *L'union fait la force...* » *Protection de la France... Fidélité scrupuleuse*, etc. » J'ai une foule de discours toujours prêts et toujours beaux. Je crois que tous ces Arabes m'aiment parce que je suis bon pour eux ; sévère, mais toujours juste et esclave de ma parole.....

AU MÊME.

Milianah, le 17 juillet 1842.

J'arrive, cher frère, je rentre dans mon gouvernement. J'ai fait une belle et heureuse expédition sous tous les rapports..... En sept jours de marche, j'ai soumis six fortes tribus, reçu six chevaux de soumission, obtenu un résultat moral important, en montrant dans le pays, pour la première fois, la colonne de Milianah précédée d'un goum de six cents chevaux. Oui, frère, j'ai eu six cents cavaliers arabes sous mes ordres avec ma petite armée française. Le gouverneur sera enchanté. J'ai éprouvé toutes les angoisses, toutes les joies, tous les orgueils du commandement. Quand j'ai pénétré dans ces gorges où ma colonne défilait un par un, quand j'ai vu ces pics qui me dominaient, quand pendant des lieues entières je marchais dans le lit de torrents desséchés, je calculais tout ce que pouvait avoir d'affreux une attaque sérieuse dans un tel pays et avec de tels ennemis ; mais aussi je mettais dans la balance l'effet moral obtenu sur mes auxiliaires arabes, je comptais pour quelque chose ma détermination et mon courage. J'ai persévéré et j'ai réussi, *audaces fortuna*.....

Je t'épargne, pauvre frère, et tous les détails de mon expédition et tous les détails plus ennuyeux encore de mon commandement intérieur, parce que tu prendrais du souci. Tranquillise-toi ; je me battrai quand il le faudra et bien, mais avec prudence et en mettant de mon côté toutes les chances de succès. Comme tu le dis, tout lieutenant-colonel que je suis pour le moment, je suis encore plus général, car j'ai une petite armée à commander et une ville à administrer pour la faire sortir de ses ruines.....

A MADAME DE FORCADE.

Milianah, le 22 juillet 1842.

Quelle nouvelle épouvantable, quel événement désastreux, mère, le duc d'Orléans mort d'une chute de voiture! Quelle douleur, quelle angoisse pour le roi et surtout pour la reine! En vérité, mon cœur se serre; voilà tout remis en question. Une régence pour la France, c'est la guerre civile. Les républicains vont relever la tête et redescendre dans la rue. En faisant paraître l'ordre du jour qui annonce à la garnison de Milianah la perte irréparable qu'elle vient de faire, j'ai vu des larmes dans tous les yeux.

Chère mère, je ne t'ai pas écrit depuis que je suis à Milianah, mais mes lettres à mon frère ont dû te mettre au courant de ma position. Elle est plus belle que je n'aurais jamais osé le prétendre malgré tous mes services en Afrique, car j'ai positivement un commandement de maréchal de camp. Te dire à quel point je suis occupé, à quel point je suis débordé par les affaires, c'est impossible. Depuis cinq heures du matin jusqu'à sept heures du soir je n'ai pas une minute à moi. Français, militaires ou colons, Arabes, Kabyles, Juifs, chefs et prolétaires, tous viennent à moi, tous m'accablent. Il faut répondre à tout le monde, et, ce qui est, je crois, impossible, contenter tout le monde. O ma délicieuse paresse, mon doux *far-niente* qui me transportaient si souvent à la Madeleine ou au quai de la Tournelle, à Taste ou à Noisy, qu'êtes-vous devenus ?

Milianah a changé de face depuis que j'y suis : je donne des terrains à des colons, à des Juifs, à des Maures pour y construire de petits magasins. Le commerce renaît, le marché se peuple ; j'ai établi une commission municipale qui disposera, sous ma vérification, des revenus de la ville. Milianah a déjà des revenus qui proviennent de patentes légères, d'impôts fonciers minimes et d'amendes pour les contraventions aux règlements de police et de propreté. J'ai organisé tout cela et le mois de juillet a sa recette de 300 francs. C'est beaucoup pour un début...

J'ai distribué à toute ma garnison, officiers, sous-officiers et soldats, des terrains pour faire des jardins. Il faut que tout le monde mange des légumes. Les fruits sont mauvais, je les ai défendus : ils donnent la dyssenterie et la fièvre. Le vin est à 15 sols la bouteille, il était à 2 francs quand je suis arrivé. On ne savait pas ce que c'était que du pain blanc à Milianah. Aujourd'hui, j'ai trois boulangers ; ils font payer 30 sols les quatre livres qui n'en font pas plus de trois. Je les laisse s'établir et dans quinze jours cela changera. Je veux le poids et 24 sols les quatre livres. Nous sommes privés de bien des choses et surtout de lettres et de nouvelles, mais enfin on peut vivre. Quand les journaux arrivent, on se les arrache. Cependant les communications deviennent de plus en plus faciles. Avec quelques Arabes, les Européens se risquent de Blidah à Milianah. Ils viennent en deux jours...

Vous êtes dans la fièvre électorale, faites au moins de bons choix. Est-ce que vous gardez M. Guizot? Croyez-vous qu'il comprenne bien le caractère français? Mille amitiés à ton mari. Je voudrais bien l'avoir ici pour causer politique et lui demander son avis sur la mienne avec les Arabes. Je suis obligé de faire souvent le juge de paix, mais je renvoie cela à mon commandant de place ou au cadi que j'ai nommé.

A M. LEROY DE SAINT-ARNAUD, AVOCAT A PARIS.

Milianah, le 28 juillet 1842.

J'ai écrit à ma mère il y a quelques jours et ma lettre te sera certainement communiquée. Je suis étonné, frère, de ne pas avoir reçu quelques lignes de toi, depuis l'affreux malheur qui est tombé sur la France et surtout sur l'armée. Je ne suis pas revenu du coup qui, comme tout le monde, m'a frappé si douloureusement. C'est un grand malheur, dont il n'est donné à personne de prévoir les conséquences. Une régence demande beaucoup de sagesse et des idées arrêtées. Nous n'avons rien de tout cela. Comme le doigt de la fatalité se montre partout! Enfin nous verrons les événements.

Le gouverneur est toujours satisfait de mon administration et de mes faits et gestes dans mon gouvernement. Je me suis donné tant de mal que c'est bien le moins que l'on soit content. J'ai failli partir pour une expédition de quinze jours dans le sud, au delà de Tazza, contre Ben-Allal, qui tourmente encore les tribus éloignées de moi. Si je n'avais consulté que le profit que j'aurais pu retirer d'une pareille expédition, je serais parti; mais j'ai considéré la saison, l'état des troupes fatiguées, le danger des maladies, et ma responsabilité s'est effrayée. J'ai assemblé les chefs de corps et de service sous mes ordres; et dans un petit conseil de guerre j'ai exposé la situation et demandé avis. Tout le monde a été unanime pour ne pas marcher. Le gouverneur me laissait entièrement libre et s'en rapportait à mon *énergique sagesse*. J'ai répondu en déduisant les motifs qui me faisaient différer cette course. Il m'a approuvé puisqu'il ne m'a pas répondu de suite et que je lui disais : « Ordonnez, » et je pars. »

AU MÊME.

Milianah, le 1er août 1842.

Enfin, cher frère, aurai-je le temps de causer un peu avec toi ! Je m'y prends d'avance, et cette lettre que je commence aujourd'hui partira seulement dans quelques jours. Tu auras pu lire dans les journaux, et des rapports de moi et des articles sur moi. Me voilà donc pâture à presse; c'est le mauvais côté de mon affaire, si belle d'ailleurs. Prends *le Constitutionnel* du 14 juillet, tu y liras un petit rapport. Lis *le Toulonnais* du 19 et tu y verras un article bienveillant plutôt qu'autre chose, mais que je ne sais à qui attribuer. Du reste ceux qui parlent de moi me connaissent peu, je mérite mieux que cela.

Le gouverneur m'avait écrit pour me porter, si cela était possible, dans le sud au secours de quelques tribus menacées de loin par Ben-Allal. J'ai répondu que cela ne se pouvait pas, qu'il n'y avait pas même probabilité de réussite, que je ne partirais que sur un ordre qui mettrait ma responsabilité à couvert. Voici la réponse du gouverneur ; je transcris littéralement : « Mon cher Saint-Arnaud, je réponds à l'in-
» stant à votre lettre du 24 ; elle est parfaite de rai-
» son, de prudence, de bons raisonnements et elle
» m'a fait le plus grand plaisir ; car je craignais fort
» qu'emporté par votre dévouement, vous ne fussiez
» parti sur quelques phrases de ma lettre qui vous
» témoignait le désir que j'avais qu'il vous fût possi-
» ble de faire le mouvement indiqué, etc., etc. » —
Il finit ainsi : « Adieu, mon cher colonel, je vous
» remercie de votre sagesse, vous m'avez ôté un cau-
» chemar bien lourd. »

Mon Dieu, si je n'avais pas tant et de si sérieuses affaires et une si énorme responsabilité, que cela me emblerait souvent drôle, frère, de jouer ici au souverain au petit pied! Si je monte à cheval, je suis suivi de cinq ou six Arabes, chefs du pays, de chaouchs à pied pour faire écarter le monde, de quelques chasseurs à cheval qui font mon piquet; enfin parodie réelle de gouverneur. Et tout cela ne m'éblouit guère, et je fais si peu de poussière et d'embarras que j'ai renvoyé le factionnaire qui devrait être à la porte de mon palais : véritable palais que je partage avec une foule de rats, des poules, un oiseau de proie charmant, un chien que j'ai trouvé en campagne sous un palmier nain.

Quand j'écris au gouverneur que dans deux mois et avant je serai approvisionné pour six mois, il me dit : « C'est très-bien, c'est superbe, ayez-en pour neuf. » Bon, j'en aurai pour neuf. Il a raison, il pense qu'il a ici un homme dévoué qui fera le possible, il s'en sert; de mon côté, moi je fais de même. J'ai trouvé des officiers instruits et zélés qui me font de la bière et de la poterie. Un sergent-major me fait une horloge. Un officier d'artillerie me dirige et m'installe mon cercle, de manière à ce que dans un mois rien n'y manquera. Le grand talent, c'est de savoir se servir des hommes et surtout selon leur spécialité. Chacun a la sienne, c'est incontestable, mais il faut la trouver. Moi je conçois et j'ordonne, je dis : je veux là une place, je veux là une fontaine, des arbres, etc., on bâtira là, on démolira ici, et tout cela se fera. Mais je trouve tout le monde lent, et mon activité me rentrant dans l'estomac réveille ma gastrite. C'est à la lettre, je souffre plus quand je suis contrarié ou que je me fâche ; ce qui m'arrive, hélas! bien souvent.

Tu m'as demandé, je crois, quelque souvenir de ma grandeur et de mon commandement. J'ai déjà deux choses curieuses, une surtout quoique sans valeur. C'est un collier arabe composé d'amulettes et de verroteries. On y attachait un grand prix dans la ville de Seba-Senâ, il était porté par une des femmes d'un marabout vénéré. Je doute que ma Louise voulût s'en parer le jour de son mariage. L'autre objet, plus connu et fort beau, est une peau de panthère. Ce sera une descente de lit pour toi, seigneur.

2 août 1842.

Merci, frère, de ta bonne lettre du 10 et 14 juillet, je la reçois à l'instant et tu vois que je ne perds pas de temps à te répondre. Ma lettre partira cette nuit dans une dépêche au gouverneur. Grâce à toi, mon fils sait nager et je t'embrasse pour cela. Quel bonheur pour tous ces petits êtres de t'avoir eu pour oncle ! Je n'ai pas de mots pour te remercier, mais je pleure de douces larmes en y pensant.

Je suis content que tu aies trouvé mon rapport convenable ; je n'ai pas même le temps de les soigner. Il n'y a pas de brouillon, j'écris l'original en dictant à haute voix, et mon officier d'ordonnance transcrit en même temps sur mon cahier de correspondance. Sans ce moyen, je ne pourrais pas même garder de copie. Le temps me manque, c'est à ne pas le croire.

Je vois ma position absolument comme toi, c'est vraiment trop beau. Tu as raison de le dire : je règne et je règne presque sans contrôle. Je n'ai ni chambres pour me contrôler, ni ministres pour me conseiller ou me contrarier, et jusqu'ici toutes les mesures que j'ai prises étaient devenues des faits accomplis quand j'en ai rendu compte, et, à peu de chose près, j'ai toujours été approuvé.... C'est la plus belle époque de ma vie, frère, et pour notre vieillesse un inépuisable sujet de souvenirs et d'anecdotes. J'ai acquis un aplomb visible à mes propres yeux et cela ne ne t'étonnera pas, en songeant aux ordres importants que je donne, à leur exécution immédiate et à la responsabilité qui les accompagne. Avec les Arabes, hésitation c'est faiblesse, nullité. Il faut donc penser vite et bien, frapper fort, mais juste : c'est à quoi je m'attache, et je me flatte que les Arabes de Milianah m'aiment autant que les Français. Que de misères à soulager, frère, que de bien à faire ! Que de pièces de 3 francs, sous la forme d'une mesure de blé, sont entrées chez de pauvres familles pour arrêter la faim à la porte. Je ne m'enrichirai pas dans Milianah, mais ma récompense est dans les lettres collectives, écrites au gouverneur par les habitants influents de la ville et des environs, qui disent que si l'on me retirait de Milianah, ils quitteraient la place et se retireraient dans les montagnes. Je ne veux pas, cependant, y rester toujours, morbleu ! mais m'en souvenir, c'est différent. Enfin, où étaient des ruines s'élève une ville ; où régnaient la misère reparaissent le commerce, l'industrie, le bien-être. J'avais cent familles pauvres, j'en ai à peine dix et le nombre diminue à chaque instant, car je les utilise et je leur fais gagner leur pain. Aurais-tu pensé, quand je menais la vie de jeune homme, quand je courais la Grèce, l'Italie, l'Angleterre, que j'arriverais là? Donc, le plus sage est de ne jamais jurer de rien.

AU MÊME.

Milianah, le 12 août 1842.

Je ne veux pas répondre à la partie politique de ta lettre ; d'abord, j'y entends fort peu de chose et je ne désire que la prospérité et surtout la tranquillité de mon pays. Comme tout le monde, je vois que nous sommes sur un volcan. Je vois la guerre civile à notre porte et la guerre générale après. Comme je n'y puis rien, je ferme les yeux et j'attends, bien déterminé à faire toujours mon devoir en brave soldat et en honnête homme, et plus ma position sera élevée, moins je m'écarterai de ce principe. Le duc d'Orléans ne m'a jamais fait ni bien ni mal ; je crois, cependant, qu'il m'était plus favorable que contraire, je l'aurais bien servi. Si la duchesse est régente, je la soutiendrai de mon épée, comme je soutiendrais le roi régnant. J'aime, d'ailleurs, cette famille, à cause de ses douleurs, et la reine a toute ma vénération ; car, à sa pensée, vient toujours se mêler celle de notre mère. Je crois que l'on juge trop sévèrement le duc de Nemours. Il a beaucoup de bon ; du vivant de son frère sa position a toujours été fausse. Je ne puis que gagner à lui voir le pouvoir en main, car il me connaît. Mais il y a une chose que je combattrai toujours de la parole et de l'action : c'est la République, parce qu'elle m'est odieuse. Quant aux ministres, c'est une autre question. Je ne connais que le mien qui est bon pour moi, et que, pour cette raison, j'aime autant voir là qu'un autre. Je n'aime pas beaucoup M. Guizot, parce que je le trouve trop pacifique. C'est une chose fort difficile que de gouverner, cher frère, je le vois dans mon pachalick où je suis cependant maître absolu, ce qui facilite beaucoup de choses. Ce sont les détails, les misères qui vous tuent. Vous ne voyez pas à terre le petit caillou qui va vous faire tomber et vous fracasser la tête. Ainsi va le monde, on périt par les petites choses, depuis Alexandre qui faillit mourir pour s'être baigné, jusqu'au pauvre duc d'Orléans qui est mort pour avoir voulu sauter de voiture. O destinée ! folie que de vouloir l'expliquer.

Un passage de ta lettre m'a bien amusé, c'est celui du cachet. En effet, je t'annonce que mon cachet est perdu et la lettre qui te l'annonce porte son empreinte. L'explication est toute simple. En expédition je t'écrivais à bâtons rompus, quand j'avais le temps. Je perds mon cachet ; vite je t'écris comme si ma lettre devait partir le soir : envoie-m'en un autre. Quatre jours se passent. Des Arabes le trouvent et me le rapportent. Mais juge, frère, par ce petit fait comme je suis connu par les Arabes. Après mon cachet retrouvé, ils ont pensé que cela ne pouvait appartenir qu'au kalifat de Milianah, comme ils m'appellent, et ils sont accourus me le rapporter à une journée de Milianah. Je leur ai donné 20 francs et avec joie. C'est le cachet que tu m'as donné et j'y tiens.

13 août 1842.

.... Je suis ici barre de fer, rien ne doit être fait que je ne le sache et par mes ordres. Eh bien ! malgré cela, on me fait journellement des bêtises et cependant je n'ai à me plaindre ni du génie, ni de l'artillerie de la place.... Je les ai mis sur un bon pied : je suis avec eux d'une politesse exquise, mais d'une fermeté inébranlable. Avec cette règle de conduite, je sais qu'ils sont satisfaits de moi et chantent mes louanges. Il n'y a que manière de prendre les hommes : j'ai l'air d'avoir une grande déférence pour leurs avis dans les petites choses et je n'en fais qu'à ma tête. Oh ! mon Dieu, quand serons-nous tranquilles au coin de notre feu à parler de tout cela, comme de vieilles histoires qui nous feront sourire, tandis qu'à présent elles me font pester de grand cœur.

AU MÊME.

Milianah, le 25 août 1842.

.... Le général Fabvier, inspecteur général en Afrique, vient de passer trois jours à Milianah. Je lui ai fait voir les choses en détail : j'ai tout montré, théâtre, cercle, travaux, bâtisses, administration, magasins, commission municipale, et j'ai laissé le général émerveillé, stupéfait. Ensuite, lorsqu'il a inspecté les trois bataillons, j'ai pris le commandement, fait manœuvrer et défiler devant lui ; enfin, le brave homme est parti enchanté de moi. Je répugne à te répéter les compliments dont il m'a comblé. Voici cependant une de ses phrases : « Il y a des gens » qui, pour se faire bien connaître et montrer tout ce » qu'ils valent, ont besoin d'arriver à une position qui » soit à la hauteur de leur mérite. Vous êtes de ces » gens-là.... » Ouf! j'étais confus et sans voix. Il m'a demandé ensuite ce que je voulais. Je lui ai répondu qu'officier de la Légion d'honneur et lieutenant-colonel depuis peu, je ne pouvais prétendre à rien, mais que je le priais de dire au ministre et au gouverneur que j'étais digne de leur confiance, et que je faisais tout pour mériter le choix qu'on avait fait de moi.

Mais le plus beau de l'affaire et le coup de théâtre a été celui-ci : Tous les Arabes influents, les chefs de tribus étaient venus complimenter le général. Ils se sont, au moment du départ, présentés en corps et l'ont prié de dire au gouverneur et au roi de me laisser toujours à Milianah et que si l'on voulait m'en ôter, ils ne me laisseraient pas partir. Le père Fabvier m'a serré la main et leur a répondu : « que lieutenant-colonel ou colonel, j'étais pour longtemps à Milianah. » Jolie perspective, est-ce qu'il faudra attendre les étoiles? Enfin... j'en prendrai mon parti.

Vous êtes en plein Taste, vous promenant, vous amusant, causant et tout cela en famille et tranquillement. Moi, je suis dans les Arabes, dans les travaux, dans les orges, dans les bois, dans la paille, dans les bœufs. Que le ciel confonde les approvisionnements ! Et ma commission municipale que j'ai été sur le point de licencier.... Pour me trouver un cimetière, ils m'ont fait un embarras à faire rire si la chose était moins sérieuse. Oh ! les sots, les sots, toujours incorrigibles et toujours en majorité ! Est-ce que cela sera toujours ainsi?

AU MÊME.

Milianah, les 12 et 15 septembre 1842.

Le général Changarnier est arrivé le 8 ici ; il est descendu chez moi avec son état-major. Je l'ai hébergé deux jours ainsi que Morris et Cavaignac, qui n'a dédaigné ni mon lit ni ma table. Il a du reste été fort bien et nous voilà rapatriés sans autre explication que d'avoir été l'un au-devant de l'autre et de nous être serré la main. Quand il y a estime mutuelle, il ne peut pas y avoir de querelle bien sérieuse à l'endroit des autres. On diffère de sentiment, c'est bien, mais on se rapproche quand on ne parle pas des gens ou des choses sur lesquelles on n'est pas d'accord.

Or, le général Changarnier, de Blidah à Milianah, avait cent cinquante malades qu'il a laissés ici dans mon hôpital, où je n'ai de place que pour deux cent quarante et où j'en avais déjà deux cent quarante-huit. C'était embarrassant, il fallait se retourner.... Le 10, le général est parti, je lui ai prêté six cents hommes et ma cavalerie. Il restera huit ou dix jours dehors, peut-être moins, car il n'y a d'eau nulle part....

Tu rêves beau pour moi, frère, et Dieu veuille que tout cela réussisse comme tu l'espères ; mais, ce qu'il y aura de plus certain, c'est que je me serai

ruiné le corps et l'âme. Certes, j'aurai acquis beaucoup en expérience et en aplomb, je serai emprunté pour peu de choses en fait de militaire et d'administration. Mais quelle rude école, quelle expérience chèrement achetée ! Sept mois encore, sept siècles ! Du reste, le gouverneur est toujours bien disposé pour moi. Voici un passage de sa dernière lettre : « Mon
» cher Saint-Arnaud, je sais tout ce qu'il faut d'acti-
» vité, de zèle et de persévérance pour faire un éta-
» blissement convenable à Milianah, et c'est pour cela
» que je vous ai mis à ce poste. J'étais bien convaincu
» que vous y mettriez toutes les ressources de votre
» esprit et de votre corps. Vous avez vos peines, mon
» cher colonel, mais soyez sûr que les nôtres ne sont
» pas moindres et que le gouverneur ne dort pas sur
» des feuilles de rose ; à peine a-t-il vaincu des diffi-
» cultés, qu'il s'en présente cent.... »

Ma Louisette, ma fille, se porte bien, embrasse-la pour moi et défends-lui au nom du père..., etc., d'être jamais malade. Quant à mon fils, qui ne s'humilie pas devant la majesté du thème et de la version, fais-moi un homme de ce gaillard-là. Qu'il sache se débrouiller un peu partout, au feu et dans un salon, au bivouac et dans un boudoir, à table, comme devant un piano. Dans ce monde, il faut savoir un peu de tout.

J'ai écrit avant-hier une longue lettre à mon beau-père. Si le raisin de Taste ne vaut rien, celui de Milianah est admirable. J'ai dans mon jardin des treilles qui font l'admiration générale. Nous avons des fruits en quantité, mais le raisin seul est bon. L'abondance des melons et des figues est pour beaucoup dans les maladies qui nous rongent, et cependant j'en ai fait détruire de quoi rafraîchir une armée impériale.

AU MÊME.

Miliânâh, le 30 septembre 1842.

Cher frère, deux lignes en poste pour te mettre au courant de ce qui nous arrive de nouveau et prévenir de ta part toute espèce d'inquiétude.

Le général Changarnier est ici depuis avant-hier ; il est arrivé avec une colonne délabrée. Le beau combat qu'il a soutenu le 19 contre quatre mille Kabyles acharnés, lui a fait éprouver de grandes pertes. Les zouaves ont beaucoup souffert. Malgré tout, il est resté dans le pays et, le 23, a fait une razzia importante. Il a eu six officiers tués, douze blessés et cent quatre-vingts soldats touchés. Il a tué plus de quatre cents hommes à l'ennemi. Changarnier a montré dans cette circonstance un moral de fer. Morris, qui est chez moi et t'embrasse, s'est bien montré : il a été brillant comme à l'ordinaire et sera bientôt colonel ; Cavaignac, très-malade de la fièvre, est dans mon lit. Le capitaine Paër blessé, mon ami, est aussi chez moi. Ma maison est un hôpital, et moi-même je ne suis pas très-bien.

Malgré cela, je pars dimanche pour aller m'établir sur l'Oued-Fodda, chez les Sindgès de l'est. De là, j'ai un pied dans la province d'Oran et je puis me porter partout où cela sera nécessaire. Les Arabes se remuent en masse. Le général Changarnier me laisse, outre ma garnison, deux bataillons et cent cinquante chevaux. Il m'enverra encore cent spahis de Blidah. Je resterai quinze ou vingt jours en campagne ; je vais bien loin, mais je t'écrirai par toutes les occasions.

AU MÊME.

Au bivouac de l'Ebra, sur le Chélif, le 5 octobre 1842.

Cherche sur ta carte le cours du Chélif, cher frère, prends un petit point au centre du pays des Brazes, entre les Beni-Rached et les Beni-Romerian ; c'est là que je suis avec ma petite armée, brûlant les douairs et les gourbis des insoumis, rasant leurs troupeaux, vidant leurs silos et dirigeant sur Milianah l'orge et le blé que j'y puise.

Le 3, il a fait de l'orage et nous avons eu trois ou quatre averses qui m'avaient attristé. Hier 4, le temps semblait vouloir se remettre et j'en ai profité pour faire le plus de mal possible aux Brazes. Je leur ai pris cinquante bœufs et trois cents moutons. Nous avons eu quelques coups de fusil. Aujourd'hui je fais séjour pour recommencer et vider encore des silos et brûler des villages et des gourbis. Je ne leur laisserai pas de repos, qu'ils ne soient soumis et tranquilles.

Le 7, je serai sur l'Oued-Fodda. J'y manœuvrerai, selon les circonstances, jusqu'au 11 ou 12. Si Ben-Allal me la donne belle, je le battrai et vigoureusement. Je descendrai ensuite chez les Atafs prendre de l'orge. Il faut que mon expédition jette dans mes magasins cent quintaux métriques d'orge au moins.

AU MÊME.

Au bivouac, sur l'Oued-Fodda supérieur, le 11 octobre 1842.

Cher frère, prends ta carte, cherche l'Oued-Fodda, y es-tu ? Devant toi l'Ouanseris, montagne que Changarnier a rendue célèbre par son combat du 19 ; un peu à gauche, les Beni-Boudouan, théâtre de mon expédition de juillet dernier. Eh bien ! au bas de ces montagnes, sous de grands figuiers, au milieu de jardins de citrouilles dont se bourre toute mon armée, entouré d'un horizon de flamme et de fumée qui me rappelle un petit palatinat en miniature, je pense à vous tous et je t'écris.

Tu m'as laissé chez les Brazes, je les ai brûlés et dévastés. Me voici chez les Sindgads (prononcez *Sindgès*), même répétition en grand, c'est un vrai grenier d'abondance. Les Sindgès avaient voulu me fatiguer de pourparlers et de remises. Les uns voulaient se soumettre, les autres non. Quelques-uns sont venus pour m'amener le cheval de soumission. Je l'ai refusé, parce que je voulais une soumission générale, et j'ai commencé à brûler.

Ben-Allal, à mon approche, s'était enfui dans le sud. La queue de sa cavalerie est venue inquiéter mes fourrageurs. Avec les cavaliers du goum les mieux montés et un peloton de chasseurs, je les ai poursuivis moi-même pendant plus de deux heures.

Dans une autre circonstance, un chef des Sindgès et des plus récalcitrants a été tué par un maréchal des logis de chasseurs qui a pris son cheval et ses armes. Je ne te parle pas d'une foule de petites escarmouches insignifiantes.

On faisait courir le bruit qu'Abd-el-Kader arrivait chez les Sindgès avec beaucoup de monde; j'ai de suite marché dans la direction qu'on lui supposait: personne. Tous ces bruits étaient faux.

Ma santé est bonne, à quelques malaises près, que je combats avec la diète. J'ai peu ou pas d'appétit, ce qui m'étonne, car en expédition, je mange ordinairement très-bien. Mais ma pauvre tête travaille tant! Les Arabes ne m'inspirent aucune confiance. Il n'y a pas de nuit où je ne me réveille en sursaut, averti par quelque mauvais rêve. Je fais alors le tour de mon bivouac et de mes postes. J'observe et je regarde partout et je vais me recoucher plus tranquille. Pauvre frère, c'est très-beau d'être général, car je le suis de fait ici, mais cela fait blanchir les cheveux et ils tournent au blanc avec une vitesse remarquable.... Si jamais je suis général, j'arriverai tout formé. Je fais mon apprentissage longtemps à l'avance. Mais quel avantage j'aurai sur tous mes camarades !

L'événement saillant de mon expédition sera un convoi de vivres parti de Milianah, et escorté par deux cents Kabyles des Beni-Menasser, commandés par leur caïd Ben-Omar. Voilà où j'en suis venu : faire descendre les Kabyles de leurs montagnes, les obliger à nous servir, à venir dans nos rangs ; car ils sont aujourd'hui dans mon bivouac et dans la plaine, et à quatre journées de Milianah. Jamais les Turcs n'ont fait cela.

Je ne prévois pas pour moi un hiver bien tranquille. Il ne se passera pas de mois où je ne fasse une excursion chez les Brazes, les Sindgès et les Atafs, jusqu'à ce qu'ils soient entièrement soumis. Ce sera fatigant, mais il le faut; encore des épaulettes achetées bien cher. C'est égal, nous en serons plus fier ; mais morbleu, le lendemain du jour où je les aurai je pars pour Paris. J'ai des indigestions de Zaccar, de Chélif, d'Ouanseris, de Mitidja, de tout ce qui est Afrique, et cependant je sens bien que j'y reviendrai. Mais il faut que je vous voie et que je me retrempe six mois au milieu de vous. J'ai soif de vous tous, d'échecs avec toi, de promenades et de bonnes causeries, et de bonne musique, et de bon spectacle, et de fricassées de poulets, d'huîtres et de vin de Grave. Je veux des ponts, je veux des rues, des voitures et de la vie, je veux d'autre bruit que celui des balles pour m'apprendre que j'existe. Adieu, cher frère, mon courrier va partir, embrasse tout mon monde.

AU MÊME.

Le 24 octobre 1842.

Il est probable que dans trois ou quatre jours je serai en route pour le sud, avec une colonne qui n'aura pas volé son nom de mobile. Amar-Ben-Ferrath, notre agha du sud, veut absolument que je sorte pour aller razzier et épouvanter les ennemis qui le tourmentent chez lui. Il est venu à Milianah, j'ai cédé sinon à son éloquence tout arabe, du moins à la nécessité de protéger la sentinelle avancée que nous avons dans le désert. Je vais donc bientôt manœuvrer chez les Ouled-Aïad, les Ben-Hall, etc. Si j'ai jamais la goutte, ce n'est pas au repos que je la devrai.

Depuis mon retour, j'ai utilisé le temps et mon augmentation de garnison. J'ai mis à la raison les Beni-Menasser-Gharrabas, qui ont si tristement arrangé le bataillon Buisson.... Ces Kabyles ne croyaient pas que nous oserions jamais retourner dans leurs montagnes. Nous l'avons fait, et ma cavalerie est parvenue sur le sommet de la montagne la plus élevée de cette chaîne. Les Arabes l'appellent par dérision *Sidi-Sgrir* qui veut dire monsieur Petit.

Le temps devient très-froid : si les pluies me prennent en route, je ne serai pas à mon aise et mes pauvres soldats encore moins. Ce sont les rivières qui m'effrayent. Elles croissent avec une si grande rapidité, et il y a peu de ponts en Afrique.

Adieu, frère, je remets les longues lettres aux loisirs du bivouac, si je n'y gèle pas. Je vais visiter et presser les travaux de ma caserne et de mon parc aux bœufs.

AU MÊME.

Au bivouac de Sidi-Ali-Ben-Rabbah, sur le Narh-Ouassel, désert d'Angad, le 31 octobre 1842.

Quoique bien loin de Milianah, cher frère, il me faut y retourner pour prendre notre point de départ et te mettre au courant de mes opérations. Prends ta carte, j'ai la mienne sous les yeux.

Parti de Milianah le 26, pour aller au secours de l'agha des Ouled-Aïad et tâcher de m'emparer de la smalah de Ben-Allal, il y avait urgence, et le chemin que l'on fait ordinairement en quatre jours, je l'ai fait en trois. Le 28, j'étais bivouaqué au Teniet-el-Hâad. Ce point n'est pas marqué sur nos mauvaises cartes, mais de là on débouche dans le désert d'Angad. Prends sur ta carte le point qui se trouve sous l'*E* de Djel-el-Ghesoul et au-dessus de l'*M* de Mont-Malmata. C'est à peu près là. Eh bien, frère, j'ai quitté ce point le 28, à six heures du soir, avec quatre cents hommes d'infanterie sans sacs, quatre-vingts chevaux et un goum de plus de huit cents cavaliers arabes attirés par l'appât du pillage. A la pointe du jour, j'étais à Tissumsily; j'avais marché douze heures et fait douze lieues. Là, j'ai placé mon infanterie et mes deux obusiers sur les hauteurs, avec ordre de suivre autant que possible mes mouvements, en gardant toujours les points culminants, de manière à être en vue de l'ennemi et à lui imposer.

Ces dispositions prises, j'ai lancé mon énorme goum sur une ligne, spectacle magnifique que je n'oublierai jamais. Avec ma petite troupe de cavaliers je soutenais le goum en m'avançant en bon ordre et au grand trot... Dans un clin d'œil cette avalanche de cavaliers, éparpillée sur plus de trois lieues de terrain, pillait et razziait trois tribus belles et riches. Chaque groupe fait sa part, mais bientôt le spectacle change. Les cavaliers ennemis furieux de se voir brûler leurs gourbis, enlever leurs femmes, voler leurs troupeaux, se retournent, chargent mon goum et le ramènent grand train. Je l'avais prévu, mon rôle commençait. Je laisse un peloton en réserve, et avec les trois autres je charge à fond l'ennemi. Oh! frère, j'ai bien senti là que j'étais né pour être officier de cavalerie. Au premier coup de fusil tout mon goum, à l'exception des trois aghas, a lâché pied et s'est sauvé avec son butin. Je me suis trouvé pêle-mêle avec l'ennemi, mais cela n'a pas été long. Mes intrépides chasseurs ont dispersé cette bande de Bédouins, nous les avons poursuivis une heure et demie. Nous nous sommes arrêtés, éloignés d'une journée de Sebaïm et de deux de Tékédempt; pleine province d'Oran. Mon étoile m'a servi là comme ailleurs. Un honnête Arabe ennemi, que je prenais pour un ami et qui galopait à mon flanc, a pris sa belle et m'a lâché son coup de fusil à bout portant. Il m'a brûlé caban et capote, et la commotion a été si forte, que je suis resté étourdi. Mon cheval a la crinière brûlée, et ni lui, ni moi, n'avons une égratignure. Cet Arabe a été tué cinq pas plus loin par mon officier d'ordonnance, M. Martin, qui a reçu un coup de yatagan qui a coupé sa casquette et entamé le cuir, un rien. Maintenant voyons le résultat : de l'aveu des Arabes même, j'ai pris cent cinquante chameaux, cinq cents bœufs et cinq mille moutons, un nombre énorme de mulets et de bœufs chargés de tentes et cent prisonniers. Eh bien, de tout cela, sais-tu ce que j'ai ramené à mon bivouac ? quatre mille moutons. Nos lâches, nos pillards d'amis, nous avaient laissé les coups de fusil et avaient profité de notre pointe en avant pour s'en aller dans une direction opposée. Leur but était rempli, le mien aussi, car ces chameaux je les aurais distribués ; ils ne m'ont donc ôté que le plaisir de donner. Au fait, j'ai ruiné nos ennemis et enrichi nos amis prétendus. L'agha du sud est dans le ravissement ; ses ennemis ne viendront plus l'inquiéter. Aujourd'hui il m'avoue qu'il n'aurait jamais cru que j'osasse aller si loin. C'est avec quatre-vingts chevaux que j'ai fait cette belle razzia ; l'infanterie n'a fait que des démonstrations. J'avais donné l'ordre au reste de ma colonne et aux bagages, de venir préparer mon bivouac. J'y suis arrivé avec ma petite colonne le 29, à trois heures. Nous avons marché vingt et une heures. Admirable infanterie, admirable cavalerie ! Je suis bivouaqué sur l'emplacement même qu'occupait Ben-Allal et sa smalah, il y a quelques jours. Cette smalah m'a échappé, je n'en ai eu que la queue. Je suis à deux journées en avant de Tazza, à six journées de Milianah. Près de mon bivouac d'aujourd'hui, il y a sur le sommet d'une montagne une ruine de marabout. On y est monté et on a gravé sur une pierre : *Colonne de Milianah*, COLONEL SAINT-ARNAUD, *6ᵉ bataillon d'Orléans, 53ᵉ, 58ᵉ, 64ᵉ de ligne, 4ᵉ chasseurs à cheval,* 31 octobre 1842. Voilà pour les curieux à venir.

Demain je reprends à petites journées, car mes troupes et ma cavalerie sont fatiguées, le chemin de Milianah....

AU MÊME.

Au bivouac de Sidi-Ali-Mohammed, chez les Ouled-
Aïad, le 2 novembre 1842.

Je reprends, cher frère, ma lettre interrompue...
Quelle jolie pointe dans le désert! cela marque dans
la vie d'un homme. Le désert ne m'a épargné ni ses
jouissances ni ses ennuis. Pendant deux jours j'ai eu
du sirocco à me faire fendre les lèvres et j'ai fait faire
à ma colonne, pour la reposer, un séjour dans une
oasis délicieuse, sur l'Oued-Nahr-Ouassel, d'où je
t'ai écrit. Cette expédition est vraiment curieuse et
mériterait une plume habile pour la décrire. J'ai dépassé de beaucoup cet Ouanseris, où le général
Changarnier a eu son combat meurtrier. Hier,
1er novembre, j'ai eu une petite affaire assez chaude
avec les Kabyles qui habitent un des contreforts sud
de l'Ouanseris. A mon arrivée au bivouac, je fus
prévenu qu'ils pillaient les silos de nos amis. Je
lançai de suite un peloton avec le goum et je m'a-
vançai avec le reste pour les soutenir. Les Kabyles
lâchèrent pied et eurent le temps de se réfugier dans
une montagne inaccessible à la cavalerie. Si mon
infanterie avait pu suivre, je faisais un coup admirable et tuais deux cents hommes. Nos zouaves
étaient bien vengés, car c'était une partie des combattants du 19. Malgré cela, je leur ai tué six hommes

et blessé bien d'autres. Nos amis ont beaucoup pillé, ils ont emmené bœufs et mulets pendant que nous nous battions pour eux. C'est dans leur sang, on ne les réformera pas, mais cela inspire du dégoût.

Je suis dans les montagnes et j'irai dans trois jours sortir dans la plaine par les Béni-Zoug-Zoug, en face de Milianah. Si cela continue, je serai content de ma sortie. Nul ne se sera avancé, autant que moi, dans le sud de l'Afrique et j'y aurai montré dignement nos armes. Quel pays que ce désert! Tout est gris et morne, même sous un ciel bleu. Pas d'eau, pas d'arbres, pas de végétation : des chardons ! Les sources, bien faibles, bien rares, se cachent: on dirait qu'elles sont honteuses de se montrer sur une telle terre, et cependant elles sauvent la vie. J'ai vu mes pauvres soldats se jeter à plat ventre et boire avidement dans le creux d'un rocher, et je me suis souvenu de l'Egypte. J'ai compris qu'on pouvait avoir bien soif et ne pas boire, car je souffrais de la soif et je n'ai pourtant pas bu. Cinq cents hommes devaient boire avant moi, et puis, après ce soulagement, marcher six heures sur le sable sans une goutte d'eau. C'est dur, frère, bien dur pour le pauvre soldat harassé de fatigue et que ne soutiennent pas les idées de gloire et d'ambition. Tête à tête avec le désert, sans ennemis, la gloire est bien pâle. Quand je regardais ma petite colonne, perdue comme un point dans cet horizon sans bornes, j'avais froid. Maintenant, que je me retrouve enseveli dans des montagnes plus tourmentées, plus ondulées que l'Océan en fureur, je voudrais la plaine. C'est que dans ce pays ni la montagne, ni la plaine ne se présentent sous des conditions modérées. Elles n'offrent jamais que leurs excès et ne vous donnent qu'une fatigue différente.

Dans les fonctions si délicates, si difficiles de commandant de colonne, ce n'est pas un petit article que l'art de bien établir un bivouac. Jusqu'à présent j'ai eu assez de bonheur de ce côté-là. Je remarque aussi que le temps me favorise. C'est une chose bien importante, souvent indépendante de toute volonté et que le soldat remarque. Le soldat est superstitieux, il aime à compter sur l'étoile de celui qui le commande. C'est le petit secret des grandes choses.

Au bivouac de Cheriah, chez les Mohabites,
le 3 novembre 1842.

Cette nuit, à trois heures, j'ai reçu un énorme paquet de dépêches : cher paquet qui contenait tes lettres du 10 et 20 octobre et une lettre du gouverneur. Certes je les garde ses lettres, tu les liras un jour et tu pourras juger de ce que j'ai fait à Milianah. Je transcris un passage : « Mon cher Saint-Arnaud, je
» ne veux pas laisser partir le convoi sans vous dire
» quelques mots d'amitié et autres. D'abord je suis
» très-content de votre activité et de la manière dont
» vous conduisez les affaires. Je trouve très-joli que
» vous ayez fait escorter un convoi par les Kabyles
» de Ben-Omar. C'est une question résolue. Vous
» êtes aujourd'hui, mon cher Saint-Arnaud, dans la

» position la plus difficile de la régence et partant la
» plus belle. C'est là que vous deviendrez un homme
» de guerre réellement. Soyez toujours en mesure de
» tomber sur l'ennemi pénétrant dans vos terres... »

AU MÊME.

Au bivouac de Aïn-el-Adjar, chez les Beni-
Zoug-Zoug, le 5 novembre 1842.

Je croyais, cher frère, n'avoir plus rien à te dire d'intéressant d'ici à Milianah et fermer ma lettre en arrivant. Pas du tout, je suis assez heureux pour avoir encore quelque bon épisode de mon expédition à te conter. A mon bivouac du 3 à Chériah, j'ai reçu le cheval de soumission des Bothria qui sont venus m'assurer de leur fidélité. Dès le lendemain 4, j'avais occasion de donner ce cheval au caïd des Tiabine notre allié, dévalisé par les Beni-Boudouan. Ces Beni-Boudouan ont eu l'audace de tirer sur mes fourrageurs. Aussitôt j'envoie trois cents hommes brûler leurs douairs et leurs maisons. Cet acte de justice et de sévérité m'a valu, pour ce matin, un beau combat dont je suis d'autant plus enchanté que je n'ai pas eu un homme de blessé. Seulement, deux chevaux d'officiers ont été blessés mortellement. Dès six heures du matin, au sortir du bivouac, les Kabyles ont commencé à tirailler, et ils l'avaient belle dans cet affreux pays de montagnes. Au bout d'une heure ils étaient deux cents et ils arrivaient encore. Quand je vis le feu bien animé, j'envoyai l'ordre au commandant Troude, chef du 6ᵉ bataillon d'Orléans alors à l'arrière-garde, d'amorcer les Arabes et de les attirer en reculant lentement. Je choisis mon terrain où je masquai deux obusiers, et je plaçai deux pelotons de cavalerie cachés dans des makis élevés. A un signal, l'arrière-garde battit en retraite au pas de course et me dépassa. Mes obusiers crachèrent sur les masses des montagnes pendant qu'avec ma cavalerie je m'élançais dans le lit de la rivière, soutenu par l'infanterie qui avait fait volte-face au pas de course. Une vingtaine de cadavres nous sont restés, et les Arabes, dès ce moment dégoûtés du jeu, nous ont laissés aussi tranquilles que dans le champ de Mars. J'aime ce petit combat parce qu'il y a eu tactique en miniature et combinaison de trois armes. C'est ainsi qu'on s'habitue aux grandes choses en s'exerçant aux petites. Les soldats étaient enchantés, et moi plus qu'eux. Demain, vers deux heures, je serai à Milianah. Je rentre bien mieux portant que je ne suis parti, mais je vais avoir tant de besogne et de tracas qu'il y a de quoi redevenir malade.

AU MÊME.

Milianah, le 12 novembre 1842.

Quelques lignes, cher Adolphe, par une petite occasion entre deux courriers. Je n'ai pas encore reçu celui du 11, et je ne sais pas si j'aurai de tes nouvelles. Le mauvais temps qui nous inonde depuis cinq jours a fait déborder l'Oued-Ger, et mes courriers ont été retardés. Cependant depuis ce matin l'on passe. C'est un avertissement pour l'hiver, et j'ai bien peur de voir souvent notre correspondance interrompue. Quel pays ! Que ne puis-je m'en plaindre à mon aise ! Mais il m'a fait trop de bien et trop de mal, il faut le prendre comme il est. Je vais assez bien, sauf l'estomac qui me rappelle sans cesse que je suis sous l'empire d'une gastrite chronique.

Mon expédition porte ses fruits. Je viens encore, aujourd'hui même, de recevoir de bonnes nouvelles. Ben-Allal a été pillé par les Ouled-Bessem que j'ai si maltraités ! Ils ont dépouillé ses femmes qui se sont sauvées nues. Tout cela est la suite de mon expédition. Ben-Allal s'est enfui chez les Ouled-Chérif où se trouve Abd-el-Kader. Les Sindgès m'ont écrit pour demander à se soumettre, ils veulent amener le cheval de soumission à Milianah. Je vais leur imposer de dures conditions.

Le gouverneur prépare une grande expédition

contre l'Ouanseris dans mon gouvernement. Je suis prêt à lui fournir tous les renseignements désirables.

Milianah est un cloaque de boue, et je cultive le sabot avec avantage. Je l'ai mis à la mode... Depuis que je suis de retour ici, je n'ai pas encore été un jour sans écrire de huit à dix pages in-folio et j'ai de la besogne arriérée. En vérité, c'est trop ! Je ne me repose qu'en expédition.

AU MÊME.

Milianah, le 25 novembre 1842, 5 heures du matin.

Cher frère, depuis deux jours ma pauvre tête est un tourbillon où tout bourdonne comme la chute du Niagara. Affaires de commandement supérieur, de chef d'état-major, de maître de maison, tout cela se presse, se croise, se pousse à la fois, et en deux jours j'ai vécu deux ans; mais si cela se renouvelait souvent, je n'y suffirais pas.

Le gouverneur général, monseigneur le duc d'Aumale, le colonel de la Rue, aide de camp du ministre en mission, le colonel Eynard et le commandant Jamin, aides de camp du gouverneur et du prince, quatre officiers d'ordonnance de l'un et deux de l'autre : voilà le monde que je loge et héberge depuis le 23 à midi. Ils viennent de monter à cheval après avoir mangé la soupe à l'oignon et pris le café, et je suis tombé dans mon fauteuil, anéanti, en poussant un ouf!... que tu aurais pu entendre. Certes, j'ai eu bien des satisfactions de cœur et d'amour-propre. Le gouverneur m'a revu et traité comme un fils. Le prince m'a accueilli avec une grande distinction. Mais quelles journées! j'ai fait de mon mieux, je crois que tout le monde a été content.

Le gouverneur va faire dans l'Ouanseris une grande expédition sur quatre colonnes : lui, le prince, le général Changarnier, le colonel Korte. Je ne pouvais pas commander de colonne : on m'a laissé à Milianah et je n'en suis pas fâché. Je suis chargé d'assurer les communications. Le gouverneur restera en campagne le plus longtemps possible. Aussitôt sa rentrée, je repartirai, moi, avec une colonne fraîche.

Il y a eu hier grande représentation à mon théâtre. Voici le programme : *Indiana et Charlemagne, l'Entr'acte au Paradis, le Caporal et la Payse.* Le prince a ri comme un fou. Il a donné 300 fr. pour acheter des costumes et des décors. Le gouverneur, qui a eu la colique à force de rire, donne l'ordre qu'on envoie une musique de régiment à Milianah. Nous sommes en vogue et en faveur. Le prince m'a encore laissé 100 fr. pour les blessés et 100 fr. pour les colons pauvres. Ce n'est pas un homme ordinaire. Il a beaucoup de son frère d'Orléans. A son retour, il s'arrêtera encore chez moi. Adieu, frère, je tombe de fatigue, je n'ai plus la force d'écrire.

AU MÊME.

Milianah, le 3 décembre 1842.

J'ai reçu, mon cher frère, votre petite, petite lettre du 20 novembre. Tu n'avais lu ni *le Courrier*, ni *les Débats*, ni *le Messager* du 22, quand tu m'as écrit. Donc, tu n'a pas lu les articles sur la colonne de Milianah, ses faits et gestes, et par conséquent ceux de son commandant en chef. Entends-tu ? commandant en chef! c'est-à-dire que, comme j'ai commandé une armée petite ou grande, je suis apte à recevoir un jour le bâton.

Notre brave gouverneur est encore embarqué, depuis le 25, dans une grande expédition. On manœuvre dans l'Ouanseris. J'ai expédié ce matin un convoi monstre de quatre cent cinquante-six chevaux ou mulets et soixante-douze chameaux. Le gouverneur veut tenir la campagne le plus longtemps possible, et il a raison ; il faut en finir et pousser ces misérables jusque dans leurs derniers repaires. Jusqu'à présent il a été favorisé par le temps ; rien de beau comme le ciel qui nous couvre et le soleil qui nous réchauffe depuis le 26 novembre. J'ai expédié au prince, au gouverneur, au général Changarnier, des légumes frais en masse, une pleine caisse pour chacun. Je sais le plaisir que font ces misères au milieu d'une expédition, quand on n'a plus que des pommes de terre et du riz. Je leur ai aussi envoyé du pain blanc. Je pense déjà à la manière dont je les recevrai quand ils reviendront, et je suis bien embarrassé.

Mes travaux ont été poussés rapidement. J'ai profité des beaux jours sans compter sur leur durée. Ma caserne est terminée, mon parc aussi. Ma caserne de cavalerie pour les spahis avance très-vite. Mon moulin s'élève : c'est une turbine, mauvais système, que je n'approuve pas. Tous ces travaux marchent de front avec ceux des colons qui construisent de leur côté. J'ai dix réverbères dans la ville.... *Fiat lux.*

Frère, si en me nommant colonel, on m'obligeait à garder ce commandement de Milianah, il faudrait te décider à venir y pousser une petite visite soit au printemps, soit à l'automne. C'est un bonheur que je rêve souvent que de t'avoir ici témoin de mes soucis, de mes tracas et de la manière dont je m'en tire. Tu pourrais juger, d'après ce que j'ai fait et tout ce qui reste à faire, ce que c'était que Milianah et sur quel trône en ruines j'ai osé m'asseoir.

J'ai reçu une double lettre de mon frère, le vice-président de je ne sais quel club d'orateurs en herbe, qui s'essayent à crier plus fort que les autres. Il a raison de dire que dans sa réunion hebdomadaire du quai d'Orsay, il y a du bon et du ridicule. Il faut profiter de l'un et éviter l'autre....

A M. DE FORCADE, JUGE DE PAIX A PARIS.

Milianah, le 16 décembre 1842.

Mon cher beau-père, il y a déjà plusieurs jours que j'ai reçu votre lettre, et malgré le désir que j'avais de vous répondre de suite, je n'ai pu en trouver le moment. Il m'a fallu organiser une colonne, recevoir le général Changarnier et son état-major, régler avec lui beaucoup d'affaires arriérées, m'occuper des Français et des Arabes, et lorsqu'un peu plus libre, j'allais mettre la main à la plume, j'ai été pris par la fièvre, et c'est entre deux accès que je vous écris.

Ce n'est pas une petite chose, mon cher beau-père, que d'être commandant supérieur de Milianah. Il y a des jours où je n'aurais pas trop de trois ou quatre têtes et d'autant de corps. Je veux faire le bien à tout prix et je suis entouré d'obstacles, d'entraves et de difficultés, et pour triompher de tout cela, souverain despote et absolu, je n'ai souvent pas assez d'une volonté de fer qui vient se briser contre l'impossible. Je me dis quelquefois qu'il vaudrait mieux, obscur lieutenant-colonel, cinquième roue à un carrosse dans un régiment, jouir tranquillement de mon grade, aller causer souvent avec vous des choses de notre monde politique, où nous nous rencontrons rarement d'accord, faire une paisible promenade sur le boulevard, se reposer en prenant une glace et ne plus rêver organisation, approvisionnement, constructions, réparations, agrandissements, impôts, octrois, contributions, etc., etc. J'ai de tout cela cent pieds pardessus la tête et je préfère de beaucoup les coups de fusil de 1840, quand bien même je devrais en recevoir encore quelques-uns.

Vos idées de civilisation, avec l'aide du dieu Bacchus, sont dignes d'un propriétaire de la Gironde et m'ont bien fait rire. J'ai voulu de suite essayer de les mettre en pratique. J'ai fait inviter à dîner le hackem de Milianah, Omar-Pacha, fils d'un ancien dey d'Alger et son kodja, Sidi-Seliman. Mes deux Arabes ont bu comme des trous. Bordeaux, Champagne, tout y a passé, et quand je leur ai demandé s'ils trouvaient cet ordinaire bon, ils m'ont répondu qu'il était excellent pour eux, gens bien élevés et audessus des préjugés, mais qu'on ferait plutôt manger la lune aux Arabes que de leur faire adopter le vin pour boisson... La génération arabe des villes qui grandit avec nous prendra beaucoup de nos mœurs et de nos habitudes ; les montagnards, jamais! Que voulez-vous faire avec des gens qui n'ont pas de besoins ?

Votre fils et ma fille vous ont quitté et vous devez être dans une triste solitude. Si les chemins de fer arrivaient à Milianah, je vous dirais : Arrivez-vite, prendre place en mon nid où une chaude et cordiale réception vous attendrait. Mais hélas! nous n'en sommes pas encore là, et force nous est de remettre à l'année prochaine le plaisir de discuter encore, mais alors nous réparerons le temps perdu. Je vous ai préparé des arguments irrésistibles.

Dites-donc à votre gouvernement d'envoyer bien vite le bâton à notre gouverneur. Vraiment, il l'a bien gagné ; le faire attendre ainsi, c'est en diminuer le prix. On ne sait donc rien faire à propos !

J'ai reçu une lettre de Taste. Toute le monde s'y portait bien. J'attends encore des nouvelles prochainement. Adieu, mon cher beau-père....

A M. LEROY DE SAINT-ARNAUD, AVOCAT A PARIS.

Milianah, le 22 décembre 1842.

Voici, cher frère, une lettre que je commence sans savoir quand je la continuerai et quand je la finirai. Je suis au milieu d'un tourbillon d'affaires politiques et intérieures qui ne m'enlèvera certes pas, mais qui me prend tous mes moments. Abd-el-Kader fait bien sa petite guerre. Il a profité habilement du mouvement de l'armée dans l'ouest. Il savait qu'on m'avait ôté les moyens de sortir, et il s'est jeté dans le sud, où il a opéré deux razzias de suite sur notre allié l'agha des Ouled-Ayad, qui s'est sauvé par miracle et est ici razzé comme un ponton. Ah ! comme le gouverneur et le général Changarnier doivent regretter aujourd'hui de n'avoir pas suivi ma pauvre petite idée. Comme je sentais cela ! Il était évident que, pendant que toute l'armée se dirigeait sur l'ouest, Abd-el-Kader et son lieutenant se rabattraient sur le sud et tenteraient quelque coup. C'est ce qui est arrivé. Je ne demandais que mille hommes d'infanterie, deux obusiers et trois cents chevaux pour aller les attendre à Tissum-Sili. Je me serais juste heurté contre eux.

Le gouverneur m'a tout pris pour sa colonne, artillerie, cavalerie, mulets, ambulance. Il me faut m'ingénier pour remplacer tout cela : je manque de mulets, j'en requiers dans les tribus, et, pendant ce temps-là, j'écris au général de Bar et je le préviens de ce qui se passe, je fais un appel à toutes les ressources laissées par hasard par l'armée. Dans deux jours j'aurai des réponses, j'aurai réuni tous mes moyens, et je pars malgré l'hiver pour refouler l'ennemi dans le désert, le battre, c'est certain, et surtout lui reprendre ce qu'il a volé à notre pauvre agha. Malheureusement je n'ai que cent cinquante chevaux. N'importe, j'ai bien fait ma grande razzia avec quatre-vingts chevaux fatigués. Je ne crains que le mauvais temps. Voilà vingt-six jours d'un soleil de juin ; c'est extraordinaire et cela finira, et alors gare les pluies ! Dans ce cas-là je ne sors pas, j'attends que le soleil reparaisse. Je ne risque quelque chose que quand il le faut et que je suis sûr qu'avec un coup de collier je resterai le maître, et pour les coups de collier nous sommes là. Nous faisons cela à la zouave. L'important avec les Arabes est de ne jamais hésiter.

Ta petite lettre du 10 est venue comme une douce rosée au milieu de cette sécheresse d'affaires, de ce feu d'occupations..... Que nos enfants profitent de l'étoile qui nous protége; elle ne pâlira pas par ma faute, je t'assure. Ils auront un nom tout fait, nous aurons fait le nôtre. Mais quand nous rebrousserons chemin ensemble du côté du passé, nous ne pourrons pas nous empêcher de convenir qu'il y a une destinée, et je m'offre pour exemple. 1843!!! En 1837, j'entrais en Afrique lieutenant, et quel lieutenant, fort dégoûté de tout, fort malheureux. Six ans se sont écoulés, rapides comme l'éclair, et je suis à la veille de me voir avec le plus beau grade de l'armée et un renom qui fait que, pour moi, les étoiles sont une question de temps. Mais que de travaux, que de peines, que de fatigues et surtout que de chances heureuses! Il y aurait eu presque de la folie à le rêver, et c'est bien réel. Avec quel plaisir nous causerons de tout cela ensemble, entourés des enfants qui apprendront ce qu'ils devront faire un jour.

Tu as donc vu Micheler[1]. Il a dû te convenir, pur et froid comme un beau marbre et dans l'occasion plein d'ardeur et de feu. Je crois qu'il m'aime sincèrement et je le lui rends bien. Sa carrière militaire me regarde, je lui ai déjà fait franchir un bon pas. Si sa santé résiste à l'Afrique, il sera chef de bataillon dans trois ans. Tu as raison, frère, à mesure que

---

[1] Aujourd'hui colonel.

je m'élève, les amis s'en vont et les jaloux viennent. En famille nous oublierons tous ces inconvénients-là. Ah! que ce moment est encore éloigné!....

Il m'arrive à l'instant une lettre du duc d'Aumale, m'annonçant son retour à Milianah demain 23. Il passera ici trois jours. Adieu, je t'écrirai après son départ.

AU MÊME.

Milianah, le 27 décembre 1842.

Je t'écris, frère, encore sous l'impressiondes marques de confiance du prince. Il me disait hier : « Je » voudrais faire une expédition avec vous, M. de » Saint-Arnaud, je crois que nous ferions de bonnes » choses. » Il a été pour moi d'une grâce parfaite, tout le monde l'a remarqué.

Le duc d'Aumale remplace, dans le commandement des provinces de Médéah et de Milianah, Changarnier resté à Mostaganem pour opérer sur Ténès, quand le temps le permettra.

Le prince arrive dans des circonstances difficiles et prend un commandement important. Il trouve sa responsabilité grande, il me l'a dit. Je lui ai demandé la permission de mettre à son service mon expérience des choses et du pays. Je lui ai exposé la situation du sud, devenue critique par les razzias répétées de

Ben-Allal sur notre allié Ameur-Ben-Ferrath, l'agha des Ouled-Ayad. Je lui ai démontré la nécessité d'une sortie de ma part et développé mon plan de campagne. Son Altesse me laisse deux cents chevaux de plus et malgré le temps, la neige et le froid, je pars demain et je resterai au moins vingt jours dehors. Je vais manœuvrer chez les Ouled-Ayad et dans le sud, et si le temps le permet, le duc d'Aumale viendra me rejoindre. Il faut que je finisse ma lettre, cher frère, car j'en ai dix à faire avant de me coucher et je n'ai pas encore pensé à mes préparatifs personnels.

AU MÊME.

Teniet-el-Haâd, le 6 janvier 1843.

Cher frère, ne t'attends plus à de longues lettres comme mes précédentes expéditions t'y ont accoutumé. Alors on pouvait écrire ; aujourd'hui j'ai une onglée à poste fixe, et quand j'arrive au bivouac, les chemins sont si mauvais qu'il est toujours tard ; et quand je ne suis pas forcé d'écrire des rapports et des lettres de service, je me chauffe et me réchauffe, et puis je m'enterre sous mes couvertures. Ma santé est bonne, mais quelle diablerie de voyager par un temps pareil ! Pluie, neige, glace, soleil, boue, nous avons de tout. Aujourd'hui, en quittant le bivouac à sept heures, froid glacial ; à dix heures, soleil ardent, glace fondue, terrain dégelé, délayé en boue ; ce soir, pluie froide. Pauvres soldats, quelle résignation, quel courage ! Nous, nous avons un mobile : la gloire, l'ambition, et par-dessus le marché, nous sommes bien vêtus et bien nourris ; mais eux, rien, rien, et chantant au moindre rayon de soleil. C'est à faire pleurer. Je les aime comme mes enfants, tout en désirant leur faire entendre quelques balles d'un peu près.

J'ai une petite colonne si gentille, si bonne, que ce serait dommage de ne pas l'utiliser et de rentrer sans brûler quelques cartouches : quatre petits bataillons bien valides formant mille hommes, trois obusiers de montagne, une section de sapeurs du génie, deux escadrons de chasseurs à cheval, deux cent vingt chevaux, trente spahis et trois cents cavaliers arabes, un convoi de deux cents mulets bien embarrassant. Cela tient encore un assez bon bout de chemin, et, dans les défilés où il faut marcher un par un, c'est bien long lorsqu'il faut masser toute la colonne. Excellente école pour moi et dont je profite.

Cette nuit, j'ai fait une razzia chez les douairs des Belal, qui entretenaient des relations continuelles avec l'ennemi. J'ai pris leurs troupeaux ; les femmes du chef Si-Mortar, qui a conduit les razzias sur les Ouled-Ayad, sont tombées entre mes mains ; je les ai données à Ameur-Ben-Ferrath, auquel Ben-Allal a pris les siennes. La vie, pour ces gens-là, c'est le pillage perpétuellement en action, et nous sommes obligés de les punir par leur endroit sensible. Tout cela est bien triste. Oh! la France, la France, surtout à présent que je ne sens pas mes pieds glacés, que ma moustache est blanche de givre. Nous sommes dans la neige au-dessus de la tête et dans la boue sous les pieds. Pour t'écrire, je me passe la main au feu à chaque instant. Adieu, je gèle, embrasse ma mère, mon frère et mes enfants. L'année 1843 ne commence pas mal. Aujourd'hui *les Rois;* tire-les pour moi et garde la fève. Bonjour aux amis.

AU MÊME.

Au bivouac, sur l'Oued-Ghroule, le 9 janvier 1843.

Cher frère, encore une petite lettre écrite bien vite sous ma tente, et apercevant les étoiles qui brillent au ciel et me présagent la continuation du beau temps qui me favorise depuis trois jours.

Mon étoile aussi brille toujours, frère; je viens de faire encore un joli coup le 7. Avec ma cavalerie et mon goum, j'ai parcouru, dans un mauvais terrain, huit lieues en quatre heures. Je suis tombé sur les Beni-Chaïb qui ont aidé Ben-Allal à razzier les Ouled-Ayad, et à mon tour je les ai razziés comme il faut. Dix douairs ont été brûlés, et nous nous sommes battus peu longtemps, mais bien. J'ai fait mettre pied à terre à un peloton de chasseurs pour tirailler avec les Kabyles. Avec mon bonheur habituel, je n'ai eu que deux chevaux blessés et un tué. Pas un homme n'a été atteint. Les Ouled-Ayad ont fait beaucoup de butin. Je leur ai donné tous les troupeaux et n'ai réservé qu'une centaine de moutons pour faire faire *les Rois* à mes soldats.

Pendant que je suis dans le sud, Abd-el-Kader fait des siennes dans l'ouest et razze les tribus du Chélif. L'émir joue aux barres et joue bien. Quand il me sait loin, il arrive; si je reviens, il décampe. Le printemps finira ce jeu-là. En attendant, je tiens la campagne tant que j'aurai des vivres et j'en ai encore pour dix-huit jours et du soleil; puisse-t-il durer longtemps!

Le prince m'écrit que le général Changarnier est rentré à Blidah pour reprendre le commandement, et que nous n'aurons plus que des relations de *bons voisins*. J'en suis mille fois fâché, c'est une aimable Altesse.

Je laisse encore aujourd'hui reposer ma cavalerie, et demain je me porte en avant. Je vais aller encore jusque dans le désert, si je puis y découvrir une place où il y ait du bois, de l'eau, de l'orge et de la paille. Il me faut ces quatre conditions....

AU MÊME.

Au bivouac, sur l'Oued-Ghroule, le 11 janvier 1843.

Cher frère, à force de penser, de creuser l'avenir pour y découvrir le moyen de bien faire, ma pauvre tête se brise et je suis obligé par moments de m'imposer la loi du repos absolu. Autre misère : je suis martyrisé par des clous qui me paralysent le bras gauche et me rendent enragé. Cela arrive à propos, quand j'ai besoin de tous mes moyens, de toute mon activité.

Jamais expédition plus pénible à son début, car ma première journée a été toute de pluie et la seconde toute de neige, n'a continué sous de plus heureux auspices. Soleil brillant, journées de mai en France, razzias hardies sur nos ennemis, notre allié dédommagé en partie de ses pertes, tout marchait au mieux ; mon plan de campagne n'était pas encore exécuté en entier, car mon projet était de me porter dans quelques jours sur le Nahr-Ouassel, de vider les nombreux silos qui s'y trouvent et ensuite de tenter encore, s'il y avait chance de succès, une belle razzia sur les gens de Ben-Allal et de Gelloul. Les nouvelles que je reçois de l'ouest me font changer tous mes plans. Abd-el-Kader fait de grands progrès : les tribus ménagées par la clémence du gouverneur se sont réunies à l'émir. Les Beni-Boudouan, es Sindgès, les Brazes, les Atafs, etc., etc., enfin, toutes les tribus de l'ouest de Milianah jusqu'au pont du Chélif ont fait leur soumission à l'émir. L'insurrection s'étend jusqu'à cinq lieues de Milianah. Les Beni-Zoug-Zoug sont menacés, et toute la plaine du Chélif, de ce côté-ci du pont même, est frappée de terreur. Il faut mettre un terme à tout cela, arrêter le progrès de l'ennemi et rétablir la tranquillité dans le Chélif. J'ai expédié des ordres partout, à Milianah et à mes aghas, et demain 12, je me porte vers l'ouest le plus rapidement possible. Le 12 je coucherai sur l'Oued-Roïrgha, le 13 chez les Araouath, le 14 chez les Beni-Zoug-Zoug, et le 15 chez les Atafs. De là je me porterai où sera l'ennemi. J'ai bien peur qu'il se sauve à mon approche, et toutes ces tribus qui se sont soumises à lui viendront de nouveau se soumettre à moi quand je serai dans leur pays, et ce sera toujours ou bien longtemps de même. Aujourd'hui, frère, que les événements deviennent plus graves, je sens tout le poids de la responsabilité qui pèse sur moi. Je n'ai eu dans mes commandements divers que des succès, et les soldats comme les officiers ont en moi une confiance, présage de succès nouveaux. Mais ce mouvement que je fais, que je crois nécessaire pour couvrir l'ouest et le Chélif, qui sait si le gouverneur ou le général Changarnier, sous l'empire d'idées différentes, ne le désapprouveront pas? Je suis dans mon droit, car mes instructions sont là, données par le prince, par le général Changarnier, par le gouverneur, par tout le monde. J'ai carte blanche et la liberté d'agir, selon les circonstances, comme je le jugerai convenable. Ma bonne étoile a fait que je me suis montré digne de cette confiance. Tout est pour le mieux jusqu'ici, mais le jeu devient plus serré. J'ai une réputation faite, et si petite qu'elle soit, je n'entends ni la diminuer, ni la perdre ; au contraire, je prétends l'augmenter comme les éditions nouvelles. Un jour de bataille je suis sûr de moi, tant que je serai debout ; mais je puis juger un événement plus ou moins bien, et il faut bien peu de chose, dans notre métier, pour donner tort ou raison. Enfin, c'est fait, et une fois un parti pris, quand il est dicté par la prudence et la raison, je ne m'en occupe plus et je marche vite à mon nouveau but. C'est le cas, je voudrais déjà être en route et si je pouvais tomber sur l'Oued-Fodda comme une bombe, Abd-el-Kader et moi nous ferions une drôle de partie de boules. Je suis bien déterminé à ne pas le lâcher, une fois sur sa piste.

Ces événements de l'ouest vont grandement contrarier le gouverneur. En France, on va croire que tout est remis en question et c'est tout bonnement un feu de paille qui pourra briller ainsi dix fois encore sur dix points différents avant la soumission entière, qui n'aura lieu effectivement que lorsque Abd-el-Kader sera pris ou ne sera plus de ce monde. Cet homme est très-habile, il a compris son nouveau rôle et y est descendu avec une résignation et une intelligence parfaites. Il n'est plus émir, il est tout simplement chef de bande et chef de parti, et il a pour lui le fanatisme et l'antipathie des Arabes pour tout ce qui est chrétien. Ces deux passions, il les remue avec adresse et s'en sert admirablement. Il est personnellement détesté, car il est impitoyable ; mais sa sainteté est vénérée. En lui on respecte le marabout, on lui obéit et on mourrait plutôt que de le trahir. Voilà sa force et elle est grande, car elle le soutient sans amis véritables. Nous ne sommes pas près d'en finir avec ce système-là, et j'ai bien peur que l'Afrique ne me dévore encore beaucoup d'années que je trouverais si douces au milieu de vous.

AU MÊME.

Milianah, le 16 janvier 1843.

Tu me crois occupé à poursuivre l'ennemi qui s'insurge de tous côtés, cher frère ? Pas du tout. J'avais quitté le sud, ainsi que je te l'ai écrit, pour me porter dans l'ouest sur le théâtre des événements. J'y arrivais rapidement, je volais, j'espérais, lorsque je reçois du général Changarnier, qui d'abord m'avait donné un rendez-vous chez les Atafs pour le 15, l'ordre impératif et réitéré de rentrer de suite à Milianah par le chemin le plus court.

Son plan est changé. Est-il meilleur ? Il ne m'appartient pas de juger mes chefs; tant mieux s'il réussit, moi j'aurais agi autrement.

Il envoie de petites colonnes d'un petit bataillon occuper les passages de Teniet-el-Haâd et de l'Oued-Lira et lui, avec quatorze cents hommes et deux cent soixante-quinze chevaux, va prendre l'offensive et chercher l'ennemi qui s'en ira devant lui. Moi, ma mission est de rester en réserve avec deux bataillons et cent chevaux, et de descendre dans la plaine pour me porter partout où ma présence serait nécessaire.

Je ne te donnerai pas de nouvelles, parce qu'elles se contredisent et se démentent vingt fois par jour. Ce qui est positif, c'est qu'Abd-el-Kader mène vigoureusement l'insurrection, qu'il razze les tribus, coupe des têtes, ravage, pille, etc. Nous serons bientôt revenus, si cela continue, aux beaux jours des coups de fusil de 1840.

Au reste, frère, depuis que je suis rentré à Milianah, je n'ai pas même eu le temps de déplorer la ruine de ma pauvre ville qui s'en va. Dix-sept maisons sont tombées en vingt heures de tempête et ma caserne, ma pauvre caserne, qui m'a coûté tant de peines, de soucis, de colère, crève et rompt de toutes parts; et cela, au moment où j'en ai le plus besoin, car je vais avoir huit bataillons à Milianah et quatre cents chevaux. C'est trop de besogne : mes jours, mes nuits n'y suffisent pas. J'écris, j'écris encore et toujours, et je passe le reste du temps à courir chercher du logement pour mes soldats et à donner des ordres. En vérité, je ne sais pas comment je résiste...

AU MÊME.

Milianah, le 18 janvier 1843.

Le général Changarnier est rentré hier avec sa colonne. Il a poursuivi en vain l'ennemi, et la grêle et la neige l'ont chassé de la plaine.

Abd-el-Kader se roule dans le sang. Il fait égorger, mettre en pièces tous les chefs arabes qui s'étaient soumis à nous, les enfants comme les pères.

On s'est battu sous Cherchell. Le vieux Berkani a soulevé tous les Beni-Menasser. Ce sont eux qui serviront d'exemple aux traîtres ; c'est par eux que nous commencerons.

Le général Changarnier a adopté un nouveau plan. Avec quatre bataillons, le général va entrer chez les Beni-Menasser où il trouvera la colonne du général de Bar partie de Blidah et celle du colonel Ladmirault sortie de Cherchell. Moi, avec quatre bataillons et trois cents chevaux, je descends le Chélif jusque chez les Sindgès en ravageant, brûlant tout devant moi. Tels sont les ordres que je reçois du général Changarnier, et ils seront ponctuellement exécutés.

Je n'ai le temps d'écrire ni à ma mère, ni à mes enfants. Je suis toujours au moment de partir, et en attendant je suis accablé d'affaires. Huit bataillons dans Milianah ! quatre cents chevaux ! et tout cela casé et à l'abri. Je crois vraiment qu'il n'y a rien d'impossible quand on le veut, quand la volonté ferme d'un homme est là qui calcule et ordonne sans plier...

AU MÊME.

Milianah, le 20 janvier 1843.

... La neige et la pluie ont cessé depuis hier, mais le temps est toujours incertain. Cependant demain ou après-demain nous serons en route. Sera-ce sur une ou deux colonnes? Je n'en sais plus rien, car les nouvelles font changer les plans, et les nouvelles changent vingt fois par jour.

Les progrès des Arabes sont arrêtés. Le feu de paille est tombé, et c'est à notre tour à allumer un feu qui durera plus longtemps. Abd-el-Kader est, dit-on, sur l'Oued-Fodda, Ben-Allal dans les montagnes de l'ouest. Quand nous nous porterons en avant, ils s'en iront; cela est certain. Les communications deviennent chaque jour plus difficiles, à cause de la saison et de petites bandes de voleurs arabes qui s'organisent comme dans tous les pays misérables et en révolution.

AU MÊME.

Milianah, le 23 janvier 1843.

Le général Changarnier, après avoir passé dix jours à Milianah, est reparti. Nous avons eu quelques discussions ensemble. Il a bourré de mes officiers que j'ai défendus, et nous nous sommes quittés assez froidement. Le général, avec seize cents hommes, va reprendre l'offensive dans la plaine du Chélif. Moi, je suis chargé d'assurer la tranquillité du pays, et d'empêcher que la colonne ne soit inquiétée sur ses derrières. Je vais aussi faire une petite démonstration chez les Beni-Menasser, pour aider au mouvement du général de Bar qui doit être maintenant dans ces montagnes. C'est après-demain que je ferai cette course qui me tiendra deux ou trois jours, peut-être quatre.

Le bruit a dû courir à Paris du rappel du général Bugeaud. C'était heureusement faux. C'eût été une grande faute et une grande injustice. Si l'on rappelait aujourd'hui le général Bugeaud, je serais quinze jours après bloqué dans Milianah, et Abd-el-Kader irait jusqu'à la Mitidja. La réaction serait épouvantable, si j'en juge par l'effet qu'a produit cette échauffourée qui nous a tous mis en l'air. Toutes ces misères-là nous donnent la clef de nos revers passés. Une poignée de mendiants arabes a jeté la terreur jusqu'à Blidah, mais en passant par-dessus Milianah où l'on était d'autant plus tranquille qu'on était plus près du danger réel. Les bruits les plus absurdes ont couru. On m'a dit enlevé, pris, tué, perdu ; que sais-je ? Je crains que ces faux bruits ne traversent la Méditerranée. Aussi je ne laisse passer aucune occasion de t'écrire...

AU MÊME.

Milianah, le 29 janvier 1843.

Cher frère, je suis revenu hier de mon excursion chez les Beni-Menasser et je repars demain avec une petite colonne de trois bataillons dont un de zouaves, deux obusiers de montagne, pour aller, d'après les ordres du gouverneur, me jeter entre les Beni-Ferrath et les Beni-Menasser.

Abd-el-Kader est encore sur l'eau. Il a été recruter derrière nous tous les Kabyles du Dahra et de Tenès à Cherchell, il a entraîné les Beni-Menasser et il est dans leurs montagnes, à la tête de forces considérables en Kabyles et de quelques réguliers à pied et à cheval. Il ne faut pas lui laisser le temps de s'établir, et il est urgent de le rejeter loin de nous. Les nouvelles se succèdent sous toutes les formes : les unes disent que le général de Bar, après deux jours de combats, a été forcé de rentrer dans Cherchell ; d'autres prétendent que l'émir a été obligé de reculer. Le fait est qu'on ne sait rien. Nous sommes dans l'incertitude, et c'est le pire de tous les états. Voilà le moment d'invoquer mon étoile, je puis avoir une brillante affaire. Le père Bugeaud d'un côté, moi de l'autre, le général Changarnier quelque part, car je n'en ai nulle espèce de nouvelles depuis neuf jours, nous avons des chances pour faire un beau coup.... La nuit même, je suis réveillé par mes combinaisons stratégiques, et quand elles me prennent, impossible de me rendormir....

AU MÊME.

Au bivouac de Hâr sur l'Oued-Fodda, le 2 février 1843.

Cher frère, je t'écris en dehors de ma tente, bras nus et avec un soleil de juin. Ce temps-là me favorise depuis huit jours. C'est, à bien peu distance, passer d'un froid noir à une température délicieuse. Les nuits sont toujours froides, et il y a de la gelée blanche ; les journées sont brûlantes.

Ma dernière lettre te disait que je partais de Milianah pour aller à un rendez-vous assigné par le gouverneur et, en même temps, à la recherche du général Changarnier. Aujourd'hui pas de nouvelles de l'un ni de l'autre, et je suis cependant au rendez-vous depuis le 31. Mais hier, pour utiliser mon temps, j'ai voulu punir les Beni-Ferrath, qui des premiers nous ont abandonnés et ont livré leur vieux caïd, Sidi-Moctar à la cruauté d'Abd-el-Kader qui l'a fait mourir mutilé, dans des tourments affreux. J'ai donc divisé ma petite armée en deux colonnes. Les zouaves et l'artillerie, avec moi, ont opéré sur la rive droite, et le 26ᵉ et le bataillon de marche de Milianah sur la rive gauche. Tout a été dévasté ; rien ne nous arrêtait, nous sommes montés sur la cime des rochers qui n'étaient accoutumés qu'à recevoir des oiseaux. La montagne était en feu. Depuis dix heures du matin jusqu'à quatre heures du soir, nous nous sommes battus continuellement et mes dispositions étaient si bien prises que je n'ai eu à regretter que trois hommes tués et sept blessés. Un espion, arrivé ce matin à mon camp et qui a assisté à toute l'action, m'a dit que les Kabyles avaient enterré trente-sept morts et comptaient une cinquantaine de blessés.... La nuit, les oreilles me tintaient encore et j'entendais des coups de fusil que l'écho des montagnes et des ravins me renvoyait comme des coups de canon.

Demain, si je n'ai pas de nouvelles du gouverneur et du général Changarnier, je me rapprocherai des Beni-Menasser-Gharrabas, que je suis bien tenté d'arranger comme les Beni-Ferrath. J'ai encore dix jours de vivres, mais je n'ai pas dans l'idée que je tiendrai la campagne longtemps.... Je bivouaque sur l'emplacement même où se trouvait Abd-el-Kader le 15, lorsque campé à quatre lieues de lui, je projetais de partir la nuit pour venir le surprendre. C'est l'ordre de rentrer si impératif du général Changarnier qui m'a fait manquer cette belle affaire, et plus je vois la position, plus je pense que j'aurais réussi. L'émir me croyait dans le sud, il ne se gardait pas du côté de la plaine et je tombais sur lui. Mon affaire était immanquable. Les Arabes le disent hautement. Le général Changarnier a cela sur la conscience et moi sur le cœur. Que Dieu lui pardonne ! mais il m'a fait manquer un coup qui m'envoyait droit à la postérité. Ma tente est sur l'emplacement même de la tente d'Abd-el-Kader, mes chevaux où étaient les siens. Il avait choisi un assez bon bivouac; mais, comme il n'avait que peu d'infanterie, sa position n'était pas militaire. Mon bivouac, à moi, est très-grand : mon infanterie est sur les hauteurs, mon artillerie, mes bagages et mon convoi dans le fond. La rivière traverse mon camp. J'y ai fait jeter deux petits ponts pour la communication facile des hommes à pied. Il y a quinze pouces de belle eau. Je suis mieux ici qu'à Milianah, surtout quand j'y rentre après avoir battu l'ennemi comme hier. Quel enivrement que celui que donne la victoire, frère : l'amour heureux pâlit devant ces émotions-là....

Milianah, le 8 février 1843.

Six jours séparent cette lettre de la précédente, cher frère, et pour moi cela fait six siècles. Pour toi la transition sera subite, le contraste frappant et tu croiras rêver, comme moi-même je l'ai cru et le crois encore par moment. Je voudrais te donner des détails, mais je te raconte sommairement des faits qui rempliraient des pages.

Le 3, sur une dépêche du gouverneur, je me mettais en marche pour aller le rejoindre dans les montagnes. Il me donnait rendez-vous pour le 3, à Haïmda; impossible d'y arriver en un jour. Figure-toi des chemins difficiles pour des chèvres. J'y ai cependant fait passer ma colonne, artillerie, cavalerie et tout. Le lendemain 4, je descendais à Haïmda, je brûlais tout sur mon passage et détruisais ce beau village, mais impossible encore d'aller plus loin. Il était deux heures, le gouverneur était parti. Les feux, qui brûlaient encore dans les montagnes, m'indiquaient la marche de sa colonne qui se dirigeait sur Zatima où j'avais l'intention de me rendre le lendemain. Le gouverneur pouvait aussi voir mes feux, entendre mon canon, ma fusillade, car je me battais aussi et bien, je t'assure. Le ciel a dérangé nos projets. Vers cinq heures du soir, le temps s'assombrit, le tonnerre gronde, la tempête éclate furieuse et que te dirai-je? A minuit, nous étions dans six pouces de neige et le lendemain dans un pied. Ma position était critique, la neige avait fait disparaître tout sentier. Mes guides ne pouvaient me mener ni à Cherchell, ni à Zatima. Retourner sur mes pas était impossible. Comment franchir, avec la neige, des sentiers qui m'avaient coûté tant de peine, éclairés par un beau soleil. Le temps, noir partout, menaçait d'être mauvais longtemps. Il fallait sortir des montagnes à tout prix ; trois lieues infranchissables me séparaient du gouverneur. Mon parti fut bientôt pris ; je rassemblai mes officiers, je leur exposai notre situation, je leur dis que je comptais sur leur courage, que je les exhortais à faire passer dans l'âme de leurs soldats une partie de la force morale qui les animait, et je pris l'engagement de les ramener en deux jours dans la plaine. Puis, muni de bons renseignements, je me mis en marche et me dirigeai à travers les montagnes, en me faisant frayer un chemin dans les neiges, sur les Beni-Naâsseur où je savais qu'il existait un gros bourg appelé Médina-el-Cantara, c'est-à-dire la ville du pont. La dernière nuit passée dans la neige avait fait souffrir hommes et bêtes. Un homme du 26ᵉ était mort gelé en faction. Il ne me fallait pas une seconde nuit semblable, ou j'étais perdu. Un abri était indispensable et je l'ai eu. Après des efforts inouïs, j'étais à trois heures en vue de Médina-el-Cantara. Les Arabes ne m'attendaient pas, ils étaient chez eux. Si le chemin qui mène à ce bourg eût été praticable, je les prenais tous. Malheureusement il fallut faire travailler le génie pour faire passer les chevaux et les pièces. Cela me fit perdre une heure, et les Arabes eurent le temps de fuir. Cependant, j'accours avec une seule compagnie, j'enlève le village assez facilement à la baïonnette et en recevant quelques coups de fusil sans les rendre. A six heures du soir, quinze cents hommes, artillerie, cavalerie, troupeau, tout était logé et à l'abri dans des maisons. La nuit a été horrible pour ceux qui étaient dehors, mais bonne pour nous. Le lendemain, le jour nous a montré deux pieds de neige, plus de chemins, plus rien, de la neige, encore de la neige. Impossible de rester là, les chevaux et le troupeau mouraient de faim, il fallait partir ! Je me mets en route et à peine avais-je fait quelques centaines de mètres, quel spectacle, frère, et que la guerre m'a semblé hideuse ! Des tas de cadavres pressés les uns contre les autres et morts gelés pendant la nuit ! C'étaient la malheureuse population des Beni-Naâsseur, c'étaient ceux dont je brûlais les villages, les gourbis et que je chassais devant moi. Voilà cependant ce que leur attire Abd-el-Kader. Je m'éloignais en détournant les yeux, assez inquiet pour moi, car je n'avais plus de guide capable de me montrer le chemin. C'était une retraite de Russie au petit pied, moins les combats, car nous n'avions pas plus de soixante Kabyles derrière nous qui tiraillaient pour s'échauffer. Enfin, après mille tâtonnements, je parviens à amener ma colonne sur le sommet d'une montagne, du haut de laquelle j'aperçois la plaine. C'était pour nous le paradis. Je me reconnais, j'étais chez les Brazes et je pus encore, en descendant le versant sud, tomber sur leurs troupeaux et brûler leurs gourbis. Sans le mauvais temps, je faisais une razzia magnifique, mais j'avais de quoi faire manger du mouton à mes soldats, et la gaieté avait reparu, les chants se faisaient entendre. A six heures, j'étais à mon bivouac sur l'Oued-Khramis des Brazes, mais je n'étais pas au bout de mes peines. La pluie avait succédé à la neige et je craignais la crue des eaux. Il fallait arriver à Milianah le lendemain, sous peine de ne pouvoir traverser une foule de petits affluents du Chélif, à sec pendant l'été et torrents dangereux dans l'hiver. Je fis comprendre à tout le monde la nécessité d'une marche rapide. J'avais huit grandes lieues à faire par la pluie et de mauvais chemins, après deux journées de grandes fatigues. Eh bien, frère, à six heures du soir, mon arrière-garde entrait à Milianah où j'étais arrivé à trois heures. Depuis Haïmda, j'étais venu en trois jours en perdant un homme et deux mulets : c'est miraculeux ! Ceux qui l'ont vu, qui l'ont fait ont peine à le croire, et, pendant toute cette route, j'ai encore fait à l'ennemi un mal incalculable. Le général Changarnier était de retour à Milianah depuis le 2, et vivait dans des transes mortelles. Sa joie a été grande en nous revoyant.

Je ne sais ce qu'est devenu le gouverneur, mais son génie le tirera de toutes les positions. Il est probablement à Cherchell et bien inquiet de moi. Mon rapport part aujourd'hui pour Alger avec ta lettre. Voilà les belles choses; voici les mauvaises : J'ai retrouvé mon Milianah encore plus ruiné qu'avant mon départ. Les maisons continuent à tomber et causent des accidents. La porte Zaccar menace aussi; la caserne ne sera bientôt peut-être bonne qu'à faire une écurie. De plus, nous sommes encombrés de troupes qui nous dévorent tout. La garnison est à la demiration, hommes et chevaux. Les neiges qui fondent rendent les communications impossibles, pas de convoi à espérer de longtemps....

AU MÊME.

Milianah, le 12 février 1843.

Le 26ᵉ remplace ici le 58ᵉ, qui rentre dans le Sahel. C'est un beau et bon régiment que ce 58ᵉ, et je l'aimais beaucoup. Les officiers en corps sont venus me faire leurs adieux. Notre séparation a été militaire et touchante. Ç'a été encore une douce jouissance pour moi. Voilà des gens qui certes ne diront pas de mal de moi, et qui se rappelleront toujours avec plaisir le temps qu'ils ont passé sous mes ordres.

J'ai reçu deux dépêches du gouverneur des 7 et 8. Il était rentré à Cherchell le même jour que moi à Milianah. Il était très-inquiet de moi; mes rapports ont dû lui faire beaucoup de plaisir. A présent, frère, que mes sens sont un peu rassis, que mon imagination et mon ardeur sont calmées, quand je jette un regard en arrière sur ma dernière sortie, que je pense aux manœuvres et aux marches qui m'ont sorti des neiges si heureusement, je commence à croire que je vaux quelque chose. Nous verrons ce que pensera le gouverneur. Le général Changarnier s'est contenté de me dire : « Colonel, on ne pouvait » faire mieux. » Je lui ai répondu que son compliment me flattait d'autant plus que je croyais l'avoir mérité.

Je n'ai pas le temps de lire les journaux, je veux cependant parcourir ceux où il est question de nous. Quant aux poétiques et belles divagations de Lamartine et autres, je ne me ferai pas de mauvais sang en les lisant. Tu peux dire à Rousset[1] que j'ai beaucoup détruit et brûlé; il a raison de me traiter de Goth et de Vandale. Pauvre Rousset, quelle figure il ferait s'il voyait tout cela! Je lui serre la main.

Je m'attends, cher frère, à me mettre encore en campagne très-prochainement. Le destin ne veut pas que je me repose, et je maudis souvent le destin. Toutes ces courses si fréquentes, si réitérées, ruinent la santé, et jamais pourtant ma santé n'a été si bonne en Afrique.

AU MÊME.

Milianah, le 18 février 1843.

Si je ne craignais de te laisser sans nouvelles trop longtemps, cher frère, je ne t'aurais pas écrit ce

[1] M. Rousset, alors avocat à la cour royale de Paris, camarade de collége du Maréchal.

courrier, car je n'ai que des choses sans intérêt à te conter en comparaison de celles qui ont rempli mes dernières lettres, et je suis ennuyé à chaque minute par les mille et un détails d'un commandement toujours bien difficile. Ce sont des demandes de concessions de maisons et de terrain là où tout terrain a un maître absent, et où toutes les maisons, dans le même cas, sont en ruines, et où les matériaux manquent pour reconstruire. Quelle race que celle des colons! Des gens qui viennent je ne sais d'où, tous besoigneux, tous avides et de mauvaise foi. Ils traînent avec eux la discussion et la rapine. C'est une plaie qui ronge l'Afrique, déjà rongée par tant d'autres.

Nous sommes toujours dans la même situation politique: Deux colonnes sont sorties de Cherchell et se promènent dans les montagnes à la recherche d'Abd-el-Kader et de Berkani. On fait du mal chacun de son côté. Qui paye cela? C'est le pauvre Kabyle trompé, aveuglé par ses chefs; ceci est l'histoire du monde.

Mes espions me rapportent quelquefois des lettres de l'émir ou de Ben-Allal et de Berkani aux Arabes qui nous sont soumis. C'est un monument d'astuce et d'impudence : « Le mois approche où les Français » seront chassés comme des chiens. Ils mourront de- » bout. Les eaux des rivières entraîneront leurs ca- » davres à la mer, etc., » et mille autres gentillesses de ce genre.

C'est à présent que mes hommes commencent à dégeler. Depuis ma rentrée il en est déjà mort six à l'hôpital. Je devais m'y attendre, de telles fatigues se payent tôt ou tard. Tout cela guérit de l'ambition, et la mienne à présent se borne à avoir un régiment, parce que je l'ai gagné dix fois, et à aller me reposer au milieu de vous. C'est ma pensée du matin et du soir, mon désir de tous les moments. Le dégoût se glisse peu à peu dans mon âme en voyant les hommes et les choses de près. Avec la petite réputation que je me suis faite ici, j'arriverai toujours au généralat. Je reviendrai en Afrique s'il le faut, et je n'attendrai pas trop longtemps, surtout si le général Bugeaud devient maréchal, et il faut bien qu'il y arrive, envers et contre tous. Je ne sais pas ce que la campagne du printemps nous réserve : beaucoup de marches et de fatigues, je crois, et peu de combats sérieux.

Ma caserne est là sur un pied. Tombera-t-elle, ne tombera-t-elle pas? En attendant je fais réparer à force tout le casernement possible pour loger la troupe.

Je te garde un trophée d'un beau fusil garni en argent pris sur le champ de bataille....

AU MÊME.

Milianah, le 22 février 1843.

Je reçois, frère chéri, à la fois tes deux lettres des 10 et 12 février. A la bonne heure, voilà des lettres, de douces et excellentes lettres qui m'ont remué le cœur et l'âme, et je te donne ma bénédiction pour chacun des mots qu'elles contiennent....

Le colonel de la Rue est un indulgent ami qui a de moi la même opinion que j'ai de lui, sans nous casser la figure avec l'encensoir et sans faire partie de la *Société d'admiration mutuelle*. Il me sert mieux que je ne le servirais, car il est influent et je ne le suis pas; donc, je ne l'en aime que mieux.

Il faut que les journaux aient envie de se moquer du monde pour avoir osé écrire que la colonne Saint-Arnaud était perdue. Quand celle-là se perdra, il y en aura d'autres. Elle a plus fait que les autres, et on n'en parle pas. Je suis au-dessus de ces misères-là. Je pourrais m'en plaindre au gouverneur, je ne lui en parlerai même pas.

Je pars de Milianah le 1er mars avec quinze cents hommes pour entrer chez les Beni-Menasser, avec lesquels on veut en finir. La colonne du général de Bar sort de Cherchell le 28 février; nous opérerons de concert. Nous avons les giboulées de mars; c'est malsain pour entrer dans les montagnes....

AU MÊME.

Cherchell, le 1ᵉʳ mars 1843.

Cher frère, tu crois, d'après ma dernière lettre, que je n'ai quitté mon Milianah que le 1ᵉʳ mars ; pas du tout. Une dépêche importante du colonel Picouleau, qui m'écrivait du milieu des montagnes des Beni-Menasser qu'il avait devant lui beaucoup de Kabyles et deux cents réguliers, m'a fait partir à la hâte. Le 25 j'étais en route ; j'ai traversé toutes ces affreuses montagnes des Beni-Menasser, refusant les soumissions incomplètes qui s'offraient à moi, prenant comme prisonniers-ôtages treize des chefs influents de trois fractions de la grande tribu, et ne recevant que si peu de coups de fusil que ce n'est pas la peine d'en parler. Décidément ils sont dégoûtés de se battre, et il y a de quoi. Quels ravages ! quelle destruction ! J'ai vu des milliers de pieds de figuier rasés, des gourbis brûlés, démolis. C'est au milieu de ces ruines que j'ai fait ma jonction avec Picouleau, sur la crête même de la ligne du partage des eaux. Les Kabyles qui l'occupaient s'étaient soumis, tout était de son côté à la paix. Les événements avaient rendu mon mouvement inutile. Picouleau et moi nous avions formé un petit plan pour aller châtier dans leurs aires de vautour les membres de la famille Berkani, les Malek. Nous devions opérer hier 28, mais un orage affreux nous a forcés de venir chercher un abri à Cherchell, où je suis installé chez l'excellente famille Serres....

Demain, 2 mars, frère, je quitte le paradis de Cherchell pour retourner dans mon enfer de Milianah. Je mettrai quatre jours pour retourner à Milianah; je passerai par la zaouïa de Berkani.

AU MÊME.

Milianah, le 6 mars 1843.

Tu as reçu ma lettre de Cherchell, frère, et tu connais la première partie de ma montagneuse expédition, mais tu ne sais rien de la fin, et la fin c'est le bouquet.

Le 3, en partant de la zaouïa de Berkani, j'ai été sur la cime de rochers arides dénicher dans leur aire les Malck, cousins des Berkani. J'en ai pris un, l'autre s'est sauvé. J'ai brûlé et détruit toutes les propriétés des Malek. Mon prisonnier, dont l'importance est grande, est à Milianah avec quelques autres que j'ai ramenés de Cherchell. Ils serviront ma politique.

Le combat a été pour le lendemain 4. Tout était contre moi, et le terrain si difficile, et le ciel brumeux, et le brouillard épais. J'ai pris mes dispositions; mon convoi, mes bagages, protégés par deux bataillons, suivaient le lit de la rivière, que j'ai traversée dix-sept fois, les deux autres bataillons me flanquaient à droite et à gauche. Depuis huit heures du matin jusqu'à midi, j'ai eu à combattre quatre cents Kabyles acharnés qui, protégés par le brouillard et leur connaissance des moindres sentiers, venaient me fusiller à bout portant. Ils m'ont tué quatorze hommes et blessé vingt-cinq. J'en ai descendu plus de soixante et blessé un grand nombre. Lorsque le terrain m'a permis de prendre quelques dispositions pour les charger vigoureusement, ils se sont arrêtés; car, des hauteurs qui nous dominaient, ils avaient vu tous mes mouvements et les compagnies que j'embusquais, mais ils n'avaient pas aperçu mon artillerie, et j'ai envoyé dans leurs masses une demi-douzaine d'obus qui leur ont fait du mal. Depuis ce moment ils m'ont laissé tranquille, quoique je les aie attendus trois heures avant de continuer ma marche. Ils se sont occupés à enterrer leurs morts, et moi j'ai continué à brûler leurs gourbis et à couper leurs arbres fruitiers.

Notre combat a déjà produit ses résultats, car une fraction des Beni-Menasser est venue me demander à se soumettre. J'ai refusé, en disant que je voulais la soumission de la tribu tout entière. Pauvres gens! J'ai été inflexible, je deviens Turc, c'est effrayant!... Abd-el-Kader ne s'avise-t-il pas de venir razzer les Beni-Rached, à deux journées de marche de Milianah. S'il reste dans ce pays, je me remets en campagne demain ou après-demain et je vais lui faire courir une poste, malgré ses quinze cents cavaliers. Si cette vie-là ne finit pas bientôt, je serai fourbu....

AU MÊME.

Milianah, le 11 mars 1843.

... Abd-el-Kader, apprenant le retour de ma colonne, s'est retiré dans l'ouest, et je m'en félicite, car je me suis blessé à la jambe droite sur un coupant d'escalier et je suis, depuis, étendu sur une espèce de canapé....

Plus j'avance, frère, plus je me dégoûte de cette guerre que j'ai faite si longtemps et si heureusement. A côté de tant de bien je vois tant de mal que, ne pouvant faire le premier autant que je le voudrais, ni m'opposer au second, j'aime mieux me retirer. D'ailleurs, je m'use vite, il est temps de me reposer et de jouir d'une position qui me coûte si cher. Au lieu d'être officier général dans trois ans, je le serai dans cinq, voilà tout. Je serai encore assez jeune pour bien porter mon tricorne....

Le pauvre gouverneur est entouré d'ennemis qui dénigrent ses moindres actes et les tournent en ridicule.... Souffrant, contrarié, je vois tout en noir, et s'il existait à Milianah une succursale de Laffitte et Caillard, j'irais de suite y prendre ma place pour Paris et oublier, en vous embrassant, une existence nauséabonde....

A M. ADOLPHE DE FORCADE, AVOCAT A PARIS.

Milianah, le 21 mars 1843.

Bonjour, cher frère, je voudrais être dans un coin des salons où tu figures en gants jaunes, une jolie danseuse à la main, pour juger ta désinvolture ; mais je n'aurais pas aimé ta société dans ces montagnes de neige où je cherchais mon chemin pour une armée, au milieu des coups de fusil. Chacun ses affaires, chacun ses plaisirs, cher frère. Des affaires, j'en ai beaucoup, souvent trop ; des plaisirs, ils sont très-rares et n'en sont que plus vifs. Un bon bivouac après une victoire, c'est ma grande jouissance. Tu ne prends pas ce chemin-là, et ton cœur comprendra ces bonheurs sans les éprouver ; mais il y a toujours le revers de la médaille, les visites à l'ambulance. C'est le mauvais côté du métier. Dans ce monde, quelque route que l'on suive, il y a toujours plus de mauvais côtés que de bons. Quand j'aurai un régiment, et Dieu veuille que cela arrive bientôt, je le peignerai, le soignerai, le chérirai, le travaillerai. Je veux qu'il sorte d'une boîte à coton pour se présenter à la mitraille proprement, noblement. Ici j'ai plusieurs régiments, mais la guerre d'Afrique ne va pas avec la coquetterie. Il n'y a ni ville à traverser, ni cantonnements à espérer, ni regard de femme qui fasse oublier des mois de fatigue et de souffrance, et sous lequel on lève la tête et tend le jarret. Ici il n'y a que de sales Bédouins, de longs fusils chargés jusqu'à la gueule, du soleil et de la poussière, de la neige et de la boue, des montagnes sans fin, des plaines sans eau et sans arbres. Aussi tout le monde est gueux et déguenillé. Un de mes amis de la province d'Oran m'écrivait dernièrement que, dans les camps depuis six mois, il avait été obligé de raccommoder les trous de sa capote bleue avec du drap garance. Que dirait la garde impériale qui allait au feu en grande tenue? Jadis on savait à heure fixe le jour d'une bataille. Ici, cinq minutes d'avance on n'en sait rien. Il faut faire ses dispositions en se battant. Toi, tu prépares au moins ton thème de discours, tu dis : Je parlerai sur ce sujet ou sur tel autre. Nous, nous avons les mains dans les poches, il nous arrive une balle, vingt balles, mille balles! Le général Changarnier va en ramasser chez les Beni-Menasser et moi je suis cloué par un mal de jambe qui va mieux, mais dont je ne serai pas quitte avant dix jours. Le général n'en aura pas fini avec eux d'un coup, et j'en aurai encore ma part.

Assez de politique, tu te croirais au club. Que fais-tu de tes neveux et nièces? Embrasse-les pour moi....

A M. LEROY DE SAINT-ARNAUD, AVOCAT A PARIS.

Milianah, le 28 mars 1843.

Méfie-toi de tous les maux possibles, cher frère ; mais, entre tous, les maux de jambe sont les plus tenaces et les plus intolérables. Voilà vingt-deux jours que je suis pris et impotent. Je me vois encore pour huit jours, au moins, dans mon enfer, car l'enfer pour moi c'est le repos, c'est l'inaction....

Je suis plus que jamais encombré de troupes et replongé dans tous les embarras, dans tous les ennuis qui me dévoraient, moi et mes vivres de toute espèce, il y a deux mois. Alors, j'avais huit bataillons et je me plaignais ; aujourd'hui j'en ai quatorze et je n'ai plus la force de me plaindre. Je baisse la tête et je souffre. Quand l'armée croira trouver quelque chose à Milianah, il n'y aura plus rien. Je profite de l'accroissement disproportionné de ma garnison, pour pousser activement les travaux de la route de Milianah à Blidah ; et c'est toujours cela de gagné. J'ai déjà dix-huit cents mètres de faits de Milianah au marabout ; il en faut dix mille, mais le plus difficile est passé. Si je n'avais pas été malade, nous aurions trois mille mètres d'achevés.

Abd-el-Kader, par de fausses nouvelles, nous tient toujours en haleine et nous fatigue. Ses lieutenants imitent sa tactique qui est de fort bonne guerre, et nous sommes sans cesse sous les armes, attendant de nous porter soit dans le sud, soit dans l'ouest, soit dans le nord-ouest. Nous voulons protéger nos alliés et les positions ; les distances rendent toute protection très-difficile avec des ennemis qui, mieux servis que nous, plus légers, plus mobiles, font vingt lieues dans une nuit, tombent sur leur proie et l'enlèvent. Quand nous sommes prévenus, ils ont déjà gagné leurs repaires ; le mal est fait, mal profond et difficile à guérir. La réparation est très-chère pour nous et illusoire pour les victimes qui nous crient : « Pro-» tégez-nous donc ; on nous a pris nos femmes, nos » enfants, nos troupeaux, nous nous sommes donnés » à vous, rendez-nous nos biens. » Et l'autre est là qui fait dire : « J'ai les femmes, les enfants, les troupeaux, » quittez les Français, revenez à moi, je pardonne et » je rends tout. » Voilà la guerre d'Afrique ; on se fanatise à son tour et cela dégénère en une guerre d'extermination....

Et la malheureuse Pointe-à-Pître, quel tremblement de terre ! Autant nous en arrivera quelque jour à Milianah. Ce monde est la proie de tant de fléaux, contre lesquels il n'y a ni remède, ni secours, que c'est folie de s'occuper du lendemain. Cependant, malgré moi, je pense au bonheur si éloigné encore de notre réunion. Voilà bientôt deux ans. Que c'est long !

AU MÊME.

Milianah, le 7 avril 1843.

Cher frère, je rentre exténué de fatigue d'une course de trente lieues, faite en vingt-quatre heures sans descendre de cheval. J'ai fait un joli coup de main chez les Brazes, je leur ai pris plus de trois cents têtes de bétail. Mes spahis se sont bien battus, ils ont tué du monde et fait beaucoup de butin. C'est une affaire rapidement exécutée.... J'espère que mon brave gouverneur sera content. Je l'attends à Milianah pour le 20.

La grande et longue expédition du printemps se prépare et va s'ouvrir dans quinze jours. Ténès recevra un poste militaire pour protéger les débarquements. Que fera-t-on de moi dans tout cela? Je n'en sais rien. Cependant, je crois que le gouverneur me laissera à Milianah, qui aura toujours une grande importance.

Ma route, jusqu'à la plaine, sera terminée dans douze jours et praticable pour les prolonges. C'est un grand point d'obtenu. Milianah va acquérir une nouvelle vie.

Tout cela, frère, est bien bon; mais ne vaut pas quelques mois passés près de vous. J'ai beau me raisonner, me forcer à porter mes idées dans un autre cercle. Malgré moi, ma pensée revient toujours là. Tout pousse ici et l'Afrique se fait belle ; mais sa beauté ne me séduit pas, il me faut la France.....

AU MÊME.

Milianah, le 16 avril 1843.

Cher frère, j'ai enfin reçu la lettre de notre ami Marchand, le conseiller d'Etat. Elle m'a été remise par le jeune Paillot, que j'ai reçu fraternellement. Je l'ai logé chez moi et pendant les deux jours qu'il a passés à Milianah, nous avons vécu de la même vie; beaucoup parlé de sa famille et de tous les gens qui me rappelaient quelque ancien souvenir. J'ai conduit partout M. Paillot, je lui ai fait faire, sur mes chevaux, une belle et longue promenade pour lui montrer la plaine du Chélif et les environs de Milianah. Il s'est chargé d'un beau fusil que j'envoie à Marchand et qui, j'espère, lui sera agréable; car il pourra figurer avec avantage dans son cabinet, comme curiosité africaine.

Notre cousin le baron de Lage[1] est aussi arrivé à Milianah, pour y tenir garnison. Aussitôt que l'officier d'ordonnance que j'ai actuellement devra rejoindre son escadron, mon intention est de m'attacher de Lage et de le garder tant que je resterai à Milianah...

[1] Aujourd'hui lieutenant des chasses dans la Maison de l'Empereur.

AU MÊME.

Milianah, le 21 avril 1843.

Cher frère, je t'écris deux lignes et je glisse mon billet dans le paquet du gouverneur qui est chez moi depuis hier. Je suis proposé pour le grade de colonel. Le gouverneur part le 23. Je reste à Milianah avec trois bataillons et cent cinquante chevaux pour surveiller la plaine. C'est le duc d'Aumale qui a pris la place que je devais occuper dans le sud. Au fait, je ne suis pas mécontent de mon rôle...

Eh bien, le gouverneur n'est pas nommé maréchal ! Il a pris la chose en philosophe, mais au fond il est blessé. On lui dit de faire quelque chose d'éclatant. Mais la manière dont il a mené les choses et la guerre, les résultats obtenus s'opposent à ce que l'on puisse faire quelque chose d'éclatant. Nous aurons des fatigues, des petits combats très-sérieux, mais plus de rassemblements considérables comme en 1840 et 1841. Alors on faisait de l'éclatant, aujourd'hui on fait du pénible, du fatigant, du méritant et on marche sûrement vers un but indiqué et prochain. Il faut être aveugle pour nier l'évidence...

AU MÊME.

Milianah, le 5 mai 1843.

Depuis ma dernière lettre, cher frère, je n'ai pas trouvé une minute pour t'écrire. Milianah est devenu centre d'opérations. Toute l'armée, infanterie et cavalerie, passe par ici, séjourne ici, prend des vivres ici. Il me faut donc des approvisionnements immenses et les magasins me manquent. Nous en sommes continuellement aux expédients.

Ma pauvre maison est une auberge. Elle ne désemplit pas de généraux et de colonels, qui naturellement doivent descendre chez moi : le gouverneur et sa maison trois jours, le général de Bourjolly deux jours, Korte quatre jours, Leflô, Cavaignac, Morris, deux jours, Picouleau malade chez moi et puis les passages, etc...

Je ne sais que penser de notre situation politique. Je crois que le bien l'emporte sur le mal, mais tout ne marche pas de front avec une égale réussite. Abd-el-Kader a profité habilement d'un moment où Lamoricière avait laissé Mascara dégarni de troupes. Il est tombé avec deux mille chevaux dans la plaine des Ghris, et a enlevé les Achem Gharrabas à notre barbe... D'un autre côté les Beni-Menasser se soumettent; beaucoup d'autres tribus font des ouvertures. Nous verrons ce que produira la grande expédition dans le sud, par le prince ; dans l'Ouanseris, par le gouverneur et le général Changarnier.

Je vais donc garder le Chélif et les derrières et le centre de l'armée. A cela je joins bien d'autres occupations, je dois aller faire des foins dans le Chélif, créer un établissement dans la plaine pour y mettre nos meules. Aurai-je assez de bras? Aurai-je des moyens de transport suffisants? Tout cela m'occupe et me tourmente. J'aimerais mieux vingt combats contre les Kabyles. Jamais je n'ai tant désiré vieillir. Il me semble que cette année 1843 ne finira jamais...

AU MÊME.

Milianah, le 12 mai 1843.

... Le 16, je descends bivouaquer dans la plaine, et j'emploierai bien mon temps, car je placerai mon camp au milieu de l'endroit où je veux faire mes foins : il ne suffira pas de couper et de faner, il faudra que je les garde, prêt à m'élancer partout où besoin sera. J'ai envoyé cinq cents hommes chez les Brazes avec mes instructions. Ils rentrent ici le 14 ; le jour même, je fais partir mon premier convoi pour l'armée. Le second, avec des troupes fraîches, repartira le 21 et sera de retour le 28. J'emploierai les hommes fatigués aux travaux du génie et du four.

Tout doit marcher de front. Je resterai peut-être longtemps dans la plaine, mais je reviendrai par intervalle faire des excursions à Milianah et surveiller les affaires...

AU MÊME.

Milianah, le 21 mai 1843.

... Depuis le 16, campé dans la plaine du Chélif, occupé à faire des foins, je me morfondais lorsqu'une excellente dépêche du gouverneur m'arrive à l'instant, qui me prescrit de partir le 27 avec une colonne pour aller opérer avec lui et donner la chasse à Berkani du côté de Zatima. Alors je me suis senti renaître, mon sang a circulé de nouveau. J'ai donné mes ordres, formé ma colonne, et je repars dans une heure pour mon bivouac de faucheurs.

Nos colonnes ont eu quelques affaires dans l'Ouanseris, on m'a envoyé à Milianah une cinquantaine de blessés. J'expédie des convois à Teniet-el-Hâad, à l'Oued-Rouina. Mes pauvres troupes sont sans cesse en route...

AU MÊME.

Milianah, le 26 mai 1843.

Cher frère, je pars demain et, quoique bien occupé pour organiser ma colonne et tous les travaux que je laisse à faire dans la plaine, je ne veux pas partir sans te donner quelques nouvelles.

Le prince vient de faire un coup de maître exécuté avec autant de vigueur que d'habileté. Toute la smalah d'Abd-el-Kader, après laquelle j'ai tant couru l'automne et l'hiver dernier, est tombée en son pouvoir et c'est avec cinq cents chevaux qu'il a obtenu ce brillant résultat. Il a fait trente lieues en trente-six heures, son infanterie était à plus de trois lieues derrière lui et quand il a vu cette immense population devant lui, il n'a pas hésité à attaquer. C'est bien, c'est intrépide, c'est habile. Il a tué trois cents hommes; trésor, troupeaux, butin, tout a été pris. La famille de Ben-Allal, beaucoup de familles très-importantes du pays, attachées à Abd-el-Kader, sont prisonnières. La femme et la mère de l'émir ont pu se sauver sur un mulet. Nous avons eu douze hommes tués et seize blessés. Les colonels Yussuf et Morris ont été admirables. De ce coup-là Morris sera colonel. Je ne puis te dire à quel point je suis heureux que ce soit le prince qui ait ainsi réussi. C'est d'un bon augure, il y a de l'avenir dans ce trait-là. Ailleurs, dans une position défendue par les Kabyles, le pauvre colonel d'Illens du 58ᵉ a été tué. Voilà deux colonels en moins d'un an qui se font tuer bravement, et l'on viendra dire qu'on ne fait rien en Afrique. Qu'ils viennent voir mon hôpital rempli de soldats amputés et blessés.

Nous allons donc courir après ce vieux Berkani. Il a un refuge de moins : c'est la smalah, qui n'existe plus. Il lui sera difficile de rejoindre Ben-Salem dans l'est. Il y a trop de camps et de colonnes partout. A l'ouest il trouve El-Ernam et la Mina. Nous finirons par le forcer dans les montagnes en le traquant bien. Le gouverneur a fait de belles et bonnes opérations dans le Dahra. La route d'El-Ernam à Ténès est aussi sure que celle de Blidah au Marabout.

Ma récolte de foins marche, mais pas aussi vite que je voudrais. Il me faudrait un bataillon de plus à employer et des moyens de transport. Nous faisons des foins à quatre lieues du camp. L'année a été mauvaise, les foins sont clairs et bas. J'espérais faire vingt mille quintaux métriques, et je serai bien heureux si j'en obtiens moitié. Il faudra que le gouverneur s'en contente.

Les chaleurs excessives que nous avons éprouvées au bivouac, dans la plaine, m'avaient indisposé. Je suis resté à Milianah hier, et j'y ai trouvé du froid. Quel climat ! J'ai pris un gros rhume qui se passera quand je vais descendre demain.

La récolte se présente mal en Afrique. Les Arabes seront malheureux, et nous-mêmes, nous aurons de la peine à nous procurer de l'orge et du blé. Tout ce que j'avais fait semer autour de Milianah est clair. Les belles récoltes chez l'ennemi ont été brûlées et saccagées ; les autres sont peu de chose.....

AU MÊME.

Au bivouac, sous Zatima, le 30 mai 1843.

Notre affaire est manquée, frère; Berkani s'est enfui avec toute sa famille et a quitté les montagnes le même jour où j'y entrais. Il a passé le Chélif entre El-Ernam et l'Oued-Fodda. C'est dommage, nos mesures étaient si bien prises qu'il ne pouvait pas nous échapper s'il fût resté dans la montagne. Il l'a compris et a été rejoindre Ben-Allal dans le sud-ouest. J'avais eu un moment d'espoir avant-hier. Mes espions m'avaient averti qu'il était avec son camp à Bou-Alou, et pour le saisir j'avais fait une belle marche forcée. En route, quelques prisonniers m'ont appris sa fuite.

Le gouverneur, pressé de retourner au camp d'El-Ernam où ses affaires l'appellent, est parti aussitôt qu'il a appris la fuite de Berkani. Il a laissé ses instructions au colonel Pélissier, son chef d'état-major, qui est resté avec une colonne, et se remet en marche aujourd'hui même pour l'ouest. Il avait mission de m'accompagner jusqu'au Chélif si je me croyais trop faible pour traverser les montagnes. Je n'ai pas besoin de lui.

Nos affaires politiques ont des hauts et des bas terribles, et notre pauvre gouverneur est continuellement ballotté par des émotions qui l'useront vite. Après l'admirable coup du prince, arrive une échauffourée bien regrettable dans la province d'Oran. Le vieux et brave général Moustapha, après une belle razzia sur les Flittas, s'enfonce, malgré la défense de Lamoricière, dans un mauvais défilé. Il tombe dans une embuscade, et Abd-el-Kader, à la tête de quelques réguliers et des Flittas eux-mêmes, lui tue quatre cents Douairs et Smélas auxquels il fait couper la tête. Le général Moustapha a été tué lui-même par une des premières balles et sa mort a jeté la confusion parmi les siens. Abd-el-Kader a eu l'indignité de le faire mutiler et de lui couper la tête. Moustapha nous était utile pour mener les Arabes, mais il devenait gênant par ses refus d'obéissance aux chefs français. Son frère, El-Mazari, qui arrive de la Mecque, va le remplacer dignement. D'un autre côté, le général Lamoricière a pris presque tout ce qui avait échappé au prince de la smalah de l'émir.

Tous ces coups-là nous avertissent de nous tenir sur nos gardes. La guerre est loin d'être finie. L'émir n'est pas abattu, nous aurons encore bien des convois enlevés. Du moment où Abd-el-Kader peut réunir un millier de cavaliers, il peut nous faire du mal ; non pas nous battre, mais nous tendre des embuscades et nous tuer du monde. La mort du général Moustapha a relevé ses affaires.

En attendant, frère, je me remets en route demain pour retourner à Milianah faire mes foins comme un paysan; mais, sur mon passage, je vais brûler et soumettre dès demain les Beni-Mahabbas et les Beni-Seliman, puis je rentrerai par les Brazes. Le 3 ou le 4 je serai à mon poste.....

Il y aura, le 21 juin, un an que je suis à Milianah : c'est un siècle, je suis devenu sauvage, j'ai besoin de voir le monde pour redevenir civilisé.....

AU MÊME.

Milianah, le 2 juin 1843.

Je rentre à Milianah, frère, après avoir soumis toutes les fractions de la grande tribu des Brazes. Nous soumettons tant que nous pouvons, et de son côté, Abd-el-Kader, qui semble se multiplier, fait des razzias de l'ouest à l'est et presqu'à notre barbe. On dirait que rendu plus léger par la perte de sa smalah, il a conquis la faculté de se porter partout avec la rapidité de l'oiseau.

En rentrant à Milianah, j'ai trouvé une lettre du gouverneur qui me dit que, par ordre du ministre, il est obligé d'employer ses officiers généraux dans les

cercles. Ainsi le général Le Pays de Bourjolly est nommé à Mostaganem, et, forcé de donner un dédommagement au général Gentil, le gouverneur le place à Milianah. Je le laisse parler : « Mon cher Saint-
» Arnaud, je ne pouvais me dispenser de donner un
» dédommagement au brave général Gentil qui quitte
» Mostaganem, et je l'appelle au commandement de
» Milianah. Il n'y aura rien que d'honorable pour
» vous d'être remplacé par un maréchal de camp,
» et cela ne peut vous nuire en rien. Vous avez gagné
» vos éperons à Milianah, et sans doute une troisième
» ou quatrième proposition vous donnera un régi-
» ment. L'arrivée du général Gentil à Milianah ne
» me paraît pas prochaine. Le général Bourjolly ne
» le remplacera pas *ex abrupto*. Il prendra d'abord
» connaissance des hommes, des choses et des lieux,
» et ce ne sera guère qu'à la fin de juin, que vous
» serez remplacé. Continuez donc d'exercer votre
» commandement avec votre zèle habituel. Mille
» amitiés bien sincères..... »

Pour moi, frère, colonel ou non, je vois avec délices le moment de quitter Milianah, où je n'ai fait que de bonnes choses, où je n'ai eu que des succès, mais où mon rôle semble terminé. Aussitôt le général Gentil arrivé, installé, mis au courant, je pars pour Alger et je demande un congé.....

AU MÊME.

Milianah, le 7 juin 1843.

.... A présent que je puis regarder un peu en avant de moi pour trouver quelque repos et quelque tranquillité, je respire et je hâte la marche du temps de tous mes vœux....

Le général Changarnier vient de rentrer à Milianah. Le Masséna africain est mieux avec moi, il me fait demander chez lui dix fois par jour, pour lui servir de chef d'état-major. Je fais marcher les choses rapidement, sans observation et ne trouvant jamais de difficultés à rien. Je ne connais pas d'autre manière de faire dans notre métier. Ce matin, j'ai mis en deux heures une colonne en mouvement, et il faut le temps de rassembler les hommes et de prendre des vivres. Nous aurons encore souvent de ces mouvements précipités. Ben-Allal est furieux depuis la perte de sa smalah. Abd-el-Kader a pris la chose avec plus de philosophie. Son activité en a redoublé. Le prince repart dans le sud avec sa colonne reposée. Le gouverneur va travailler aussi de son côté et le général Changarnier retourne dans l'Ouanseris. Moi, je surveillerai toujours la plaine pour faire les moissons et attendrai surtout avec impatience l'arrivée du général Gentil, pour quitter ces ruines....

AU MÊME.

Milianah, le 19 juin 1843.

Cher frère, je pars demain pour une petite course qui me tiendra sept à huit jours dehors, et, selon mon usage, je te préviens par quelques lignes...

J'ai trouvé une nouvelle veine de foin qui portera ma récolte à près de vingt mille quintaux métriques. C'est superbe, je prends aussi des mesures pour avoir une grande quantité de paille. J'ai donné des ordres pour qu'on commençât à moissonner mes blés et mes orges autour de Milianah.

Toutes ces occupations, frère, ne me détournent pas de mon idée favorite et fixe : vous voir bientôt et passer quelques mois au milieu de vous. J'ai besoin de changer de vie ou je succomberai à la fièvre que je combats jusqu'à présent avec succès...

AU MÊME.

Au bivouac de Ziddin, le 24 juin 1843.

Cher frère, tes deux lettres des 5 et 10 juin m'ont été apportées, le 21, à mon bivouac sur l'Oued-Kramis, tu dois penser si elles ont été bien accueillies...

Je voudrais, par-dessus tout, sortir de l'incertitude où je suis. Que ferai-je? Où irai-je? Resterai-je à Milianah? en Afrique? Irai-je en France? Je m'adresse cent fois ces questions, sans pouvoir y répondre. Casé quelque part, je pourrais former des projets, établir un plan de conduite et le suivre avec ses bonnes ou mauvaises chances.... Ah! frère, si j'avais un régiment et qu'on me fît entrer en Espagne, où les affaires se brouillent! On verrait les officiers d'Afrique à l'œuvre. Je crois que je rajeunirais de dix ans. Oh! alors, je consens à rester deux ans sans te voir, parce que j'ai dans l'idée que tu ne me reverrais que général. Je ferais parler de moi,.... quelque chose dans le cœur me le dit. Comme cette guerre aurait de l'intérêt pour moi, qui n'ai jamais rien fait qu'en Afrique où tout se fait en miniature, où il n'y a de grand que les fatigues, les privations, les maladies et les dépenses. Mais la vraie guerre contre des masses, contre du canon, contre des manœuvres, rien qui y ressemble ou de si loin, qu'il faut une lunette pour y reconnaître quelque chose. J'ai seulement vu un bon et beau siége. Je voudrais voir une belle et bonne bataille avec une cinquantaine de mille hommes engagés. Je crois que mon régiment travaillerait bien, et, s'il y avait quelque batterie à enlever, nous ferions cela comme dans la garde. Si nous entrons en Espagne, ce dont je doute, nous sommes trop pâles, on enverra nécessairement quelques régiments d'Afrique et probablement quelques généraux. Si on ne donne pas le commandement de l'armée au général Bugeaud, on fera une faute, et on s'enlèvera de grandes chances de succès. S'il y allait, je suis sûr de le suivre avec un régiment. Il s'entourerait des hommes qu'il connaît et bien il ferait. Nous irions faire des razzias chez les Andalouses. Quel bonheur de visiter l'Alhambra et la tour des Lions ! Je ne comprends pas l'Espagne sans Grenade. L'Aragon, la Castille, la Catalogne, la Navarre, c'est bon ; mais Murcie, Grenade, Séville, c'est beau, c'est grand. Il faut que j'aille à Grenade. J'ai besoin de me promener dans les jardins du Généralif,... presque autant que dans les Tuileries ou le Luxembourg..... Pauvre vieux Luxembourg ! Te rappelles-tu quand, avec notre grand'mère, nous allions y admirer la comète de 1811 et Mme Molé,... et toutes ces vieilles têtes. C'est égal, j'ai toujours eu une vénération pour le Luxembourg, je n'y suis jamais passé sans un souvenir.

Je rentrerai demain ou après-demain à Milianah. Ma course aura été courte, mais utile. Je me suis montré dans la plaine, j'ai appelé les chefs de tribus à mon bivouac, je les ai harangués. J'ai exigé qu'on me remît quelques mauvais sujets, j'en ai déplacé d'autres, remuants et inquiets. J'ai reçu des chevaux de soumission ; j'ai fait voir à tous ces gens-là que je pouvais être rapidement chez eux, soit pour les défendre, soit pour les attaquer.... Pas de nouvelles du gouverneur, ni du général Changarnier. On parle de quelques soumissions, mais rien de saillant.

Adieu, je vais dîner, je n'ai pas faim, mais je meurs de soif. Nous dînons au grand air, mon officier d'ordonnance et moi. C'est agréable, quand on peut éviter le soleil et le vent, mais cela guérit des parties de campagne. Parle-moi d'un bon couvert dans une bonne salle à manger bien chaude en hiver, bien fraîche en été. Frère, quand nous serons vieux, nous soignerons cette partie-là....

AU MÊME.

Milianah, le 1ᵉʳ juillet 1843.

La question de mon remplacement à Milianah n'est plus imminente, en ce sens que le général Gentil, mécontent, retourne en France, mais elle est toujours vitale pour moi, qui pour rien au monde ne veux rester plus longtemps à Milianah. Je laisse, en partant, au gouverneur le bouquet qui pouvait lui être le plus agréable, vingt mille quintaux de foin récoltés par mes soins.

Un régiment est vacant et demandé spécialement pour moi. Pendant un an j'ai exercé un commandement de maréchal de camp, commandé des colonnes, obtenu sans cesse des résultats et des succès. Je suis donc placé et bien placé pour obtenir un régiment. Le duc d'Aumale est parti sans une ligne de moi;

après tout ce qu'il m'a promis, je demande seulement qu'il ne soit pas contre moi, et il est impossible qu'il me soit hostile. Au surplus, tout doit être réglé maintenant, il n'est plus temps d'y penser.

Vous avez de la pluie, heureux mortels! Aujourd'hui cinquante-trois degrés Réaumur, c'est à mourir fondu. J'aimerais presque autant ne pas être nommé colonel pour aller me jeter à l'eau avec toi à Paris ou à Noisy. Nous aurions encore le mois d'août pour nous....

Ma santé n'est pas bonne, je bois du vin de quinquina, et j'éprouve souvent de mauvais symptômes à moi connus....

AU MÊME.

Milianah, le 11 juillet 1843.

Cher frère, tes trois lettres des 25, 26 et 27 juin m'arrivent ensemble et bien à propos pour faire diversion à ce que je souffre depuis trois jours. J'ai été repris par ces horribles crampes nerveuses d'estomac, sous lesquelles tu m'as vu me tordre chez toi en 1840. Il y avait un an que je ne les avais subies, mais cette fois c'était plus fort que jamais : un *crescendo* à devenir fou, avec un degré de douleur de plus. On m'a traité avec de l'éther et de l'opium.

Aujourd'hui je vais mieux, et je n'ai plus que la faiblesse que m'ont laissée les souffrances, la fièvre et la diète, et une diarrhée intense. Tout cela ne sera rien ; seulement je suis fixé sur la maladie par laquelle je sortirai de ce monde....

Tu crois donc, tu espères donc que je serai colonel. Eh bien ! tant mieux, je vais me coucher sur cette riante idée. Maintenant l'affaire est faite, car le prince a dû être le 2 à Paris, et on n'attendait que lui pour faire les nominations....

AU MÊME.

Milianah, le 21 juillet 1843.

Cher frère, ta lettre du 5 et 10 courant, reçue ce matin, contenait des espérances qu'il ne m'était plus permis d'avoir depuis hier, car une lettre du gouverneur, datée du 15 juillet, m'apprenait que je n'étais pas nommé colonel. Voici les passages intéressants de la lettre du gouverneur : « Mon cher Saint-
» Arnaud, je conçois les dégoûts que vous donne
» votre situation, et je vous autorise à la quitter dès
» que le général Reveu, que j'envoie à Milianah,
» vous aura remplacé. Venez à Alger, je vous don-
» nerai un congé de convalescence si vous le voulez.
» Je vous avais proposé avec chaleur ; on vous a pré-

» féré de plus anciens, mais il ne peut tarder à y
» avoir des vacances par avancement ou retraite, et
» je n'oublierai pas vos services.... »

J'ai répondu au gouverneur qu'en songeant à ses services à lui, si peu récompensés, je n'avais pas le droit de me plaindre.

Nous allons donc être réunis, cher frère, et ce bonheur-là vaut toutes les ambitions, toutes les épaulettes du monde. Les enfants seront autour de moi ; nous pourrons encore aller prendre quelques bains, et si tu crois ta présence nécessaire à Taste, pourquoi n'irions-nous pas y faire les vendanges? Réfléchis et fais tes plans. Je resterai au moins six mois en France, à moins qu'on ne me nomme colonel, et qu'on ne m'envoie en Espagne. Je suis fatigué de l'Afrique, et pour longtemps ; il me faut deux ans de l'air natal....

AU MÊME.

Alger, le 30 juillet 1843.

Me voici à Alger, cher frère, et en mesure de t'écrire des choses positives et assez bonnes, car j'en ai le cœur si plein, si joyeux, que j'ose à peine y croire. Reprenons les événements de plus haut.

Le 23, le général Reveu est enfin arrivé à Milianah. Je lui ai consacré trois jours pour bien le renseigner, l'installer, etc. Pendant tous ces jours, j'ai reçu des témoignages si flatteurs de regrets, d'estime et d'affection, que j'en ai été profondément touché. C'était à qui me fêterait; la garnison s'est réunie pour me donner un banquet. Je suis parti le 26, et tous les officiers montés, tous les Arabes m'ont accompagné à cheval pendant deux lieues. Enfin je les ai congédiés, et nos adieux ont été si affectueux que j'en ai été bouleversé et malade. Le général Reveu, que je connaissais à peine, et qui a été parfait, était à la tête de la cavalcade. Une heure après, la fièvre m'a pris. Je me suis reposé un jour à Blidah, et le 28 j'étais à Alger à dix heures du matin.

Le gouverneur a été plus excellent que jamais. Nous avons longuement causé, comme tu le penses... Or, écoute, écoute, j'ai un congé de quatre mois ; je pars d'Alger par le bateau du 5. J'ai fait retenir ma place au *Courrier de Marseille* pour le 11. Pauvre frère, nous allons donc être réunis. Oh! que j'ai besoin de ce bonheur-là! J'apporte un burnous blanc à chacun des enfants, etc..... Je reviens comme la dernière fois, en assez mauvais état, mais avec un petit bagage de bonne réputation, une croix d'or et un grade, et l'espérance raisonnable d'un autre bien gagné. Le gouverneur veut que je revienne en Afrique, et me promet les étoiles pour 1846. J'en accepte l'augure.

N'embrasse personne, je veux faire mes commissions moi-même.

GUERRE D'AFRIQUE.

(1844.)

Expédition de Laghouat et d'Aïn-Maïdi.— Bataille d'Isly. — Combats contre les Kabyles de Dellys. — Le 53ᵉ régiment de ligne.

A M. LEROY DE SAINT-ARNAUD, AVOCAT A PARIS.

Marseille, les 14 et 15 février 1844.

Cher frère, je suis arrivé ici le 12, à quatre heures du soir ; soixante-dix heures de voiture !... *Le Courrier d'Alger,* qui doit partir le 15, n'était pas arrivé. Il était en retard de quarante-huit heures, mais le vent est terrible et tout à fait contraire. A huit heures du soir, il est entré dans le port et je puis t'annoncer bien officiellement qu'à moins d'un second déluge, je m'embarque demain 15, pour Alger, à cinq heures du soir, sur le magnifique bateau à vapeur, *l'Amsterdam.*

Le vent souffle, la mer est furieuse, mais vent et vagues me poussent vers Alger. La traversée sera pénible, mais courte. Pour m'amariner un peu et malgré le gros temps, je suis allé ce matin après déjeuner, dans une barque, voir mon *Amsterdam*, qui se balance au fond du bassin. J'ai examiné la cabine nº 7, qui est destinée à être le théâtre de mon supplice. J'ai fait préparer mon lit et pris toutes mes petites dispositions de combat. Si l'on n'était pas malade, on vivrait sur ces maisons flottantes. Il y a de tout, même un piano... comme si on ne dansait pas assez sans cela.

Me voilà donc encore une fois loin de toi, mon frère, et pour longtemps... Cependant quelle différence entre cette séparation et toutes celles qui ont précédé! Je te laisse heureux, dans ton ménage, avec un intérieur charmant [1].... Notre correspondance active va recommencer. Je compte bien que ma sœur m'écrira quelquefois....

P.-S. Le duc de Montpensier vient d'arriver à Marseille, et est descendu à *l'hôtel d'Orient* où je loge. Son Altesse m'a fait de suite demander et m'a gardé plus d'une demi-heure avec elle. Le prince part demain et va directement à Philippeville. Il veut rejoindre son frère d'Aumale pour faire avec lui l'expédition de Biskra. Il m'a chargé de dire au maréchal qu'il était fâché de ne pouvoir aller de suite

---

[1] Pendant le séjour du Maréchal à Paris, son frère s'était marié vers la fin de 1843.

à Alger, mais qu'il s'y arrêterait à son retour. Je ne connaissais pas encore le duc de Montpensier. Il cause bien, sans façon. Il a bien voulu me promettre de présenter mes respects au duc d'Aumale.

AU MÊME.

Alger, le 19 février 1844.

J'ai retrouvé mon soleil d'Afrique, des figues amies et, de la part du maréchal, l'accueil accoutumé. Il m'a accablé de questions sur mes enfants, ma famille. J'ai dîné chez lui, et après le dîner, nous nous sommes enfermés une grande heure dans son cabinet pour causer librement de Paris, de nos affaires, etc. Le maréchal s'ennuie un peu des grandeurs, quoiqu'en vérité il grandisse tous les jours avec sa position. Il m'a fait lire un rapport qu'il a adressé au ministre, sur les moyens d'affermir et d'utiliser la conquête de l'Algérie. Ce rapport est un modèle, il n'y a pas une ligne qui ne soit remarquable.

Nous ne ferons pas d'expédition avant la fin d'avril. Toutes les troupes sont disséminées par bataillons, pour faire des routes de Milianah à Cherchell et dans l'est, dans la direction du Fondouck, pour arriver aux Kabyles du Djurjura.

Mon colonel est à Blidah avec un bataillon. Je suis donc fort inutile là, et je ne me presse pas d'y aller. Je vais rester encore à Alger quelque temps.

Il paraît qu'avec mon bonheur, j'ai aussi laissé ma santé au milieu de vous. A peine arrivé hier, j'ai eu des maux d'estomac. C'était supportable, mais aujourd'hui j'ai eu une crise terrible: sueur froide, spasmes, évanouissement.

À MADAME LEROY DE SAINT-ARNAUD.

Alger, le 2 mars 1844.

Chère sœur, *le Courrier de France* est enfin arrivé en vue d'Alger; dans quelques heures nous aurons nos lettres et j'espère recevoir de vos nouvelles. J'en ai besoin, car depuis mon arrivée aucun courrier n'a touché la plage africaine. Quel temps! quel vent! que de tempêtes déchaînées sur cette pauvre Méditerranée! Ici nous ne vivons que par la France et par ce qu'elle nous envoie. Pas de nouvelles, pas de lettres, plus de vie ; tout languit.

J'ai repris mes habitudes africaines, et j'ai besoin de beaucoup m'occuper pour regretter moins tout ce que j'ai laissé derrière moi à Paris. Mère, frères, sœur, enfants, voilà bien des doux liens. Il faut souhaiter de ne pas avoir le temps de trop y penser. Je vais beaucoup chez le maréchal, qui me donne quelquefois de l'ouvrage. Je vois un peu le monde, je travaille mon métier oublié dans les délices de Capoue, je monte à cheval tous les jours. Je cherche enfin à me fatiguer le corps, en même temps qu'à m'occuper l'esprit. J'ai trouvé mon beau cheval, mon *Ia-Ouled*, dans un état pitoyable. Il en est des vétérinaires comme des médecins ; plus on en appelle autour du malade, moins on est sûr de le sauver. J'ai réformé les vétérinaires, je n'en ai gardé qu'un en qui j'ai confiance, et malgré tout, je ne sauverai pas mon pauvre cheval que j'aime comme un ami. C'est un véritable chagrin. Il y avait quatre ans que nous vivions ensemble, moi dessus, lui dessous. Nous nous sommes battus ensemble, nous avons eu de bons et de mauvais jours. Il s'en ira le premier, et je le pleurerai.

Avant de clore ma lettre, que je ne fermerai qu'après avoir reçu *le Courrier de France*, je vous charge de toutes mes commissions pour la famille... Notre cousin Léon de Lâge s'embarque pour France par le bateau du 10. Je lui donnerai une lettre pour ma mère....

A M. LEROY DE SAINT-ARNAUD, AVOCAT A PARIS.

Blidah, le 5 avril 1844.

Cher frère, à ma rentrée de ma tournée dans les camps, je trouve deux lettres de vous... Ma sœur a dû recevoir un petit collier arabe que je lui ai envoyé par une occasion.

J'ai été dans ma tournée jusqu'à Milianah, où j'ai reçu une ovation dont j'étais presque honteux. C'était à qui me ferait fête. J'ai été favorisé par le temps, qui, beau pendant tout le cours de mon excursion, s'est gâté le jour de ma rentrée et, depuis, nous inonde de torrents de pluie. On fait des routes superbes ; celle de Cherchell à Milianah, sur un développement de dix-neuf lieues, sera magnifique. Elle est militairement tracée, mais il faudra du temps pour qu'elle soit bonne partout. J'y ai enfoncé jusqu'au ventre de mon cheval.

Je ne reconnais plus l'Afrique. Jamais je n'y avais vu les bêtes féroces en foule et malfaisantes comme cette année. On ne parle que de victimes des lions et des panthères. Ce sont les neiges et la faim qui les ont fait descendre des montagnes. Dans ma tournée, j'ai vu un lion et deux panthères. Une d'elles surtout a passé à vingt pas de moi, s'est arrêtée en me fixant, et mon cheval effrayé a fait un bond de côté. Après réflexion, elle s'est dirigée sur Aquæ-Calidæ, à ma grande satisfaction. Je n'avais que mon sabre, et mon domestique était sans armes. On voyage à présent en Afrique comme en France. Le maréchal a mis à prix toutes les bêtes féroces : 50 francs pour un lion, 25 pour une panthère, 20 francs pour une hyène. On en tue beaucoup, mais il y a toujours des victimes.

AU MÊME.

Blidah, le 18 avril 1844.

Je suis de retour à Blidah depuis hier, pour me préparer à faire une des plus belles expéditions qui aient été entreprises en Afrique. Le maréchal m'a donné le commandement de l'infanterie de la colonne du général Marey qui, partant de Médéah, va à Aïn-Maïdi. Comprends-tu cela? Aïn-Maïdi. Prends ta carte, cherche Médéah, passe par Boghar, traverse le désert d'Angad, laisse derrière toi les montagnes du Djebel-Amour, dirige-toi sur Laghouat et pointe sur Aïn-Maïdi. Nous verrons l'ennemi d'Abd-el-Kader, le fameux Tedjini, nous prendrons le café dans sa ville si bien défendue, nous entrerons dans cette Troie africaine qui a arrêté l'émir si longtemps. Nous aurons ou nous n'aurons pas de coups de fusil, mais nous aurons fait la plus longue et peut-être la plus intéressante expédition que l'armée française ait encore entreprise. Nous resterons cinquante jours dehors. J'ai sous mes ordres quatre beaux bataillons. Je quitte Blidah le 23; le 28 nous serons à Boghar, où nous séjournerons avant de nous diriger sur Aïn-Maïdi. A nous les autruches, les gazelles du désert; à nous la gloire d'avoir montré si loin le drapeau tricolore ; heureux, mille fois heureux si nous le rapportons troué de balles fondues peut-être à Tombouctou! L'avenir est de rose; c'est ici le moment de te parler de mes affaires particulières, qui, sous le rapport de l'avancement, paraissent marcher admirablement. Chasseloup a reçu de son frère, le conseiller d'État, député, une lettre à la date du 2 avril; le ministre lui-même lui a dit : « Comman est nommé » général, Saint-Arnaud le remplace au 33ᵉ. Votre » frère sera peut-être nommé, s'il y a des places. » Plusieurs lettres sont arrivées de France, toutes dans le même sens.... Quel que soit l'arrêt du sort, je vais toujours faire une belle et bonne expédition qui me donnera encore de nouveaux droits.

19 avril.

Cher frère, je reçois une lettre de l'aide de camp du ministre, qui m'annonce que le travail est irrévocablement arrêté et que je suis nommé colonel. Cette bonne nouvelle te sera sans doute parvenue, car on en aura prévenu de suite M. de Forcade. Je n'aurai peut-être pas mon brevet avant mon départ pour l'expédition, car je quitte Blidah le 22.

AU MÊME.

Boghar, le 5 mai 1844.

Cher frère, si je t'avais écrit il y a quelques jours, ma lettre se serait ressentie du chagrin que j'éprouvais. C'est le 30 avril au soir, veille de mon départ de Médéah, que je croyais quitter comme colonel, que j'ai appris que je n'étais pas nommé. J'étais tellement certain de mon affaire, d'après la lettre que j'avais reçue, que le coup a été rude. J'ai dû dissimuler mon étonnement, ma douleur, et montrer un visage indifférent et un cœur ferme. En cela j'ai réussi, et la réflexion m'a rendu en peu de temps toute ma philosophie.

Au reste, pendant l'expédition qui commence, je trouverai sans doute quelque occasion de me distinguer. La bienveillance du gouverneur auquel j'ai écrit ne se lassera pas, et nous aurons au retour une cinquième proposition qui n'aura peut-être pas le sort des quatre précédentes. En réfléchissant à mon affaire, je n'y vois qu'une explication : c'est encore la fatalité qui a jeté sur mon passage le duc d'Aumale et son affaire de Biskra, pour m'enlever une seconde fois mes épaulettes de colonel. Enfin, tous ceux qui sont nommés sont plus anciens que moi, et rigoureusement il n'y a rien à dire. C'est égal, j'ai vidé une coupe amère. L'amour-propre et le cœur sont plus froissés que l'avenir n'est atteint. L'épreuve est dure, et je m'estime assez de l'avoir supportée. Vous avez tous dû être bien désappointés, car après la lettre qu'avait provoquée de ma part la nouvelle que j'avais reçue de Paris, vous deviez considérer ma nomination comme certaine. Tout le monde le pensait ainsi.

Tu peux me suivre sur la carte par Boghar, Chabonniah, Taguin, Beijda, les montagnes du Djebel-Amour, Tedgemond, Aïn-Maïdi, Laghouat. Ce Laghouat, auquel on prêtait vingt-deux mille habitants, n'en a que deux mille. Quelle chute! c'est un pays très-pauvre; on ne se nourrit que de dattes et de légumes. Les maisons sont bâties en terre. C'est un trou comme Aïn-Maïdi, moins la chemise en pierre haute de dix-huit pieds, que nous abattrons comme un château de dominos, si besoin il y a.

Nous avons un temps affreux pour le mois de mai; tous les jours des orages et des torrents de pluie. Si hier nous n'avions passé le Chélif à trois heures, nous n'aurions pu le traverser de trois ou quatre jours. Nous avions de l'eau jusqu'à l'estomac, et le soir, il n'était plus guéable, même pour les chevaux. Ce temps n'a qu'un avantage, c'est de nous faire trouver de l'herbe pour nos chevaux dans le désert. Quant à nous, impossible de faire des provisions pour quarante-cinq jours. Nous souffrirons au retour, heureux si nous avons toujours de l'eau à boire! En attendant, j'ai déjà un œuf d'autruche. J'ai mangé ce matin l'intérieur en omelette et j'emporte la coquille.

J'ai reçu d'Adolphe de Forcade une lettre charmante qui me félicitait par avance. Pauvre garçon! ses compliments arrivaient, au milieu du désappointement, comme un fer rouge dans une plaie. Enfin, tout cela est passé; remercie notre frère de sa lettre en l'embrassant pour moi. Je lui répondrai dès que j'aurai un moment de libre; aujourd'hui, je suis occupé de tous les détails d'une organisation.

6 mai.

Le temps continue si mauvais et nous avons tant de chameaux à réunir qui marchent mal dans la boue, tant de rivières à traverser, que le général ne se décide pas à partir. Je voudrais déjà être en route, car nous mangeons nos provisions inutilement, et Boghar n'offre aucune ressource pour le ravitaillement. Nous sommes bivouaqués, depuis ce matin seulement, dans une forêt de pins où nous faisons des feux superbes.

AU MÊME.

Taguin, désert d'Angad, le 15 mai 1844.

Je t'écris sur le lieu même où le duc d'Aumale a pris la smalah d'Abd-el-Kader, il y aura demain un an. J'examine le terrain, je me fais expliquer la position de la smalah et celle du prince, et bien que ce fait d'armes m'ait coûté un régiment, je persiste à dire que c'est un coup d'une hardiesse admirable. Avec la prise de Constantine, c'est le fait saillant de la guerre d'Afrique. Il fallait un prince jeune et ne doutant de rien, s'appuyant sur deux hommes comme Morris et Yusuf, pour avoir le courage de l'accomplir. A mon sens, la meilleure raison pour attaquer, c'est que la retraite étant impossible ; il fallait vaincre ou périr. Vingt-quatre heures plus tôt ou plus tard, il ne revenait pas un Français de la colonne. Assez de ces glorieux faits d'armes princiers auxquels on sacrifie tout et dont je suis une des victimes ! Je n'ai plus à en douter aujourd'hui ; j'ai reçu une lettre de Paris. Le travail était arrêté, j'y figurais avec Latorre. Le rapport sur l'expédition de Biskra est arrivé, et Latorre et moi, nous avons été rayés pour faire place aux officiers de la division du prince. On convient même au ministère, que ce n'est pas employer son influence d'une manière bien politique ; mais personne ne dira cette vérité aux princes. Les événements la leur apprendront peut-être un jour. Du reste, on me dit de ne pas perdre patience, d'autant plus que le ministre est décidé à me donner un régiment.

En attendant, je continue mon expédition, l'arme au bras et prêt à croiser la baïonnette et à marcher au pas de charge, si l'occasion se présente. Jusqu'à présent nous n'avons pas vu un Arabe ni une hutte ; nous nageons en plein désert. J'ai tué une jeune gazelle d'un coup de pistolet. J'ai pris une gerboise que je n'élèverai probablement pas. Nous avons mangé des truffes du désert qui sont excellentes. C'est un tubercule ombilifère d'un goût parfait. Les Arabes ont, pour le trouver, l'instinct du cochon. Nous quitterons Taguïn le 17. Nous serons le 22 à Aïn-Maïdi. Il faut deux journées pour aller d'Aïn-Maïdi à Laghouat. Je ne sais pas ce que les événements nous réservent de ce côté.

A M. MARCHAND, CONSEILLER D'ÉTAT.

Taguïn, le 15 mai 1844.

Mon cher Armand, tu ne te doutes guère, en ce moment, qu'il y a dans le désert d'Angad à Taguïn, sur le lieu même rendu célèbre par le brillant coup de main du duc d'Aumale sur la smalah d'Abd-el-Kader, un homme qui, sous sa tente échauffée par un soleil de plomb, pense à toi et t'aime de tout son cœur. Voilà une pensée, mon ami, qui aura du chemin à parcourir pour arriver jusqu'à toi, mais elle arrivera et, j'en suis sûr, elle sera cordialement accueillie.

Depuis deux mois je remets de jour en jour le plaisir de t'écrire. Je voulais t'annoncer que j'avais un régiment. Aujourd'hui je suis fixé à cet égard. La promotion nous est connue, et on a pensé que quelques mois d'ancienneté de plus devaient l'emporter sur des services réels rendus par moi pendant quinze mois de commandement supérieur à Milianah... Pas un lieutenant-colonel, peut-être même pas un colonel ne s'est trouvé dans une pareille position où m'avaient placé sans doute des antécédents propres à me faire remarquer de mes chefs. Je ne me plains pas, je raconte et je te dis cela, à toi, parce que je sais que tu le comprendras... Le maréchal Bugeaud, toujours excellent pour moi et persévérant dans sa bienveillance autant qu'on l'est peu ailleurs, me reproposera une cinquième fois, et nous verrons alors.

Aujourd'hui, je travaille à conquérir de nouveaux titres. Je commande l'infanterie du général Marey. Nous allons voir des pays tout à fait neufs, tout à fait inconnus; dans quelques jours nous serons sous les murs d'Aïn-Maïdi... Nous aurons traversé la zone des gazelles, celle des autruches et nous serons dans la troisième, celle des dattes. On nous en promet beaucoup pour nous et nos chevaux... Quel pays, mon ami! pas de végétation, pas d'eau, pas un arbre. Un arbre dans le désert, mais c'est une maison, un palais, un temple!... Des ondulations de terre comme les vagues d'une mer sans bornes, un horizon grisâtre qui recule toujours et ne finit jamais, pas un objet où l'œil fatigué puisse se reposer; de loin en loin un troupeau de gazelles qui fuit : le cœur bat, c'est un peu de vie et cela annonce de l'eau; quelques gerboises effrayées qui rentrent dans leur trou; sur nos têtes, le vautour, le milan qui, par instinct, suivent la colonne. Quel que soit le résultat de notre expédition, elle est trop intéressante, trop aventureuse pour ne pas avoir du retentissement.

Tu me rendrais bien heureux si tu m'écrivais quelques lignes dans tes moments perdus... Donne-moi des nouvelles de toute ta famille.

A M. LEROY DE SAINT-ARNAUD, AVOCAT A PARIS.

Laghouat, le 27 mai 1844.

Depuis ma lettre de Taguïn, cher frère, j'ai traversé bien des pays et visité quelques villes curieuses, s'il est permis d'appeler villes ces constructions bizarres et si loin de nos idées qu'on se les imagine à peine quand on les a vues... J'ai parcouru le désert dans des circonstances toutes différentes de celles que j'attendais. Après quelques jours d'un soleil brûlant, nous avons rencontré un tel froid que les 18, 19, 20 et 21 mai et surtout le 24, nous avons conservé nos burnous à cheval et que le feu au bivouac était nécessaire. Nous voici donc en plein désert de Sahara. Derrière nous, sont les dernières chaînes de l'Atlas qui vont en s'abaissant ; devant nous, l'immensité du désert sans fin, sans bornes pour nos yeux ; de loin en loin quelques palmiers qui élèvent leur tête comme les mâts d'un immense vaisseau sur une mer calme. C'est sublime à voir, mais c'est triste. L'œil, après avoir erré dans toutes les directions sans pouvoir s'arrêter sur rien, à force de fixer, se crée des mirages extraordinaires; mais l'âme se replie sur elle-même : ce désert incommensurable, c'est l'image de l'éternité. Je voudrais pouvoir monter sur un cheval ailé et faire une longue pointe dans le désert, pour revenir le jour même sous cette oasis appelée Laghouat, où nous bivouaquons.

En quittant Taguïn, nous nous sommes dirigés sur Tedgemont où nous étions le cinquième jour de route. Tedgemont est une charmante décoration d'opéra, vue de loin cependant; car la ville, comme toutes les villes arabes, n'offre que ruines, murs en terre mêlés de quelques pierres, sans ouverture au dehors, d'une grande élévation et avec des portes grossières très-basses. On marche entre deux hautes murailles grises, jusqu'à ce qu'on soit arrêté par des monticules de ruines que l'on franchit pour marcher encore avec les mêmes accidents de terrain. Tedgemont, bâti sur une hauteur, avec sa ceinture de jardins, entourés eux-mêmes d'une rivière d'argent coulant sur un sable fin et blanc, offre un coup d'œil ravissant. Sur la verdure foncée des abricotiers et des caroubiers, figure-toi une foule de palmiers et dans le fond les coupures grisâtres de la ville, tout cela sous un ciel d'Afrique, et admire ce paysage, un des plus gracieux que j'aie vus en Algérie.

A Tedgemont, nous devions faire séjour, et nous

n'étions plus qu'à six lieues d'Aïn-Maïdi... J'offris d'y aller moi-même avec ce qu'on voudrait me donner, et d'entrer dans la place. Le lendemain matin, le général Marey me fit demander à six heures, et me dit : « Vous allez partir avec quelques officiers que
» vous choisirez dans toutes les armes pour représen-
» ter l'armée ; je vous donnerai douze chasseurs à
» cheval et cent hommes du goum, et vous entrerez
» à Aïn-Maïdi. Le kalifat Zehoun vous accompagnera.
» J'espère que vous serez bien reçu. Soyez prudent :
» vous visiterez la ville, ferez vos observations, vous
» ferez aussi lever des plans et me rendrez compte.
» Je désire que vous soyez rentré avant la nuit. »
Ravi de ma mission ; je suis parti du camp, à huit heures du matin, avec un état-major de dix officiers et la petite escorte de cent quinze chevaux environ. A onze heures et demie, j'étais sous les murs d'Aïn-Maïdi, je faisais venir les principaux habitants au-devant de moi, et je leur disais : « Que nous venions
» en amis, qu'ils s'étaient soumis et que nous leur
» devions protection, mais que partout les Français
» étaient maîtres, et que rien ne les arrêtait pour en-
» trer où il leur plaisait d'entrer. » Ensuite j'ai fait prendre douze des principaux comme ôtages ; je les ai mis entre les mains de six chasseurs et de quelques cavaliers du goum, avec ordre de les bien traiter, mais de ne les lâcher qu'après mon retour, et je suis entré dans Aïn-Maïdi avec mes dix officiers, six chasseurs et quelques chefs des goums. Je me suis promené partout à cheval pendant le temps nécessaire

pour parcourir la ville, qui est petite et en ruines, puis, j'ai mis pied à terre et je me suis encore promené à pied. Nous avons été reçus dans la maison d'un chef, qui nous a donné des dattes à manger. Nous les avons dévorées, nous mourions de faim. Des dattes ont été portées par les gens de la ville à notre escorte. A midi, j'avais envoyé un courrier au général Marey avec deux lignes : « Je sais que vous êtes in-
» quiet, rassurez-vous. Je suis entré dans la ville
» sans coup férir et je m'y promène. Nous avons été
» bien accueillis. Ce soir, à six heures, je serai au
» camp. » Quand à Tedjini, se renfermant dans sa dignité de marabout et de chérif descendant du Prophète, dignité qui lui défend d'admettre en sa présence un chef chrétien, il était resté fort inquiet dans sa maison. Par le moyen du kalifat Zenoun, je l'ai fait engager à recevoir mon chargé d'affaires arabes, le capitaine d'état-major Durieu, qui le rassurerait sur nos intentions toutes pacifiques et conciliantes. Il y a consenti après bien des hésitations. Tedjini est un homme de trente-six à quarante ans, replet, bien portant, la peau cuivrée, se gardant dans sa maison comme dans une forteresse. Ainsi, frère, je suis le premier Français entré avec bien peu de monde dans cette ville, qui a retenu devant ses murs pendant neuf mois Abd-el-Kader, alors tout-puissant, et toute son armée. Du reste, Aïn-Maïdi est une ville forte pour des Arabes. Il y a une enceinte de murailles élevées d'environ dix mètres et cinquante centimètres d'épaisseur. Les jardins entourent la ville et ont

une petite enceinte insignifiante qui nuirait à la défense et protégerait beaucoup l'attaque, car on se logerait dans les jardins à l'abri du feu de la place. Il peut y avoir dans Aïn-Maïdi un millier d'âmes et trois cents fusils. Les maisons sont aussi bâties en pierre et en terre, mais il y a plus de pierre qu'à Laghouat où la terre domine dans une grande proportion. Plus du tiers de la ville est en ruines. L'intérieur des maisons est misérable. La seule casbah de Tedjini a un étage. Les maisons ont des terrasses droites. Aïn-Maïdi est moins important que Laghouat, qui compte trois mille habitants et cinq cents fusils. Comme Tedgemont, comme Laghouat, Aïn-Maïdi est une oasis dans le désert. Hors l'enceinte des jardins, plus un arbre, plus la moindre végétation : des sables, des terrains rocheux.

Le soir, à six heures, j'étais au bivouac, où j'ai reçu des compliments du général Marey. Le lendemain nous quittions Tedgemont, et pour servir la politique du kalifat Zenoun, nous faisions une pointe sur El-Aoueta, autre *ksaur* du désert. On appelle *ksaur* un gros bourg, une petite ville: beaucoup de palmiers, de jolis jardins traversés par la rivière, un trou de ville, une bicoque, de sales chaumières en terre et en boue, de vilains habitants. Deux jours après nous étions à Laghouat. Là, toute la population mâle et militaire, environ cinq à six cents Arabes, sont venus au-devant de nous, faisant de la fantazzia, tirant des coups de fusil, et musique en tête. Laghouat est fort grand. En comptant l'enceinte des jardins, il y a environ une lieue et demie à deux lieues de tour. La ville sépare les jardins en deux, et est séparée elle-même par un rocher sur le haut duquel est bâtie la casbah. Du haut de cette casbah la vue est admirable : à l'est et à l'ouest le désert, derrière, les contours de la rivière ; au nord et au sud les deux parties de la ville, avec ses hautes murailles grises sans ouvertures que des portes de trois pieds de haut, et plus loin les jardins, avec des forêts de palmiers si élevés, que les autres arbres paraissent au-dessous absolument comme des plants de fraisiers-ananas. Du reste cette ville, l'une des plus importantes du désert, est pleine de malheureux qui meurent de faim. Je suis entré dans plusieurs maisons. Il y a de jolies femmes à côté d'horribles créatures. La décrépitude chez les femmes y paraît prématurée. J'ai vu vingt vieilles auxquelles j'aurais donné plus de cent ans ; elles n'en avaient pas cinquante. On fait commerce de burnous, de peaux d'autruches et de dattes. J'ai acheté des couvertures pour mes chevaux. Elles sont curieuses ; il peut pleuvoir des mois sans que l'eau les traverse. J'ai deux œufs d'autruche très-beaux. Je te les réserve, s'ils résistent au voyage. Nous sommes arrivés le 25 sous Laghouat, et nous le quittons demain 28. Nous rentrerons à Taguïn par le pays des Ouled-Naïl. Nous avons quelques *ksaurs* curieux à visiter, mais le grand intérêt de notre course a cessé. Nous n'allons plus en avant dans le désert ; nous faisons une pointe dans l'est.

En fait d'animaux curieux, nous n'avons vu qu'une

grosse espèce de lézard, famille d'ichneumons, tenant du caïman en petit; des vipères à cornes, de fort beaux et fort longs serpents, des gangas ou perdrix du désert, des outardes, force milans et vautours chassant les lièvres sous nos yeux. Le lièvre est abondant; je n'ai pas vu une autruche, à mon grand regret. Quelques troupes de gazelles ont fui devant nous. On en a mangé beaucoup dans le camp. Pas une bête féroce. On nous a amené deux méarys. Je les renie pour être de la bonne race. Ce sont tout simplement deux dromadaires bien dressés. Le méary n'a pas de bosse, et fait plus de soixante lieues par jour.

Jusqu'ici nous n'avons souffert ni de la chaleur ni des privations, mais les chaleurs vont arriver comme la foudre, et les privations aussi; car les provisions s'épuisent, et nous souffrirons pour arriver à Taguïn, où nous serons dans dix ou douze jours. Là, nous pourrons sans doute nous ravitailler, et nous aurons encore cinq mauvaises journées pour rentrer à Boghar.

Tu sauras plus tôt que moi ce qui se sera passé aux colonnes du gouverneur, dans l'est, à Constantine, et dans l'ouest du côté de Tlemcen. Par ici on ne parle pas plus d'Abd-el-Kader que s'il n'existait pas. On le dit retiré dans le Maroc.

Laghouat, le 1er juin 1844.

Nous voici revenus à Laghouat, frère, après une excursion de quatre jours. Nous avons été deux journées en avant au sud-est, et nous sommes revenus. Nous avons vu d'assez jolis *ksaurs* : Assiphia, El-Aïran. C'est toujours la même répétition et pour les maisons, et pour les jardins, et pour les habitants: de hideux démons qui ont des jardins du ciel. En parlant du ciel, il nous a retiré ses faveurs; plus de pluie, plus de vent frais, un soleil brûlant, du sirocco, des tourbillons de sable; on étouffe. Sous ma tente j'avais ce matin quarante-huit degrés centigrades, et cela ne fait que commencer. Nous sortons d'un pays où les couleuvres à cornes dont je t'ai parlé sont si nombreuses, qu'il y a des localités que les Arabes sont obligés de leur abandonner. On en a tué plus de vingt dans la colonne. Hier soir, au bivouac, un sous-lieutenant de chasseurs d'Orléans en avait une dans sa tente. Il l'a tuée à coups de sabre; on en emporte plusieurs. J'ai de belles branches de palmier pour faire des cannes pour toi et notre frère.

J'ai écrit au gouverneur, suivant son désir, une longue lettre. Il a eu une belle affaire dans l'est. Avec deux mille hommes il a battu Ben-Salem et dix mille Kabyles.

AU MÊME.

Tedgemont, le 3 juin 1844.

Cher frère, je reçois ici, dans le désert, avec cinquante deux degrés de chaleur et un sable brûlant qui vous aveugle, tes deux lettres de Paris et de Noisy des 4 et 12 mai. Cela me rafraîchit un peu. Tu vois l'état de l'Afrique : à cent cinquante lieues d'Alger, les Arabes nous apportent notre courrier. Qu'on le sache, qu'on se le dise, et qu'on nous rende justice. Ce sont des résultats évidents.

Nous rentrons, il est temps; plus de provisions, plus rien que de la chaleur....

AU MÊME.

Au bivouac de Sidi-Bouzied, le 4 juin 1844.

Cher frère, je croyais rentrer tranquillement à Médéah d'abord, à Blidah ensuite, et me reposer sur mes souvenirs du désert, d'Aïn-Maïdi, de Laghouat, mais les Arabes ne veulent pas que je me repose si tôt. Je ne sais quel bruit harmonieux de guerre, quels rassemblements sur la frontière du Maroc a jeté l'émoi dans l'ouest, mais le gouverneur est parti pour Oran avec quatre bataillons, et nous avons reçu l'ordre de nous porter en toute hâte sur Tiaret, poste fortifié près de Tékédempt. Nous allons entrer dans la province d'Oran, et je sais par expérience qu'on s'en dépêtre difficilement.

Combien durera cette expédition nouvelle? Il est impossible de le prévoir. Cela dépend de la tournure que prendront les événements du côté de Tlemcen. Comprend-on ce vieux fou d'Abder-Rhaman, qui, déjà mal avec l'Espagne, veut se battre avec la France? C'est une espèce de roi-soliveau, tout à fait mené par ses chefs et ses sujets, et il a été forcé de faire cette sotte levée de boucliers pour Abd-el-Kader, qui n'en profitera pas. Il est trop bas pour remonter, et il va entraîner l'autre dans sa chute. Nous allons en finir avec le Maroc.

Nous n'avons plus ni pain, ni vin, ni sucre, et nous ne trouverons rien à Tiaret; jolie perspective ajoutée à celle de se promener encore un mois ou deux avec un soleil de plomb. Nous aurons des malades... Le gouverneur ne nous laissera pas le temps d'arriver. Il battra les Marocains comme il a battu les Kabyles, et nous arriverons, comme certain marquis, trois jours après la bataille. Le maréchal nous donne à tous un tel exemple d'activité qu'il faut s'y laisser entraîner. A peine les affaires de l'est terminées, il court mettre ordre à celles de l'ouest. On ne remplacera jamais cet homme-là en Afrique, et partout où on le mettra il sera remarquable.

AU MÊME.

Tiaret, le 14 juin 1844.

Nous sommes ici depuis deux jours, cher frère, et avec la perspective d'y rester longtemps à rien faire, sous un soleil brûlant, sans un arbre pour nous donner de l'ombre et de la fraîcheur. Nous espérions trouver des ordres à Tiaret.... Rien? Le courrier d'Oran est arrivé hier ; rien n'a transpiré depuis l'engagement du 31, où le général Lamoricière a battu les Marocains et leur a tué une soixantaine d'hommes et pris quatre drapeaux. Le maréchal a dû arriver sur la frontière du Maroc vers le 10. Il ne saura notre arrivée ici que dans cinq jours. Il en faudra sept pour que ses ordres nous parviennent. Nous avons huit colonnes en position dans la province d'Oran, pour nous opposer aux trouées et pointes que voudrait tenter l'émir. Nous sommes les plus malheureux ; car, arrivés les derniers, nous sommes en troisième ligne.

Nous sommes donc oisifs et dans la plus mauvaise condition possible. Voilà deux jours que je ne sors pas de ma tente. Je suis là, entouré de ma smalah, mes chevaux au piquet devant moi, mes domestiques auprès et un factionnaire gardant tout cela. Au bivouac les chevaux sont de la famille. Par nécessité on s'occupe beaucoup d'eux. C'est leur moment heureux, quand ils ne sont ni blessés, ni fatigués et qu'ils ont de quoi à manger. Les miens sont dans de bonnes conditions; ils ont un peu maigri, tourmentés qu'ils sont par les mouches, impitoyables pour eux comme pour nous. Nous avons allégé nos bagages à Taguïn ; j'ai renvoyé bien des choses à Médéah, mes plumes d'autruche, mes œufs, mes cannes, une petite gazelle que j'ai forcée à la course, à cheval bien entendu, mais je crains bien qu'elle ne vive pas. Elle est trop jeune et a été trop fatiguée de sa chasse.

J'ai lu quelques journaux jusqu'au 26 mai et j'ai vu la fameuse note du prince de Joinville. Ce n'est point une œuvre ordinaire. Ce sont des idées justes, remarquables, bien exprimées et qui auront l'approbation générale, mais le fait est grave et aura du retentissement. En agglomérant tous ces faits, en regardant autour de nous, en Europe et dans les autres mondes, en rassemblant avec soin toutes les petites attaques aigres de peuple à peuple, présage de mauvaise intelligence, il est impossible de ne pas prévoir prochainement des événements sérieux. Il ne faut qu'une étincelle pour tout enflammer, et l'étincelle partira du point le plus inattendu, du Maroc, d'Haïti, des Marquises, d'un cabinet ou d'un boudoir....

AU MÊME.

Tiaret, le 21 juin 1844.

J'ai reçu hier, cher frère, ta lettre du 20 mai et celle d'Eugénie[1], datée de son ermitage de Noisy. Vous allez bien tous les deux, je m'en réjouis et dans mon horrible désert de Tiaret, où je lutte en désespéré contre l'ennui et cinquante-deux degrés de chaleur, ma vie se passe dans la position horizontale. Bientôt je ne saurai plus ni marcher, ni me tenir debout. Je n'ai plus de force que pour bâiller... J'ai reçu vos lettres, comme j'aurais accueilli une bonne pluie d'orage, avec délices. Monsieur mon frère, il vaut mieux pérégriner de Paris à Noisy et de Noisy à Paris, que de rôtir à Tiaret. Je n'ai nulle envie de vous plaindre, malgré vos doléances. Que n'y suis-je moi à Noisy? Mon Dieu, comme je serais tranquille et heureux! Je reprendrais, enfin, l'usage de mes jambes, je me promènerais dans les bois.... Oh! que j'aime les bois! Depuis mon voyage dans le désert, je ne rencontre pas un arbre sans lui ôter respectueusement mon chapeau. Je ne vois plus de ruisseau couler sans lui payer le tribut de quelques larmes d'attendrissement. A Tiaret, nous n'avons que des sources. Sans bois, sans eau, où est la vie?

[1] Madame Leroy de Saint-Arnaud.

Conserve soigneusement tes modestes tilleuls de Noisy.

Quant à notre triste colonne, tristement servie par le sort, elle est là en troisième ligne, attendant les événements qui ne viendront pas. Nous n'avons pas de nouvelles du maréchal. Il ne doit cependant pas rester inactif; ce n'est pas son habitude.

A MADAME DE FORCADE.

Au bivouac, sous Tiaret, le 27 juin 1844.

Chère mère, ma dernière lettre était, je crois, bien joyeuse et bien fière ; je me croyais colonel. Mon âme a résisté noblement au chagrin qui l'a suivi de si près. Quand on n'a rien à se reprocher et qu'on ne lutte que contre l'injustice ou la fatalité, il faut s'armer de philosophie. C'est ce que j'ai fait. Au lieu de regarder au-dessus de moi, j'ai regardé au-dessous et j'ai vu bien loin de moi beaucoup de braves gens qui, il n'y a pas bien longtemps, marchaient mes supérieurs ou mes égaux, et j'ai pu sourire avec espérance. Et puis les événements sont venus à mon secours. J'entreprenais une longue et aventureuse expédition. On me donnait encore une belle position. Je me suis appliqué à en profiter et j'ai réussi.

Aujourd'hui, au milieu même des graves événements qui se pressent autour de nous, l'expédition du général Marey aura du retentissement. Le rapport du général est parti et j'y ai une belle page. Mon rapport particulier sur l'occupation d'Aïn-Maïdi est joint au rapport général et envoyé au ministre. A tout cela se joint encore une proposition pour le grade de colonel. Cela prouve la bonne volonté de tout le monde et le désir de réparer le tort qui m'a été fait et dont personne ne veut s'avouer coupable. D'ailleurs, je touche à la droite des officiers de mon grade en Afrique. Je suis le plus ancien lieutenant-colonel de la province d'Alger et le troisième de l'armée d'Afrique. A moins donc d'une nouvelle fatalité, je passerai à la fin de juillet, s'il y a des promotions, et bien certainement à la fin de l'année, si on nous traite avec rigueur.

Cependant, comme on craint la guerre, on nous ménagera. Je viens de lire tous les journaux jusqu'au 12, et en les analysant froidement et sans passion, j'y vois bien des chances de guerre européenne. M. de Forcade rira de mon idée, mais cette fois je ne laisse pas à un long avenir le soin de me donner raison. Le maréchal est dans le Maroc et a occupé Ouchda.

Donne à mes enfants les baisers que tu me destines. Si j'étais nommé colonel en France, j'accepterais pour me rapprocher d'eux, et je serais, d'ailleurs, plus près des événements en cas de guerre....

A M. LEROY DE SAINT-ARNAUD, AVOCAT A PARIS.

Alger, le 24 juillet 1844.

Cher frère, je suis ici depuis hier, j'ai vu le général de Bar, chez lequel je dîne aujourd'hui.... Rien de nouveau, que tu ne saches, dans le Maroc. Le maréchal agit vigoureusement, mais avec une grande prudence. Sa page est maintenant belle dans l'histoire. Mon Dieu, qui aurait dit cela en 1833? Et, cependant, moi je lui prédisais un avenir que je pressentais.

Vous avez aussi la guerre au palais, avocats! Vous avez beau vous envelopper dans la dignité de votre robe et mettre votre toque sur le coin de l'oreille, le président Séguier vous a donné un coup de boutoir que vous n'avez pas voulu recevoir, et bien vous avez fait. C'est le Changarnier de la magistrature. Où viendra aboutir ce scandale ? Plaiderez-vous, ne plaiderez-vous pas ? En attendant, les affaires souffrent, et Thémis laisse tomber en pleurant d'inutiles balances....

AU MÊME.

Alger, le 19 août 1844.

Tu en sais autant que moi sur les événements politiques qui nous entourent dans un cercle de feu.

Le prince de Joinville a bombardé Tanger et rasé les fortifications. Au moment où je t'écris, Mogador aura eu le même sort. Tout cela se passait le 6, et dans les journaux de France on était, le 5, tout à la paix. C'est un plaisir d'être servi comme cela et d'avoir un gouvernement si prévoyant. Le maréchal écrivait, le 9, qu'il avait devant lui trente mille Marocains, et qu'on en attendait encore. On parle toujours d'accommodement! Il est évident qu'à la nouvelle des événements de Tanger, ils auront attaqué. Le maréchal dit qu'avec sa petite armée de sept mille baïonnettes, quatorze cents chevaux et douze pièces de canon, il contiendra et battra toute cette masse barbare. Je le crois, j'en suis sûr ; heureux ceux qui seront de la fête !.

Tout cela se dessinera d'une manière ou d'une autre. Ayons la guerre ou la paix, mais cessons de nous injurier comme des portefaix et d'aboyer comme des chiens qui n'osent mordre. Il faudra en venir aux coups tôt ou tard, parce que l'esprit national et la masse de la nation, raisonnable ou non, entraînera et débordera le gouvernement lui-même. Papaëti et la reine Pomaré apportent aussi à la masse leurs nauséabonds embarras et, pour combler la mesure, Ibrahim s'avise, bien mal à propos, de prendre la place de Méhémet-Ali... Enfin tout se complique tellement, que la bombe éclatera et ses éclats tueront bien des médiocrités, et nous... nous monterons. Encore quelques semaines, quelques mois peut-être, et nous verrons le commencement de la fin. Et au milieu de si graves événements, les ministres se promènent, vont aux eaux et dans leurs terres....

AU MÊME.

Blidah, le 28 août 1844.

Tu le sais avec plus de détails que moi peut-être, le maréchal a livré, le 14, une vraie et savante bataille aux Marocains et les a battus comme il battra tous ceux, Marocains ou autres, qui viendront se frotter à lui. Ses dispositions étaient admirables, et je veux te les tracer *grosso modo* pour t'en donner une idée. Un grand carré de douze bataillons, deux bataillons en réserve; ces bataillons disposés en masse pouvant former de petits carrés, isolés, échelonnés à soixante pas; le maréchal et son état-major derrière le 1er bataillon, l'artillerie derrière lui, prête à jouer où besoin sera; dans les intervalles des bataillons; la cavalerie à droite et à gauche dans l'intérieur, pouvant sortir et charger par les intervalles; au centre les bagages, l'ambulance et les deux bataillons de réserve. C'est dans cet ordre égyptien admirable, que le maréchal a passé l'Isly, et aussitôt sa petite armée a été attaquée, enveloppée par une nuée de cavaliers qui tourbillonnaient autour de ces carrés formidables où le feu le plus nourri les recevait. C'est ainsi qu'ils ont fait le tour de l'armée. Alors, le maréchal a lancé Morris et ses escadrons par sa droite. Morris a chargé avec une vigueur extrême et est tombé au milieu de trois à quatre mille Kabyles. Il a formé ses escadrons en carré et a envoyé prévenir le maréchal qui lui a envoyé les deux bataillons de réserve. Alors, il a chargé de nouveau et a tout renversé. Les spahis ont été enveloppés par vingt mille cavaliers ; pendant une demi-heure, on ne les voyait plus. Que de courage, que de persévérance il a fallu pour trouer cette masse et la chasser, et cela s'est fait ; mais on a perdu du monde et de braves gens. Tu connais le reste et les résultats. C'est une brillante et glorieuse affaire, qui nous relève en Europe. Le maréchal a prouvé ce qu'il pouvait faire dans une grande guerre, et la confiance de l'armée en lui est sans bornes.

Eynard est arrivé le 22, et il a apporté des nouvelles que tu sais probablement. L'empereur de Maroc aurait fait prendre Abd-el-Kader par quatre cents cavaliers de sa garde, et il le tiendrait pour s'en servir au besoin. Il paraît que le maréchal croit à la paix ou à une trêve, puisque nous ne bougeons pas et que le 48ᵉ et le 26ᵉ vont rentrer en France. On attend le maréchal dans dix ou douze jours ; j'irai le voir à Alger.

Que se passe-t-il donc dans vos tribunaux ? Perrin Dandin est encore en courroux. Thémis est toujours émue. M. d'A.... vient d'avoir à son tour une affaire avec le barreau. Cela devient amusant.... Comme

Henri IV a été maltraité au concours général ! De Wailly n'est pas heureux. *Charlemagne* grandit, bravo ! *Bourbon* commence à s'élever, grâce aux efforts de M. Bouillet, l'ancien professeur de philosophie de notre frère. *Louis-le-Grand* est toujours estimable et convenable. M. V. Leclerc a essayé de faire entendre un excellent discours. Je me le suis rappelé en chaire et j'ai ri de mes souvenirs,... souvenirs d'enfance,... toujours doux !

Je ne me porte ni bien ni mal, mais plutôt mal que bien. Le climat est affreux, le temps change six fois par jour. On étouffe, on gèle et on meurt beaucoup.

AU MÊME.

Alger, le 6 septembre 1844.

Cher frère, le maréchal a débarqué hier, à huit heures du matin, dans sa capitale. Le bateau à vapeur qui l'a ramené du théâtre de ses exploits avait mouillé dans le port à deux heures du matin, et c'est pour ne pas désappointer la population algérienne, qui avait préparé un arc de triomphe et une réception digne de son gouverneur, que le maréchal n'a pris terre que le matin. Instruit par une lettre d'Eynard, j'ai quitté Blidah à deux heures de l'après-midi et à six heures et demie du soir j'étais à Alger.

Le maréchal m'a embrassé devant tout le monde et ne m'a laissé partir que la nuit, vers une heure. Ce matin j'ai déjeuné avec lui. Il est superbe de simplicité et de génie, lorsqu'il raconte sa victoire si complète, si bien gagnée, si habilement préparée. Il n'a pas douté une minute du succès, malgré quelques inquiétudes manifestées un moment par Lamoricière.

Le maréchal est vraiment un homme indéfinissable, s'occupant de tout et causant de tout, et bien et avec feu, et avec esprit et surtout avec un bon sens remarquable et, malgré tout, sans littérature, ne sachant pas expliquer un dicton, un proverbe latin, mais organisé pour tout et taillé dans un bloc de granit. Je le reverrai ce soir, demain, et je finirai ma lettre qui ne partira que le 10.

9 septembre 1844.

Tu ne te fais pas d'idée de ce que le maréchal a fait pour moi, frère, et de loin, au milieu de ses triomphes, sans que ma présence, mes services, fussent là pour lui rappeler et mon dévouement et ma personne. Il a écrit le lendemain de la victoire au ministre pour lui dire qu'il demandait que je fusse le premier colonel nommé, et qu'il désirait particulièrement qu'on me donnât le régiment des zouaves dans lequel j'avais servi, et qui me convenait sous tous les rapports. Ensuite il a fait dresser un état par rang de mérite des lieutenants-colonels de l'armée d'Afrique, et j'y figure avec le n° 1, et une note qui insiste pour qu'on me donne les zouaves. Les deux Cavaignac sont proposés et le maréchal pressé pour leur nomination. Morris est proposé pour commandeur. Le maréchal est enchanté de lui...

AU MÊME.

Alger, le 19 septembre 1844.

Cher frère, le colonel Eynard est parti hier pour France. Il porte à Paris vingt-trois drapeaux, le parasol et la tente, glorieux trophées de la bataille d'Isly. Il doit les remettre au roi à la revue du 29. Eynard est mon ami, je lui ai donné une lettre pour toi.

Nous avons aussi notre grande revue dimanche prochain. Quinze cents cavaliers arabes y feront la fantazzia devant le maréchal, auquel on a donné lundi dernier une fête comme personne n'en a encore eu en Afrique. L'enthousiasme était au comble. Brave maréchal, il comptera de belles journées sur le déclin de sa vie. Lui qui rejetait la popularité, il en savoure aujourd'hui tout le parfum.

Je suis en pleine inspection générale. Elle ira vite heureusement, car je ne suis pas bien portant. J'attribue cela à la grande chaleur et à mes occupations, qui me font courir et me fatiguent. Après l'inspection je me reposerai...

AU MÊME.

Alger, le 22 septembre 1844.

Cher frère, il est midi, et dans deux heures je m'embarque pour Dellys avec un bataillon et demi. Je serai arrivé dans la nuit, et à la pointe du jour j'aurai, je l'espère, battu les Kabyles. Le maréchal vient à l'instant de recevoir une lettre de Périgot, commandant supérieur à Dellys. Les chefs mécontents des Kabyles, profitant de l'absence des grands chefs ralliés qui sont à Alger pour la revue d'aujourd'hui, ont rassemblé quinze cents à deux mille Kabyles et deux cents cavaliers qui veulent attaquer Dellys. Je pars pour les recevoir. Ne sois pas inquiet de moi, j'écrirai quand je pourrai....

AU MÊME.

Dellys, le 24 septembre 1844.

Cher frère, je t'ai écrit d'Alger deux lignes à la hâte pour t'annoncer mon départ précipité pour Dellys. On craignait un soulèvement général dans l'est. Ben-Salem et Bel-Cassem, deux chefs anciens non replacés et mécontents, et tenant toujours pour Abd-el-Kader, avaient intrigué et remué les montagnes. Ils n'ont réussi qu'à rassembler quinze cents ou deux mille vagabonds, qui, au moment d'agir, se sont débandés. Quand je suis débarqué hier à cinq heures du matin à Dellys, j'ai trouvé que la montagne était accouchée d'une souris. Ben-Salem et Bel-Cassem sont aujourd'hui à la tête de quelques centaines de fantassins et cavaliers. J'ai déjà envoyé hier une reconnaissance contre eux. Cette nuit, à minuit, je pars avec toute ma colonne, composée de trois bataillons, quatre pièces d'artillerie et cinq cents chevaux, et je vais essayer de les enlever dans le fort de Sebaou où il sont, dit-on, retirés.

Une colonne est partie d'Alger sous les ordres du général Comman, mais elle ne sera arrivée que dans trois jours.

Un hasard singulier va bien surprendre ta femme. Un jeune sous-lieutenant belge, M. de Mérode, fils du ministre, a été envoyé par les ministres de la guerre français et belge pour venir en Afrique suivre les opérations militaires. Il a été présenté à Alger, et nous sommes venus à parler de la Belgique et de ton beau-père, le marquis de Trazegnies. Il se trouve allié à la famille de Trazegnies et à ta femme. La présentation avait lieu samedi et dimanche. M. de Mérode s'embarquait avec moi, autorisé par le maréchal, comme mon officier d'ordonnance. Il fait

partie de la reconnaissance que j'ai envoyée hier ;
il va revenir à midi, et à minuit il partira avec moi.
Il faut bien qu'il goûte les douceurs de la guerre...

AU MÊME.

Au bivouac de Tendat, le 2 octobre 1844.

Cher frère, j'ai reçu hier, au bivouac de Sebaou, ta lettre du 21 septembre, et j'ai joui pleinement du plaisir de recevoir une lettre de toi au bivouac, au milieu de ces montagnes gigantesques de l'est, peuplées de fourmilières de Kabyles.

Cette course est intéressante pour moi, qui ne connaissais pas cette partie poétique de notre Afrique. Le bassin de la Nissa, qui mène près de Bougie, dont nous ne sommes éloignés que de quinze lieues, est magnifique. Les beaux orangers que mon vandalisme va abattre ! Que ne puis-je t'envoyer cette jolie forêt-là à Noisy ! Ta femme serait bien heureuse. Je brûle aujourd'hui les propriétés et les villages de Ben-Salem et de Bel-Cassem-ou-Kassi, qui remueront longtemps encore les brouillons et les voleurs.

Voilà mon maréchal duc d'Isly ! Où s'arrêtera-t-il ! Que la destinée est une curieuse chose ! Aurions-nous rêvé tout cela dans notre prison de Blaye ?...

AU MÊME.

Dellys, le 8 octobre 1844.

Cher frère, nous rentrons à Dellys après une assez insignifiante course dans les montagnes... Quelques soumissions, quelques coups de fusil, et en somme rien de décisif, puisqu'après nous être ravitaillés, séchés et décrottés, nous nous remettrons en route le 11 ou le 12, si le temps qui nous a prodigué des torrents de pluie se remet. Nous retournerons causer avec les Kabyles un peu plus sérieusement. Nous n'avons fait que la moitié de notre besogne bien juste. Le général Comman nous a rejoints et nous avons pataugé ensemble dans les boues.

Des lettres, arrivées à la colonne hier, me donnent le 53e régiment, Ladmirault aurait les zouaves, Leflô le 19e léger et Chasseloup le 26e. Déjà une fois, il y a cinq mois, je t'ai annoncé que j'étais colonel, et il n'en était rien. Cette fois je crois que c'est plus sûr, parce que le maréchal s'y est pris de manière à ce que cela ne pût pas manquer. Si je suis nommé, écris de suite à Dufaÿ de Launaguet[1]. Dis-lui de me faire connaître ses intentions au sujet de son fils. Je suis prêt à le prendre dans mon régiment...

---

[1] M. le baron Dufaÿ de Launaguet, ancien camarade du Maréchal, aux gardes du corps, aujourd'hui maître des requêtes de première classe au conseil d'État.

AU MÊME.

Au bivouac de Manselt-el-Maëlha, le 17 octobre 1844.

Cher frère, je rentre du plus chaud, du plus meurtrier combat que j'aie soutenu en Afrique depuis Constantine. Quinze cents hommes à peine, nous nous sommes battus pendant plus de six heures contre huit mille Kabyles acharnés. A la tête de mon régiment, j'ai enlevé successivement quatre positions parfaitement retranchées et défendues. J'ai payé cher ma victoire : huit officiers blessés, onze sous-officiers ou soldats tués, et cinquante-deux blessés presque tous grièvement.

Mon régiment a été superbe ; je l'ai admiré. Aussi ma nomination de colonel du 32e me trouve-t-elle froid. J'aurais été heureux comme un enfant si j'avais eu le 53e. Au surplus mes épaulettes de colonel sont glorieusement étrennées. Je remercie Dieu qui m'a conservé sauf au milieu des balles sifflant autour de moi comme rarement je les avais entendues siffler avec mes vieilles oreilles africaines. J'en suis quitte pour une contusion assez forte au côté gauche sur la hanche, mon pantalon et ma capote troués en deux endroits, mon cheval touché à la cuisse et ma fonte droite de pistolet brisée. Mon étoile brille encore, j'ai retrouvé son éclat de Constantine et de Djidjelli. Notre colonne est affaiblie par les maladies et nos pertes d'aujourd'hui. Nous avons en tout quarante morts et cent-vingt blessés. Les Kabyles ont éprouvé des pertes considérables ; nous marchions sur leurs cadavres. Ces gens-là se battent bien ; ils nous attendaient à bout portant.

Mérode s'est très-bien battu. J'ai été content de lui et je vais tâcher de le faire décorer.

Je suis harassé de fatigue, gelé dans ma tente où je veille, parce que l'on nous a annoncé quelques coups de fusil pour cette nuit. Mais le froid me chasse de mon tabouret, je vais m'enterrer tout habillé sous mes couvertures et essayer de rêver à votre joie, quand vous recevrez cette lettre....

AU MÊME.

Au bivouac, sous Dellys, le 22 octobre 1844.

Cher frère, la lettre que je t'ai écrite hier était pleine de faits[1]. J'étais encore sous l'impression de

---

[1] Cette lettre, communiquée à quelques amis, a été égarée. Voici le résumé de cette affaire de Dellys, emprunté aux journaux du temps :
« Les Kabyles, réunis en grand nombre dans les montagnes, occu-
» paient une forte position à laquelle ils avaient ajouté des retranche-
» ments en pierre sèche. Le général Comman les fit attaquer de front
» par deux bataillons du 53e, commandés par le colonel Saint-Arnaud,
» pendant que deux bataillons du 58e, sous les ordres du général,
» tournaient la position. Le 53e enleva toutes les positions. Mais la
» colonne tournante ayant rencontré des obstacles insurmontables,

la chaude et bonne réception du maréchal, accouru d'Alger à la nouvelle de notre combat.

Comme je te l'ai dit, notre superbe affaire du 17 fait beaucoup de bruit, et, rassasié du parfum de la louange, je cherche quelque chose de plus positif. Mon nom se lie maintenant au 53°. Le maréchal l'a senti et a écrit pour qu'on m'y laisse. La place sera peut-être donnée; dans ce cas, ce serait une mutation à faire. Le ministre y consentira-t-il? Je serais content de rester au 53°, j'aurais un bon régiment tout fait. Mon affaire du 17 m'a placé haut et je puis beaucoup demander, quand ce n'est pas tout à fait pour moi.

Nous repartons le 24 avec le maréchal. Nous avons douze bataillons. Je commande la colonne du centre, composée de quatre bataillons; nous marchons droit à l'ennemi.... Notre expédition ne peut pas durer plus de dix à douze jours. Le maréchal veut partir le 17. Il a un congé de deux mois....

» dut se jeter sur la droite et ne put opérer que fort tard la jonction
» avec la colonne d'attaque de front. Les deux bataillons du 53°, qui
» ne comptaient pas plus de six cents combattants, restèrent aux
» prises pendant plusieurs heures avec toutes les forces des Kabyles,
» qui ne purent cependant reprendre les positions perdues, malgré
» plusieurs attaques acharnées. »

Cette brillante affaire a fourni à un peintre distingué, M. Longuet, le sujet d'un tableau qui parut à l'Exposition de 1845.

A M. DE FORCADE, JUGE DE PAIX, A PARIS.

Au bivouac, sous Dellys, le 23 octobre 1844.

Mon cher beau-père, merci mille fois de vos bonnes et cordiales félicitations, mais elles me sont encore moins agréables que celles que vous me devrez quand vous aurez lu le journal qui contiendra le rapport de la belle affaire que nous avons eue le 17. A la tête de deux petits bataillons du 53°, pas plus de six cents hommes, j'ai enlevé successivement quatre positions retranchées défendues par des Kabyles acharnés, quatre ou cinq fois plus nombreux que nous. Je les ai attaqués à la baïonnette sans tirer un coup de fusil. Ils m'ont attendu à bout portant. C'était une rude et chaude affaire. L'affaire a un grand retentissement. Les journaux vous donneront les détails. En vérité, je suis trop bien traité dans le rapport. Ai-je bien étrenné mes épaulettes de colonel? Ai-je noblement répondu à ceux qui me les ont fait attendre aussi longtemps? Soyez tranquille, mon cher beau-père, si je ne suis pas tué, et je ne le serai pas, vous me verrez dans trois ans général et commandeur, et nous pourrons discuter tranquillement sur la guerre européenne. J'ai mis ma fille à *Saint-Denis*, mon fils à *Henri IV*; je me suis fait colonel avec un assez beau renom et, fils de mes œuvres, je serais trop heureux entre ma bonne mère, mes frères, mes enfants et vous, si de temps en temps les vieux péchés ne venaient me faire rider le front....

A MADAME DE FORCADE.

Excellente mère, es-tu contente? Garde un peu de ta joie pour une nouvelle occasion. La lettre que j'écris à ton mari te mettra au courant. Quand tu auras lu le rapport du général Comman, où il y a en toutes lettres : « *Au colonel Saint-Arnaud l'hon-* » *neur de la journée,* » tu monteras chez ton voisin le colonel Renaud de Vilback et tu lui diras, de la part de Comman, que voilà comme nous travaillons.

J'ai eu du bonheur, bonne mère, d'échapper à cette grêle de balles, et je t'assure que j'étais trop occupé pour avoir le temps d'y penser..... Il est probable que je garderai le 53e. Le maréchal le désire et l'a demandé au ministre.

Abd-el-Kader recommence à se remuer. Il a quitté le Maroc et s'est montré dans le sud de Sebdou. Cela ne finira jamais. Tant mieux, nous aurons le temps d'entrer dans les constellations.

A M. LEROY-DE SAINT-ARNAUD, AVOCAT A PARIS.

Au bivouac de l'Arbi, le 30 octobre 1844.

Cher frère, je commence une lettre que je ne finirai probablement qu'à Dellys, où nous serons le 6 ou le 7. Cette campagne m'aura été bien favorable. Inattendue, tombant comme un coup de foudre, elle m'a fait monter encore dans l'opinion du maréchal et de l'armée. Notre combat du 17 a été fécond en résultats, car l'ennemi a été tellement battu ce jour-là et a perdu tant de monde, qu'il n'a plus tenu devant nous et l'honneur de la campagne nous restera tout entier.

Le 28, nous avons eu un combat assez vif. A la tête d'un bataillon de mon régiment, j'ai enlevé toutes les crêtes par des chemins horribles. J'ai brûlé plus de dix villages magnifiques. Ce pays est riche et peuplé; toutes les maisons sont en pierre, recouvertes en tuiles. Les Kabyles tenaient peu. S'ils s'étaient battus comme le 17, en considérant les positions que nous avons dû leur enlever, le terrain que nous avons parcouru, nous aurions perdu cinq cents hommes et nous n'avons presque rien à regretter. Nous voulions la correction sévère de deux tribus, les Flissa-el-Bahr et les Beni-Djenad. Les premiers se sont soumis; les autres, brûlés, ruinés, battus, délibèrent et vont venir. Le but du maréchal

est donc rempli. Nous retournerons à Dellys en traversant le pays soumis ou non des Beni-Djenad, nous corrigerons en passant les fractions insoumises et nous rentrerons par la vallée du Sebaou. Nous serons à Alger le 9 ou le 10, puis nous prendrons nos quartiers d'hiver. Le maréchal m'a dit : « Je ne vous
» proposerai pas pour commandeur. On dirait que
» je vous pousse trop. C'est encore trop tôt et, d'ail-
» leurs, cela ne peut vous manquer. Pensons au
» solide : que vous ayez le 32e ou le 53e, vous irez
» commandant supérieur à Orléansville et dans deux
» ans et demi vous serez maréchal de camp. » Que puis-je désirer de mieux ? Sans doute, c'est encore un bien long exil loin de vous tous, mais quelle belle position ensuite !

Orléansville est un affreux désert, poussiéreux, sablonneux, sans un arbre. N'importe, j'irai et mes enfants auront une belle position, car je ne puis plus manquer de devenir lieutenant général avant dix ans.....

AU MÊME.

Alger, le 10 novembre 1844.

Cher frère, je ne suis pas destiné à tenir garnison dans cette ville et à m'y reposer. Depuis huit ans que je suis en Afrique, je n'ai pas pu rester trois mois de suite dans la capitale....

Parlons de choses importantes et bien vite, car j'ai de la besogne par-dessus la tête. Et, d'abord, je suis colonel du 53ᵉ et non du 32ᵉ. Le ministre, par ordonnance du 29 octobre, m'a donné ce régiment, auquel je tiens par toutes les raisons que je t'ai dites. Maintenant, je m'occupe de le rhabiller, réorganiser, remonter par d'excellents éléments, et j'aurai un régiment remarquable.

Le maréchal m'envoie définitivement à Orléansville, commander la subdivision. C'est un poste de général. Je vais donc faire bien des jaloux et pourquoi, mon Dieu ! Pour un exil de trois ans où je vais me tuer la santé, car il y a énormément à faire et à créer, quoique Cavaignac ait mis tout sur un bon pied. Lui succéder ne m'effraye nullement.

Mon régiment me suit à Orléansville où j'aurai cinq bataillons, trois escadrons, section d'artillerie, génie, etc.; brigade complète.

Allons, frère, voilà une année mal commencée et brillamment finie. Le maréchal en me donnant la subdivision d'Orléansville, un des postes les plus importants de l'Afrique, militairement et politiquement, m'a nommé par avance général ; mais, que de soucis, que de travail ! Les expéditions, la guerre me réjouissent, je suis né pour cela. Mais l'administration française et arabe ne m'amusent guère. C'est souvent une triste chose. J'ai un état-major monté comme un général. M. de Courson, capitaine d'état-major, est mon chef d'état-major. J'ai pour aide de camp le fils du receveur général de Bordeaux, M. Carayon-Latour. Tout ira bien, car je travaille sans relâche.

Le maréchal part le 16 pour France. Il restera huit jours à Paris. Eynard te verra et te portera quelques souvenirs : canne d'Aïn-Maïdi en palmier, canne de Bel-Cassem en oranger, une peau de lynx ; enfin, une collection complète de dessins faits pendant la grande expédition Marey dans le désert. Cela pourra figurer encadré à Noisy ou ailleurs. Encore un souvenir pour mes enfants !

FIN DU PREMIER VOLUME.

APPENDICE

AU PREMIER VOLUME.

Dans le cours de sa correspondance, le Maréchal fait, à différentes reprises, allusion au voyage qu'il fit en Grèce en 1822. On trouvera ici quelques lettres qu'il écrivit à sa famille pendant ce voyage. Quoique se rapportant à des faits déjà bien éloignés, ces lettres empruntent quelque intérêt au rôle que le Maréchal fut appelé à remplir, plus de trente ans après, dans les affaires d'Orient.

Zante, le 22 mai 1822.

Après une traversée de vingt-deux jours, je suis arrivé à Zante où nous avons été obligés de relâcher pour faire eau et bois, et demain nous repartons pour Navarin où nous débarquerons définitivement. Cette ville de la Morée est à deux jours de marche de Corinthe où nous allons tous. Je dis tous, car sur le même bâtiment que moi il y a dix-huit Allemands, qui ont le même but que moi. Dieu, quelle société, quels tristes gens, et quelle idée aura-t-on de ceux qui vont servir la Grèce, en voyant un pareil échantillon !

Les nouvelles sont désastreuses pour les Grecs. L'escadre turque, commandée par le capitan-pacha, a repris l'île de Chio. Tout a été brûlé, massacré, saccagé. Les Russes, loin de se déclarer, penchent pour la paix. Les Turcs vont entrer en masse en Morée. Encore, s'il y avait en Grèce une armée organisée; mais ce sont des sauvages qui font la guerre en sauvages. Plus de huit cents Allemands qui étaient venus se battre pour eux sont retournés à Trieste. Vous avez, sans doute, lu dans les journaux la lettre que quatre officiers français, venant de Grèce, ont écrite à Marseille. Malgré tout, j'irai jusque dans la Morée et je verrai tout par moi-même.

Le général Lafayette m'a prié de lui écrire aussitôt mon arrivée en Grèce. Je lui écrirai de Corinthe, si je le peux, ainsi qu'à vous.

Le pays répond bien au caractère des habitants : des îles immenses où pas un pied de terre n'est cultivé, tout aride et sec, de petites vilaines maisons où les escaliers sont en dehors, des habitants sales et dont le regard est faux. Je suis au milieu des îles Ioniennes, entouré d'anciens souvenirs. J'ai devant moi Ithaque, Céphalonie, Cérigo, qui est l'ancienne Cythère. Quel contraste! Les Grecs ne sont pas l'ombre d'eux-mêmes.

J'ai vu de tout dans mon voyage. Avant de passer le détroit de Messine, nous avons essuyé une tempête horrible; bien peu s'en est fallu que nous n'allions échouer sur les rochers de la Calabre... Adressez-moi vos lettres à M. François Masse, négociant, pour remettre à M. Leroy de Saint-Arnaud, à Salonique en Macédoine.

Salonique, le 12 juin 1822.

Vous avez dû recevoir la lettre que je vous ai écrite de Zante le 22 du mois dernier. Je vous y marquais que nous étions à Zante pour peu de moments, et que nous allions continuer notre route pour la Morée. Je remis ma lettre au consul et elle partit par un paquebot qui allait à Trente. Nous ne restâmes effectivement qu'un jour à Zante. Je vis là l'aide de camp du général Norman, qui, sachant l'intention où nous étions d'aller servir la cause des Grecs, fit tous ses efforts pour nous en détourner. Il y avait été lui-même pendant quatre mois, et il nous fit le tableau le plus effrayant des horreurs que commettaient les Grecs eux-mêmes, encore plus que les Turcs. Il nous dit qu'il n'y avait rien à faire en Morée, et que si nous y allions et que nous fussions assez heureux pour ne pas y être assassinés par les Grecs, nous nous empresserions de saisir la première occasion de retourner en France. Je persistai à aller en Morée voir tout par moi-même. Je retournai à bord, et nous levâmes l'ancre le 23. Le 25, nous entrâmes à dix heures du matin dans la rade de Navarin. Il faudrait que je vous écrivisse un volume entier, si je vous racontais ce que sont les Grecs, leurs habitudes, leur manière de se battre. Je me contenterai de vous faire un abrégé de ce que j'ai vu et de ce que j'ai fait en Morée.

Je ne vous ferai pas la description de Navarin, de Corinthe et de Modon. Nos villages de France seraient des Paris en comparaison de ces villes grecques. J'ai trouvé à Navarin quatre Français: trois officiers et un médecin. Ces quatre infortunés, en voyant un Français, oublièrent un moment leurs chagrins, et se réunirent pour m'engager à ne point rester en Morée et à me rembarquer si je pouvais... Je regardais ces Français, ils étaient pâles et maigres, n'avaient point de bas. Ils portaient une mauvaise veste et un gros pantalon de toile, seul don qu'ils eussent reçu depuis trois mois qu'ils se battaient pour les Grecs. Ils me racontèrent tout ce qu'ils souffraient depuis leur arrivée en Morée. Ils me dirent qu'ils n'avaient ni solde, ni grade, ni habits, ni nourriture. Il n'y a pas d'armée; tout le monde commande, tout le monde est capitaine et personne n'est soldat. Les Français étaient regardés comme des chiens par les Grecs. Ils se battaient comme soldats pour éviter d'être assassinés. Ils ne soupiraient qu'après le moment de retourner dans leur patrie, mais ils manquaient d'argent. L'unique but qu'ils se proposaient était, dans une embuscade, de tuer un Turc, qui aurait été bien habillé et qui aurait eu de l'argent, pour le dépouiller, et amasser deux à trois cents piastres nécessaires pour payer leur retour en France. Et encore il aurait fallu cacher cette proie aux yeux des Grecs, car si un Grec soupçonnait un Franc d'avoir un peu d'argent il l'assassinerait. Un des Français nettoyant son fusil le démonta, et mit les pièces à côté de lui. Un Grec lui vola sa batterie, et c'est avec ce fusil qu'il se battait tous les jours pour eux.

Malgré tout ces détails, je me présentai devant les Éphores de Navarin. Ils me reçurent froidement, m'offrirent une pipe et du café (usage du pays), prirent ma lettre de recommandation, la lurent, me la rendirent et me congédièrent sans m'ordonner rien, sans même me remercier de venir les servir. Enfin, sans les Français qui me reçurent chez eux, je couchais à la belle étoile. Il faut vous dire qu'à Navarin, depuis le siége, la plus grande partie des maisons sont désertes. On en prend possession sans obstacle. Les Français en avaient arrangé une pour eux; ils m'y reçurent. Les dix-huit Allemands qui avaient débarqué avec moi bivouaquèrent dans ces maisons ruinées et inhabitées. Pendant la nuit, les Grecs volèrent les malles et les effets de six d'entre eux. Le lendemain, grand bruit; les Éphores ne se dérangèrent même pas. Moi, j'avais, d'après les avis du capitaine et des Français, laissé mon bagage à bord. Je n'avais que mes armes et une veste que le capitaine m'avait prêtée. Les Grecs m'auraient assassiné pour avoir ma capote, et de peur de la trouer, ils auraient tiré à la tête.

Je résolus d'aller à Corinthe, de suite, me présenter au sénat. Les Français voulaient m'en détourner, m'assurant que je serais reçu de la même manière que par les Éphores. Je persistai; il y a deux journées de marche de Navarin à Corinthe. Nous prîmes des guides et partîmes, au nombre de douze, bien armés, car nous risquions beaucoup. Le sénat me reçut comme les Éphores. Pipe, café, honnêteté;

mais ni solde, ni grade, ni vivres, ni armée.... rien. La division est parmi les chefs, grecs eux-mêmes. Chacun ordonne de son côté. Tous les Grecs riches ont émigré. Ce sont eux qui, en France, en Allemagne, en Italie, répandent ces nouvelles si belles pour les Grecs, afin de leur attirer des partisans et des secours. Ne croyez pas un mot de ce qu'on vous dit des Grecs. Nous sommes dans le pays, nous le voyons par nous-mêmes. Les Grecs sont des brigands, des sauvages, aussi lâches que leurs ancêtres étaient braves. Leurs victoires sont imaginaires. Cette célèbre bataille donnée à Patras, où l'on disait à Paris que les Grecs, après avoir battu les Turcs, les avaient enfermés dans le golfe de Lépante ; eh bien c'était, au contraire, la flotte turque qui avait coulé bas dix-sept bâtiments grecs. J'ai été sur les lieux, j'ai vu Patras, j'ai parlé à Mehemet-Moud pacha, commandant les Turcs à Patras ; c'était avant de débarquer à Navarin. Patras est en face de Zante.....

Le sénat de Corinthe me rendit ma lettre comme les Éphores et je retournai à Navarin, la rage dans le cœur. Il y a, à quatre lieues de Navarin, une place forte occupée par les Turcs, Modon. Elle est assiégée par les Grecs au nombre de quatre cents, sous les ordres du général Agiostara, qui est autant en état de commander que moi d'être pape. Les Français allaient souvent se mettre en embuscade auprès de Modon, pour surprendre quelques Turcs ou engager quelque affaire. Agiostara, au lieu de bloquer Modon, avait laissé, entre son espèce de camp et la ville, plus d'une lieue de distance, et les Turcs en profitaient pour mener sous escorte leurs troupeaux paître hors de la ville. Nous partîmes, une nuit, avec cent-vingt Grecs dont nous ne voulions pas, mais qui nous suivaient malgré nous, cinquante Albanais qui sont les seules troupes passables qu'aient les Grecs, les dix-huit Allemands, les quatre Français et moi, en tout cent quatre-vingt-treize hommes. Nous allâmes nous poster près de Modon. Vers les quatre heures du matin, les troupeaux sortirent escortés d'à peu près cent à cent cinquante Turcs. Nous fondîmes sur eux et en tuâmes quelques-uns. Nous en prîmes une vingtaine. Mais, dans ce moment, plus de deux cents Turcs sortirent de la ville et nous chargèrent. Les Grecs s'enfuirent comme des cerfs. Les Albanais battaient aussi en retraite, mais toujours en faisant feu; enfin nous fûmes forcés de les imiter. Nous étions entourés de Turcs, nous nous dégageâmes, et approchant du camp d'Agiostara, les Turcs cessèrent de nous poursuivre. Eh bien, croiriez-vous qu'Agiostara ne bougea pas pendant toute l'affaire. Nous le trouvâmes étendu sur un sopha, fumant sa pipe. J'eus peine à retenir ma colère. Nous regagnâmes Navarin. Nous avions perdu quelques Albanais, pas un Grec parce qu'ils ne se mettent pas à la portée du fusil. Trois Allemands restèrent sur le champ de bataille. Nous eûmes la douleur de leur voir trancher la tête. Plusieurs de nos prisonniers s'étaient échappés. Il restait entre les mains des Grecs, qui les avaient gardés, huit soldats turcs, trois femmes et deux jeunes bergers de quatorze à quinze ans. En approchant de Navarin, malgré nos efforts, nos prières, nos menaces, les Grecs les massacrèrent à nos yeux et les firent périr dans les tourments.

Je revins à Navarin, bien déterminé à regagner la France. Le capitaine du bâtiment qui m'avait amené restait encore quelques jours. Pendant ce temps, nous fûmes plusieurs fois en embuscade à Modon, toujours sans succès, nous battant des six et huit heures sans pouvoir rien faire. Voilà la guerre que l'on fait en Morée.....

Enfin, je me déterminai à ma rembarquer et nous quittâmes Navarin. Le capitaine se dirigeait sur Salonique. Durant le trajet, nous fûmes attaqués par un forban grec, et je fus obligé de me battre contre ceux pour qui j'avais exposé ma vie quelques jours auparavant. Cependant nous les forçâmes, après quelques coups de canon et de fusil, à gagner le large.

En arrivant à Salonique, le capitaine fit son rapport au consul de France. Celui-ci nous reçut très-bien et nous raconta toutes les horreurs que commettaient les Grecs. Il me montra un serment qu'ils ont fait et dans lequel se trouve l'obligation de faire subir au patriarche des Latins, c'est-à-dire au pape, le même traitement qu'on a fait subir à leur patriarche à Constantinople.

Je vais écrire une longue lettre encore plus détaillée au général Lafayette, qui me l'a demandé en partant de Paris. J'y mettrai tout le soin possible.

Le climat du Levant est insupportable, et il faut ici

être dans une crainte continuelle de la peste ou des fièvres. Je suis loin de me bien porter. Les fatigues de Navarin, mon voyage à Corinthe, l'excessive chaleur m'ont accablé.....

Salonique, le 22 juin 1822.

Je profite encore de l'occasion d'un bâtiment marchand pour vous écrire..... Toutes les nouvelles que les Grecs font tenir à Paris sont fausses. N'en croyez pas un mot. J'ai lu dans les derniers *Moniteurs* datés du 20 mai, que le consul de France a reçus, que les Grecs, après beaucoup de victoires, avaient assiégé Salonique par terre et par mer. C'est un mensonge incroyable; ils n'ont vaincu personne, ont été battus par la flotte turque, et loin d'assiéger Salonique, devant laquelle ils ne sont jamais venus, ils ont été soumis par Abdoul pacha. Le consul de France a reçu hier des lettres de notre ambassadeur à Constantinople, qui lui annonce que la paix entre la Russie et la Porte va être signée.

Je suis à Salonique aussi bien que l'on peut être dans ce pays. Tout le monde y paye le tribut à la fièvre. J'en ai eu un accès, il y a trois jours, qui m'a duré vingt-quatre heures. J'espère que c'est fini.

Je pense, d'ici à quinze jours, avoir une lettre de vous, et je l'attends avec la plus vive impatience....

FIN DE L'APPENDICE DU PREMIER VOLUME.

TABLE

DES MATIÈRES CONTENUES DANS LE PREMIER VOLUME.

---※---

INTRODUCTION. . . . . page	v
GUERRE DE VENDÉE, 1831-1832. — Arrivée au 64ᵉ régiment de ligne. — Les Chouans. — Gourgé. — Parthenay.	1
BLAYE, 1833. — La duchesse de Berry. — Le général Bugeaud. — Voyage à Palerme.	43
GARNISONS DIVERSES, 1834-1835-1836. — Bordeaux. — Clermont. — Béfort. — La Légion étrangère. — Départ pour l'Afrique.	73
GUERRE D'AFRIQUE, 1837-1840. — 1837. Arrivée à Alger. — Combats aux environs de Blidah. — Assaut de Constantine. — Choléra. — 1838. Campements divers aux environs d'Alger. — Camps de Kouba, du Fondouck, de Birkadem. — Le maréchal Valee. — Incidents de la vie africaine. — 1839. Prise de Djidjelli. — Combats contre les Kabyles. — Les Portes-de-Fer. — La guerre sainte. — 1840. Abd-el-Kader. — Le col de Mouzaïa. — Blessure et maladie.	99

metz, 1840-1841 . . . . page 271

guerre d'afrique, 1841-1842. — 1841. Le général Bugeaud, gouverneur de l'Algérie. — Les Zouaves. — Ravitaillement de Médéah et de Milianah. — Prise de Tékédempt et de Mascara. — Mostaganem. — Oran. — Blidah. — 1842. Alger. — Expédition chez les Beni-Menasser et sur le Chélif. — Soumission des tribus. 303

guerre d'afrique, 1842-1843. — Commandement supérieur de Milianah. 395

guerre d'afrique, 1844. — Expédition de Laghouat et d'Aïn-Maïdi. — Bataille d'Isly. — Combats contre les Kabyles de Dellys. — Le 55e régiment de ligne. 511

appendice. Lettres sur l'état de la Grèce en 1822 561

FIN DE LA TABLE.

Paris. — Typographie WITTERSHEIM, rue Montmorency, 8.

www.ingramcontent.com/pod-product-compliance
Lightning Source LLC
Chambersburg PA
CBHW051327230426
43668CB00010B/1177